教育社會學導論

鄭 世 仁 著

五南圖書出版公司 印行

摸象的瞎子（代自序）‧‧‧‧‧‧‧‧‧‧‧‧‧‧‧‧‧‧‧

> 爾時大王，即喚眾各各問言，「汝見象耶⸲」眾盲各言：
> 「我已見得。」王言：「象為何類⸲」其觸牙者即言象形
> 如蘆菔根。其觸耳者言象如箕；其觸頭者言象如石；其觸
> 鼻者言象如杵；其觸腳者言象如木臼；其觸脊者言象如
> 床；其觸腹者言象如甕；其觸尾者言象如繩。
>
> 　　　　　　　　　　　　　大般若涅槃經第三十二卷

　　在理解世間的許多現象時，就某種程度而言，我們皆是摸象的
瞎子，雖欲蠲除私見、綜觀全體、把握真實、秉公陳述，卻往往有
如盲人摸象一般，誤以部分為整體，誤以成見為公論，而扭曲了真
實的面貌。這是因為人類受限於生長的環境與時代的思潮，所承受
的成見或偏見極多，無法免除時空背景所造成的盲點，有如生活在
柏拉圖所謂的「洞穴」之中，誤把日光的投影當成事物的本身，不
僅難以知覺事理的真相，反而在見到事理的真相之時，感到危疑震
撼、慌亂失措。對於日常簡單的事物尚且如此，如果所要把握的現
象更為複雜，自然更難加以釐清，所受的誤解自然更大，所生的爭
議也就更為激烈。進一步言，如果所爭議之事項涉入個人的利益，
在此情況之下，由於理性受到意志的壓抑，思想容易流於主觀的片
面性而又不願承認，使得人類原本清明的理性因為私心作祟而無法
正常運作，便會產生固執與猜懼，也因此製造出許多不幸的事件。
上面所引佛家經典中「瞎子摸象」的故事，便在說明真相的追求是
難明易失的，而對於教育現象的理解也應該做如是觀。
　　教育真相的理解真是越來越困難，睽其原因，一則因為人們對

教育所持的自信心，似乎大於對任何其他領域的信心，幾乎任何人都敢對教育現象大放厥詞、任意評斷。這是因為除了年紀太小的兒童之外，幾乎每個人都在學校中生活過，因此人人都容易以教育專家自居，用自己過去的經驗來論斷教育。這種現象使得教育如同天氣一樣，成為人人可以談論的話題。但是我們都知道，除非對於天氣有專精的訓練與素養，一般人很難對天氣的變化說出一套可信的道理，更遑論提出精確的天氣預測來。同樣的道理，對教育沒有專精的研究，只是憑著常識性的推斷，要對教育作出可靠的判斷也是不可能的。我們的社會存在著太多自封的教育專家，他們對於學校教師的權威性並不承認，也較敢對教師的專業性提出挑戰。這也許是當前人人都在談論教育，教育現象卻越來越混亂的原因。比起醫生，甚至汽車修護員、水電修理工人的情形，教育的專業性似乎受到較多的挑戰，因而在教育問題發生之時，教育專家的意見往往並不受到重視，只能任由各種雜音來將之淹蓋，在教育決策之時或教育立法之際，教育專家的聲音往往是最為微弱的，其道理或許就在這裡。

　　造成教育真相難以理解的第二個理由，在於教育的爭議日益偏離理性的常軌，而這是人們對於教育的期待越來越殷切所造成的。隨著社會的日益複雜、人類文化的累積日益增多，教育對個人、社會，甚至國家的重要性也日益明顯，教育在日常生活中所佔的比重也日益增加。在此情況下，每個人對於教育都有自己的打算，家長對於教育的需求難以調停、社會對於教育的意見更形分歧，使得教育的所有爭議皆難以依據理性的判準來加以權衡，而只能依據個人的私心來加以判斷，最後不免流於意識型態之爭，而沒有達成共識之日。

　　由於人們對於教育的期待越來越殷切，而教育現象與問題卻越來越複雜，使人難以一眼望穿其底蘊。基於此種理由，乃有教育社會學的興起。教育社會學要從社會的層面切入教育的現象與問題，

以便解開教育與社會之間的千絲萬縷的糾葛，若不解開此種錯綜複雜的糾葛，實在無法理解教育與社會的關係，更無法為教育找到合理的方向。越是生在現代社會的國民越能清楚地看出，談論社會而不觸及教育的現象是「跛」的，因為與教育發生關聯的人口越來越多，多到無人可以置身於教育的影響之外，如果把教育自社會中挖去，社會生活將因為缺了一大塊，而成為殘缺的社會；反過來說，談論教育的現象而不觸及社會是「盲」的，因為教育的發生不是在社會的真空管之中，離開了社會的背景而談教育，所見必然無補於實際。因此，教育與社會的關係乃形成互生互賴的局面：缺少教育的社會是無望的，離開社會的教育是無用的。唯有教育與社會緊密地結合，二者互蒙其利，人類才有希望可言。而要釐清教育與社會之間千絲萬縷的糾葛，從而使社會與教育相互配合、相互滋養，便是教育社會學誕生的主要理由。

作為一個相對年輕的學術科目而言，教育社會學雖然成立至今只有大約一百年的歷史，其成就在先進的西方國家固已無論，即在國內，經過這些年來的努力，其成就也是有目共睹的事實。國內教育社會學的發展，過去一直是在師資培育機構中孕育的，因此，教育社會學的發展與師範校院有著不可分離的關係。但是，民國八十三年師資培育法的通過，不僅代表著師資培育制度的重大變革，也代表著教育社會學發展的重要里程碑。隨著師資培育的多元化，各大學紛紛推出培育各級學校師資的教育學程，使得教育社會學的生存空間由原有的師範體制擴充到幾乎所有的大學。這就賦予教育社會學發展的無限生機，也預示著教育社會學會有更波瀾壯闊的發展前景，值得慶賀。

儘管教育社會學發展的神速，已是大家有目共睹的事實。但無論是在國內或國外，教育社會學的發展，距離圓融成熟的階段，依然有一段遙遠的道路要走。其中教育社會學完整體系的建立實居於關鍵的地位。這些年來，教育社會學的完整體系已經逐漸浮現，剛

開始雖然模糊不清，但是越加辨明就越來越清晰，越來越一致。筆者參考各家的見解之後，認為一部完整的教育社會學至少應該包含五個部分。其一是：「教育社會學的學科論」，用以說明教育社會學的學科本質及其發展，以便作為教育社會學立身安命於學術天地的基礎。其二是：「教育的社會基礎」，用以說明教育的子系統是如何所受到其外圍大的社會系統的限制、影響與依賴。其三是：「教育自身的社會系統」，用以說明學校雖然受到許多外部社會的限制，但在微觀的層面上，依然保有其主動的力量，並對外部社會產生有力的影響。其四是：「教育政策的社會學分析」，用以解說教育政策的演變及其背後的社會理由，以便分析政策的合理性。其五是：「教育問題的社會學分析」，用以解說教育問題的社會成因，並提出根本的解決之道。本書的架構雖是依此理念而設計的，但因為考量實際授課的時間限制，以及資料來源的有限，各篇所包含之章節，則非充分無缺，而有待未來再加以補充。

筆者曾負笈英國利物浦大學鑽研教育社會學，歸國後並在新竹師院開授此一科目多年。對於教育社會學近年來的蓬勃發展感到欣慰。爰不忖鄙陋，將平日上課之所思，寫成本書，以供學子上課討論之用。而此處尚有兩點要各位同學謹記，首先就是不要成為一個「摸象的瞎子」。我們都知道，教育的最大功用便是在於發展人類清明的理性，使人類得以走出以偏概全的錯誤，找到立身安命的所在。但反諷的是，教育在澄清人類的理性之際，卻也不時地製造出許多迷思的概念(misconception)，產生遮蔽理性的反教育作用。更進一步地說，由於各教育學科的各自為政，所以對於教育的理解與詮釋，往往也使人陷入瞎子摸象的泥淖之中而不自知。因此本書要強調的是，教育社會學只是在眾多理解教育的方式之外，提供另一項可能的選擇而已。教育社會學雖然以社會學的觀點提供了有關教育現象的解釋，雖能從社會的整體性來關照教育的本質，但是要理解教育的複雜現象，必須從各種不同的角度去把握，否則便難以見到

真「象」。因此教育社會學也只是窺見教育現象的一個窗口而已，從單一窗口所見的教育現象都是偏頗的，一定要從所有的窗口去比較所有的景觀，才可以見到完整的視野。唯有從所有其他有關教育的理論與實務課程中，去把握一隻活生生的教育大象，這樣做，才不會讓教育社會學成為孤立的一門學科，才能有助於教育的理解，也才能有助於人類清明理性的開展，使其不再受到成見與偏見的束縛，如此一來，人類的前途才有找到出路的可能。其次，隨著社會變遷的加速，人類的未來已陷入不確定的危機中。人類如果要有明天，必須人類的教育有所突破。近年來，教育改革的行動已經如火如荼地展開。處在這種重大變革的時代中，我們更需要有多元、清晰而且富有睿智的教育思想，以便引導我們的下一代，昂首闊步地迎向未來。當然，我們也希望年輕的一輩能夠多多加入這個相對少人耕耘的園地，共同為追尋美好的明天而努力。相傳世界上最有名的兩位哲學家兼數學家懷海德（ Alfred Whitehead ）與羅素（ Bertrand Russell ），最早都是以社會學起家的。但是，懷海德因為社會學太簡單、缺乏挑戰性而改行。羅素則因為社會學太難而卻步。說社會學簡單是因為他的主題是我們日常生活中所熟悉的，似乎人人都可以贊一詞；說社會學困難是因為要找到明確的答案是相當不容易的。今天教育社會學所遇到的困境依舊是當年懷海德與羅素所遇到的問題，希望我們的年輕朋友，以及各界關心教育的人士，能夠不以教育社會學太容易或太難為理由而放棄，而要以教育社會學的重要而投入心力，繼續思索教育與社會的辯證關係，共同為教育的發展與社會的進步而殫精竭力，使這塊園地能夠迅速地開發，長出茂密的濃蔭出來遮祐我們的下一代。這是我寫這本書的最大期望。

鄭世仁謹識
一九九九年八月於暖暖低頭軒

目　次

Part 2　教育的社會決定因素　　　　　　　　• 125 •

Part 4　教育政策與教育問題的社會學分析　　　　・409・

圖目次

表目次

Part 1 ▶▶▶ 教育社會學的學科論

◉ 引言 ◉

　　認識一門學科有如認識一個人。要認識一個人並不難，如果你指的只是對這個人有粗淺的瞭解的話。例如你與某人雖然只有一面之緣，只在社交場合互遞了一張名片，或只簡單地交談了一下，知道了彼此的姓名與工作的頭銜，你們便可以算是已經相互認識了。但你若想對一個人有深入的瞭解的話，則情況會比你所能想像的複雜得多。例如你想要雇用一位職員，或想要尋找一位結婚對象，則你所需要作為判斷的資料，則要相對地精密、詳盡許多，才不至於用非其人，或選錯對象。基本上，要認識一門學科就像要認識一個人一樣：粗淺的認識並不難，深入的瞭解可不易。

　　如同要深入地認識一個人往往需要追溯其身世背景一般，要深入任何一門學科也需詳細地探討其學科的本質、起源與發展的歷史以及各種流派的異同，否則很難明瞭其底蘊。簡單地說，對於任何學科的這些瞭解便是探討此一學科的「學科論」。「學科論」的要旨，在於辨明一門獨立的學科所必須具備的基本條件，以彰顯其在學術體系中與其他學科如何相互關聯或相互區別的重要特徵。這種基本的特徵通常包括學科的本質、學科的歷史演進經過以及重要流派的比較。依此觀點，可將教育社會學學科論的基本架構以下圖表示之（見圖一）：

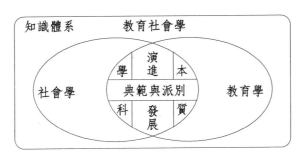

圖一：教育社會學學科論的基本架構圖

　　由圖中可以看出，教育社會學是由教育學與社會學交集而成，而在知識的體系中居於某一固定的地位，具有足以讓人辨識的學科本質。此外，教育社會學在時間的縱軸上，有一段連續的演進過程；就發展的下游階段加以截取一個橫斷面來觀察，則可以看出本學科內具有各種流派的爭相競秀。因此，教育社會學的學科論包含三個部分。㈠是本學科的本質，用以展示其在知識體系中所處的位置及其本身所獨具的特徵；㈡是本學科的起源與發展，用以述明其演進的各個階段；㈢是本學科的典範及派別，用以比較本學科內並存的重要流派。本篇即是依此分成三章介紹教育社會學的學科底蘊，使讀者能夠先對教育社會學有一個基本的、整體且深入的理解，以便作爲進一步探究本學科實質內容的基礎。

第一章

教育社會學的學科本質

- ∝ 教育社會學的學科地位

- ∝ 教育社會學的獨特觀點

- ∝ 教育社會學的研究對象

- ∝ 教育社會學的研究方法及其爭議

　　一門獨立科學應該具有某些特有的本質，否則便難以成爲「主權獨立」的自主學科，而充其量只能算是其他學科的附庸而已。因此學科的獨立本質對於瞭解任何一門獨立的學科都有其順位上的優先性。而對於任何一門學科獨立本質的瞭解，可以分從「外貌」與「內涵」兩方面加以理解。所謂「外貌」，指的是該學科在知識的完整體系中所佔之位置如何（亦即與其他學科之間的關係何在）。所謂「內涵」，則指該學科所採用的獨特觀點、其確切的研究對象以及其健全有效的研究方法等。透過外貌與內涵的把握，自然能對一門學科的獨特本質有所掌握。本章依此分四節介紹教育社會學的學科地位、教育社會學的獨特觀點、教育社會學的研究對象以及教育社會學的研究方法，希望藉此使讀者對於教育社會學的學科本質有清晰的理解。本章之主要概念可以圖示如下（見圖二）：

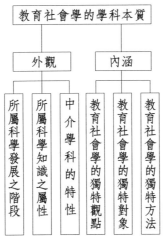

圖二：教育社會學學科本質的主要概念圖

◉ 第一節　教育社會學的學科地位 ◉

　　要瞭解教育社會學的學科地位必須回答的主要問題有三：其一是教育社會學在人類知識發展的歷程中處於何種階段。其二是教育社會學在整體知識體系中所處的位置如何。其三是教育社會學與其直接緊密相關的學科有何種的關聯。換句話說，從這三點基本面貌來認識教育社會學，就是企圖界定教育社會學在知識體系中的位置，並由此看出教育社會學的獨特性，使人能夠清楚地辨認這門學科，而不致發生張冠李戴的錯誤。

壹、教育社會學在人類知識發展中所屬的階段：科學實徵階段

　　人類各類知識的演進，早在數千年前便已開始點點滴滴地累積，其源流之遠長，幾乎可以與人類的生存時間同其久遠，今日各類知識所表現的圓融成熟的境界，並非一蹴可幾就達到的，而是經歷漫長的時間考驗，不斷的修正補充，才慢慢累積成今日的成就。然而，人類知識的演進有無重要的階段區分呢？依據素有社會學之父之稱的孔德（Auguste Comte, 1798～1857）在他的「實證哲學課程」的鉅著中，分析社會與人類思想進化的三階段法則，發現「吾人的每一個主要觀念，每一條知識分支，都接連地通過三個不同的理論階段：虛構或神學階段、抽象或玄學階段、實證或科學階段」（蔡筱穎、郭光予譯，民85，頁13）。在孔德的眼中，就知識的可信度而言，科學的實徵研究高於玄學的研究，而玄學的研究又高於神學的研究。茲將此三階段之特徵簡述如下：

一、神學時期

　　所謂「神學時期」（theological　stage），是指人類的理智將現象視為

超自然因素的作品，亦即在此階段中，人類對於有關自然現象或社會事件的解釋，都設想了一種超自然的或神明的力量來作為根本的理由，而非在自然現象或社會事件的本質中找出可能的答案，這種研究的極致發展，便形成了宗教的教義。無論是西方的基督教的教義與上帝萬能的概念，或是東方的各種教派都是其例證。此種對於事物的解說方式雖然看似可笑，其實卻是人類腦力發展初期的主要特徵，充分顯現人類追求完美的強烈企圖心。人類在文明早期所創造的各種新奇的神話故事，就是神學階段的主要例證。

二、玄學時期

所謂「玄學時期」（metaphysical stage），指的是以真實原因的追尋取代超自然因素的依賴。在此階段中，由於人類理性的逐漸昌明，超自然或神明的力量不再被用來作為解釋事物發生的原因，而改以人類的直觀思辨理性，用邏輯推演的方式來理解自然現象或社會事件，在自然現象或社會事件的本身找出背後的答案，而不再依賴超自然的力量作為答案的來源，因此比起神學的解釋，具有較高的合理性與系統性。

三、科學實徵的時期

所謂「科學實徵的時期」（positivist stage），指的是以法則的尋求超越原因的探究，亦即對於所有事件的解釋都應該以科學的、實證的實驗為主，不能僅憑邏輯的演繹推理，或直觀的思辨而獲致，而必須達到相當客觀的境界，並保證任何理性清明之人，都能依據相同的程序來獲致相同的結論。這種保證使得世界不再神秘化，並使事物的實體得以真正顯現在每個人的眼前，讓人們直接感受到它，並瞭解其中所具有的規律或法則。

科學實徵的研究，通常可以依據研究對象的不同，區分為自然科學與社會科學兩大支。前者以物理的世界作為研究之對象，例如天文學、化學、物理學、生物學等；後者以人類的行為作為研究之對象，除了人類學、經濟學、歷史學、政治學、心理學等之外，尚包括社會學。這些社會科學原本都依附在哲學的領域中，直到十九世紀後期才慢慢從形上學的旗幟下脫離出

來，另立門戶，成為獨立的科學（例如心理學及社會學）。這些人文及社會科學受到自然科學發達的影響，也師法自然科學的研究法則，致力於社會科學的「實證化」，並要求其結論能夠達到像自然科學一樣的客觀。例如，德國心理學家馮德（Wilhelm Wundt, 1832～1920）所提倡的科學心理學，是以「生理心理學」的姿態出現。孔德所提倡的社會學，最早則是以「社會物理學」命名。由此可見他們師法自然科學的用意。而在此種趨勢的影響之下，人文及社會科學的發展階段已被歸為科學實證的階段，乃成為共同的看法。教育社會學是針對有目的與組織的教育行為加以研究的科學。教育社會學家為了使自己的理論具有強大的說服力，也採用科學的方法來探究有關人類教育的系統知識，並以客觀的證據證明其理論的正確性，使其理論有別於常識性的看法，也因此漸漸脫離了神學與哲學思想的範疇，而進入科學的領域。準此而言，教育社會學的發展階段是屬於人類知識演進的第三個階段（亦即科學實徵的時期），殆無疑義。

貳、教育社會學的科學屬性：兼具行為科學與價值科學的雙重特徵

　　在整體的科學知識體系中，教育社會學與其他科學知識具有如何的相互關聯性，是我們要進一步追問的問題。而要回答這個問題必須瞭解教育社會學所具有的科學屬性。依據孔德的說法，人類所有的科學知識雖然都經過上述的三個時期，但並非同時達到相同的發展階段。較為基礎的科學首先採用實證的精神與方法，較為複雜的科學則在此基礎上再做進一步的發展。因此天文學與數學先於物理學而發展，而物理學是化學的前驅，化學又是生物學的先鋒，最後才是社會學的出現。孔德認為，化學以及先於化學之前驅學術都是「分析的」學術，生物學與社會學則是「綜合的」學術，因為生物與社會都是複雜的機體，都需要從整體的觀點才能瞭解。此外，孔德又將各種科學知識的研究內容分為七類，並以不同的方式來加以歸類。例如他以知識的連續性為準，先將七大科學分成物質的、生命的、人類的三部分，再將物質

的部分區分成數學、天文學、物理學、化學四科；生命的部分則只有生物學一科；人類的部分則含有社會學及道德兩科。他又從秩序的觀點把七大科學知識區分成外在或物理的秩序與人類或道德的秩序兩大類，前者包含數學、天文學、物理學、化學以及生物學五科；後者包含社會學及道德兩科。在孔德的眼中，由簡單到複雜、由自主到相互依賴，各種不同的學科形成一種自然的階層性。而社會學是人類與社會發展的最終解釋，道德則是所有知識的終極目標。茲將孔德的七大科學知識的分類，圖示如下（見圖三，參考孫中興，民 82，頁 64～65。並稍做修正）：

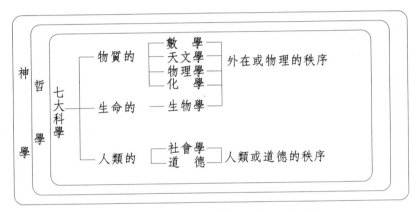

圖三：孔德七大科學知識的分類圖

　　教育社會學在上述的科學知識體系分類圖中，我們可以將之歸在與社會學相同的位置，亦即是屬於「有關人類的或道德的知識」，強調「人類或道德的秩序」。儘管如此，教育社會學不僅與純粹的自然科學有其屬性上的差異，就算與社會學之間也不盡相同。這點差異主要來自教育社會學的主要論題是「教育」，而非「社會」。而「教育」所獨具的強烈的價值性，使得教育社會學無法完全脫離價值的範疇。因為教育的核心活動是教學，而教學是屬於施教者與受教者之間的交互作用，這種交互作用不僅著眼於行為的改變，而且必須是有意向、有目的的改變。換句話說，教育所追求的行為改變必須是「可欲的」改變。而所謂改變是否「可欲」，就必須牽涉到價值判斷

的問題。因此，教育社會學已有一大部分涉入價值科學的領域，此種強烈的價值性，使其超乎一般行為科學的純粹客觀性。由此觀之，教育社會學在科學體系中的位置，實已跨越了行為科學與價值科學的兩大範疇。茲將各種科學在屬性上的相互關係以下圖表示（見圖四，引自田培林主編，民58，頁17，並稍作修正）：

圖四：各種屬性科學的相對關係圖

　　　價值科學是一種主觀的科學，這種主觀的科學是針對人文社會科學過度標榜科學實徵主義所產生的流弊而提出。因為科學實徵的研究，強調的是以系統的方法搜集、分類、統整、詮釋資料而獲得知識，並且用可以檢驗的敘述方法來描述其通用的原理。它所關心的研究重點，是不受個人主觀價值所影響的絕對客觀的事實，其所建立的通則，則是要求放諸四海而皆準、百世以俟聖人而不惑的絕對真理。但是這些年來，由於人文及社會科學所獨有的特質，無法與自然科學完全一致，其經緯萬端、盤根錯節的現象，也無法使用通則化與公式化的方式來完全加以解說。因此，採用純客觀、證驗的社會科學研究，開始受到了質疑與批評。而成熟的人文社會科學必須跨越客觀科學的限制，注入主觀科學的成分去發展，並承認人類行為含有與自然科學相異的主觀價值成分，而無法像自然現象一般被完全掌控。由於教育社會學不

能拋棄有關價值的成分，故教育社會學兼有行為科學與價值科學的雙重屬性，而無法以絕對客觀的自然科學或行為科學視之。

參、教育社會學是一門中介學科：兼具教育學與社會學的雙重性質

　　教育社會學是研討教育與社會之關係的科學，這是多數人可以認同的說法；但是教育社會學究竟為社會學或教育學的分支學問，則是仁智互見的看法，也是長久以來社會學者及教育學者所爭論不休的一個問題。有些學者採用社會學的理論及方法，以研究教育社會學；另有些學者則根據教育的觀點來探討教育社會學。由於基本觀點及研究方法的不同，難免會有所爭論。其實，教育社會學是一門中介的科學，同時關聯著教育學與社會學兩大學科，而成為一門分別承傳著社會學與教育學的雙重特質的學科。一方面，教育社會學是屬於教育學的分支。另一方面又是社會學的分支，這就使得教育社會學產生了既姓「教」，又姓「社」的獨特性質（吳康寧，民87，頁6）。就姓「教」的立場來說，教育社會學在教育學的知識體系中佔有核心的或理論的地位。就姓「社」的立場來說，教育社會學在社會學的知識體系中只佔有邊緣的或應用的地位。要瞭解教育社會學的特徵，非對其「複姓」的本質有所體認不可。

一、教育社會學在教育學中所佔有的核心地位

　　首先從教育學的觀點來考量教育社會學的地位。教育學的知識體系和其他的人文社會學科一樣，一直是屬於哲學思辨的範疇。而使教育學由哲學的領域中分離出來，成為一門獨立的科學，當推被尊稱教育學之父的德國大儒赫爾巴特（Johann　Friedrich　Herbart,　1776～1841）及其再傳弟子賴因（Wilhelm　Rein,　1847～1929）兩人。赫爾巴特將教育學的內容區分為三大部分，即是目的論方法論以及特殊的方面（詳見圖五所示，轉引自雷國鼎，民79，頁5）：

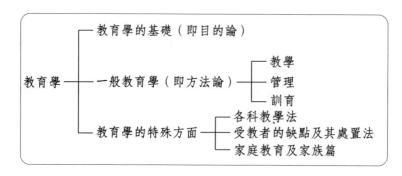

圖五：赫爾巴特對於教育學內容的區分法圖

由圖中，可以看出赫爾巴特的教育學理論體系包含了三個層次，即目的論、方法論以及實際措施。其中目的論居於最上層，對於整個教育的方向起著領導與維持的作用。方法論則居於中間，是達成教育目的的主要理論依據。實際措施則居於最下層，是依據教育目的與教育方法所定出的實際手段。這種區分方法，層次分明，使人一目瞭然地掌握了教育的整體架構。但是其缺點則在於赫爾巴特並未將代表各層次的主要學科予以明確標出。其再傳弟子賴因不但對教育學的知識體系做更為精密的區分，更指出倫理學與心理學在此體系中的重要地位（見圖六，轉引自雷國鼎，民79，頁6，並稍做簡化）。

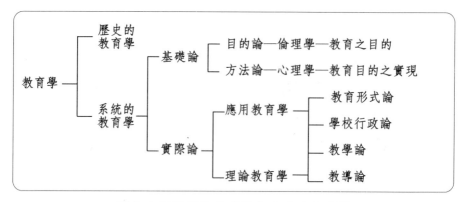

圖六：賴因對於教育學內容的區分法圖

　　由圖中可以看出，賴因將教育學的體系先區分為歷史的教育學（即是教育史）以及系統的教育學。而系統的教育學又區分為基礎論與實際論兩部分。基礎論中又包括目的論與方法論兩大分支，而以倫理學作為目的論的主要依據，以心理學作為方法論的重要原理。

　　然而值得注意的是，在赫爾巴特與賴因的教育學知識體系圖中，皆未標出教育社會學位置，甚至連教育哲學與教育心理學的位置也付闕如。其實這並非表示赫爾巴特與賴因不重視教育社會學的地位，他們所反映的只是教育學在十九世紀上半葉要朝向科學階段去演進的實際情形而已。由於當時教育社會學尚未獨立，就連教育心理學也未能完全自心理學中分化出來，當然無法出現在其教育學的知識體系中。以今日的教育學體系而言，則教育社會學與教育心理學已經被公認為是教育學體系中不可或缺的成分，而與教育哲學同樣被稱為教育學的三大理論支柱，其地位之重要，可見一斑。準此而言，教育社會學在教育學中實在佔有核心的重要地位。

二、教育社會學在社會學中所佔的應用地位

　　其次，從社會學的觀點來考量教育社會學的地位，則可以發現教育社會學在社會學中所佔的地位似乎遠遜於其在教育學中的地位。陳啓天有關社會學與教育學關係的考察，可以看出教育學只是一門應用的社會學。他說：「社會學是普通的社會科學，教育學是專門的社會科學。普通的社會科學必須取材於專門的社會科學，專門的社會科學必須根據普通的社會科學。那麼，社會學就變成教育學的基礎，教育學就變成社會學的應用了。更明白點說，教育學只能算是一種應用社會學，也不為過」（陳啓天，民 57，頁 119）。

　　有關教育學是應用的社會學之論點，可以從孫本文對社會學的分類中，看到二者的關係。孫本文有關社會學內容的分類可以下表說明之（見表一，引自孫本文，民 23，頁 35）：

表一：社會學的分類表

普通的社會學	特殊的社會學	敘述的社會學	應用的社會學
社會學	經濟學 政治學 法理學 倫理學 文化人類學 社會心理學	歷史	行政法 教育 社會工作 商業

　　由表中可以明顯地看出，社會學的知識體系自從由哲學的領域獨立出來，成為一門獨立的科學以後，其知識內容又逐漸擴建了不少。而依其知識內容之性質可以分成四類。其中教育被歸在第四類應用的社會學中，是應用社會學的原理原則以解釋教育的現象，並藉以明瞭教育的真實情況。這與第一類普通的社會科學，是研究社會生活的全般共通現象；第二類特殊的社會科學，是研究社會生活的各部分特殊現象；或第三類敘述的社會科學，是研究社會生活的過去狀況，都有本質上的不同。由此可見，從社會學的角度來看教育社會學，則教育社會學亦僅屬於社會學的應用而已。因此，身為教育學三大理論之一的教育社會學也只是社會學的應用，只佔有從屬的地位。

三、教育社會學：一門中介的學科

　　由於教育社會學具有教育學與社會學雙重學科的特性，其本質乃是這兩個學科的中介學科，自然也就無可避免地兼有這雙重學科的基本性質。又由於教育社會學在教育學的體系中居於理論的（而非應用的）位置，與教育哲學、教育心理學同屬教育三大理論基礎。但在社會學的體系中則居於特殊的（或應用）的位置，與家庭社會學、青少年社會學、犯罪社會學、人事社會學等同屬於應用的社會學。因此，教育社會學兼具理論與應用的雙重特徵。雖然任何一門學術都兼具有理論性與實用性的雙重特徵，但是教育社會學的此種雙重特徵主要源自其中介學科的緣故，因此具有不同之意義。茲將教育社會學此種中介學科的本質以下圖說明之（見圖七）：

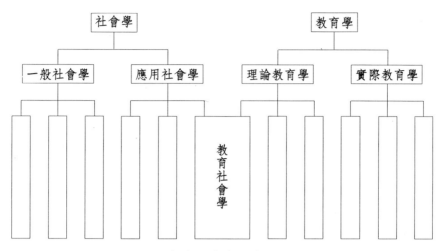

圖七：教育社會學的中介本質圖

　　由圖中可以看出，教育社會學居於社會學與教育學的中介位置，是聯絡社會學與教育學而成的學科。一方面，它屬於教育學的三大理論之一，而與教育哲學、教育心理學同屬教育學的三大理論支柱，是教育學其他實際措施（諸如：各科教學論、教師養成論、學校管理論等）的基礎學說。另一方面，教育社會學屬於社會學的特殊或分支部分，與其他應用的社會學（例如：犯罪社會學）一樣，都是應用社會學的基本原理來解說獨特的社會現象。所以一部完整的教育社會學一定要兼含從教育學與社會學的立場而得的雙重主張才對。教育社會學自十九世紀末建立以來，不但被視為社會學的一支，成為建立完整的社會學理論所不可或缺的一環，而且也被視為教育學的一部分，乃是解決教育問題所必須依賴的理論基石（林義男，王文科，民87，序）。誠如林清江所謂（林清江，民68，頁1~2）：

　　客觀的需要使得現代的社會學家及教育學家同時在研究教育制度及教育現象。社會學家對於教育研究的淡漠及教育學者對於社會學理的陌生，已經漸漸成為陳跡；代之而起的是二者之間密切而衝突的關係。而這種衝突的關係既牽涉社會學的發展，也牽涉教育學的發

展，社會學或教育學者都在探討這種衝突的真象，希望獲致可能解除衝突的方法，以裨益於社會學和教育學的發展。

◉ 第二節　教育社會學的獨特觀點 ◉

教育社會學的主要旨趣是以社會學的觀點（sociological perspectives）來說明並詮釋教育的現象與本質。這種觀點與其他的觀點（例如心理學的觀點、史學的觀點或哲學的觀點）在立場與方法上都有相當的不同。在說明教育社會學的獨特觀點之前，首先必須說明何謂觀點，其次說明何謂社會學的觀點，然後才能見出教育社會學觀點的特徵，也才能分清教育社會學的觀點與其他教育學科的觀點有何差異。

壹、何謂觀點

簡單地說，觀點不但是一種看待事物的角度或方法，更是理論產生的重要環節，茲分別說明如下。

一、觀點是看待事物的角度或方法

觀點（perspective or point of view）通常指的是「一種看待事物的角度或方法」。此處所謂的角度可以是物理空間的具體方位，也可以是心理上的態度與觀念。人類在看待任何事物時，很難不受其當時所在方位的影響，也很難跳脫其過去生活經驗與既有成見之影響。例如張潮在其廣受歡迎的「幽夢影」一書中，曾以賞月來比擬讀書，以便說明物理空間與心理感受對於讀書的理解有相當的影響。他說（張潮，民 77，頁 100）：

少年讀書如隙中窺月，中年讀書如庭中望月，老年讀書如台上玩

月，皆以閱歷之淺深爲所得之淺深耳。

　　文中所謂的隙中、庭中、台上指的是物理空間的方位與角度；而少年、中年、老年則指個人的心境與感受。簡言之，一個人的觀點會影響他對於每件事物的看法，不獨讀書爲然。不同的方位與角度，對於同一件事物，可能造成不同的景觀。不同的態度與觀念，更是見解相異與爭論的來源。其實人類所有的爭論，無一不是由於方位與角度的不同或態度與觀念的差異所造成的。不明瞭觀點對自己所造成的影響，往往不能放棄或轉變自己的看法，也無法以同理心去瞭解他人的想法，更無法得到較爲客觀與周延的見解。任何事物從不同的觀點去把握時，都會看到不同的結果。例如朱孟實在其所著「談美」一書中所謂：同是一件事物，看法有多種，所看出來的現象也就有多種。他舉例說明我們對於看一棵古松的三種態度，可能是實用的、科學的、美感的，而這三種不同的觀點，產生了三棵不同的古松。他說（朱孟實，民71，頁3～4）：

　　比如園裡那一棵古松，無論是你、是我或是任何人一看到它，都說它是古松。但是你從正面看，我從側面看，你以幼年人的心境去看，我以中年人的心境去看，這些情境和性格的差異都能影響到所看到的古松的面目。……假如你是一位木商，我是一位植物學家，另外一位朋友是畫家，三人同時來看這棵古松。我們三人可以說同時都「知覺」到這一棵樹，可是三人所「知覺」到的卻是三種不同的東西。

　　心理的態度與觀念所造成的觀點不同，有時更甚於物理的方位與角度。而個人學術背景之不同又是心理觀點的差異來源，因爲學術的特殊訓練會影響我們的思考、談論的方法以及行爲的方式。例如有五位不同學術背景的學者，一起來到一個荒原，他們的眼光很容易各自被不同的東西所吸引。地質學家容易被遠方一塊奇形怪狀的岩石所吸引；考古學家容易注意到一個破舊

的墳墓；植物學家則很可能會低著頭，小心翼翼地觀察一棵奇花異草；而鳥類學家則極可能仰首觀察有翅膀的動物；至於社會學家，他可能對於出現在荒原之上的那間小酒館感到興致勃勃。他們所處的時空背景是一樣的，但因學術修養有異，所以他們的所見也就完全不同。同樣的，對於「人」的瞭解，從不同的學術角度去描述，其結果將是多麼的不同。例如從化學、生理學、生物學、心理學、社會學、甚至神學的不同的角度去描述一個人，其結果可能完全不一樣。假設現在有一群不同專業背景的人，同樣坐在月台上等車，他們望著來來往往的人群，但是映入他們眼中之人，卻是以不同的容貌來呈現。例如警察會注意到人的眼神、表情、舉止，進而推想他們有無犯罪之可能，他眼中所見之人，是以好人或壞人來分類的；而醫生會注意到人的臉色、行動，並且判斷有何種疾病纏身，他眼中所見的人是以健康與否來分類的；由此可見，專業的素養會影響一個人對他人的注意焦點。對於同一個人，醫生、銀行家、牧師、警察的觀點不一，而社會學家的注意焦點則以年齡、種族、階級等觀點來加以分類。這種受到專業素養所影響的現象，是十分普遍而深刻的，有時我們自己何以有此觀點並不自知。但是，我們都應該知道，觀點對我們的影響是無時無刻都存在著的。

二、觀點是理論產生的重要環節

「觀點」（perspective）除了影響我們對事物的看法，更在知識形成的過程中扮演了重要的角色。研究者藉由心中的基本觀點，提供了問題的假設、觀察問題的重點、搜集資料的方法以及呈現結果之方式。因此他的觀點其實是滲入在整個的研究過程中，有時甚至連自己都不知道。有關觀點對知識形成過程之影響，可以由下頁圖表示之（見圖八）。

由圖八中可以看到，在整個知識建構的過程中，每一個環節都是緊密相扣的。因此，圖中的箭頭是雙向的，表示這是一種相互影響的循環。此外，圖中的過程並無明顯的起點，而是可以由任何一點做為起點的。但在此要強調的是基本觀點對整個過程的影響，它雖然常常居於幕後，卻以無形的方式影響著研究的所有歷程，而成為影響理論產生的最主要根源。

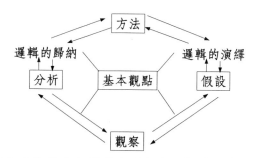

圖八：觀點在知識形成過程中所扮演之角色圖

貳、何謂教育的社會學觀點

　　教育的社會學觀點指的是從社會學的角度來把握教育現象的意義。這種觀點可以提供我們另一種新的視野，讓我們以另一種方法來理解教育的世界。教育的理解之所以要注重社會的層面，主要原因是「人是社會的動物」，而教育又是爲了社會的需要而發明的一種求種族生存的重要手段。換句話說，教育具有相當的社會屬性。我們一生下來便已繼承了許多的「社會屬性」，更無法自外於社會。人類受到其「社會屬性」的影響可謂既深且鉅，誠如魯道夫（Anthony Rudolf）的「人文主義者的十四行詩」所作的簡要但生動的描述。詩云（引自 Meighan, 1986, p.6.）：

　　我被我的階級（class）所決定；

　　我被我的性別（sex）所決定；

　　我被我的信仰（god）所決定；

　　我被我的基因（genes）所決定；

　　我被我的下意識（unconscious）所決定；

　　我被我的童年（childhood）所決定；

　　我被我的死亡（death）所決定；

　　我被我的氣候（climate）所決定；

我被我的故鄉（homeland）所決定；

我被我的工作（work）所決定；

我被我的報紙（newspaper）所決定；

我被我的深層的語言結構（deep linguistic structures）所決定；

我被我的上述種種所決定；

連我的自由都是被決定的。

人類的一生中，受到外界的束縛甚多，其中有的是屬於個人的與自然的因素，有的則屬於社會的因素。詩中所提及的，除了基因、下意識、氣候三者屬於個人或自然的因素之外，而其餘的階級、性別、信仰、童年、鄰居、工作、報紙、語言結構，無一不是社會的因素，甚至連死亡也成為一個重要的社會事件，而非個人所能獨立決定之事。在人類文明尚不發達的年代，個人與自然的因素對一個人的決定力是十分鉅大的，但是隨著人類文明的累積，社會的因素的重要性乃與日俱增，終至超越了個人與自然因素的影響力。社會因素對我們的影響力量是無所不在的，正如馬基（Reece McGee）所謂：「我們都是受到出生背景與社會環境所操控的木偶，我們的身上綁滿了無形的線，受著社會的操縱而不自知」（McGee, 1975, p.xi）。當我們理解了許許多多綁在我們身上的無形的繩線，也許比較能夠發現自己與社會具有無法斷絕的關係。而教育社會學的研究就是要增加我們對影響教育的社會因素的瞭解。用社會學的觀點來理解教育現象時，其所強調的是：㈠要將教育的理解焦距對準在社會的因素上；㈡是重視公衆議題的解決。分別說明如下：

一、教育社會學是將教育的理解焦距對準在社會的因素上

為什麼探討教育不能不將焦點對準在社會的因素上呢？因為教育本身含有濃厚的社會性，排除了這些社會的因素，教育就失去了其應有的面貌。每個人自出生至死亡，無時不生活在各種的團體之中並受其影響，而非完全獨

立自主。這些團體有時是親密的小團體，像家庭與朋友；有時則是大的結構，像公司、機關等。教育社會學家並不否認個人因素對教育具有影響的力量，但他們所強調的重點在於團體力量對教育的重大影響。所以對於教育的本質、宗旨、目的、設施、效果等各個層面，都需要從社會的角度來加以考量。忽略了教育的社會因素，極可能造成教育的偏頗，甚至產生錯誤。唯有把握住教育的社會性與群體性，才能找出教育的社會趨勢，辦出符合社會需要的教育，並用教育的力量帶領我們建立更為美好的社會。這種將焦點對準在社會因素之上的教育理解，便形成教育社會學的主要觀點所在。陳啟天對於教育所具有的社會屬性所做的清晰的解說，很能說明教育的此種社會性質。他認為教育的社會性在於（陳啟天，民57，頁120～124）：

㈠從社會學看來，教育的本身即含有社會的意義。教育就是一種社會關係，教育離開了各種社會關係，不但無從實施教育，並且無所謂教育。

㈡從社會學看來，教育的宗旨須適合社會的目的。教育是為社會設施的，不只是為個人設施的，因此教育的宗旨必須適合社會的目的。教育宗旨離開了社會的目的，也就失去其依歸。

㈢從社會學看來，教育的設施必須適應社會的需要。教育要能幫助兒童在社會中得到最有效率的生活，就必須考量社會所需要的各種能力。

㈣從社會學看來，教育的效果須能促進社會的進步。

二、教育的社會學理解所重視的是公共議題的解決

美國社會學家彌爾斯（C. W. Mills）在其名著「社會學的想像」（The Sociological Imagination）一書中，認為所謂社會學的觀點，便是要將「情境中的個人煩惱」（the personal troubles of milieu）與「社會結構上的公共議題」（the public issues of social structure）區分開來（Mills, 1975, p.8; 張君玫、劉鈐佑譯，民84，頁37）。彌爾斯瞭解在此一急遽變遷的社會裡，許多「個人的煩惱」，其實都具有社會的性質。換句話說，這些問題並非單純的「個人的煩惱」，而是「公共的議題」。對於此種問題如果不能採取社會的觀點去加以思考，是無法有效地將之解決的。個人越能運用社會學的想

像，便越能發展出清澈的洞見，越能瞭解時代的脈動，而面對問題與解決問題的能力也會因此大增。

所謂「個人的煩惱」，指的是由個人特性所引起的問題，例如個人因為能力不足，或個性孤傲、工作態度不佳而找不到工作，那麼他的失業問題是屬於「個人的煩惱」。當問題的發生不是因為個人的特性所造成，那便是「公共的議題」。例如能力夠、性向相符、態度良好的許多人也失業了，這就不能再以「個人的煩惱」視之。因此，對於只有少數人找不到工作，我們要研究的便是造成這些人失業的性格、能力、技術、或其他可能的個人因素，並針對這些因素加以改善，就能解決其失業的問題。但如果一個社會的失業率高達百分之十，甚至更高，就非採取社會學的觀點，從經濟以及其他社會因素來探討此一問題，否則是無濟於事的。又如離婚現象的解釋也是如此。如果個人的離婚是因為夫妻雙方的「個人屬性」所引起，只有找出此種屬性之所在，才能對症下藥，挽回其婚姻。但是，如果一個社會的離婚率高達百分之十，甚至更高，那麼造成離婚的因素必然不僅僅存在於個人因素中，必須從其他的社會因素下手，才能找到問題之所在（例如家庭結構的改變），進而提出可行的解決之道。現代社會的許多問題（當然包括教育問題在內），往往不是單純的個人問題，光從個人屬性的角度著手，而忽略了社會的結構與歷史的脈絡是無法解決問題的。因此，彌爾斯認為（張君玫、劉鈐佑譯，民84，頁43）：

> 當今社會學家首要的政治與學術（在此兩者是一體的）任務，是要釐清當代不安感與漠然的要素。這是其他的文化工作者---物理學家、藝術家，和整個學術社群---對社會科學家的核心要求。我相信，正是因為這個任務與這些要求，社會科學家逐漸成為我們這個文化時代的公分母，而社會學想像也成為我們最迫切需要的心智特質。

就教育而言，教育原是每個為人父母者的責任，而且教育的成效基本上

是受到個人心理特徵（例如智力）的影響。但是社會發達之後，教育已經成為一項重要的社會制度，受到了許多社會因素的影響，我們光從個人的心理特徵去理解是顯然不夠的。例如如果有一位學生的數學總是不及格，這也許是他個人智力、努力、情緒或態度的問題。但是如果全班有半數的學生數學不及格，就很難光從個人屬性的觀點去加以理解，而非由社會因素去把握不可。而這正是教育社會學的主要任務與興趣所在。教育的社會學想像便是從較大的社會與歷史的脈絡去考量問題，並且要設法解決超越個人煩惱的「社會議題」。孟海姆（Karl Mannheim）用「社會知覺」（social awareness）一詞，說明解決社會議題要有統整的社會學觀點，便是要我們環顧周遭的環境，以超越個人問題的觀點來把握問題，其見解與彌爾斯的看法是相一致的（Mannheim, 1971, p.374）。準此而言，教育社會學的著眼點是偏重在教育的公共議題，並要找到形成問題之社會因素來加以解決，此種著眼點是與其他教育學科的基本取向有所不同的。

參、教育社會學觀點與其他教育學科觀點的差異

教育的研究並非某些人的專利，只要有興趣，任何人都可以對教育的現象提出解說。而且教育現象的理解並不只限於社會學的單一觀點，我們還可以有其他的不同觀點。有關教育的學科甚多，例如教育哲學、教育心理學、教育史、教育行政學、教育經濟學、教育人類學、社會教育學等，便是各自以其獨特的觀點來研究教育。既然各種教育科目都以教育為研究之對象，彼此之間就必然存有相互關聯與相互區隔的關係。國內學者林清江曾經把教育社會學與教育心理學、教育經濟學、比較教育、教育史、教育哲學等科目的異同及相互關係做過清楚的比較（林清江，民 61，頁 24～27），值得參考。此處擬從本質上的不同，來辨認教育三大基礎學科的相互關係，進而對於常與教育社會學名稱相混的社會教育學之差異，亦順便加以說明。

一、教育社會學與教育哲學、教育心理學之區分

(一)三者的相似性

教育社會學、教育哲學以及教育心理學被稱為教育理論的三大基礎科目，因為這三個科目涵蓋了有關教育現象的三種主要觀點，分從社會學、哲學以及心理學的觀點去把握教育的本質。此三科的相似性有二，其一是這三科皆以整體教育作為研究對象，此與其他教育科目往往只著重於教育的某一部分不同。例如教育行政學只研究教育機構中的行政部分，而非對於教育的整體加以探討；其二是這三科皆從理論的層面去探究教育的現象，而與強調教育實用性的其他科目有所不同。

(二)三者的相異性

儘管教育社會學、教育哲學以及教育心理學具有上述的相似性，他們之間的差異性仍然十分明顯。

首先就研究方法而言，可以將三者區分成兩大類型，而教育社會學與教育心理學同屬於社會科學的領域，同樣以科學的方法來解釋教育的現象，因此可以被歸為同一類。這兩科皆強調科學實證的要求，皆將教育現象視為「社會事實」（宋明順譯、友田泰正著，民79，頁1），而對其進行客觀的研究，以確保其研究的三大特性：理論性（theoretical）、實徵性（empirical）以及客觀性（objective）（Reid, 1986, p.22～24）。相對的，教育哲學則偏向於哲學的領域，是以直觀思辨作為探究教育的方法，並不強調科學方法的客觀性，也不以社會事實來侷限研究的範疇，反而涉及許多抽象的概念（例如人性的善惡），並認為這些無法提出科學證據的概念，其重要性並不亞於能夠客觀實證的概念。

其次就研究對象的不同，可以對同屬於社會科學領域的教育社會學與教育心理學加以區隔。一般而言，教育社會學所注意的是教育現象中有關團體的與分類的屬性，要從社會的關係中解說教育的現象與本質，而其所強調之

重點是：學校的世界是一個社會的世界，教育現象更是社會現象的一環，忽略大的社會因素而談教育，往往會見樹而不見林，甚至造成誤導或偏見。而教育心理學家則以有關個人的心理屬性（例如人格、動機、情緒、行為等）去考量教育的現象與本質，用兒童的身心發展階段、學習動機、個別差異等概念，作為解釋教育的基本用語。

　　最後要強調此三科雖有相異性，卻沒有相互矛盾處，反而具有互補互成的性質。教育哲學從超越時空的角度，去把握教育的基本方向，可作為教育實施的重要依據；教育社會學與教育心理學則要彼此配合，互相參考。因為個人的社會屬性與心理屬性是不可分離的整體。誠如個人心理學的大師阿德勒（Alfred Adler）所指出（蔡美玲譯，民79，頁33～34）：

　　即使是個人的思想，也是由與同類相處的社會關係中得到。因此，
　　為了知道一個人的思想，我們必須察看他與同類的關係。人與人的
　　關係一方面由宇宙的本質決定，所以是變動不居的；另一方面他也
　　由固定的制度或習俗決定---比如社會或國家的政治傳統。如果沒
　　有同時瞭解這些社會關係，我們便無法領會心理的活動。

　　所以三者所採之觀點雖異，但是其中並無軒輊之分，反而要藉著三者的相互補足，才能使教育的圖像更加清晰。因為教育心理學從心理發展的觀點，說明個人的智力、性向、動機等對其教育的影響；教育哲學以思辯的方式，對教育的形上本質、目的、功用加以解說；而教育社會學則重視教育的社會因素的考量。唯有三者互補，才能使教育的基本理論粲然大備，為教育找到最佳的坦途。

二、教育社會學與社會教育學之區分

　　教育社會學與社會教育學由於名稱相似，時常被人混為一談（林清江，民61，頁6；陳奎憙，民87，頁1）。其實教育社會學與社會教育學的本質差異，可以從它們的相對待名詞中清楚地分辨出來。教育社會學的相對待名

詞是教育心理學，二者分從社會學與心理學的層面來建立自己的理論；而「社會教育」的相對待名詞是「學校教育」，指的是學校以外的其他機構所實施的教育，例如文化中心、圖書館、報紙、電視等都是社會教育的機構，是以學生以外的成人作爲教育的主要對象，因此又稱爲成人教育。而社會教育「學」是以研究社會教育之理論基礎、實施原則及實施方法的一門學科，其研究之範圍與研究之旨趣與教育社會學有極大的差異，只要稍加辨別，就不至於混淆了。

◉ 第三節　教育社會學的研究對象 ◉

壹、教育社會學的兩種不同的定義

　　要瞭解教育社會學的研究對象，可以從其定義中去搜尋。有關教育社會學的定義甚多，此處無法也無需逐一加以列舉，但卻有需要將有關的定義加以歸類。翻閱有關教育社會學的書籍，可以看到兩類不同的定義。其中第一類是把教育社會學界定爲社會學的應用學科，因此強調其應用性或實踐性。例如：英國教育社會學家班克斯對教育社會學所下的定義是（林清江譯，民67，頁1）：

> 教育社會學正像家庭社會學或政治社會學一樣，是將社會學的觀點應用在一種主要的社會制度上，……這門學科的發展仰賴社會學概念及其研究結果，可是它在很長的一段時期卻未納入主要的社會學研究領域，而成爲教育研究的一部分。

　　早期的教育社會學定義大多採取此種定義，將教育社會學附屬於社會學的門派之下，強調教育社會學的研究對象與社會學所研究的在本質上並無不

同，而只是範圍上有廣狹之分而已。這種定義所採用的觀點，認爲教育現象是社會現象的一環，因此對於教育的理解可以用社會學的理論加以解說。換句話說，教育社會學是應用社會學既有的理論作爲說明、詮釋教育現象，發現教育眞實，進而改進教育措施，達成教育目的，增進人類福祉的一門學科。此種說法強調社會學原理原則之借用，其優點是掌握了教育社會學朝向科學化的重要趨勢，期望教育社會學能夠徹底地脫離哲學思辨的窠臼。其缺點則是否定了教育社會學有其獨立性，更忽視了教育社會學的研究領域並非完全被社會學所涵蓋。此種定義由於眼光過於狹隘，而使教育社會學淪爲社會學的附庸，不僅無法見到教育社會學的整體面貌，也容易造成觀念的扭曲，因而並未受到多數人的認同。

　　第二種定義則是爲了避免上述的缺點，改從比較寬廣的觀點來看，認爲教育社會學固然有一部分是應用社會學的既有理論來解說教育現象，但是社會學的理論並無法包含所有教育的現象，因此不宜直接將教育社會學附屬於社會學之下。持這種看法的學者知道教育社會學在本質上兼有教育學與社會學的雙重屬性，不宜單從社會學的一個面向來加以界定。例如林生傳對教育社會學的定義爲（林生傳，民71，頁2）：

教育社會學是跨越教育學與社會學之間，以探討社會結構中的教育
制度，教育歷程中的社會行爲爲目的的一門科學。

　　陳奎憙也從教育社會學具有獨立的學科本質出發，認爲教育社會學應該建立自己的理論，或修正社會學與教育學的理論，而非純粹的應用他人的理論而已。因此，他將教育社會學界定爲（陳奎憙，民69，頁16）：

教育社會學是探討教育與社會之間交互關係的科學；其研究在瞭解
個人社會化的意義，闡明教育制度在社會結構與變遷中的地位，分
析學校社會組織與班級社會體系，其目的在於建立或修正社會學與
教育學的理論，並藉以改進教育措施，促成社會進步。

這種較爲寬廣的定義強調教育社會學的研究對象有其獨特性，其固有之研究題材有些是社會學並未觸及者，例如有關課程與教材教法的部分。因此若說教育社會學是社會學的應用科學，顯然有所不足之處。即使是相同的研究題材，在研究的處理上，教育社會學也有其獨特的研究興趣，而不與社會的考量全然相同。因此，教育學者與社會學家各自使用不同的理論體系及方法來進行教育現象的研究，彼此的爭論是難免的。但這種歧異是可以互補，而非相斥的。就教育社會學的發展趨勢而言，採用寬廣的定義是較爲正確、而且周延的。唯有重視教育社會學研究的本意，才能脫離社會學的統轄，而建立起本身特有領域的理論，這才是正確的做法。

貳、教育社會學的研究主題

教育社會學的研究主題並非自始就很明確，而是隨著本學科的演進而漸漸有所增刪。朱匯森曾對教育社會學的研究主題歸納爲（朱匯森，民 51，頁 14）：

……瞭解個人社會化的意義、學校內人與人的關係、社會結構及變遷對學校教育的影響、學校與社會的交互作用等，再以這些認識爲基礎，進而研討如何促使學校與社會共謀進步的有效辦法。

林清江也曾臚列了教育社會學的五項主要內容，包括教育的功能、意義、目的、組織與方法，並說明這五項內容對於教育學理論的建立所具有之貢獻（林清江，民 61，頁 32）：

申論教育在社會結構中的地位，才能瞭解教育的整體功能；說明社會化的歷程，才能瞭解教育的真義；分析社會變遷與教育的相互關係，有助於適當教育目的的形成；從學校的教育環境，可以瞭解現代學校的特質；分析教師的社會角色，裨益於正確教學方法論的建

立。研討教育學必須探討教育的功能、意義、目的、組織與方法，
而教育社會學的研究內容對上述各領域，都有其積極的貢獻。

　　綜觀各家對於教育社會學研究主題的看法，可以包含微觀的與鉅觀的兩
部分，更涵蓋了校內的與校外的兩層次。就鉅觀的層面而言，要由整體社會
的角度來觀照教育的各種施為，尤其是學校教育的社會背景分析，其所強調
的主要概念是「結構」；就微觀的層面而言，則要以教育本身的系統為分析
的重點，說明學校系統的社會本質，其所強調的主要概念則是「過程」。事
實上，探討教育與社會的關係的著作甚多，有些並不是以「教育社會學」的
名稱出現，但無論如何教育社會學的研究主題逃不出鉅觀的與微觀的兩大領
域，或「結構」的與「過程」的兩部分。巴藍庭（Jeanne Ballantine）將
「結構」與「過程」視為教育社會學的兩大主題，並以「系統研究模式」
（systems model of education）說明教育社會學研究所須包含的主題。有
關系統研究模式的概念如下圖所示（見圖九，修正自 Ballantine, 1989, p.
15）：

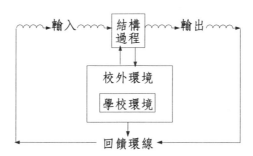

圖九：教育社會學之「系統研究模式」圖

　　由圖中可見教育社會學的研究主體，除了以結構與過程作為核心之外，
對於教育的環境、輸入、輸出以及回饋環線的作用，都視為不可缺少的整
體。唯有將這五大要素及其相互之影響加以納入研究的範疇，所見之教育才
是統整的。

參、教育社會學完整架構之建立

　　儘管教育社會學的發展，已有相當的基礎，但無論是在國內或國外，教育社會學要達到圓融成熟的階段，依然有一段遙遠的道路要走。而其中首要的工作就是建立一個完整的教育社會學體系。誠如陳奎憙所指出（陳奎憙，民 79，頁 1）：

　　　　我國學術領域與師範教育課程中，教育社會學並未受到應有的重
　　　　視。究其原因，除了一般人士對於從社會學觀點研究教育的重要性
　　　　未能充分瞭解外，可能是由於教育社會學本身為一門較為新興的學
　　　　科，其理論體系迄未完全確立，研究主題與方法論亦時有爭論。

　　因此，建立完整的體系也就成為近年來教育社會學者的共同企圖與努力的重點。例如陳奎憙新近所主編的「現代教育社會學」就將全書架構分為三大部分：第一部分為導論，包括：什麼是教育社會學、教育社會學的發展與主要理論以及教育社會學研究方法等四章。第二部分為教育制度的社會學分析，包括：教育功能、教育政策、學校組織與學校文化、班級社會體系、課程、教學、教育專業與教育機會均等等八章。第三部分為教育與社會之間的關係，包括：教育與社會變遷、教育與社會階層化、教育與族群、教育與性別、教育與文化、教育與政治、教育與經濟等七章。並強調這樣設計的理由，一方面在探討教育與社會之間的關係，另一方面在運用社會學的觀點或概念來分析教育制度並解決教育問題（陳奎憙，民 87，序言）。
　　大陸學者魯潔所主編的「教育社會學」，則將之區分為三大領域。即宏觀教育社會學、微觀教育社會學以及中觀教育社會學。宏觀教育社會學主要探討教育與整個社會之間的關係，內含經濟與教育、政治與教育、文化與教育、青年文化與教育、人口與教育、生態環境與教育、社會變遷與教育等章。微觀教育社會學主要著重分析具體的教育活動及其參與者的社會學特

徵，內含班級的社會學分析、教師的社會學分析、家庭與教育、性別差異與教育、個體社會化與教育等章。中觀教育社會學則集中考察溝通宏觀社會與具體教育活動之間聯繫的那些中介，內含社區與教育、學校組織的社會學分析等章（魯潔，1991，頁372）。

　　另一位大陸學者吳康寧也企圖突破教育社會學完整體系建立的困境。他認為教育是社會的「子系統」，必然會與外在的社會產生三種關係，其一是教育的生存與運轉必然會受外部社會的制約。其次是作為一種特殊的社會子系統，教育系統當有其自身之社會結構與過程。最後是作為一種社會子系統，教育系統也必定會對外部的社會有所影響。依此見解，他把教育社會學分成四篇，構成一個完整的體系。第一篇為「教育社會學學科論」，先橫後縱地展示教育社會學的「基本面貌」。第二篇為「教育的社會背景」，考察社會結構、社會差異、社會變遷及其對教育的影響。第三篇為「教育自身的社會系統」，集中分析學校中的基本社會角色（教師與學生）、主要的社會組織（學校與班級）、特殊的社會文化（課程）、核心的社會活動（教學）。第四篇為「教育的社會功能」，說明教育如何貢獻於社會（吳康寧，民87，前言及頁10），可謂體系粲然大備，值得推崇。

　　依據上述各家的見解，教育社會學體系的建立，應該依據本學科的獨特本質，將研究的重點限定在社會現象（以便與心理現象相區隔）的層面，再以雙途分析的方法，先從社會的角度來分析教育，用以說明教育所受種種社會背景的限制，由此看出教育不可能是萬能的，而是時空背景的產物，強調教育的侷限性，並提醒讀者要有時空背景的概念，才不會對教育產生過度而不確實際的期待。然後又從教育的角度來分析社會，強調教育雖是被動的，但是絕非毫無主動出擊的力量。筆者依此理念，提出一個暫時性的「教育社會學的體系」，以便作為教育社會學者對話的參考架構。茲將此一「教育社會學的完整體系」的初步構念，圖示如下頁（見圖十）。

　　由圖十中可以見到，教育社會學的完整體系包含三大部分。第一部分為基礎概念篇，介紹「教育社會學的學科論」，用以說明教育社會學的學科本質及其發展過程與重要流派。

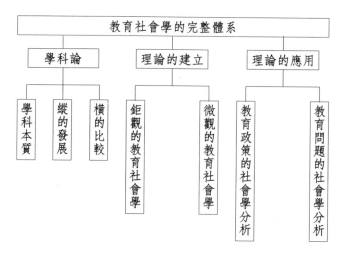

圖十：教育社會學的完整體系圖

　　第二部分為教育社會學的基礎理論介紹，又可區分為兩篇。其一是從鉅觀的角度說明「教育的社會基礎」，又可區分為六大主題：從社會的結構（包括政治、經濟、文化、家庭、大眾傳播等）可以找出教育格局所受的限制所在；從社會的期望可以瞭解教育目的的爭議原因；從社會的階層（包括階級、性別、區域、種族等層面）可以發現教育機會的不均的理由；從社會的變遷可以見到教育改革的基本要求與方向；從社會化的歷程可以知道學校教育之根本不足所在；從社會的科層體制可以明白教育組織的運作原理；凡此種種，皆在說明教育的子系統無法避免外圍大的社會系統的限制，或對於大的社會系統的依賴。其二是從微觀的角度說明「教育自身的社會系統」，又可區分為六大主題：從學校的人員（包括教師、學生、行政人員等）可以發現各種角色的相依賴或相排斥的情形；從學校的文化可以瞭解決定學校氣氛與士氣的背後原因；從學校的課程（包括正式課程、潛在課程、空白課程等）可以發現學校教學內容的真義；從班級組織可以明白學生日常在校的生活環境；從課堂教學可以瞭解學生接受各種影響的實際過程；從教學評量可以知道學生成績或分數的真實意義；凡此種種，皆在說明學校自身就是一個多采多姿社會系統，從學校的社會性質來看教育，可以得到許多意想不到的

結果。

　　第三部分爲理論之應用，介紹「教育社會學的理論在實務上如何應用」，又可區分爲兩篇。其一是「教育政策的社會學分析」，用以解說政府的教育政策如何形成，其正確性與適當性如何，並提出修正之道。其二是「教育問題的社會學分析」，用以解說教育問題的社會原因，並提出根本的解決之道。

　　此一教育社會學體系的初步構想，依然有待所有對此領域有興趣的人繼續思索與修正，使能回歸其學科本質，並且能包含所有之主題，以達到體例完備、無所遺漏的理想境界。

◉ 第四節　教育社會學的研究方法及其爭議 ◉

　　人類因爲有了教育活動，文化的延續、累積與發展才成爲可能。可是教育被當成一門學問來研究，卻是比較晚近的事（田培林，民58，頁1）。人類爲了有系統地解釋教育的現象，找出教育現象與周遭事件之間的關聯，進而建立起教育的理論，乃努力地尋求並改良各種研究的方法，以便對教育實況加以深刻的檢視與分析。唯有精確有效的研究方法才能找出事物背後的顯露的或隱涵的意義，讓我們得以在雜亂而繁多的事件中清晰地掌握其背後的眞實，而不被表面的現象所蒙蔽。因此，理論的建立是任何一門學術科目的首要任務，更是該門學術的精髓所在。任何一門學術的建立，必須使用精密的概念作爲理論建造的的礎石。因此，任何學科的定義除了可由其研究之內容來加以界定外，更可以由其所使用的探究方法（approach）來加以把握。教育社會學的誕生與發展，可以被視爲人類爲了有系統地解釋教育現象，而在探究的方法上不斷地改進的歷程。

　　但是，教育社會學由於本身具有中介學科的雙重本質，復因爲學科內容具有模糊性、演變性與多樣性的特質，所以其研究方法也就呈現出較多的爭議性。茲分四點說明教育社會學的基本研究模式，教育社會學研究的資料蒐

集方法，教育社會學研究的兩大類型及其爭議，以及教育社會學研究的兼採並用性，使讀者能夠藉此知道教育社會學研究的主要特徵。

壹、教育社會學研究的基本模式

教育社會學研究之基本模式，可以圖示如下（見圖十一）：

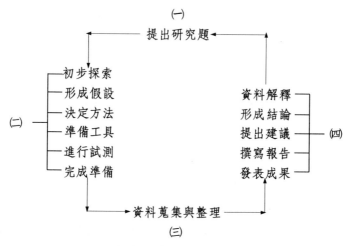

圖十一：教育社會學研究之基本模式圖

由圖中可以見到，教育社會學的研究基本上可以區分為四個階段，即㈠選題階段、㈡計劃階段、㈢資料蒐集與整理階段、㈣結論階段，茲分別說明如下：

㈠選題階段

這是研究的起始點，選題的良窳對於整個研究的成敗有重要的決定力，所以必須認真考慮。題目的來源可以是研究者在教育活動中實際遭遇的困難問題，也可以是研究者基於興趣或求知的慾望而主動探討的問題，也可能是政府或企業界所委託的研究題目。無論如何，在此一階段必須謹慎檢視題目

的價值性及可行性，二者缺一不可。

(二)計劃階段

計劃指的是對整個研究進行的周密設計。在這個階段中，應該審慎地考量如何本著研究的最初動機，達成研究的原設目的。一般而言，又分成初步探索、形成假設、決定方法、準備工具、進行試測、完成準備等步驟。這是在研究題目決定之後所必須進行的準備，準備的充分與否關係著整個研究的成敗，其每個步驟都是環環相扣的過程，必須逐步加以認眞執行才行。

(三)資料蒐集與整理階段

這是指眞正進行研究、蒐集所需的資料，並將雜亂的資料加以整理，使能顯露出意義來的階段。資料的多寡與性質，決定整個研究的品質至爲密切，資料的信度與效度，關係整個研究的價值，因此這是整個研究是否具有說服力的關鍵所在，絲毫不可掉以輕心。

(四)結論的階段

這是指研究的終點，是依據所得的資料與證據，加以歸納、詮釋、解說、然後得出結論。這是整個研究的結論獲致與成果展現的階段，一般包括資料解釋、形成結論、提出建議、撰寫報告以及發表成果等步驟。

貳、教育社會學研究的資料蒐集方法

教育研究法的基本模式雖然只有一個，但是其資料蒐集的方法甚多，一般常用的有觀察研究法（又可分爲非參與觀察法與參與觀察法兩種，二者之不同在於觀察者本人是否加入被觀察者之角色行爲的互動中）、實驗研究法、調查研究法（又可分爲訪談與問卷調查）、次級分析研究法等，每一種研究方法都有其適用之對象，也都有其優缺點。

觀察研究的優點，在於研究者可以在自然的情境下獲得許多詳盡的資

料。但其缺點則在於研究者可能因為與研究對象長期相處而產生情緒涉入的現象，使得研究之結論受到扭曲。其次，由於觀察對象無法太多，很難加以概括化，而概括化卻是科學研究的主要用意；實驗法最大的優點是可以建立因果之間的關聯。其弱點則是實驗的情況往往無法與真實的情況完全相同，而且常會涉及研究的倫理問題；調查法是一種可以迅速蒐集到大量資料的研究方法，這是其優點；但是其缺點在於受訪者所表達的意見往往與真正態度之間有所差距；次級分析法的優點是使用他人或機關所獲得之資料來作為自己研究目的之用。其優點是可以克服由於時光不會倒流，無法直接研究過去事件的困難，但其缺點則是所能蒐集的資料有限，而且當年資料的製作目的與今日的研究目的不一定相同，其可用性須先審慎判斷。茲將此四種研究方法的不同加以比較如下（詳見表二）：

表二：各種研究設計類別之比較表

種類	方式	優點	缺點
調查法	電話或面對面訪談；問卷。	大量資料之獲得容易。	資料易受扭曲。
實驗法	實驗室或田野實驗。	建立因果關聯。	人為干預；研究倫理。
觀察法	非參與觀察；參與觀察。	長期詳盡之觀察。	情緒涉入，難以推論。
次級分析	早期研究；日記；法院判決書；自傳；小說。	其他方法皆無法獲得資料時可用。	資料有限，不一定可用。

　　學者可以依據自己研究主題的特性、研究時間的考量、研究工具的抉擇等因素，決定一種或數種合適的方法，至於其詳細的研究過程，可以在一般介紹教育研究法的書上找到，此處不贅述。

參、教育社會學研究的兩大類型及其爭議：定量分析與定性分析

　　教育社會學的研究方法，依其強調重點之不同可以概分成兩大類型，即

定量分析與定性分析。這兩種研究之方法，由於本質上的差異，曾引起甚大的爭議。

一、定量分析

所謂定量分析的研究方法，簡稱爲量的研究法，乃是根據科學實證主義的主張，所提倡一種講求「無徵不信」的科學方法，亦即採用自然科學的觀察、實驗、比較等客觀方法來瞭解教育的事實，進而建立起教育的理論，並對於教育的措施產生引導的作用。科學實證方法的基本假設是教育的真實有如自然界的實體一般，是可以量化的。因此，用數據來表現是最客觀，讓事實爲自己說話是最真實的。由此所蒐集到的資料，不管來自問卷、實驗、訪談、調查以及各種直接或間接的觀察所得的新資料，必須是具有可以重複、可以預測的性質才可。而且其獲得之結論，必須要能由自己或他人、用同一個方法或不同的方法可以加以證實才行。量的研究法採取純粹自然科學的方法來預測有關人類的行爲，注重客觀資料的取得，強調不受個人主觀的涉入，將教育視爲客觀的「社會事實」，以確保研究的合乎科學實證性，這也是教育社會學爲了擺脫哲學思辨研究傳統，以建立其科學性質的一種新的努力，這種努力不但確保教育社會學朝向社會科學領域邁進的可能，也因此使教育社會學的知識具有發展性與累積性。所以說，定量分析的研究法是使教育社會學脫離社會哲學領域，步入社會科學領域的真正功臣。

儘管定量分析的研究法對教育社會學的發展有其重大的貢獻，但因其太強調科學客觀性的結果，必須將所有會涉入個人好惡，影響研究結果客觀性的資料都加以摒除，這樣一來，教育社會學的科學性雖然大大地提升，但是也因爲科學性的堅持，失去了許多可貴的資訊，甚至扭曲了現象背後的真實意義，也因此受到許多的批評和質疑，而帶來了研究者的反省。例如高敬文在其「質化研究方法論」一書中，曾論及（高敬文，民 85，頁 4）：

實徵的科學研究，一向蓬勃發展，……但在一九六〇年代以來，美
國的教育科學研究起了很大的變化，基於實徵主義，以自然科學研

究爲楷模的研究趨勢，在理論和實用方面，受到多人的批評和質
疑。

對於實徵主義的此種批評和質疑，主要來自人的行爲所具有的複雜性，
無法將之化約成像無生命的物理或化學現象一般，因此，「欲使發展出來的
人類行爲理論，像預測純粹由自然界發生的事物有關的那些理論一樣，是比
較困難的」（王文科編譯，民72，頁8）。換句話說，量的研究把生動的教
育事實化約成一堆數字，形成所謂的「數字的噪音」。史拉志（Schratz,
M.）在其所著「教育研究中的質的聲音」（Qualitative Voices in Educational
Research）一書中，曾對此有生動的描述（Schratz, 1993, p.1.）：

量的研究所主張的客觀測量、變項關係的掌握、實驗控制以及操控
與預測等基本觀點，是把研究對象的「原始聲音」轉化成統計資
料、數學關係或抽象的特點。對於教育所實際發生的社會脈絡以及
整個的研究歷程則甚少加以保留，所保留者通常只是大量資料的
「噪音」而已。

綜合各家的意見，量化研究固然有許多作用，也有許多貢獻，但其中仍
存在許多問題，且量化研究即使做得很好，也沒有辦法讓我們瞭解教育現象
的全貌。黃政傑因此進一步指出「量化即科學」所造成的繆誤有九，即是
（黃政傑，民76，頁134～138）：
　1.將教育當做暗箱。
　2.教育成了孤立的實體。
　3.測量工具不完整。
　4.專注於容易測量的特質。
　5.本末倒置--方法引導研究。
　6.數字遊戲--統計越深越好。
　7.不當的分析和比較。

8.研究者架構的主宰。

9..研究利用的困難。

二、定性分析

定性分析研究法（或稱質的研究法）的出現，主要是對於量的研究所產生缺失的一種反省。對於量化研究的反感，也正是人類感受到科學並非萬能之後所引起的反感。尤其是量化研究對於關係人類最大的價值問題，卻抱著置身事外的態度，不加聞問，這種重物輕人的觀念，逐漸受到嚴厲的批評。誠如陳之藩在其「一星如月」的散文集中所說（陳之藩，民74，頁114）：

人的內心生活如此重要，科學卻插不進手來，人的生活明明是時時刻刻在價值的取捨上要作種種的決定，科技對這種決定卻偏偏幫不上忙，對價值的不置可否，是人類對科技思想所生的第二個反感。

為了打破「量化即科學」的繆誤，以及對於價值的不置可否所造成的錯誤，乃有質化研究的提倡，這種研究法是為了免除過度化約所造成的困難，而「以研究者本身為研究工具，不用實驗、問卷調查或結構性訪問等，以免以人工化的模擬情境，扭曲了複雜的社會現實。因此，觀察、訪問及文件分析乃成為質的研究的主要技巧」（歐用生，民78，頁4）。依據黃政傑的看法，質的研究法具有如下九個特質（黃政傑，民85，頁11～18）：

1.質化研究是以實地為焦點的。

2.質化研究以研究者自身作為研究工具。

3.質化研究注意事物的個殊性和整體性。

4.質化研究重視解釋。

5.質化研究注重觀察和晤談方法的採用。

6.質化研究強調不事先訂定明確的研究範疇來引導後續研究。

7.質化研究重視表意語言的使用和意見的陳述。

8.質化研究是指採用語文描述、圖片或紀錄的聲音等媒介呈現報告。

9.質化研究運用多元證據及多元理由來作說服工作。

另外，黃瑞琴也提出質的研究的特徵有十（黃瑞琴，民80，頁16～22）：

1.質的研究是描述的。

2.質的研究是統整的。

3.質的研究是自然式的。

4.質的研究注重情境脈絡。

5.質的研究注重現場參與者的觀點。

6.質的研究是歸納的。

7.質的研究是彈性的。

8.質的研究是非判斷的。

9.質的研究是人性化的。

10.質的研究是學習的過程。

依據王文科的看法，質的研究正好與量的研究形成強烈的對比。二者主要之不同在於（王文科編譯，民79，頁2～3）：

1.世界的假定不同（前者以邏輯實證論爲基本的世界假定，後者則以自然/現象學爲基本的世界假定）。

2.研究目標不同（前者以確立社會現象的因果爲主要的目標，後者則以瞭解社會現象爲主要目標）。

3.研究方法與歷程不同（前者有預先確立的設計及程序，後者則以現場的設計爲主）。

4.典型的研究方法不同（前者以實驗或相關的研究爲典型，後者則以人種誌的研究爲典型）。

5.研究者的角色不同（前者以角色中立爲基本態度，後者則不排除角色的涉入）。

6.研究脈絡的重要性不同（前者以脈絡的中立的概括爲主，後者則以脈絡受限制的概括爲主）。

綜合前述，量的研究法與質的研究法之最大差異在於所蒐集資料的客觀性不同。量的研究的主要方法包括實驗、問卷調查、結構式訪問等，而操做

變項、控制變因、證驗假設、統計分析等成為不可或缺的研究技巧。至於質的研究法主要包括個案研究、自然研究、實地理論、田野研究、俗民誌、俗民方法學、詮釋的研究等（高敬文，民 77；孫敏芝，民 77；洪仁進，民 77）。其主要蒐集資料之方法則有深度、開放式的訪談、直接的觀察以及書面文字的次級分析等，質的研究無論在假定、理論、功能、研究方法和技巧等方面，都和量的研究不同。這些不同可以從它們的後設基礎、理論的清晰度、研究假設、資料蒐集的方法、資料分析的方法、信度與效度的考驗方法、研究的推論需要等處得知：

(一)就後設基礎而言

量的研究法採用自然科學的實徵主義為後設基礎；質的研究法則採用詮釋學、現象學、俗民方法論、符號互動論為後設基礎。

(二)就理論的清晰度而言

量的研究法必須先經文獻探討的階段，清晰地釐清所欲研究問題之相關理論；相對而言，質的研究法對研究問題之理論清晰度較不強調。

(三)就研究假設而言

量的研究法對研究問題要提出可以檢證的假設；質的研究法則往往不對研究問題提出預先的假設。

(四)就資料蒐集的方法而言

量的研究法強調客觀資料的重要；質的研究法則不排斥主觀資料的重要性。

㈤就資料分析的方法而言

量的研究法以數字說明事實及其相互的關係；質的研究法則不偏重數字的說明。

㈥就信度與效度的考驗方法而言

量的研究法用統計的控制，以確保信度及效度；質的研究法則未使用統計的控制來確保信度及效度。

㈦就研究推論的需要而言

量的研究法強調由樣本推論母群體的重要；質的研究法往往並不做推論。茲將量的研究與質的研究的基本差異表列如下（見表三）：

表三：量的研究與質的研究之基本差異表

	量的研究	質的研究
後設基礎	自然科學的實徵主義	詮釋學、現象學、俗民方法論、符號互動論
理論的清晰度	先經文獻探討的階段，清晰地釐清所欲研究問題之理論基礎	對研究問題之理論並無明晰的基礎
研究假設	需對研究問題要提出可以檢證的假設	不需對研究問題事先提出假設
資料蒐集的方法	強調客觀資料的重要	認同主觀資料的可貴
資料分析的方法	以數字說明事實及其相互的關係	不偏重數字的說明
信度與效度的考驗方法	用統計的控制，以確保信度及效度	不強調信度與效度的考驗
研究的推論需要	強調由樣本推論母群體的重要	通常不做推論

肆、教育社會學研究方法的兼採並用性

研究方法是引導研究的一組原理與一種手段。研究方法不同，其因此所產生的研究取向、研究議題、研究對象、研究重心、研究過程以及研究結論皆隨之產生重要差異。對於量的研究法與質的研究法之長久爭議，目前已經得到較爲折衷的看法，那就是從知識的協同本質來看，知識在建構的歷程中是由主客體共同完成的產物。也就是知識結構不是純然的主觀，也不是絕對的客觀，而是具有主客觀交融混合的特質。客觀知識的追求雖是學術探究的主要目標，但是主觀知識也具有相當的價值。不僅像教育現象此類人文社會知識，並無絕對的客觀性，就算自然科學的知識也只具有相對的客觀性而已，其大前提也都是建立在某種無法驗證的公設之上（饒見維，民 83，頁 198～206）。因此，「新近有關教育研究的發展，乃趨向應用多元化的方法，並結合質的和量的資料」（吳芝儀、李奉儒譯，民 84，頁 4）。所以量的研究法與質的研究法皆有其適用之時機，並不必要只選擇其一，而是二者可以同時並用，而無加以軒輊之必要。過去教育研究曾在量化研究的主宰之下，已習慣於數字的操作和遊戲，今後應該對於強調主觀資料爲主的質的研究方法，加以兼容並蓄，承認人類行爲受情境的影響很大，要瞭解人類行爲有時非先瞭解他們詮釋思想、情感和行動的概念架構不可。

我們明白了量的研究法與質的研究法都各自有其適用性與侷限性，就應該採取截長補短的策略。換句話說，對於重視情境與意義的質化研究的特徵，予於相當的理解而不要一味排斥。同樣的，在強調主觀意義質的研究之同時，也要承認量的研究具有某些獨特的優勢，不可固執地排拒。因爲教育現象的雜多與繁複，並非單靠量的研究法或質的研究法就可以圓滿奏效，而是需要雙方各就自己之長處，通力合作始可達成。二者的結合才是教育研究成功的保證。若用皮尺與斧頭來做比喩的話，一把皮尺與一把斧頭，究竟誰對於一棵樹的作用較大，則要先確定所要達成的目的何在才能回答這個問題。若是要量樹木的直徑，則顯然斧頭不如皮尺，但若是要劈斷樹木，則皮

尺絕對不如斧頭。同樣的道理，量化與質化研究各有其適用之時機，與追求之目的，只要合乎時機，且能達成目的，二者皆是可用之方法。這是教育社會學具有研究方法兼採並用之特性，明白這個道理之後，所有有關研究方法上的爭議就可以停止了。

參考書目

王文科編譯，民 72，**教育研究法**。高雄：復文出版社。

王文科編譯，民 79，**質的教育研究法**。台北：師大書苑。

田陪林主編，民 58，**教育學新論**。台北：文景出版社。

宋明順譯，（友田泰正著），民 79，**教育社會學**。台北：水牛出版社。

朱匯森，民 51，**教育社會學**。台北：復興書局。

朱孟實，民 71，**談美**。台北：曾文出版社。

吳康寧，民 87，**教育社會學**。高雄：復文出版社。

吳芝儀、李奉儒譯，民 84，**質的評鑑與研究**。台北：桂冠出版社。（Patton, M. Q. 原著，1990, Qualitative Evaluation and Research Methods.）

林生傳，民 71，**教育社會學**。高雄：復文出版社。

林清江，民 61，**教育社會學**。台北：台灣書店。

林清江譯，（班克斯著），民 67，**教育社會學**。高雄：復文出版社。

林清江，民 68，教育社會學在教育學中之地位，收於國立台灣師範大學教育研究所主編，**教育社會學**。台北：偉文出版社。

林義男，王文科，民 87，**教育社會學**。台北：五南出版社。

洪仁進，民 77，俗民誌研究--信度與效度之檢討與檢驗。載於陳伯璋，**教育研究方法的新取向**。台北：南宏圖書公司。

高敬文，民 77，**質的研究派典之理論分析與實際應用**。屏東：省立屏東師院主辦〔質的研究〕學術研討會引言論文。

高敬文，民 85，**質化研究方法論**。台北：師大書苑。

孫中興，民 82，**愛、秩序、進步：社會學之父孔德**。台北：巨流出版社。

孫本文，民 23，**社會學**（上冊）。台北：商務印書館。

孫敏芝，民 77，**教室俗民誌初步探討與反省**。屏東：省立屏東師院主辦〔質的研究〕學術研討會引言論文。

陳之藩，民 74，**一星如月**。台北：遠東圖書公司。

陳啟天，民 57，**社會學與教育**。台北：中華書局。

陳奎憙，民 69，**教育社會學**。台北：三民書局。

陳奎憙，民 79，**教育社會學研究**。台北：師大書苑。

陳奎憙，民 87，**現代教育社會學**。台北：師大書苑。

張君玫、劉鈐佑譯，民 84，**社會學的想像**。台北：國立編譯館。

張潮著，民 77，（林語堂英譯），**幽夢影**。台北：正中書局。

黃政傑，民 76，教育研究亟須擺脫量化的支配。收於中國教育學會主編，**教育研究方法論**。台北：師大書苑。

黃政傑，民 85，質化研究的原理與方法。收於黃政傑等，**質的教育研究**。台北：漢文出版社。

黃瑞琴，民 80，**質化教育研究方法**。台北：心理出版社。

雷國鼎，民 79，**教育學**。台北：五南出版社。

魯潔，（1991），**教育社會學**。北京：人人教育出版社。

歐用生，民 78，**質的研究**。台北：師大書苑。

蔡美玲譯，民 79，**瞭解人性**。台北：遠流出版社。（Alfred Adler 原著，Understanding Human Nature.）

蔡筱穎、郭光予譯，民 85，**當代社會學**。台北：遠流出版社。

饒見維，民 83，**知識場論：認知、思考與教育的統合理論**。台北：五南出版社。

Ballantine, J., (1989), *The Sociology of Education: A Systematic Analysis.* Englewood, NJ: Prentice-Hall.

Mannheim, K., (1971), 'Education, sociology and the peoblem of social awareness'. In *From Karl Mannheim,* edited by Kurt H. Wolff, New York: Oxford University

Press.

McGee, R., (1975), *Points of Departure: Basic Concepts in Sociology.* Hinsdale, IL: Dryden Press.

Meighan, R., (1986), *A Sociology of Educating.* London: Cassell.

Mills, C. W., (1975), *The Sociological Imagination.* New York： Oxford University Press.

Reid, I., (1986), *The Sociology of School and Education.* Fontana Press.

Schratz, M., (ed.), (1993), *Qualitative Voices in Educational Research.* London: The Falmer Press.

第二章

教育社會學的演進與發展

∽ 教育社會學發展的歷史背景

∽ 教育社會學的奠基人物

∽ 歐美教育社會學發展與演進的階段

∽ 我國教育社會學的發展

　　要深入認識教育社會學若不探討其起源與發展的歷史，很難對其概念的多樣性與變化性有所理解。而從時間的縱軸上來探討教育社會學的演進，便是在尋繹其概念演進的軌跡。如同要深入認識一個人，需要追溯其祖籍、出生、求學、就業、婚姻等重要階段一般，要明瞭教育社會學的歷史演變，需要介紹其發展的歷史背景、其主要的奠基人物、其在歐美演進的重要階段以及在我國的發展情形，以便由此掌握其中心概念的演變，茲分四節說明如下。

◉ 第一節　教育社會學發展的歷史背景 ◉

　　教育社會學的發展歷史雖然不長，但是並非憑空而降，而是受到社會思想極深的影響。因此要追溯教育社會學的根源，非從社會思想的端頭開始不可。社會思想慢慢演進，然後有社會科學的誕生，有了社會科學的誕生再有教育社會學的出現，這整個的歷史是無法分割的連續階段，說明如下。

壹、社會思想的影響作用

　　人類最早的文化中，即充滿了有關社會的見解，像古希臘、羅馬以及中國的早期文化中，就不乏此類的思想。這些早期的社會見解雖對社會科學有所啓發，卻仍無法被歸類在社會科學的範疇。因此，只能以社會思想來加以區隔。

　　社會思想對於社會科學的發展有著不可忽略的重要性。在此階段中，人類的最大進步就是能夠憑藉理性的力量來解說社會發展的原理。依據自然科學家的研究，地球的存在雖然已經有六十億年之久，生物的存在也至少有三十億年。然而有關人類對於世界的創造與運作之解釋，最多也只有數千年的歷史。例如在西方社會中，約在紀元前三、四世紀的古希臘哲學家，就能脫離神話的說法來解釋社會的發展，而蘇格拉底、柏拉圖、亞里斯多德等人更以理性的觀點來說明有關人類發展的理論，提供了許多至今依然被視為有用

的社會學知識。例如亞里斯多德的政治論（politics）提出了他的政治主張，已涉及到社會的組織及其對個人的影響。在東方的社會中，比蘇格拉底年紀稍長的中國的孔子，以及春秋戰國時代諸子百家的論述中，也提出許多有關社會的思想。這些早期的社會思想除了努力地把社會現象（nomos）與自然現象（physis）加以區分，以顯現社會法則與自然法則的不同之外，更重視理想社會的探討。例如中國的禮運大同篇對理想世界之憧憬、柏拉圖的共和國（Republic）論及他對理想社會的見解、五世紀的奧古斯丁（St. Augustine）的神城（The City of God）、十六世紀摩爾（Thomas Moore）的烏托邦（The Utopia）、十七世紀培根（Sir Francis Bacon）的新大西洋（The New Atlantis）皆對於理想社會的情況有所主張與寄望，但由於當時尚無科學研究的有力工具，對於實際社會的情形反而較少研究。到了十八世紀德國的哲學家費希特（J. G. Fichite）才開始對實際的社會有所討論（主要是關於國家的觀念），更接近現代的社會學見解（孫本文，民57）。雖然他們皆以哲學的玄思爲其探究的方法，而且只有片段的、偶然的敘述，但是皆已明顯地觸及社會學的領域，使得社會科學的種子能得到沃土，慢慢發芽、生長、茁壯，對社會科學的誕生皆起著不可或缺的影響作用。

貳、社會科學誕生的時代背景

社會科學的誕生其實是時空背景下的產物，是工業化與現代化的結果。十九世紀下半葉，在歐洲所發生的重大變遷促成了社會科學的產生。這種巨變又包含學術的巨變與社會的巨變兩部分，簡要說明如下。

一、由啓蒙運動而生的學術上的巨變

啓蒙運動的發生對自然科學的興起有著無法切割的關聯，而自然科學的發展則孕育了社會科學的興起。

自中世紀以來，由於哥白尼（Nicolaus Copernicus, 1473～1543）、培根（Francis Bacon, 1561～1626）等科學家的率先提倡，再由笛卡兒（Rene

Descartes,　1596～1650）、霍布士（Thomas　Hobbes,　1588～1679）、牛頓（Isaac　Newton,　1642～1727）等人的相繼努力，終於使得理性與人文的觀念大興，也因而產生影響人類命運至深的啓蒙運動。其中，牛頓於一六八七年所出版的名著「自然哲學的數學原理」（Mathematical　Principles　of　Natural　Philosophy），說明宇宙是具有邏輯且是自我運作的道理，而不是一如過去所認爲是受到上帝的操控。此一觀念深深地影響歐洲的知識界，使他們產生「科學與理性才是正確思想來源」的觀念，揚棄了宗教的教條主義與上帝啓示的思想，更因此打破傳統的社會階級。啓蒙運動者強調以理性與經驗作爲探究社會問題的模式，認爲個人的行動與個性都是由其所居住之社會所塑造。由於啓蒙運動的思想解放，產生了四股新的知識思想，對學術的發展方向有莫大的影響（Stokes,　1984,　pp.9～12）。這四股新的知識思想分別爲：

（一）批判的理性主義（critical rationalism）

　　這股思想認爲人類只要憑藉理性的力量就一定可以解決問題、重造社會。因而徹底地否定了社會是神造的觀念，而認爲改造社會的責任是人類本身，並且深信人類有足夠的能力來檢視社會、批判社會，將理性應用到日常生活的每一部分，而建造出一個合理的社會。

（二）人文主義（humanism）

　　這股思想相信人類所受之苦不僅應該而且可以加以減少。此種對人的同情並非十九世紀的獨特產物，但是此時的獨特性是願意將同情擴充到與自己完全不相干之人的身上。過去處於最低階層之人並不被視爲人類，也甚少獲得同情。人文主義的最大特色，就是將所有的人（無論其如何低賤）都視爲人類，都加以關心與尊重。

（三）實證主義（positivism）

　　這股思想相信科學是獲得知識的最佳方法。應用自然科學與生物科學的

方法，社會學家也可以獲得有關人類行為與社會運作完全客觀的知識。實證主義的提倡，為社會科學走向科學化帶來相當的信心。

㈣多重意識型態的出現（multiple ideologies）

對人類行為的傳統解釋方式，到了十九世紀已經慢慢失去效力，代之而起的是多種不同意識型態的出現。其中以激進主義、保守主義、自由主義形成鮮明的對比，但是他們都無法說服對方來支持自己。於是社會的思想更趨開放，過去社會「一言堂」的局面因而被打破，並因此促成思想自由的到來。

二、由社會問題而生的社會巨變

十九世紀的社會出現了許多明顯可見的問題，這種社會問題的起源是由於人類思想的解放，加上工業革命、法國大革命的相繼發生，造成了經濟的改變、科技的發明、政治與社會的基礎動搖，更使得當時歐洲各國的社會產生空前的動盪。舊的政治、經濟以及日常生活的事物在此時期都有了重大的改變，但是，舊日用來瞭解社會的習慣性的思考方法卻依然未變，使得人類的社會陷入空前混亂的局面。社會科學的興起，主要是為了提供一種新的理解人類行為與社會組合的方法，以便取代舊式的習慣性思考。與習慣性思考方式相比，社會科學的思考方式是一種用來把握我們周遭世界的新方法，一種讓我們能夠檢視生活的新想像，一種對社會環境加以嚴肅地思考的新習慣。而其目的便是要解決日益嚴重的社會問題。所以說，社會科學的起源與十九世紀歐洲社會的巨變有絕對的關係。

參、教育社會學的誕生背景

隨著社會科學的發展，社會學與教育學也相繼地由哲學的領域脫離出來，而轉入科學的範疇中，也因此促成了其中介學科的教育社會學的出現。分析而言，教育社會學的誕生背景有三：即教育本質的轉變、教育與生活的

關係日益密切以及教育現象日趨複雜，說明如下。

一、教育本質的改變

　　廣義的教育的存在，幾乎與人類的歷史同其久遠。但是其性質與狹義的學校教育有甚大的差別。光就狹義的教育而言，人類最早出現的學校教育，無論是在西方或東方的世界，都是為了少數人而設的。至於廣大的民眾，無緣與正式的學校教育扯上關係。即使到了十九世紀初，學校教育一直還是貴族的專利，而形成所謂的菁英教育的制度。這種教育制度所注重的是統治階級利益的維持，統治者子女的栽培，統治技巧的講求以及知識的獨佔。一般百姓的子女，甚少有機會受到此種教育的洗禮。即使後來教育的機會擴充了，但是平民子弟所受的教育，不管是學校的類型、受教的期限、研讀的內容甚至受教的歷程，都異乎前述貴族的菁英教育。英國早期的雙軌制度就是一個明顯的例子。翻開教育史，世界各國早期的教育都是貴族與平民分隔的教育。但是到了十九世紀末，這種貴族與平民分隔教育的現象已開始有了轉變。主要的理由是民主的思想高漲，人本思想的抬頭，人權的呼聲出現。此外，由於工業化的結果，平民子弟受教育對於資本家的收入也有好處，所以傳統的雙軌教育制度乃有了重大的變革，起而代之的是單軌的教育制度。這種新的教育制度，強調教育權是國民的基本權利，國家有義務為每一位國民提供一定年限的教育。從此以後，教育的本質丕變，教育的目的也有了新的面貌，教育的內容與教學的方法也因此有新的考量。簡言之，教育社會學的出現，便是基於教育本質的改變，非從新的社會角度與社會層面加以檢視不可。

二、教育與生活的關係日益密切

　　由於全民教育理念的普及，教育不再是少數人的專利，而成為全民的共同經驗，教育與社會的關係也日益密切。在多數的國家中，在學校受教的人口比例往往高達四分之一。這種轉變使得社會學者不得不把注意的焦點也放到教育的現象上，因為教育現象已成為社會的主要現象之一，其重要性已經

到了與日常生活不可分離的地步，探討社會而不涉及教育，其所見之社會定然是不完全的。為了使社會現象的理解更為清楚，教育社會學的出現乃成為勢所必然。

三、教育現象日趨複雜

人類對於教育的期待與日俱增的結果，使得某一年齡層的人口幾乎都在學校中接受教育。由於人們對於教育的期待有所不同，更使得有關教育的爭議日益嚴重，因而造成教育現象的複雜難懂。過去因為教育所涉及的社會因素較為單純，所以用哲學與心理學的觀點來把握教育的現象就已足夠。但是自從教育受到社會層面的影響日益增大，則光用哲學與心理學的觀點解說教育，將有所不足。因此，以解說教育的社會現象為職志的教育社會學乃找到了生存的空間，躍上了自己的舞台。

⊙ 第二節　教育社會學的奠基人物 ⊙

真正使教育社會學由哲學的見解步入科學的領域，並非單靠一人之力，更非一朝一夕之功。而是經由許多學者一磚一瓦地努力建構，慢慢才有今日的規模。對於教育社會學的奠基有貢獻的人物甚多，自從孔德提倡社會學以來，更有多人的繼起努力，才造成社會學的長足進步。其中英國的斯賓塞（Herbert Spencer, 1820～1903）研究社會的演進，並把人類社會與生物的有機體相比擬，認為社會的進化與生物的進化有共通之處；馬克斯（Karl Marx）的見解則認為社會的和諧與進步並非必然的。階級的衝突與鬥爭才是進步的動力；涂爾幹（Emile Durkheim, 1858～1917）則強調共同的信念與價值的重要性，認為這些是使社會凝固的主要原因。韋柏（Max Weber, 1884～1920）則認為社會學的研究應該要價值中立，不可把自己的信念或偏見滲入研究中。帕深思（Talcott Parsons, 1902～1979）提出許多被視為大理論（grand theories）的見解。而墨頓（Robert Merton, 1910～）則提出

許多有關社會的抽象模式。他們對於教育社會學的奠基工作，都是功不可沒。此處只選被稱爲社會學之父的孔德（Auguste Comte, 1798～1857），被稱爲社會學三聖的馬克斯（Karl Marx）、涂爾幹（Emile Durkheim, 1858～1917）、韋柏（Max Weber, 1884～1920）以及最早將社會學的原理應用在教育社會學之上的華德與杜威二人，加以介紹如下：

壹、社會學之父：孔德

孔德（Auguste Comte, 1798～1857）雖非最早進行科學研究的社會學家，但是一般都承認他是把社會學從哲學領域帶入科學領域的代表性人物。他於一八三八年首先創用「社會學」一詞（當時用的名稱叫做「社會物理學」），並以系統的以及可以檢證的方法對社會加以研究，使得社會科學能夠與自然科學一樣建立其學科的一般原則，所以才享有社會學之父的榮耀。

孔德出生在大革命後不久的法國南部孟培里亞（Montpelier）的一個保守的貴族家庭中，並在巴黎的愛科爾多元技術學院（Ecole Polytechnique，即後來的理工大學）就讀。對一個喜歡獨立思考的青年而言，生長在這樣一個動亂的時代中，正是發揮腦力、馳騁思想的好機會。他目擊當時社會現象日趨複雜，社會行爲漸無規範，於是思索如何建立新的社會秩序，以適應社會的實際需要。從一八一八到一八二四年，他投在一個激進的烏托邦社會主義者聖西門（Saint Simon, 1760～1825）的門下，擔任聖西門的私人秘書。他想要學到改革社會動亂的有效處方，但終因與其老師見解分歧，二人不歡而散。二十四歲那年，孔德因參與學潮而被學校開除，只好在巴黎爲人補習數學來維生。二十六歲時，他公開主辦「實證哲學講座」，提倡以實證的科學方法來研究社會的事實及人類行爲的自然法則，使社會重新回到穩定的狀態。他的講座深受歡迎，聽衆之中不乏知名學者。但他因貧病交困，又與妻子不和而精神分裂，一八二七年曾投河自殺。「實證哲學講座」在他身體及精神復原之後，一八二九年起再度開講。

孔德的社會學知識之形成可以區分爲兩個階段。第一個階段（1830～

1842）主要的著作是六大册的實證哲學課程（Cours de Philosophie Positive），敍明了他對科學（包括自然科學與社會科學二者）的基本想法。第二個階段（1848～1854）則提出他的新社會秩序與人類新宗教的藍圖。孔德對於社會學的期待是十分深切的。他認爲人類的社會演化經過三個時期，每一個時期都配合著一種獨特的思考方式。他採用有機體的比喩來說明人類社會經由勞力的分工，逐漸變成複雜化、分工化與專精化。而社會學的任務便是要提供一種整體的觀點，以便獲致社會的共識，使社會的不同組成分子都能團結一致。孔德將社會學區分爲社會動學（social dynamics）與社會靜學（social statics）二者，前者注重的是社會變遷；後者注重的是社會的秩序與安定。而他自己對於秩序與進步的兩難是採用保守派的觀點，也就是秩序優於進步，安定重於繁榮。而實證主義的提倡以及社會學的研究都是爲了追求當時社會所欠缺的道德共識，爲了解決當時社會的混亂與危機所作出的最佳處方。這是孔德對於他的時代所留下的最大貢獻。

　　孔德的另一主要貢獻是使用自然科學的方法來建立社會學的基礎，並進而創用「實證主義」一詞，所以他也被視爲實證哲學的創始人。所謂「實證主義」便是主張人類知識的唯一有效的形式乃是實證的科學，凡是不能用科學的方法認知的東西，都是不客觀的知識（Comte, 1896）。「實證主義」的重要理念有四：

　　㈠社會的世界與自然的世界根本上是一樣的，二者都具有客觀的實體。

　　㈡社會的研究最好使用自然科學家所發展出來的科學方法來從事，才能確保結論的客觀性。

　　㈢「實證主義」反對使用抽象的哲學方法、形上的玄思，而主張採用觀察、分類、對事實的測量、邏輯的推理、可以檢驗的假設、因果關係的追求，這些方法與物理學家、化學家、生物學家所用的方法是一樣的。

　　㈣只有可以觀察的現象才具有科學的實體，才可以進行科學的研究。也只有使用科學的分析，才能客觀地、無私地、公正地呈現社會的事實。在「實證主義者」的眼中，主觀的感覺、解釋、情緒是毫無地位的，不僅因爲它們無法測量，更因爲它們會扭曲客觀的事實。

　　孔德認爲社會學的研究必須是科學的。因此，他的社會學探究只關心眞
實、有用、明確、簡要以及建設性的議題。而他的努力終於使社會學呈現新
的面貌與內涵，更爲他建立起在社會學界的崇高地位。誠如他的一位崇敬
者，也是在孔德瀕臨困境時支助過他的英國著名學者穆勒（John Mill,
1806～1873）所說，孔德是「歐洲第一流的思想家」。美國早期的社會學家
埃爾伍德（C. A. Ellwood, 1873～1946）甚至認爲「孔德在科學上的地
位，猶如耶穌在基督教一樣」（引自王康，民 79，頁 85）。孔德對後世的
影響與貢獻極大，他的格言「秩序與進步」（Order and Progress）甚至被
繡在巴西的國旗上。但是他的學說所帶來的爭議與批評也是十分激烈的。或
許我們可以說，社會學的發展是對孔德學說的擁護與批判的結果，也不爲過。

貳、社會學的三位聖者：馬克斯、涂爾幹以及韋柏

　　馬克斯、涂爾幹以及韋柏三人追尋社會運作的內在原理，試圖解釋社會
的本質是什麼，社會與個人的關係如何，社會變遷的主要力量是什麼等問
題，共同爲社會學的發展建立了雄厚的基礎，因此被稱爲社會學的三位聖
者。他們三人的共同見解在於：㈠都承認社會具有獨立的實體；㈡都知道經
濟、政治、意識型態對於社會秩序與社會變遷具有關鍵性的影響力（但是對
於何者的影響力最大，則有不同的看法）；㈢都想設法解開社會與個人的關
係（但是對於個人是否具有自由，能否決定自己的將來，或者受到社會的決
定，則見解不一）。

一、馬克斯

　　德國哲學家馬克斯（Karl Marx, 1818～1883）無疑地是生在一個「革
命的時代」中。從十八世紀到十九世紀的歐洲一連出現了政治、工業、知識
等革命，這種時代的背景本身就足以提供一個人觀念上與行動上的思考動
力，何況馬克斯所具有的猶太人背景，更使他感受到自己身份的邊緣性，更
容易形成他激進的思想與革命的念頭。馬克斯憑著他敏銳的觀察力，分析人

類的歷史演進，發現人具有雙重特性。一方面人是「社會的創造者」，以自己的行動創造了社會與自己，因此歷史便是人類自我創造的歷程。但在自我創造的歷程中，人類又是社會的「創造物」，他被自己所創造的社會體系與思想系統所塑造。而要瞭解人類這種雙重的特性，除了必須具有遠大的歷史眼光，更要掌握社會的整體性才行。而社會的整體是由相互關聯的不同部分所構成，這些組成的部分彼此相互影響，具有不可分離的特性。因此，瞭解社會必須從經濟、政治、法律、宗教等制度的功能，以及彼此的相互關聯中去著手。而馬克斯對於社會的瞭解可以歸納為五個重要的觀點。㈠提倡歷史唯物論；㈡主張階級鬥爭論；㈢強調經濟因素決定社會生活的整體面貌；㈣認為資本主義的經濟體系應對當代社會階級結構的不平等負責；㈤疏離感是經濟剝削的結果（Marx,1971 & Marx and Engels, 1965）。茲分別說明如下：

㈠歷史唯物論

馬克斯採用德國哲學家黑格爾（Hegel）的「辯證」的概念，以正、反、合的演變來說明歷史的進化原理。黑格爾的辯證法是用來說明人類思想與觀念的演進過程，他認為歷史的改變源自人類思想與觀念的辯證運動。只有相反或不相容的思想所產生的衝突，才會造成新的思想並且形成社會變遷。馬克斯認為人類的第一個活動是物質生活的創造。唯有物質生活有了保障之後，精神生活的開創才有可能。馬克斯借用黑格爾的理論來檢視人類的物質生活，認為要瞭解社會就得先對人類如何控制自然、創造社會，以便維持生計有所瞭解。而物質的生產是一個需要合作的社會事業，需要結合人群、分工合作、生產物質並提供必要的服務，才能滿足大家的需要。由這種生產的社會關係發展出一種獨特的「生活模式」，並由此模式塑造出人類的本質。由此可見，人類社會的本質源自人類的物質生產方式，而人類歷史的真正開端，至少要在吃和住的生產有了著落才算開始。因此，稱之為「歷史唯物論」或「唯物辯證論」。

(二)階級鬥爭論

　　馬克斯透過對於世界歷史的分析，主張社會財富與權力的鬥爭才是社會進化的動力。他認為社會上並無足夠的財富與權力可以讓每一個人滿足，因此既得利益者便會設法控制一般大眾，以維護他的既得利益。而一般大眾也會設法解除他人所加之限制，以爭取自己應得的利益。馬克斯雖然應用了黑格爾的「辯證」的概念，但是他對於黑格爾把變遷的來源放在「思想與觀念」之上，則持相反之看法。他認為變遷的主要來源是社會的一般衝突，人類社會的發展史便是一個衝突與緊張的歷史，社會變遷不是一個平順的、和諧的、有秩序的歷程；相反的，那是一個激烈的、緊張的、彼此鬥爭的歷程。當衝突逐漸加溫，到了正反雙方不得不進行最後的決戰時，便會產生激烈的變遷結果，而進入一個新的發展境界。之後，另一次的衝突再度興起、再度解決，如此循環永遠不息。馬克斯以此說明階級鬥爭是社會的衝突與變遷之源，便是所謂的「階級鬥爭論」。「階級鬥爭論」雖然解答了社會的衝突與變遷之源，但是對於社會何以能夠相互合作與維持安定則未加以說明。

(三)經濟是社會的下層結構

　　馬克斯認為社會的階級是由經濟因素所決定的。因此，經濟制度的影響力遠大於其他任何的制度。他認為經濟結構是社會的下層結構，決定了社會的本質，更是促成社會變遷的主要衝突來源。其他的社會制度（諸如政治、法律、信仰、思想等）都是上層結構，上層結構都是由社會的生產關係所決定，皆是經濟與社會狀況的產物。換句話說，只要經濟與社會狀況有所改變，其他制度也會跟著改變。而依據馬克斯的分析，人類生產關係的改變必然會經歷四個階段：

　　第一個階段是指人類歷史剛開始的時候，在一種原始的社區部落中，經濟的衝突並不存在或不嚴重。當時生產的工具與生產的勞力是共同擁有的，每個人不僅為自己也為社會而生產，因此在個人與團體之間並無衝突之可言。

　　第二個階段是指隨著私有財產制度的出現，生產的工具與勞力歸於私人

所有，人類社會的衝突於焉產生。而當時的主要的生產工具是土地，擁有土地的少數人開始剝削沒有土地的多數人，而造成地主與佃農的階級對立與衝突，此種對立與衝突正是此一階段社會變遷的主要動力。

第三個階段是指生產工具由土地改變爲資本與機器，擁有資本與機器的資本家（或稱中產階級）與沒有資本與機器的勞工（或稱無產階級）開始對立與衝突，正如第一階段的地主與佃農的階級對立與衝突一般。馬克斯認爲資本主義社會的本質是剝削的，因此當代社會階級結構的不平等應由資本主義的經濟體系負責。

第四個階段是指無產階級的階級意識覺醒之後，必然會團結一致，推翻資本家的剝削，形成無階級的社會。從此以後，人類的階級鬥爭史便告完全終止。

㈣經濟以外的其他制度都是中產階級用來鞏固其既得利益的工具

儘管衝突一直存在人類的社會中，但是有很長的一段時期，人類並不知道這種衝突的存在，因爲人類的意識以及他對社會實體的看法是被生產過程中的社會關係所塑成的。馬克斯認爲，不是人類的意識決定其存有，相反的，是其存有決定其意識。而人類存有的主要部分是他在物質生產中的社會關係，因爲這種關係在日常的觀念、法律、宗教信仰中不斷地出現，大家都視其爲正常，而看不到其中所存在的衝突。因此，中產階級乃利用經濟以外的各種制度（或稱之爲上層結構）來鞏固其既得的利益。例如法律制度對私有財產加以合法化、宗教制度對當代的主要觀念以及經濟的安排都加以支持。經此作用之後，人類很難窺知現實社會的矛盾與衝突，因而認可社會的現況，並認爲那是自然而正常的現象。人類的意識之所以會形成錯誤，主要是因爲上層結構的各種制度都在協助經濟制度扭曲社會的實體，使其無法顯現社會衝突的眞相，讓既得利益者得以鞏固其利益。

㈤疏離感是經濟剝削的結果

馬克斯認爲從事生產是人類最重要的活動，因爲生產活動是人類肯定自

我、達成自我實現、找到生命意義的主要手段。但是現代的工人對於工作已
經失去控制的能力，也無法決定他們的勞力成果的命運，因而造成嚴重的工
作疏離感。所謂「疏離感」是指人類對其創造物感到陌生的一種感覺。在現
代的社會中，人類的創造物被視爲獨立於其創造者之外，並反過來對其創造
者擁有控制之力。因此，人類在生產物品之際，把自己也物品化了。當人類
把自己生產的東西視爲市場上的交換商品，並在供需的原理下失去對他的控
制力，疏離感便告產生。疏離感產生後，人類更成爲工作的奴僕，不斷地失
去其自我實現的能力。馬克斯以宗教爲例，說明疏離感的情形。人類創造了
宗教，但是人類自己並不知道宗教是他創造出來的，反而賦予衆神各種的權
利來決定人類的行動與目標。

　　儘管馬克斯的許多預言在現代的資本主義社會中並未應驗，但他的學說
對當代社會依然有極大的影響。例如，美國社會學家彌爾斯（C. W. Mills）
以及達倫道夫（Ralf Dahrendorf）都採用馬克斯衝突理論的觀點，來說明資本
主義社會中權力菁英的結構與本質（Mills, 1975; Dahrendorf, 1959）。馬克
斯對人類的貢獻雖有正反的不同看法，但是誠如曾經與馬克斯於一八四八年
共同發表「共產主義宣言」，並曾於馬克斯生活困苦時大力予以支助的恩格
斯（Friedrich Engels），在馬克斯墳墓旁邊所做的評價：「他的名字以及他
的著作將會永垂不朽」（Slattery, 1991, p.181）。這也許是一個持平的評論。

二、涂爾幹

　　涂爾幹（Emile Durkheim, 1858～1917）出生於法國的厄比納爾市（Epi-
nal），這原屬於法國東部的領土，在一八七〇年普法戰爭之後，因爲法國
戰敗而成爲普魯士的版圖。此種亡國之痛加上社會的動盪，使得涂爾幹一生
致力於社會秩序與團結的研究，而成就他在社會學的地位。涂爾幹繼承了孔
德的實證主義，並且加以發揚光大。他運用自然科學的研究方法，並確定社
會學的研究對象，使社會學具有明確的研究領域，以別於其他類似的學科，
進而使社會學在學術的殿堂中獲有一席之地。他不僅是第一位在大學中開設
社會學的學門，成爲第一位社會學的講座，他又是社會學中結構功能主義典

範的建立者，對社會學的貢獻而言，有其不可抹滅的影響。

涂爾幹的研究，主要是想解答下述的問題：為什麼具有獨特個性的個體可以緊密地團結在一起，並形成一個有秩序的社會。他的學說要點可以歸納為四點：㈠採用功能主義的觀點看社會，特別強調社會秩序的重要；㈡提供解說社會現象的科學方法；㈢主張社會大於個人的總和；㈣強調教育對共識形成的重要（Durkheim, 1951; 1958; 1960）。分別說明如後：

㈠採用功能主義的觀點看社會

一個社會的永續存在，有賴社會秩序的維持。一個失去秩序的社會，不僅無法滿足人們的基本需求，更是造成弱肉強食的主因。涂爾幹採用結構功能主義的觀點看社會，認為社會像是個有機體，有機體為了維持生存，必須所有器官都能發揮其功能，更能彼此密切協調合作無間。因此，社會為了維持生存，其組成分子必須在內心中體驗到社會的重要性，瞭解到個人對社會的依賴，認識到個人所具有社會的責任。而要達到此目的，必先將社會加以神聖化，使其成為一個高於個人的象徵，而這正是各種社會制度的應有的功能。例如：涂爾幹分析宗教的功能時指出，宗教藉著共同信仰與情感的凝聚而形成社會的良心，才使得社會的生活成為可能。在此情況下，結婚不是個人之事，而是神聖的社會大事；工作成為取悅上帝的責任；為國赴戰而死成為得到更佳的來生的保證；在這種象徵化的社會中，宗教喚起個人對社會依賴的感激，瞭解自己對一種超級力量的依賴，並用一種共同的信仰把一群人緊緊地結合起來。宗教儀式的氣氛越濃，結合的力量越大，社會也就越團結。宗教因此而達成其重要的社會功能。涂爾幹著重在功能的分析，以便瞭解社會秩序的獲致。他假設社會具有某種功能，其中最重要的就是社會秩序的維持。

㈡提供解說社會現象的科學方法的實例

涂爾幹是第一位使用科學方法研究社會現象的人，他以自殺為例，說明社會現象的研究方法。他於一八九七年出版的「論自殺」一書，是研究歐洲

不同國家自殺率的名著，也是第一本以科學研究方法證驗社會學理論的重要代表作。「論自殺」一書有兩個主要觀點，其一，反對過去以種族、基因、氣候、地理因素來解釋自殺率的高低；其二，提出新的影響自殺率高低的理論。他認爲有三個重要的情況會造成自殺：一是個人缺乏團體的支持時，例如單身漢比有偶者較易自殺，而結婚且有兒女者最不會自殺；二是社會生活受到破壞時，例如經濟蕭條、戰爭、革命、甚至突然的成爲暴發戶，容易自殺；三是爲了大家的好處，例如日本人的切腹，被認爲是爲了維護家族的顏面而設的一種自殺儀式。他的結論是清教徒、未婚者、城市居民有較高的自殺率，並用「社會的統整性」來解釋自殺的根本原因。這就是一個社會學理論建立的例子。由此觀之，他所主張的社會事實的研究方法，必須在社會之中找出其原因，也就是以社會事實的先前事物作爲解釋的根源，而不能在個人的意識中去找到社會問題的成因。此一觀點對於社會學的發展有重要的啓示。而他的研究範例更顯示了社會問題的特性，只有從社會學的觀點才能對其得到眞切的認識。

(三)主張社會大於個人的總和

涂爾幹對社會與個人的關係，認爲社會超越其組成的分子之上，具有自己的實體。社會的組成分子爲了整體社會的永續生存，必須犧牲一己的自由，而接受社會的種種限制，更必須將社會生活所必須的道德與信仰一代一代地傳承下去。因此個人的行爲並非受到個人意識的支配，而是受到超越個人並且形成個人意識的共同信仰與情感的支配。這些社會的事實以及社會的行動方式，可以被視爲與社會的行動者相分離的。涂爾幹把社會當成是一個遵從自己規則的系統，個人在社會之中，是無法與整體社會相提並論的。換句話說，所有的組成社會的個人之總和，依然無法與社會劃上等號。因此只能用社會的本質來解釋社會的生活，無法由個人的意識去瞭解社會。

(四)強調教育對共識形成的重要

社會秩序的獲致與維持依賴的是什麼？涂爾幹的答案是「共識」（consensus），那便是組成團體的每一個分子都具有共同的信仰與情感，或稱之為「集體的良心」（collective conscience）。「集體良心」是一種社會的事實，因此是存在於個人之外，且對個人有所約束。一個社會如果沒有共識，或對於主要的道德問題缺乏一致的看法，則社會的秩序無法獲致，社會生存所不可或缺的相互合作便無法形成，群體的生活也就無法運作。就算勉強組成團體，也只是分崩離析的團體。如果個人褊狹的利益戰勝了社會的責任，而成爲社會的主要觀念，那麼衝突與失序必然發生。因爲在這種情況下，個人利益成爲行動的主導力量，每個人將發現自己必須與所有的人爲敵。而「集體良心」的存在，會限制個人的行動，使其依照社會的規範去行事，而不能有所逾越。唯有如此，集體的社會生活才有可能。但是共識（或「集體良心」）的獲致則有賴於教育的實施。在涂爾幹的眼中，教育便是社會化的代名詞，唯有依賴社會化的力量，使下一代接受上一代的既有規範，社會才能存續下去。

三、韋柏

德國社會學家韋柏（Max Weber, 1864～1920）出生於普魯士的厄福特（Erfurt），他學識淵博，對於法律、經濟學、歷史、哲學、音樂都有深入的研究，也曾擔任過法律、政治、經濟等學科的教授。一八九八年，由於精神崩潰而停止教書，花了十年的時間環遊歐洲與美國。他看到新大陸的遼闊與生活的多樣化，使他對社會學產生興趣，並用綜合的方法將廣泛的學術興趣融入社會學中。韋柏對社會學的主要影響有三，㈠是提出科層體制與正式組織的特性；㈡是強調「理解的原則」，㈢是重視專業的權威（Weber, 1930; 1949; 1968），說明如下：

㈠科層體制與正式組織

韋柏分析現代國家的特性以及資本主義社會的本質，目的在於瞭解現代社會的精神（spirit of the modern age），他區分當代社會與古代社會的最大差異在於理性（rationality），而理性的探討是他整個學說的核心。將

理性的原理用在正式組織的辦事程序上，便是所謂的科層體制的設計，此種追求效率的組織設計是現代社會的主要特色之一。

(二)強調「理解的原則」

韋柏提倡以「理解的原則」作爲社會學研究的主要方法。亦即要理解一個社會的事實，不能單從表面的現象去著手，必須把握個人行動與其內在思想、感覺之間的關係。他認爲社會學家在進行理解時的三個步驟是：其一，觀察一個情境，並且試著想像人們的感覺；其次，觀察者試著猜想參與者的動機何在；最後，觀察者用參與者的感覺與動機來解釋他們的行爲。

韋柏依據「理解的原則」，進行資本主義崛起原因的研究，發現古時候的中國與印度的社會，具有勞工廉價、資本存在、發明盛行、市場龐大等條件，這些條件是引起工業革命、產生資本主義的重要前提，但爲什麼工業革命不出現在中國或印度，而出現在西歐的英國、荷蘭與德國呢？主要是因爲清教倫理所使然。韋柏用清教倫理（尤其是喀爾文教派的觀念），來說明資本主義與清教倫理間的關係。依照韋柏的看法，工業革命的根本原因不是純然經濟的議題。不能只用經濟的理由得到完全的說明。韋柏試圖從宗教觀念與道德上來解釋經濟的現象（這種論調正好與馬克斯的想法顛倒），在比較許多宗教與文明之後，韋柏指出宗教與倫理有時是社會變遷的動力，有時則爲社會變遷的阻力。唯有理解現象背後的動機，才不會被表面的現象所誤導。

(三)專業權威的強調

韋柏指出在不同的社會演進階段，人們所採用的權威種類也就不同，因此教育制度的設計也要隨之而異。他區分三種不同的權威，分別是個人崇拜的權威（charismatic authority）、傳統的權威（traditional authority）以及法定的權威（legal authority）。而相對應於此三種權威，教育所要培養的人才種類也就不同，分別爲培養個人的特殊品質與才能、培養少數的菁英分子、培養專家與專門人才。古時候只有王公諸侯的子弟才有受教的機會，便

是屬於個人崇拜的權威時期，講究個人魅力的展現；其後教育機會擴大給中上階層的子弟，便是屬於傳統的權威時期，講究傳統之人文教育；今日教育已成為每個人都能享有的權利，便是屬於法定的權威時期，講究專門人才之培養。

參、教育社會學的前驅人物：華德、杜威

華德與杜威是最早將社會學的原理應用在教育社會學之上的重要代表人物，介紹如下：

一、華德

最早對教育與社會發展之關係進行系統性論述的當推華德（Lester F. Ward, 1841～1913）。華德入讀於芝加哥大學新成立的社會學系，是系主任史摩爾（W. Small）的高足。他及其恩師都強調教育對社會變遷的重要性。華德於一八八三年出版的「動態社會學」（Dynamic Sociology）一書，提出「以教育的力量促成社會進步」的理念，又稱為「社會導進論」（social telesis）。他認為教育是促進社會進步的最大力量，因為人類要獲得幸福必先滿足其慾望；要滿足其慾望必先社會能夠進步；要社會進步必先社會有所行動；要社會有所行動必先產生動態的意見；要產生動態的意見必先有足夠的知識；而有教育才能獲得知識。所以歸根究底地說，教育是社會進步的保障，也是社會變遷的指針（Ward, 1883）。

二、杜威

杜威（John Dewey, 1859～1952）提出學校與社會的關係，認為「教育即生活」、「學校即社會」。他強調教育的社會功能，主張社會環境對個人行為的規範與約束本身即具有教育的作用，而學校就是為了彌補社會環境之缺陷而特別設計的一種獨特的社會環境。這個獨特的社會環境具有如下的特徵（Dewey, 1916）：㈠是簡單化，即在複雜的社會文明中，選擇簡易、

基本且是青少年能夠吸收的知識，作為學習的材料，使學生在漸進的學習歷程中，慢慢瞭解社會的複雜性。㈡是純潔化，即排除社會上具有不良影響的事物，使其不致影響學生的行為習慣，只保留、傳遞對社會有益的事物。㈢是均衡化，使社會中的各種要素都能平衡地發展，使不同背景的學生能免除他所來自的狹隘社會環境之影響，獲得更為寬廣的生活經驗。

這些早期的奠基人物對於教育的研究雖然偏向哲學性的探索，而較少科學實證的研究。儘管如此，此一時期的研究提供未來教育社會學研究的啟示與指引，開啟教育與社會關係研究之先河，使許多教育學家及社會學家投入了研究的行列，奠定了教育社會學發展的基礎，可謂功不可沒。

◉ 第三節　歐美教育社會學發展與演進的階段 ◉

歐美的教育社會學自十九世紀末開始萌芽，至今約經歷一個世紀。在這一百年的歲月中，教育社會學的發展可以依其特色的轉變而區分成不同的階段。但是學者對於階段的劃分方法，則並無一致的看法。有人將教育社會學的發展區分成三大階段，例如林清江將教育社會學的發展分成從十九世紀末葉到二十世紀初葉的萌芽時期、從二十世紀初葉到一九四〇年左右的迅速成長時期以及從一九四〇年迄今的衝突及統合時期（林清江，民61，頁13）。陳奎憙將教育社會學的發展分成早期規範性教育社會學、證驗性教育社會學、以及解釋的教育社會學（陳奎憙，民87，頁15～20）。魯潔將教育社會學的發展分成萌生階段、擴展階段以及從傳統的教育社會學到新興的教育社會學（魯潔，1991，頁2～19）。也有人將教育社會學的發展區分成五大階段，例如，吳康寧將教育社會學的發展分成理論奠基時期、學科成形時期、範式轉換時期、學派爭鳴時期以及取向修正時期等五階段（吳康寧，民87，頁23～47）。

本書採用三個階段的分法，並以規範性、證驗性、批判性三者作為階段的名稱，其主要的理由是教育社會學發展階段的劃分，只要把握明顯的特

色，就能見到演進的脈絡，而規範性、證驗性、批判性三者就是教育社會學
的三大特徵。掌握了這三種特色的轉變時機及理由，便能對整個的發展歷史
有充分的掌握。

壹、規範性的教育社會學時期

「規範性的」教育社會學又稱「傳統的」教育社會學，「古典的」教育
社會學，或「教育學的」教育社會學（educational sociology）。這個時期
始於二十世紀初期，當時急遽的工業化與都市化所造成的許多社會問題，例
如貧窮、暴力、犯罪、頻頻發生，使得教育社會學的學者開始思考教育與社
會的關係何在，以及如何以教育的力量來解決社會的問題。例如派克（Ro-
bert Ezra Park, 1864～1944）一九二〇年代在芝加哥大學所進行的一系列
專案研究，便堅信社會行為原理的發現將有助於社會的改造，更可以解決青
少年的偏差行為、犯罪、離婚以及社會解體等問題。

在此時期中，許多教育學者投入教育社會學的研究，有關的教科書也紛
紛問世。例如史密斯（W. R. Smith）於一九一六年出版的「教育社會學
概論」（An Introduction to Educational Sociology），為此方面最早的專
著；其一九二八年出版的另一本著作「教育社會學原理」（Principles of
Educational Sociology）也享有盛名。例如：施耐騰（D. Snedden）於一九
二二年出版的「教育社會學」（Educational Sociology）；畢德士（C. C.
Peters）於一九二九年出版的「教育社會學基礎原理」（Foundations of Edu-
cational Sociology）；戈德（A. Good）於一九二六年出版的「社會學與教
育」（Sociology and Education）；費恩尼（R. L. Finney）的於一九三
二年出版的「教育社會學讀本」（Readings in Educational Sociology），
以及於一九四〇年出版的「教育社會學原理」（Principles of Educational
Sociology）；羅賽克（J. S. Roucek）於一九四二年出版的「教育的社會
學基礎」（Sociological Foundation of Education, 1942）均為有關教育社
會學的重要著作（引自孫本文，民 57，頁 191～192）。而最具影響力的著

作應歸於華勒（W. Waller）於一九三二年出版的「教學社會學」（Sociology of Teaching）。華勒應用社會與文化失調的概念，研究教育問題的成因。他又分析師生的關係以及教師在社區中的角色扮演等主題，強調學校師生之間的角色衝突，深深地影響到日後教育社會學之研究。

此一時期的教育社會學具有四大特徵：㈠是參與教育社會學研究之人員多數是教育學者，而較少社會學家的參與。這可以從此一時期所用的名稱是「教育學的」教育社會學（educational sociology）看出來；㈡是把教育社會學當成是教育學的分支，強調教育社會學的規範性與「應然」的理想，重視教育的價值科學的本質，並以教育社會學作爲引領教育的一盞明燈。換句話說，此一時期的教育社會學是姓「教」的教育社會學；㈢是偏重於哲理性與規範性的研究方法，希望以社會規範的形式，將教育的理想反映至教育的實務中；㈣是在研究的範圍上，並未受到太大的限制，舉凡與教育有關的各種社會因素，皆在探討之列。更把學校視爲整個文化環境的一部分，進而研究整個文化環境如何對個人的教育產生影響，其研究主題可謂是相當寬廣的。尤其是過去一直未被社會學者所重視的教學領域，也開始取得應有的地位。

貳、證驗性的教育社會學時期

「證驗性的」教育社會學又稱「新興的」教育社會學，或「社會學的」教育社會學（sociology of education），其時期始於一九四〇年代到一九六〇年代，當時美國的社會學領導人物由芝加哥擴散到其他各大學，而且研究的旨趣也由解決現有特殊的社會問題轉爲理論的建立與研究技術的改良。例如帕深思（Talcott Parsons, 1902～1979）強調建立社會行動的系統理論是有必要的。他以爲不經由理論的建立，社會學很難成爲一門成熟的科學。他的學生墨頓（Robert Merton, 1910～　）也認爲理論與研究的相互發展，才是社會學成長的動力。在此種思潮的刺激之下，過去以哲理性與規範性爲研究方法、以實用性與行動性爲研究目的的教育社會學，受到了嚴重的批

評。最早提出此種批評的是安吉爾（R. C. Angell），他於一九二八年在「教育的社會學期刊」（Journal of Educational Sociology）上發表「科學、社會學與教育」（Science, Sociology and Education）一文，主張以「sociology of education」一詞取代過去的「educational sociology」，用以表示「新興的教育社會學」在屬性上已有了轉變。自一九四〇年代末起，更多的社會學者投入教育社會學的研究，使得理論導向的教育社會學迅速發展起來，尤其是「美國社會學學會」（American Sociological Association, 簡稱 ASA）特別成立一個專門單位來進行教育社會學的研究，其研究的質與量更是超越往昔。此外，由美國「全國教育社會學研究學會」所創辦的「教育的社會學季刊」（Journal of Educational Sociology），在經過一段期間的停刊後，於一九六三年復刊時，便已正式更名為「Journal of Sociology of Education」。凡此種種，皆象徵著教育社會學的取向，已經由過去的實用取向轉變為理論的取向了。或者說，姓「教」的教育社會學，已經改為姓「社」的教育社會學了。

在此一時期，教育社會學改採用嚴謹的科學方法，進行實證研究，以建立教育社會學本身的理論，其發展的主要貢獻為：㈠把教育社會學由在師範校院中發展的格局，擴大到教育學院外的其他科系；㈡把教育社會學由過去以教育學者為研究的重心，轉換成由社會學者共同參與；㈢把教育社會學由一門規範的學科轉換成一門方法嚴謹的科學，並且建立了許多有關教育的理論，充實了教育的研究成果，提升研究的質與量，使能跟教育心理學的研究成果相抗衡；㈣把教育社會學研究的研究領域縮小，使其專注於可以採用科學方法進行實證研究之部分，至於無法進行實證研究之部分，則還給教育哲學去思索，使教育社會學的研究領域更專精化、明確化。

參、批判性的教育社會學時期

「批判性的」教育社會學又稱「新的」教育社會學（new sociology of education）或「詮釋學的」教育社會學、「現象學的」教育社會學、「微觀

的」教育社會學等。自一九六〇年代末起，由於人權的高漲，追求平等與正義的呼聲甚囂塵上，弱勢團體的權利問題成為關心的重點。傳統的教育問題，諸如教育的目的、教育的本質、教育的內容、教育的方法等開始被人由公平與正義的角度提出質疑，因而自一九七〇年代起以迄於今，教育社會學的研究的旨趣又有了新的轉向，追求理論的取向又被追求平等、正義的取向所超越。此一時期，教育社會學所要研究的主題，可謂無所不包、雜然並存。贊成者認為這是教育社會學的開放性，能夠有助於教育社會學領域的開拓；反對者則認為太多太雜的主題只會使教育社會學成為無目標可言，無助於社會學的成長。

　　而造成此種轉變的主要原因是因為教育社會學典範的改變。過去強調和諧安定的「結構功能主義」的思潮開始受到質疑；而「實證的科學研究」方法，也因為教育的對象是人而引起甚多的批評。因為人的主觀性、獨特性與自然科學所研究的「物」，在本質上有極大的差異。此一時期所持有的「反結構功能主義」的立場，不肯將過去無條件接受的教育現象，視為理所當然，而開始探討其背後的基本原理與內在假設，強調教育與社會中所存在的衝突與宰制，注重社會的變遷與革新；此一時期所持有的「反實證的科學研究」的態度，採用相對主義的觀點，強調人的現象具有相互主體性與自主性的特徵。這種特徵是從現象學（phenomenology）、俗民方法論（ethno-methodlogy）、符號互動論（symbolic interactionism）等新理論出發，重新建構學校教育的面向與應有的重點，無論在基本理論、假設、方法、用意以及重點上，都是蹊徑另闢，形成一種與傳統的教育社會學壁壘分明的局面。

　　此一時期的重要代表人物可舉楊格（F. M. D. Young）作為說明。楊格於一九七一年所主編的「知識與控制」（Knowledge and Control）一書，就很強調知識的社會性，以及知識是為有權階級服務的本質。例如：楊格在該書中，曾以「課程是社會所組織的知識」（curriculum as socially organized knowledge）的理念，說明知識的接近與獲得與個人所屬的社會階級之間有絕對的關係。他說（Young, 1971, pp.31～32）：

那些握有權柄之人企圖界定何謂知識，不同的團體如何接近這些知
識，不同知識領域之間的關係如何，以及不同知識與能夠接近並使
用他們的團體之間的關係如何。明白了這些基本的假設，統治階級
企圖控制課程的假設，就能比較清晰地呈現出來。

　　此一時期教育社會學的主要貢獻在於：㈠開始檢視過去被視爲理所當然
的一些命題與假設，使教育的視野由表面結構進入深層結構，而有了新的轉
變。㈡強調教育現象的主觀性，檢討科學實證研究之缺點，加入質的研究方
法以彌補量的研究之不足。㈢開創出「知識社會學」的新領域，檢討知識與
權力之間的關係，注重知識的獲致、傳遞與掌控，打破過去「知識是價值中
立」的迷思。㈣透過新的研究典範，重視學校組織、氣氛、教師與學生的互
動等，讓「班級社會學」（或稱「教室俗民誌」）成爲研究的重點。

　　當然，批判性的教育社會學的見解並非毫無瑕疵，也難免遭到許多的批
評。例如威克斯樂（Wexler, P.）認爲批判性的教育社會學者在批判過去的
教育意識型態之同時，其實也製造了許多新的意識型態。他們的主張不僅是
一種意識型態的形成，充滿了階級摩擦的鬥爭，更具有好惡相剋的矛盾感
情。一方面，他們傾向於左派的思想，把自己投入社會運動的洪爐；另一方
面卻企圖追求學術與專業的地位，因而混淆了自己的政治與學術的角色，也
因爲把政治的立場與學術的立場相混淆，使其理論無法自圓其說。因此，其
學說雖有進步，但也將社會的意識型態引入一個錯誤的方向，其代價是值得
思考的（Wexler, 1987）。茲將上述教育社會學三大發展階段的重要特徵列
表說明如下（參見表四）：

表四：教育社會學三大發展階段的重要特徵表

	規範性研究	證驗性研究	批判性研究
原　　文	Educational Sociology	Sociology of Education	New Sociology of Education
年　　代	20 世紀初到 1940 年代	1940 年代到 1960 年	1970 年代以後迄今
名　　稱	古典教育社會學； 傳統教育社會學； 教育學的教育社會學；	新興的教育社會學； 社會學的教育社會學；	新的教育社會學； 解釋的教育社會學； 微觀的教育社會學等；
主要特徵	提供並闡述教育的理想來供作教師實踐的指南。	致力於探究確證無疑的教育知識，加強教育的科學研究以建立一般性的理論。	以現象學與人類學等的微觀角度作為研究的導向，並從批判的角度來質疑教育平等性與正義性。
研究範圍	舉凡與教育有關的論題皆在研究之列。	必須是可以用科學證驗的論題，才可進行研究。	側重於教室社會學，教學社會學，知識社會學等微觀的研究。
研究方法	哲學思辨的成分很濃。	強調科學實證的研究。	以教室俗民誌等質的研究方法為主。
研究目的	實踐用	理論的建立用	追求平等與正義用

◉ 第四節　我國教育社會學的發展 ◉

壹、教育社會學在中國大陸的發展

　　依據大陸學者吳康寧的見解，由於特殊的歷史原因，中國教育社會學的發展與世界教育社會學的發展相去甚遠。他把中國教育社會學的發展分為三期，即：創建期（自 1922 年起，到 1949 年止）、停滯期（自 1949 年起，到 1979 年止）、重建期（自 1979 年起，以迄於今）。簡述如下（吳康寧，

民 87，頁 47～52）：

一、創建期（自 1922 年起，到 1949 年止）

其實，社會學及教育社會學在中國大陸的發展並不算晚。首先，就社會學的引進而言，清朝末年，維新人士便由歐洲引進社會學的書籍。例如一八九一年，康有爲在其所主持的「廣州場星李萬木草堂」的課程中就列有「群學」一科，這便是早期社會學的中文譯稱。隨後維新派有關的學人如章太炎等人，陸續自日本譯介有關社會學的著作，其中以嚴復在一九〇三年所譯述的「群學肄言」最爲有名，後人都以此書的問世作爲社會學正式傳入中國的年代。一九〇六年，京師法政學堂課程中已列有社會學一科，但因任課之教師遲未到校，實際之開課較此爲晚。最先開授社會學課程的是上海的聖約翰大學，於一九〇八年正式開始；一九一三年，上海滬江大學建立了中國的第一個社會系。由此可見中國的社會學發展自始便與維新運動及教會學校有關，早期的社會學講座也大多是教會人士。但是外籍教師的思想氣質和宗教色彩不盡符合中國要求，到一九二〇年代後才陸續爲中國教師所取代（王康，民79，頁 1）。

其次，就教育社會學的引進而言，早在一九二二年，陶孟和便已有系統地論述教育與社會的關係，他所著的「教育與社會」一書，成爲一個重要的里程碑。到了民國二、三十年代，教育社會學的引介與出版就已相當普遍。例如雷通群（民 20）、陳啓天（民 22）、陳科美（民 33）的「教育社會學」以及許孟瀛譯的（民 36）「社會學與教育」等書，已爲我國的教育社會學立下不錯的基礎，儘管這些書的內容，有些並不完全符合今日所謂的教育社會學的主題。

在此一時期中，教育社會學的主要進展有三。㈠翻譯介紹了重要的教育社會學著作；㈡出版相當數量的教育社會學著作；㈢在部分學校開設了教育社會學課程；這些貢獻自有其歷史上不可抹滅的價值。但是此一時期的發展，仍難謂其已有獨立學科的地位。因爲在制度上尚缺乏獨立的學術團體，與專門的學術刊物；在內容上則尚缺乏嚴謹的研究方法與具體的研究成果。

二、停滯期（自 1949 年起，到 1979 年止）

中國大陸教育社會學的發展阻滯於戰爭的頻仍。二次大戰的爆發，各大學紛紛南遷，使得我國的學術發展受到重大的影響，不僅教育社會學一科獨然，但這種影響還算是輕微的。比起政治意識型態的專斷獨佔，戰爭的影響就顯得小了許多。自一九四九年大陸淪陷之後，由於中國大陸政治制度的激烈改變，教條主義的盛行，言論自由受到箝制，使得與社會學有關的所有科目都受到波及。對此一現象，王康在其「人與思想」一書中曾有詳盡的說明。他說（王康，民 79，頁 2）：

依據那時已開始滋長的個人迷信和教條主義的觀點，認爲社會學是資產階級的學說，無產階級有了歷史唯物主義就可以取代社會學。還有一種天真的想法，認爲社會學重視社會問題的研究，而社會問題則是資本主義的陰暗的產物，社會主義不再存在這些問題，也就不需要這種科學了。

在此政治氛圍之下，大陸乃於一九五二年實施高等院校之院系調整方案，效法蘇聯的榜樣，將社會學正式取消。從此以後，這門學科及有關的研究單位幾乎完全消失達三十年之久。與社會學關係密切的社會心理學、社會人類學、社會工作、人口學等等都相繼被取消。教育社會學當然也難逃銷聲匿跡的命運。一九五六年，蘇聯中斷很久的社會學因爲第三屆國際社會學大會在荷蘭舉行，而有了恢復的跡象。大陸則在多位思想通達的學術領袖（如陳達、吳景超、費孝通等人）的鼓吹下，在一九五七年（也就是孔德誕生一百週年紀念）經主管部門的支持資助下，成立了「社會調查工作委員會」。但是，這個委員會立即就被冠以「陰謀復辟資本主義」的罪名而遭到禁止，甚至連社會學的名稱也被誣爲「帝國主義偵探學」，而成爲學術的「禁區」，遭受到重大的打擊。在此情況之下，教育社會學當然只有一片空白了（王康，民 79，頁 3~4）。

三、重建期（自 1979 年起，以迄於今）

　　儘管如此，在許多甘冒大不韙的人士的積極提倡下，大陸終於在一九七九年成立了「中國社會學研究會」，一九八○年又在中國社會科學院中建立「社會學研究所」，社會學終於能夠重見天日。而教育社會學的發展也開始露出了曙光。一九八一年十二月，「教育研究」雜誌編輯部與中國社會科學院社會學研究所聯合召開座談會，討論恢復教育社會學的教學與研究的問題。一九八九年二月，南京師範大學率先開設教育社會學的課程。一九八九年四月，中國第一個教育社會學學術團體（全國教育社會學專業委員會）在杭州成立。一九九一年十一月，該委員會會刊（教育社會學簡訊）開始定期發行。至此，中國的教育社會學不僅在制度上建立了獨立學科應有的地位，更在實際的研究上展現了量多質精的成果（王康，民 79，頁 12～20；吳康寧，民 87，頁 49～50）。

貳、教育社會學在台灣的發展

　　教育社會學在台灣的發展，與大陸有些相似，但又不盡相同。無庸諱言，民國三十八年政府播遷來台之後，因為實際政治情勢的需要，當時的言論與思想並不如今日的自由開放，當然也有許多議題是不能碰觸的。若說當時台灣的學術是服從於政治的大勢力之下而無法完全自主，應非過度宣染之詞。至於台灣教育社會學的發展經過，亦有人將之區分成不同的幾個階段（例如羅大涵，民 76），值得參考。但若以台灣教育社會學發展的主要特徵而言，筆者認為只需區分成兩大階段。即：師範校院獨力開創時期（自民國 38 年起，到民國 82 年止）與一般大學協力開創時期（自民國 83 年起以至今日）。簡述如下：

一、師範校院獨力開創時期（自民國 38 年起，到民國 82 年止）

　　教育社會學在台灣的發展與最初在大陸的發展一樣，是以師資培育的學

校爲主力。因此，教育社會學的發展與師資培育機構有著如影隨形的關係。民國四十九年以前，在培育小學師資的「師範學校」中，並無教育社會學的課程存在。到了民國四十九年起，爲了提升國小教師的素質，逐年將原本只有高中程度的師範學校改制爲師範專科學校，並增開了教育社會學的科目。基於教學的實際需要，當時出版了一些教育社會學的書籍，其中以朱匯森（民 51）、曹先錕（民 53）、尹蘊華（民 56）等人的著作流傳最廣。民國六十一年，教育部修訂大學課程，將教育社會學列爲所有師範校院教育系的必修科目，使得教育社會學成爲師資培育的主要課程。而許多負笈國外的年輕學者也開始引介歐美教育社會學的完整概念，奠定了教育社會學的根基。其中林清江於民國六十一年所撰的「教育社會學」，被公認爲體系完備、內容充實，是奠定國內教育社會學發展的重要里程碑。他在這本書中分章臚列了教育社會學所應交待的八個主題：教育社會學的意義、發展與研究方法論、社會化與教育、社會結構與教育、社會變遷與教育、學校的社會環境、教師角色、教師團體與教師地位。成爲往後學者論述的主要依據。之後，台灣的教育社會學開始蓬勃發展起來，不少的教育社會學著作相繼出現，使得教育社會學的理論粲然大備。民國七十六年，九所師範專科學校同時改制爲師範學院，不久，原隸屬於台灣省政府的八所師範學院改隸於中央，不僅提升了師資培育機構的社會地位，也同時增加了教育社會學的學科地位。而自八十年起，各師範學院又成立了碩士階段的學位課程，使得教育社會學的研究逐漸專精，對於教育社會學的研究也有重要的影響。但不可否認的，教育社會學的發展，一直侷限在師資培育機構的門檻之內，未能往外突破。

二、一般大學協力開創時期（自民國 83 年起以至今日）

民國八十三年師資培育法三讀通過，使得國內師資培育制度丕變，由過去一元獨佔的局面改爲多元並存的方式，各公私立大學紛紛推出「教育學程」，協同擔負起師資培育的重任，教育社會學的地盤乃由師範院校拓展到一般大學，已成爲各大學教育學程中相當普遍的一門學科。一九九七年八月，位於南台灣嘉義縣大林鎮的南華管理學院成立教育社會學研究所，可謂

我國第一個專業傳授教育社會學的單位。該所的成立目的：「在於從社會科學整合的觀點重行檢視台灣整體教育資源分配及社會發展間的關係」。這對於台灣教育社會學的發展而言，可謂是一項重大的觀念突破與具體的建樹。因為「教育是在整體社會環境中孕育出來的，不能僅從教育制度本身來檢討；過去研究教育問題的學者，常將教育問題獨立出來討論，因而看不到教育在整體社會環境中的具體運作，以及與其他社會環節間的互動關係；相較而言，社會學家則很少將教育問題當作研究的核心議題，以致也未能在此一領域中充分著力」（南華管理學院教育社會學研究所，民86，頁1）。而該所以社會科學的研究方法，從整體面檢視台灣的教育問題，為台灣教育的前途提供理論及實務的反省基礎，其意義之重大是值得稱讚的。

南華管理學院成立教育社會學研究所後，除了於八十六年十一月八日出版「教育社會學通訊」之外，更積極籌辦學術性的研討會，於八十八年五月七、八日在該校舉辦「社會科學理論與本土化：結構轉型與文化更新」研討會，獲得甚多的迴響，計有十六篇論文提出，而且大多是由社會學系的執教者與研究者所提出，可謂開風氣之先。無獨有偶的，同樣是位於嘉義縣的國立中正大學教育學研究所也於同月的十五、十六日，在該校舉辦「教育社會學論壇研討會」，計有十八篇的論文發表，雖是多數來自教育學者的參與，也算是對於社會學者的努力所做的回應，亦算盛況空前。在此風氣的引領之下，台灣的教育社會學發展，正展現一片大好的光景，是不必懷疑的。

由上所述，可以歸納台灣的教育社會學發展的特徵如下：㈠以師範課程為根據地，漸次擴充到普通大學的教育學程中。㈡以介紹外國的理論為重點，逐漸加入本土性的實證研究，雖然為數不是很多，假以時日必可形成特色。㈢以教育學者為研究主體，逐漸加入社會學者的共同參與。㈣由過去以結構功能典範為主要的觀點，逐漸加入衝突理論的典範以及微觀的典範，眼界逐漸加大。

參、海峽兩岸教育社會學發展之比較及未來展望

　　海峽兩岸的教育社會學的發展，本是同根的生長，其後因為政治的原因而各自繼續發展，形成互不往來的局面。但是，根據這些年來的發展趨勢看，目前雙方的教育社會學發展，已漸漸認清教育的真正本質及其與社會的關係；已漸漸體會教育所具有的正面與負面的雙重功能；已漸漸兼顧教育的鉅觀層面與微觀層面；已漸漸融合不同的社會學典範，把握教育現象的複雜性；已漸漸明白教育社會學對制定教育政策的功用，並以教育社會學的理論進行社會改造的利器；已漸漸瞭解教育社會學在師資培育課程中的重要性，並以之和教育哲學及教育心理學並稱教育學術的三大支柱；已漸漸結合教育學者與社會學家的力量，共同為建立教育社會學的理論而努力；已漸漸瞭解學術無國界的道理，並體會兩岸若要和平相處，教育的力量應該發揮積極的正面力量，而教育社會學如能彼此合作，當可對於結束兩岸敵對狀態做出最大的貢獻。而今後要使海峽兩岸的教育社會學發展能夠對大眾有所助益，則必須選擇對兩岸大眾最為關心、最有好處的主題，進行深入的研究，並經常舉辦學術性研討會，對研究的結果進行對話，以去異存同建立共識的基礎。誠如王康所說：「社會學恰如一個窗口，他人可以經由窗口觀察我國社會，我國同樣可以打開窗口觀察外國社會」（王康，民79，頁7）。兩岸的窗口已經封閉了太久了，要讓雙方看到對方社會的景象，教育社會學的攜手合作應是一條簡捷的途徑。由此看來，教育社會學在海峽兩岸的前景，不僅無可限量，而且擔負著兩岸彼此信任的重任。如果能夠由學術的交流，促成彼此的瞭解，取對方之長以補自己之短，則教育社會學的發展將更為寬闊。

參考書目

王康，民79，人與思想：社會學的觀點。台北： 自立報系。

吳康寧，民 87，**教育社會學**。高雄：復文出版社。

林清江，民 61，**教育社會學**。台北：台灣書店。

南華管理學院教育社會學研究所，民 86，**教育社會學通訊（創刊號）**。嘉義：
　　該所。

孫本文，民 57，**近代社會學發展史**。台北：商務印書館。

陳奎憙主編，民 87，**現代教育社會學**。台北：師大書苑。

魯潔，1991，**教育社會學**。北京：人人教育出版社。

羅大涵，民 76，教育社會學研究的歷史分析與展望。**政大教育與心理研究**，第
　　十期，頁 125～147。

Comte, A., (1896), *The Positive Philosophy of Auguste Comte*. London: Bell.

Dahrendorf, R., (1959), *Class and Class Conflict in an Industrial Society*.
　　London: Routledge and Kegan Paul.

Dewey, J., (1916), *Democracy and Education*. New York: McMillan.

Durkheim, E., (1951), *Suicide: A Study in Sociology*. Glencoe: Free Press.

Durkheim, E., (1958), *The Rules of Sociological Method*. Glencoe: Free Press.

Durkheim, E., (1960), *The Division of Labour in Society*. Glencoe: Free Press.

Marx, K., (1971), *A Critique of Political Economy*. London: Lawrence & Wishart.

Marx, K. and Engels, F., (1965), *The German Ideology*. London: Lawrence
　　& Wishart.

Mills, C. W., (1975), *The Sociological Imagination*. New York: Oxford University
　　Press.

Slattery, M., (1991), *Key Ideas in Sociology*. London: MacMillan.

Stokes, R., (1984), *Introduction to Sociology*. Dubuque, Iowa: wcb Publishers.

Ward, L.F., (1883), *Dynamic Sociology*. New York: Appleton & Co.

Weber, M., (1930), *The Protestant Ethic and the Spirit of Capitalism*. London:
　　Allen and Unwin.

Weber, M., (1949), *The Methodology of the Social Sciences*. Glencoe: Free Press.

Weber, M., (1968), *Economy and Society: An Outline of Intermediate Sociology*.

New York: Bedminister Press.

Wexler,P., (1987), *Social Analysis of Education: After the New Sociology*. London: Routledge.

Young, M. F. D., (1971), "An approach to the study of curriculum as socially organized knowledge". in Young, M. F. D. (ed.), *Knowledge and Control*. London: Collier-Macmillan.

第三章

教育社會學的典範與派別

∽ 典範的意涵及其與科學變遷的關係

∽ 教育社會學的典範變遷

∽ 教育社會學各派典範之比較

　　教育社會學是以社會學的觀點來看教育。但是由同一個觀點也不必然看到同樣的東西，也可能出現不同的學說。事實上，由於社會科學家用以觀看世界的角度與心態是多元的，所以其所見到之現象也就不是唯一的。幾乎所有的社會科學都具有許多不同的研究方法，形成許多不同的理論、模式或派別，而產生學說雜然並存的特色。要瞭解社會科學此種多重學說並存的現象，必須知道科學知識所需經歷的辯駁與修正的歷程。而要知道此一歷程，必須先對典範的意涵及其與科學變遷的關係有所瞭解。因此要對一門學術有所瞭解，唯有對典範的意涵有所把握，並對該學科的所有典範與派別加以溯源、排比、對照，進而加以分析、比較與評價，才有可能。因為社會科學之所以具有觀點多元分歧、派別林立互競的特徵，往往是由於所採用之典範不同所造成的結果。

　　教育社會學與其他社會科學一般，也具有不同的典範與派別。要瞭解何以教育社會學典範有如此的多樣性，以及各個派別的之間的差異及關係，也必須透過典範概念的把握，才能窺其全貌、知其底蘊，看到一個互補而完整的圖像。茲分三節說明典範的意涵及其與科學變遷的關係、教育社會學的典範變遷以及教育社會學各派典範之比較如下。

◉ 第一節　　典範的意涵及其與科學變遷的關係 ◉

　　本節從典範的概念及其用法入手，再轉入典範與科學知識變遷的關係，以及典範的主要成分，以便作為分析教育社會學典範與派別的先備知識。

壹、典範的概念及其用法

　　最早對科學知識的概念演進提出質疑的是孔恩（Thomas　Kuhn）。孔恩是一個大思想家，具有敏銳的洞察力。他於一九六二年發表的「科學革命的結構」（The　Structure　of　Scientific　Revolutions）一文中，提出「典

範」的概念，引起了科學哲學界的極大回響，更刺激了社會科學研究者對於研究方法論的反省與爭辯。

　　「典範」（paradigm）一詞，有許多不同的譯法。例如「基範」、「型模」、「範型」、「派典」等。而教育學者較常用的譯法以「典範」或「範典」居多。孔恩雖是最早提出典範概念的人，但他自己對於典範的用法卻不十分明確，依據馬斯德門（Margaret Masterman）的研究，孔恩對於典範概念的用法至少就有二十一種之多。其中最常被引用的有：「一個科學的理論以及環繞在此理論的核心信念」、「引領科學研究的先前假設與探究模式」以及「關於科學理論的基本意像」（Masterman, 1970）。由此可見，要對典範的概念加以清晰地把握並不容易。勵哲耳（George Ritzer）則將孔恩的各種見解加以歸納以後，提出一個有關典範的綜合性的定義（Ritzer, 1975, p.7）：

> 典範，是存在某個科學領域內，關於其題材的基本意像。它可以用為界定何者該被研究、什麼問題該被提出、如何質疑問題以及對所獲得的答案在詮釋時所應遵守的規則等。所以，在一個科學領域內，典範乃是最主要、最廣泛的共識單位；而且，我們可以利用典範來區分不同的科學社群或次級社群。簡言之，典範可以包含定義以及關聯那些存在其內的範例、理論、方法與工具等。

　　依此定義而言，典範是用來界定、理解、規範、分析科學領域內任何學科的演進與成長的最主要概念。但是其概念的用法，則視情況的不同而有如下的區別（Kuhn, 1962 & Barnes, 1982）：

一、典範是用來區分不同科學社群的主要依據

　　典範常被用來作為區分某一科學的社群（scientific community），使之與其他社群有所區別的主要依據。例如我們可以用典範的不同將物理學與化學區分開來。學科之不同，其實很大的一部分指的便是其所用的典範不

同。由此看來，典範是用來劃定學科界線的主要依據，或者說是學科分水嶺的界標。正如同地圖的繪製是以高山、河流、人文景觀、行政區域作為劃分的重點，整個知識地圖的繪製，則是以典範作為區隔的主要依據。

二、典範可以區分相同科學社群之內的次級社群

典範除了區分不同的科學社群之外，也可以將某一科學領域內的不同發展階段加以區分，或將之用來區分相同發展階段的不同「次級社群」（sub-community）。例如十八世紀的物理學與二十世紀的物理學有根本上的差異，指的是二者所用的典範有所不同。又例如當代的心理學包括行為主義心理學、人本主義心理學、精神分析心理學等派別；而光就精神分析心理學又可以分為佛洛伊德學派（Freudian）、容格學派（Jungian）及何妮學派（Horneyian）等，指的是同一學科之中，可以包含多重的典範。所有的社會科學大多具有多重典範並存特質。這表示在此學科領域中，各次級社群的勢力是相當的，他們彼此之間並無法分出孰優孰劣的高下來。

三、典範是瞭解學科知識內容的大架構

典範是任何科學理論的骨架。準此而言，「典範」的概念比「理論」的概念寬廣，任何學科的所有理論都僅是大規模的典範的一部分。換句話說，典範可以被視為理論的上位概念，一個典範可能包含兩個或更多的理論。而「理論」是一組用來解釋事物的原理。理論的建立與理解對於瞭解一門學科是重要的。但是，光從理論去瞭解學科的內容，往往陷入分歧雜多的局面。因為所有的理論皆不具有完整性，都只能提供部分的、特殊的真實，而沒有辦法解釋該學科的所有事實。但是我們若用典範的概念去統整不同的理論時，立即可以掌握該學科知識內容的大架構，因為採用典範的概念去觀照所有的理論時，同一個典範下的不同理論馬上呈現出同一家族的特性，而以其性質相同而被歸在一處。因此把握了不同的典範，就能輕易地把握該學科內的主要架構，化繁為簡，執一馭百，而收綱舉目張之效。

四、典範是科學研究的先前假設

典範也常被用來作爲科學研究的先前假設。我們可以從科學發展史的書籍中看到，所有學說之提出，皆無法免除先前假設與探究模式的影響。典範便是提供我們研究的概念架構、理解現象的重要框架、指示我們研究問題的類型以及要回答此問題所需的證據等的基本假設。因此對於研究者而言，典範的理解是非常必要的研究步驟。

五、典範是科學有無改變的指標

典範也常被用來作爲科學知識有無改變的指標。依據孔恩的理念，科學的進步是經由典範的改變（paradigm shifts）而產生知識革命的結果。所有的知識都會產生知識革命的大變動，即令像物理學與化學這麼嚴謹的科學也不例外。當舊的學說與基本假設無法有效地解釋重要的現象時，新的學說與假設便會起而代之。對自然科學而言，此種革命的發生頻率雖然較少，但並非全然沒有；但對於社會科學而言，此種革命之發生，可謂是司空見慣之事。

貳、典範與科學知識變遷的關係

孔恩研究人類既有的知識、傳統以及文化，發現傳統文化並非全能的理論，更非完全無誤的實體，因此它們本身也需要先被檢視。而不把既有的傳統文化當作是瞭解某一科學家思想與行動的工具，或把它們用來作爲說明、解釋當前現象的一種資源而已。在孔恩看來，所有的既有文化若不加以檢視，就會形成一種類似信仰的觀念，外在於當前的現實生活，而充滿了理想主義的色彩。因此他用實證的觀點，將知識與傳統作爲研究的對象，從人類活動的原因與特性去加以理解，企圖解開傳統與文化的眞正面貌。孔恩此種有關知識演進的主要論點，包括兩大部分，其一是科學的發現是一段認知改變的歷程；其二是科學的演進來自典範的改變，而非知識的累積。說明如下：

一、科學的發現是一段認知改變的歷程

孔恩首先指出傳統對於「發現」與「發明」的區別是錯誤的。依照傳統的看法，認為對於既存的但未曾顯露之事物首次加以揭露，使人得以知曉，便是「發現」。被發現之物事實上早已存在，只不過尚未被人碰見而已。因此，當此物第一次被人遇見便是「發現」的產生。例如哥倫布駕船西行，碰到了新大陸，就是發現之一例。但是「發明」與「發現」不同，「發明」需要經人力的建構，是一段認知運作的歷程，而不像「發現」只是一個事件而已。就傳統的觀點來說，知識的成長便是一系列的發現，每一次的發現，都是在既有的知識庫存中增加新的成分，如此才使得知識得以累積與成長。

但是孔恩對於上述的傳統看法持不同之意見。他認為「發現」不是毫無根據的冥想或憑空的臆斷，必須經加證實有效以後才算成立。因此孔恩認為「發現」也像發明一樣，是一種認知的過程，而非僅僅是一種事件而已。孔恩就曾以具體的例子來說明此一觀念（Kuhn, 1962）。他用氧氣的發現為例來說明，一般人皆以一七七五年普里斯萊（Priestly）的實驗，或一七七六年拉佛西亞（Lavoisier）的實驗，作為氧氣發現的起點。孔恩則採用他有關發現的理念，從歷史的記錄中進一步加以探討，形成他有關「發現是一種認知改變的過程」的觀念，不再認為第一個得到氧氣樣本之人就是氧氣的發現者。因為根據記載，早在一七三〇年代的哈雷斯（Hales）或一七七〇年代早期的貝原（Bayen）都能製造生產氧氣的器具，也都能收集所生產的氧氣。但是此二人都未能指出氧氣是一種新的物質，他們並不知道他們自己所得到的是什麼東西，因此並不能被視為氧氣的發現者。因此，孔恩認為製造了一整筒的氧氣，也無法使哈雷斯或貝原成為氧氣的發現者；整個肺部都充滿了人造的氧氣，也不是成為氧氣發現者的必要條件。更常見到的情形是，擁有某物之人十之八九不會是該物的發現者。唯有認知改變，真正知道自己所擁有之物，才是成為真正發現者的必要條件。由此觀之，就算發現是一種事件，也應該是一種心理的事件。唯有一種新觀念的產生，或一種新鮮見解的提出，或是一種觀念的完整改變，才算得上發現。我們試從普里斯萊

（Priestly）發現氧氣的過程中，找出發現的歷程是如何進行與獲致的。普里斯萊是最早製造氧氣的學者之一，但是如果他不瞭解他所製造的東西是新的、或不平常的東西，也不能說他發現了氧氣。其實整個的發現過程並非如一般人所想像的那麼平順，而是充滿了錯誤與挫折的。一開始，普里斯萊認為自己準備了一分普通空氣的樣本，他更以為氧化是一種放射現象。燃燒之物會放出一種叫做「燃素」（phlogiston）的物質。在某一定量的空氣中，物質只能燃燒一段時間就停止了，那是因為燃素的釋出，使得空氣中充滿了此種氣體。而在他的新的空氣樣本中，物質燒得比較久，普里斯萊認為那是一種新的氣體，而且是一種含有較少燃素的氣體，因此他稱之為欠燃素之空氣（dephlogisticated air）。其實這是一種錯誤的見解。但慢慢地，他瞭解並非如此，於是設法在認知取向上重新加以修正。拉佛西亞（Lavoisier）的見解則比較接近事實。他於一七七六年重複普里斯萊的研究，結果發現早先對空氣是一種同質的單一氣體的看法是錯的。於是他下了一個結論：欠燃素之空氣事實上是一種混在空氣中的獨立的成分，並重新為之命名為「氧氣」。然而他對氧氣的定義是一種「造酸的氣體」，其錯誤與普里斯萊所犯的是同樣的重大。只是他很快地把這個字的定義加以改變，所以其所犯的錯誤較少為人所知而已。

　　上述氧氣觀念的演進正是一個認知改變歷程的良好例子。過去科學家把發現當成是一個整體的事件，並且把社群的共同決定加以合法化，然後選擇一位個別的科學家作為「發現者」，使其獲得大家的推崇，這對科學本身而言有其便利。但這樣做，往往扭曲了科學發展的歷史。如果上述的氧氣的發現是科學史上的典型事件的話，我們應該可以輕易地看出，觀念的混亂與錯誤在科學發展的過程中是多麼的平常，許多有關發現的獨立事件都證實了孔恩的觀點，那就是「發現」不能僅是一種事件，而應該是一種過程才對。因為每一個事件都只不過是個人與實體之一部分的相遇，個人好像是一個照相機，記錄著某一部分的真理，彷彿底片記錄著影像一般。因此個人的社會化經驗對於發現真理是不利的，至少是無關的，有如已曝過光的底片無法再度曝光一般。人類的認知通常並非理性與邏輯的顯現，也非依據真理本身來增

長知識，其整個思想的前提通常是受到既有的認知結構所限定。因此，其正確性的保障通常不訴諸理性的過程來獲得，而是訴諸社會化、權威的使用、社會控制的形式來獲得。基於此，孔恩強調開放的經驗與理性的推理能力，對於發現真理是必要的，正如同沒有毛病的鏡頭與焦距對照相機是必要的一般。此種有關真理發現的歷程說，改變了知識建構的基本理念，其影響是相當大的。

二、科學的演進來自典範的改變，而非僅是知識的累積

孔恩提出「科學革命」（scientific revolutions）一詞，對於科學演進的過程與步驟有獨到的見解，對當時普存的科學變遷的預設造成極大的衝擊。他反對一般人的常識性的看法，以為科學是以「累積」的方式來發展，經由長期、緩慢、而穩定的累積，科學才有今日的成果。此一傳統的觀念，用牛頓的名言來說明最能傳神。牛頓說：「我之所以能夠比一般人看得遠，那是因為我站在一位巨人的肩上。」而這位巨人指的是前人所有努力的累積。孔恩則認為「累積」固然在科學進步的過程中扮演了極其重要的角色，但是真正重大的科學變遷或進步，不是來自「累積」的作用，而是來自「革命的」力量。孔恩應用「科學的革命」的概念來說明科學變遷的理論，他所要揭穿的便是牛頓式的「累積」的迷思。

依照孔恩的說法，科學的演進必須經過一定的步驟。他認為科學演進的五個步驟如下：

（一）前科學時期

在此時期中，學科的界線與應有的內容都未明確，研究的方法也還在摸索之中。嚴格定義下的科學並未真正存在。

（二）正常科學時期

所謂「正常科學」（normal science）指的是科學社群所使用的典型的運作模式。孔恩認為一群科學家對於現存的解決困難的方法或典範具有某種

共識，這種共識便是正常科學的基礎。換句話說，正常科學出現之後，在特定的時代中，它是由某一特定的「典範」所支配。這種眾所公認的科學理論，便是「正常科學」或「常態科學」。正常科學的到來顯示出一門學科領域的誕生，也是真正有效研究的開始。所有被承認的科學都需經過這個分水嶺。未經此階段，則任何學科的科學性都會受到質疑。

正常科學的形成，代表著一種公認的典範的成立，也是人類擴充現有知識並補足該領域原有之不足的過程。典範建立之後，不可避免地會有不夠精確與不可信賴的問題存在，因此改進測量的方法與擴大適用的範圍乃有所必要。透過測量方法的改進，使工具上與程序上的可能錯誤來源減到最小，並透過適用範圍的擴大，使現象解釋的力量增加，人類的知識因而得以不斷地累積。正常科學是科學的累積與發展的正常歷程，那只是對既有的科學形式加以維持的例行程序，只是依照既有的標準、承認現有知識的正當性、使用大家所能接受的程序來進行的例行工作。依據孔恩的說法，一個成熟的科學所具有的知識與能力，是經由高度結構化與教條化的訓練而獲致，這種訓練對於現有的信念、典範、問題之解決、研究之過程等都有極強的薰陶與投入，而這種投入是正常科學發展的先決條件。

(三)科學的危機時期

光是在同一個典範之下所進行的各項改進，通常只是一種傳統的例行公事的一再重複而已。如果缺乏激進的革新來打斷正常科學的研究流程，重大的概念無法獲得突破，真正的科學變遷是無法發生的。因為正常科學所建立的理論並非毫無瑕疵。一般而言，經過不斷的知識累積之後，正常科學雖然使該典範邁向鼎盛時期，達到更為圓融的境界，但也不可避免地出現了「反常的事例」（anomalies），亦即無法用這個盛行的典範來加以解釋的現象。如果這種事例不斷地增加，無法用原有的典範加以解釋的事件增多，慢慢出現了「漏洞」或「危機」，造成原有研究典範的不安與不滿，危機時期於焉產生。在危機的初期，儘管已有越來越多的證據反對舊有的理論，甚至已有更好的理論出現，但科學家依然堅守舊有的理論而拒絕改變。而只願意用小

幅度的修正來維持原有理論的適用性。例如若有一派理論認爲「天下烏鴉一般黑」，在白烏鴉出現之前，這種說法是可以獲得大家的認同的。但是隨著異例的出現，使得這種說法無法維持本有的正確性，於是只好在此說法之外，加上「例外」，使白烏鴉的現象也能獲得合理的解釋。科學的理論也是如此，通常會有一個大家公認的典範長期地支配整個領域。漸漸地，該典範會因爲無法有效地回答某一重要的問題而陷入絕境，只好暫時以「例外」的方式來度過危機。

(四)科學的混亂時期

當科學的危機逐漸擴大，大到無法用例外的方法來加以處理，或該科學社群再也無法自圓其說時，科學的混亂時期便告出現。例如：前述的「天下烏鴉一般黑」的理論，在少數幾隻白烏鴉的出現之情形下，固然可以用例外的方式來處理，但是如果例外越來越多，或者說白烏鴉的實際例子已經多到超越了黑烏鴉的數目，或至少與黑烏鴉一樣多的時候，使得「天下烏鴉一般黑」的說法再也無法取得大眾的認同，正常科學時期的典範因此失去了主導的地位，各家學說呈現百花爭放的局面，整個學術界因爲缺乏一種令各家皆能信服的理論，混亂局面的產生乃成爲必然之勢。同時由於研究工作的結構漸漸鬆散，現象的解釋與問題的解決都無法用舊有的典範得到滿意的答案，而有賴新的程序與概念來解決這些難題，於是一場科學的革命（scientific revolutions）無可避免地蘊釀了，另一個新的典範終將出現取代舊的典範。

(五)新典範的出現

在科學混亂之時期中，各家學說各自提出獨到的見解，希望能贏得別人的相信。經過不斷的相互爭論、比較之後，終於有一派學說脫穎而出，技壓群雄，而成爲大眾公認的對現象的最新解釋。新的典範終於取代原有的典範，也產生了科學的變遷，讓科學的知識有新的進展。這便是科學革命的達成。通常此種革命會由一位偉大的思想家來領導，他所提供的新典範，以及具體的研究例證，會贏得大眾的認同與遵守。愛因斯坦的相對論之取代了牛

頓的萬有引力的理論，就是很好的說明。

　　新的典範出現後，又再度進入所謂的正常科學時期，對於現象的解釋也有了共識。此種共識有助於增進社群的溝通，以及研究的一致性與有效性。但科學的社群同意某一典範，亦只承認其為暫時的最佳典範而已，並非接受其為「最終的」產品，而是只接受其為未來繼續研究的基礎而已，因而將其不合適的缺點，視為一種可以去除的空想並逐漸加以修正。正常科學的典範需常加以精鍊與修正，並用來發展未來的解決問題的方法，因而擴充了科學的能力與程序的視野。如果修正的企圖失敗了，這位科學家所用的器具、能力都會受到質疑。因為批評一個典範本身便是倡導與正常科學分裂的開始。由上述的整個過程來看，「典範」（paradigm）的改變才是人類知識演進的真正原因。茲將孔恩的科學革命的過程圖示如下（見圖十二）：

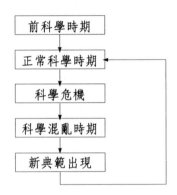

圖十二：孔恩的科學革命過程圖

參、典範的主要成分

　　一個典範的構成，必須具有一定的要素，而用典範的概念來把握學科或理論的特徵，便是以典範的要素來衡量此學科或理論的內涵，因此對於典範的構成要素要有所理解才行。構成典範的重要成分有七，即：㈠基本假設

（basic assumptions），㈡主要概念（concepts），㈢現象的範圍（range of phenomena），㈣獨特的理論（specific theory），㈤所要處理的問題（problems），㈥檢證的方法（methods of testing），以及㈦隱涵的價值（implicit values）。分別說明如下：

一、基本假設

　　人類依據傳統的觀念與個人生活的經驗，對於周遭的現象通常皆存有某種理所當然的看法。這種理所當然的看法，即使是研究者也難完全避免。例如有些人會認為人類天生的具有攻擊性，因而喜好競爭。有些人則認為人類的本性是慈悲的，因而喜好合作。有些人認為權威是社會生活中不可缺少的成分，沒有權威則無法營共同之生活。有些人則認為權威只對少數人有益，而對多數人是有害的。有人認為社會行為是個人或團體之間的交換行為。有人則認為社會行為是在社會固有價值系統下的行動。更有人認為是合理追求利益的社會現象。此等固有的基本假設往往先於特定理論的發展，因而對於擁有此等基本理念的人而言，旁人甚難加以爭論。基本上，典範常是科學研究的基本假設，代表著某些先於理論的觀點。而科學研究的進行往往是對此基本假設的證實或推翻而已。

二、主要概念

　　概念是指用來描述社會現象的基本單元，也是界定社會實體的最小單位。一個學說的主要概念是用來界定所要研究的現象，以及這些現象彼此之間的關係如何。換句話說，主要概念的本身便已假設了特定理論的主要成分。例如：馬克斯主義者的階級（class）概念不僅用來區分不同的人們，而且更假設了階級之間不平的利益分配是解釋社會與政治現象的核心原理。同樣的，結構功能主義者的價值（value）或規範（norm）的概念除了說明該詞的含義外，更假設它們能決定社會實體的其他部分。基本上，典範所包含的是其整個理論的主要概念。任何理論的開展無非是在對此主要概念加以陳述並提出證據使人信服而已。

三、現象的範圍

現象的範圍指的是研究者所要觀察的重要現象是哪些，或者說研究者應該到哪裡去尋求這些資料。例如有些人以為社會學研究的相關資料來自個人在小團體中的互動；有些人則認為應該觀察整體的社會才能找到所需的資料。基本上，典範所顯示的是其整個研究的對象及其範圍。整個研究的展現無非是在對此有關資料加以蒐集與整理而已。

四、獨特的理論

基本上，典範所呈現的是一套具有意義的、彼此關聯的概念陳述，也就是一套獨特的理論。此一獨特的理論正是該典範的主要內容。因此典範所指的便是將兩個或以上的相關的概念加以結合而成的獨特理論，亦即使其成為有意義的一套陳述。

五、所要處理的問題

所謂問題指的是對人生活造成不便，卻又無法加以排除的事物。問題的存在是理論產生的重要前提，不同理論的出現，其實是在以不同的方式處理各種的問題。例如激進典範的社會學通常認為階級意識的呈現與否是社會的最大問題，也因而建構了許多理論來說明階級意識如何地被人扭曲、隱藏；結構功能主義者則認為偏差行為才是社會的最大問題，也由此發展了許多有關偏差行為的理論。基本上，典範所醞涵的是對問題的本質、重要性、處理方法等的基本看法，從該典範所界定為重要但仍未有效解釋或解決的問題上，可以看出該典範的重要企圖與特色。

六、檢證的方法

每一種典範皆有其獨特的檢證其理論的方法，此乃因為研究的對象或問題不同，其所需要蒐集的資料自亦不同，連帶的，其所用以蒐集資料的工具、所使用的研究方法也就無法一樣。例如研究整體的與長期的社會現象，

就很難使用實驗法來進行。基本上,典範所顯示的是一套合宜有效的檢證的方法,也就是一套獨特的資料蒐集與證明其資料有效性的方法。

七、隱涵的價值

所謂隱含的價值指的是藏在典範背後的基本態度。此種態度通常不外乎下述三者:即保守的、激進的或折衷的。保守主義者的態度傾向於支持或合法化社會的現況;激進主義者的態度則傾向於瓦解現有社會的現況;折衷主義者的態度則接受社會現況的既有限制,但也鼓勵進行有限度的改進。儘管社會學家皆自認是價值中立的,沒有任何的偏見,但很難逃離隱涵價值的影響。基本上,典範所顯示的便是這種隱涵的態度或價值,唯有明瞭其背後的態度或價值,才能對其整個學說的精髓有所體會。

◉ 第二節　教育社會學的典範變遷 ◉

教育社會學之所以能夠演進,事實上就是各種典範互競的結果。因此由典範變遷的角度切入,最能理解其演進的梗概。教育社會學的主要典範區分,可以從各種理論的先後出現加以說明。最早出現的教育社會學理論是結構功能主義,因為強調社會和諧的重要,又稱為「和諧的」理論。其後因為這種和諧的觀點無法有效解釋社會衝突與變遷的現象,因此又有「衝突的」理論出現。有人認為把整個教育社會學的發展說成是對於和諧理論的爭辯與補充亦不為過。「和諧理論」與「衝突理論」雖有重大的差異,而形成對立的關係。但是二者亦有共通之點,那就是強調社會大於個體的見解。這種見解主張社會的需求優於個人。相對於社會的結構而言,個人的重要性是較微不足道的。此種典範因而被稱為「結構的」或「鉅觀的」典範。而與此典範相對立的便是「詮釋的」或「微觀的」典範。因此,要明瞭教育社會學的各派典範,必須對於結構典範與詮釋典範的內涵有所瞭解。而在結構的典範之下又有和諧的與衝突的兩種典範。在「詮釋的」典範陣營中,又可分成「互

動主義」、「現象學」與「俗民方法論」等派別，茲依此分別說明如下。

壹、結構典範的重要內涵

結構典範的觀點強調社會重於個人，主張從系統、鉅觀、規範性、整體性等角度來把握社會的實體，此一學說注重社會秩序的解釋，因而強調社會組成分子所具有的相似性，這種相似性是在社會與文化的壓力之下，透過種種的手段，諸如法律或民俗所造成的。社會組成分子的思想與行為都難逃其所在社會的限制，皆生活在別人的期待之中，這個觀點把人圖繪成一個木偶的形象，毫無自由之可言，而其背上的線索是由社會所操縱著。此一學派又可依其主張和諧或衝突觀點之不同，分成和諧理論與衝突理論兩者，說明如下：

一、和諧理論的代表人物及其要旨

和諧理論又稱為結構功能理論、系統理論、共識理論。儘管名稱不一，卻代表了對社會的一種共同看法。功能主義的傳統是繼孔德（Auguste Comte, 1798～1857）與斯賓賽（Herbert Spencer, 1820～1903）的創建，涂爾幹（Emile Durkheim, 1858～1917）的發揚光大，帕深思（Talcott Parsons, 1902～1979）的修正補充，以及墨頓（Robert Merton, 1910～）的集其大成，而有長遠的歷史。功能主義的鼎盛時期是在一九四〇至一九五〇年代，其後因為功能主義本身理論上的弱點受人攻擊，而逐漸失去獨領風騷的地位。這可能是因為其他新的理論對於某些問題有較大的說服力，也可能是功能主義之典範無法配合時代的脈動所致。但若要說結構功能理論已失去與人競爭的力量，恐怕也是言之過早。茲將其重要的代表人物及學說要旨簡介如下：

㈠涂爾幹

涂爾幹對社會學的影響已在第二章述及。涂爾幹曾由結構與功能的觀點，研究澳洲原住民的文化，發現圖騰主義的功能是創造並且鞏固團體的向

心力（Durkheim, 1961）。他由此推論出所有的社會結構功能都是在締造「社群的和諧共存」。他進一步解釋教育的主要功能是在社會化下一代，因而對於穩定社會具有無可取代的重要地位，而對教育的功能賦予完全正面的評價（Durkheim, 1960）。因爲他以功能來解釋社會的運作，故被尊爲結構功能主義的大師。

(二)帕深思

使功能主義在一九四○年代到一九五○年代成爲美國社會學主流的重要人物是帕深思。與涂爾幹一樣，帕深思對社會秩序的議題產生興趣。他的學說有一大部分是在解釋社會秩序是如何達成的。而他發現社會生活的特徵在於共同的利益及和平的相處，而非彼此的敵意與相互的破壞。他重視社會統整的重要，因此主張社會整體的利益優於個體的利益（Parsons, 1951; 1960）。

這種有關社會秩序的觀點，來自十七世紀英國哲學家霍布士（Thomas Hobbes）的「社會契約」（social contract）的見解。霍布士認爲人是受到欲望與理性的雙重引導，欲望是行爲的主要動力，而理性則是提供方法與手段來滿足欲望的要求。欲望如果不受約束，則會無所不用其極地來滿足自己。其結果，必然出現「所有的人與所有的人相互爭戰」（the war of all against all）的局面。爲了避免此一後果的發生，乃產生人類最基本的需欲，那便是「自我的保存」（self-preservation）的需要。爲了滿足「自我的保存」的需要，人類乃同意限制自己的欲望、放棄自己的自由、而與其他人締結一項「社會契約」，自甘屈服於有權威的統治者或機構的管理，來換取免於受到他人侵略、壓迫或欺騙的危險。因爲唯有此種強大的社會契約的存在，人與人爭的局面才能避免，社會的秩序才能建立。

帕深思雖然採用霍布士有關「社會契約」的見解，但是他並非完全同意霍布士的主張。帕深思並不認爲人類是自私自利、善於算計的，所以霍布士認爲人類居於自私才肯與他人締造契約的說法是錯的。帕深思認同於涂爾幹的見解，認爲人類的社會是具有道德性的。由共享的價值所衍生的共同目標是形成社會團結的主要原則。如果社會的成員都致力於相同的價值，他們將

會產生共同的認同體，並由此得到團結與合作的基礎。所以形成社會共享的價值才是社會秩序的基礎，也唯有道德的共識才是長久有效的。帕深思以市場交易為例，他認為光是害怕自己吃虧只會形成爾虞我詐的結果，並不能維持市場的秩序，更不足以使人甘心服從社會的秩序。經濟市場的秩序必須建立在每個人對於何謂正義、公平、合理有共同的認識，對於市場的道德有一致的看法，由此共識才能產生大家皆願遵守的規則，也才能分辨有效與無效契約之不同。當價值已經制度化、而且所有的行為都遵依此價值而為，那麼，這個社會便是一個穩定的系統，社會的平衡已經獲致，社會系統的各個部分皆能保持平衡的狀態。

　　帕深思把社會視為一個系統，他認為任何一個社會系統都有四個基本的必備功能，亦即調適（adaptation）、目標的達成（goal attainment）、統整（integration）以及模式的維持（pattern maintenance）。而這四個功能又分屬於對內與對外的功能，以及手段性與目的性的功能（如表五所示）：

表五：帕深思的社會必備功能表

	手段性功能	目的性功能
對外功能	調適	目標完成
對內功能	模式維持	統整

　　任何一個社會系統為了達成外在的功能，需要以調適的手段來達成目標。所謂的調適（adaptation），指的是系統與環境的關係。社會為了生存，必須對其環境有某種程度的控制力，至少必須提供其組成分子吃住無虞，以滿足最低的生理需要。經濟制度便是為了達成此一功能的重要制度；所謂目標的達成（goal attainment）指的是所有的社會都需要設定其目標，以便社會行動都能有所依歸。而目標的設立以及其優先順序的決定，是政治系統的主要功能，政府不但設定目標，還要分配資源來達成目標，即使在所謂的自由企業體系下，經濟的進行依然得遵守政府所頒佈的法律才行。

　　而為了達成內在的功能，需要以模式維持的手段來達到內部統整的目

的。所謂統整（integration）指的是衝突的調節，社會的各個子系統應該相互協調、彼此合作，而法律便是用來達成統整功能、減少可能衝突的主要制度。如果衝突一旦發生，則有司法系統來作爲仲裁的機構，因此不會造成社會的解體。所謂模式的維持（pattern maintenance）指的是對於社會上已經制度化的基本價值的加以維護，使其不致中斷。而家庭、宗教以及教育便是達成模式維持功能的主要機構。這些機構所用的的方法，便是把社會的共同價值傳給下一代，並將此價值內化成爲下一代的人格，也就是藉著社會化的手段，來維持社會的生存。

㈢墨頓

美國社會學家墨頓是功能主義學派的集大成者。他在一九四九年的一篇論文中企圖對功能主義的理論加以修正，使功能主義共同假設的三個漏洞不再受到攻擊（Merton, 1968）。

第一個漏洞是有關「社會是一個功能的結合體」（functional unity）的假設。此種假設把社會的各個子系統看成是對整個系統有所功能，並且共同合作使整體社會得以維持。墨頓則認爲至少在高度分工的複雜社會裡，此種假設是值得懷疑的。他提出宗教多元化的例子來加以說明，在一個具有多種宗教信仰的社會中，宗教不僅無法成爲結合社會的力量，反而是使社會分離的原因。因此功能的結合體是一個程度上的問題，它的程度要經觀察後才能決定，而不是一開始便假設其存在。其次，功能的結合體的意涵認爲社會體系中的任何部分一有改變，其他部分就會自動地跟著改變，墨頓再度認爲這也要經過觀察才能決定，不能自始便主觀地加以認定。因爲在高度分化的社會中，各種機構都具有「功能的自主性」（functional autonomy），不會或者至少很難會因爲其他機構的改變就隨著改變。

第二個漏洞是有關「普遍的功能主義」（universal functionalism）的假設。此一假設認爲所有社會的或文化的形式都有其正面的功能。墨頓則認爲此種假設不僅不成熟，還可能是不正確的。功能主義的分析應該先假設社會的各個子系統有可能是具正面功能的、負面功能的或無功能的。此外，哪一

個部門是有正面功能的，哪一個部門是負面功能的，哪一個部門是無功能的，也要清楚地指出。因此，貧窮對於窮人而言也許是負面功能的，但對於富人而言，則可能是有正面功能的。因此「普遍的功能主義」的假設應該修正為：只有長久存在的文化形式才能對於整個社會的維持，具有普遍的功能。

　　第三個漏洞是有關「不可或缺」的假設。功能主義認為某些機構或社會措施對於社會的生存而言是不可或缺的，例如許多人主張宗教對社會扮有獨特而重要的角色，因此宗教是不可或缺的。墨頓則認為所有機構的必備功能都可以由其他機構來替代的，因此不能假設某些機構，諸如家庭、宗教、社會階層是無法被取代的。墨頓以「功能的對等物」或「功能的可替代性」修正「不可或缺」的假設，例如共產主義的國家便想以政治的意識型態來取代宗教。

　　以上三者是墨頓（Robert Merton）對功能主義的重要修正，他是以負面功能（dysfunction）的概念來彌補功能（function）概念之不足，並且更進一部把正面功能與負面功能各自區分成顯性與隱性二者。如此一來，就構成顯性的正面功能、隱性的正面功能、顯性的負面功能以及隱性的負面功能四種情形。只有兼顧此四個層面，才能對於社會的運作有正確的瞭解。

二、衝突理論的代表人物及其要旨

　　由於和諧典範無法對社會的變遷現象提出使人信服的說法，因而有衝突理論的出現。基本上，衝突理論的出現可以被解釋為功能主義對於社會秩序的說詞已經無法深入人心。如果社會真的是以和諧為底色，以共識為基調的話，那麼要如何解釋自古以來便一再重演的改朝換代的戲碼呢？我們只要翻開歷史，看到連年戰爭之慘烈，就不免對功能主義的說法產生懷疑。帕深思雖然採用四個必備功能的動態平衡來化解這些難題，墨頓也提出他的三大修正，來避免典範破產的危機。但是這些努力始終無法堵住其理論的破洞，更無法阻擋衝突理論的出現。衝突理論的傳統是循著馬克斯（Karl Marx, 1818～1883）的見解而次第開展的。馬克斯認為社會是無情的競爭舞台，而

階級的衝突與鬥爭是社會變遷的主因。這些論點皆有其繼起者加以發揚或修正。例如德國哲學家與社會學家席嵋爾（Georg Simmel, 1858～1918）也主張衝突是社會現象的主要部分，他更把大的社會衝突現象應用到小團體的衝突中，認為凡是涉入個人情緒所組成的團體，或具有親密性質的團體（例如親屬），其衝突往往比其他團體更為激烈（Frisby, 1984）。

達爾道夫（Raff Dahrendorf）的主張也是和馬克斯一樣，認為衝突是社會不可避免的現象。達爾道夫注意社會衝突的結構性來源，乃是存在於物品的可欲性與稀有性的問題，這是衝突的本質，只要有人類存在，衝突就會永遠存在。因此他認為雖然可以把衝突的激烈性減低，但無法將衝突完全消除。他更用專制的協商組織（imperatively coordinated association）來說明衝突才是社會的本質，而合作只是在無力與人抗衡的情況下，暫時聽命於人的權宜之計而已（Dahrendorf, 1959）。

但是達爾道夫的見解與馬克斯不盡相同，達爾道夫對於衝突之源採用較為一般性的觀點，而不侷限於馬克斯所謂的經濟之點，他又主張社會衝突的主要來源是權威（一種將自己的意志加諸他人的權力）。因為各個社會都有必然的權力或權威存在，因此衝突是無法以共有生產工具來加以避免的。達爾道夫又認為衝突並非源自社會的整體，而是發生於同一權威之下的人們身上，因此社會中存有許多馬克斯未曾提及的衝突。他認為激烈而無法控制的大衝突是例外的，日常生活中無數的小衝突是可以控制，並避免引起全面性的衝突。這些小衝突是造成社會變遷的壓力，因此也具有引領變遷的正面功能。

寇舍（Lewis Coser, 1913～ ）想要調和功能主義與衝突理論的觀點，他提出衝突也有正面的功能。諸如：衝突可以增加團體內的共識與團結、可以注意到結構的問題並且刺激改革以解決問題、可以允許人們宣洩不滿以避免造成更大的衝突、可以釐清觀念達成共識、可以尋求與其他團體的結盟等，這些都是衝突所具有的正面功能，如何善用衝突的正面功能已經成為一個值得注意的課題（Coser, 1956）。

貳、詮釋典範的重要內涵

　　前述和諧理論與衝突理論一方面相互爭競，彼此指責，表面上看來，這是兩個截然不同的典範。但是，事實上，這兩個典範有一個共同引起批評的特點，那便是強調社會大於且優於個人的基本主張。詮釋的典範對此基本觀點持有不同的看法，因而產生另一新的爭議。詮釋的典範並非一個統一的學派，而是由許多不同的學說所組成，其中主要的有符號互動論、現象學、俗民方法論等，這三派雖然名稱不同、重點互異，但是他們的基本精神則有相通之處，簡述如下：

一、符號互動論

　　符號互動論（symbolic interactionism）（或譯象徵互動論）是由杜威（John Dewey）、湯瑪斯（William I. Thomas）、米德（George Herbert Mead）等人所提倡，再經布蘭姆（Blumer）、葛夫曼（Erving Goffman）等人的發揚光大。這一派學說認為行動者對於社會實體的看法與解釋，才是社會實體的核心，因此強調當事人自主性的重要。其中米德（G. H. Mead）有關自我（self）的思想被認為最具代表性。所謂「自我的自主性」，指的是個人有能力成為與自己對話的客體；能夠決定自己的需要，以及滿足需要的方式與手段；能夠採取合宜的行動並依據先前經驗來修正自己的行動。在整個行動中，個人具有主動的力量，是社會意義的建構者。因此個人能夠主動地定義、詮釋社會的情況，而非僅僅被動地受制於外在的因素（Mead, 1934）。

　　符號互動論的另一重要人物布蘭姆也曾提出該典範的三個基本見解（Blumer, 1962; 1969）：

　　㈠是人類的行動是有意義的。而非單純以外在的刺激或內在的本能來反應。因此符號互動論反對社會決定論，也不主張生物決定論。

　　㈡是符號互動論主張意義的產生是在互動的歷程中不斷地創造、修正、

發展與改變而成，並非一開始便已決定，一成不變地影響著未來的所有行動。在這互動的歷程中，行動者並非完全奴婢般地服從既定的規範，也不機械式地扮演既定的角色。

㈢是符號互動論認為意義是由行動者在互動的脈絡中，經由複雜的詮釋過程而得的。藉由扮演他人的角色，行動者以自我的內在對話不斷修正、改變情境的定義，預演各種可能的行動替代方案、並且設想各種可能的結果，以便瞭解整個情境，引導行動的方向。

二、現象學

現象學（phenomenology）的研究典範經常與符號互動論的典範相混淆，而被視為同一個典範。但在許多方面他們是不同的。現象學的研究典範源自胡賽爾（Hussel）與舒茲（Alfred Schutz, 1899～1959）的哲學思想。他們認為真相的獲得不能完全依賴現象的本身，也無法直接由我們的感官、意識來瞭解現象。因為現象背後的真實尚難由此獲得決定。現象學者所關心的是實體如何在社會過程（social process）中建構起來，以及個人如何獲得其思想的方法。因此他們注重探討人們日常生活中如何達成共識、如何分享共同的觀念。每個人皆有不同的知識庫存，因此每個人對世界的看法皆不相同，只有相互的尊重與理解，才有互動的可能。此種有關共識的見解，對於我們日常熟識的人是成立的，但對於較不熟識的人與情境，我們則需要對自己的知識庫存加以即時的修正，才能有效地進行溝通。現象學注重的是日常生活與行動的實踐目的，而非理論的建構目的而已，其任務便是探討普遍存在日常生活中的有關共識是如何達成的（Blackledge and Hunt, 1985）。

三、俗民方法論

俗民方法論（ethnomethodology）與歐洲的現象學的哲學傳統有相當的淵源，是由美國社會學者葛分可（Harold Garfinkel）所創的一個新的支派。俗民方法論借用現象學的基本假設，主張社會只存在於其分子對它的知覺之中，強調社會分子對社會實體的看法。葛分可於一九六七年出版「俗

民方法論研究」一書，提供俗民方法論的架構與觀點。簡單地說，俗民方法論所關心的是社會的成員在建構、考量、賦予他們社會世界的意義時，其所用的方法與過程如何。俗民方法論強調的是人們相互瞭解、溝通、言詞敘述、互動的方式都不是清晰的，而是無限模糊的。因此，要將某一情境的原則類推到其他的情境，設非不可能，也是極其困難的。爲此，俗民方法論區分兩種不同的領域：情境的俗民方法論以及語言的俗民方法論。情境的俗民方法論者關心的是社會秩序是如何協商獲致的，他們所用的研究方法是把日常的生活情境加以瓦解，以便發現生活底層的基本假設。例如葛分可（Garfinkel）要求學生把自己的家當成是旅館，以便產生預期的瓦解效果。而語言的俗民方法論者則關心語言的交換，認爲所有的言詞溝通絕非僅是言詞的內容而已，試想一個家庭內的談天，對於局外人常有摸不著頭腦的感覺，因爲溝通的進行必須徹底瞭解對方的背景，否則便難以順暢地進行了。葛芬可又在一所大學的精神病理學系中作了一項實驗，宣稱學生可以參加一項新的心理治療，可以對諮商人員提出自己的困擾，並獲得忠告。諮商者是坐在相鄰的隔壁房間，彼此並不能見到對方，只能用對講機通話。而且諮商者被限制只能回答是或不是，且其順序已在事前以隨機的方式抽出，諮商者不得隨意更動。結果發現學生對於毫無意義的回答會自己賦予意義，對於毫無秩序的答案會自己賦予秩序，當前後答案有所矛盾，學生則自己加以合理的解釋，例如諮商者並未完全瞭解問題之所在。由此可見，社會行動的意義來自其情境脈絡，是受到特殊情境的「引領的」。社會分子是以當時的情境脈絡來詮釋事件的意義，如果脫離了當時的情境，所有的行動就會頓時失去了意義（Garfinkel， 1967）。

◉ 第三節　教育社會學各派典範之比較 ◉

壹、和諧理論與衝突理論的比較

一、和諧理論的核心概念

　　和諧理論強調的核心問題是社會系統何以能夠持續生存，尤其是衆多的
具有獨特性質的個人，何以能夠組成一個團體，個人何以甘心拋棄部分的自
由，並願意承擔額外的責任，都是此一理論所欲解答的重點。此一理論從正
面的觀點對社會各部門提出評價，其關心的重點是放在社會功能的維持上，
更把所有的社會機構視爲對社會有益處、甚至是不可缺的。所有團體必須相
互依賴與合作，才能爲社會帶來安定與和諧。換句話說，各個團體有其獨特
的功能，唯有功能的不斷調適，才能造成社會的穩定。因此共識、平衡、功
能、系統的統整乃成爲其核心的概念，茲分別說明如下：

㈠共識

　　社會若無規範，或雖有規範卻未被社會組成分子所共同遵守，則社會的
生活是不可能維持的。唯有當社會組成分子具有共同的價值與信仰，社會規
範的遵守才有可能。此種共同的價值與信仰，便是所謂的共識（consensus）。就和諧理論的觀點來看，共識是所有社會組成的核心原則，而基本
的價值則是社會共識的根基所在。誠如帕深思（Parsons, 1961）所主張的，
「基本價值對於人類社會的重要性，有如基因對於其他動物一般，其目的皆
在維持生存」。社會之所以能夠維持不墜，因爲社會對於基本價值存有共
識。若無共識的存在，社會便難以維持了。

(二)平衡

像高空走繩索者一般，社會也要保持平衡。對於威脅到社會平衡的事物，社會要有能力加以去除，例如司法制度對犯罪的處罰便是要維持社會的平衡。苦有一部門無法正常發揮功能，也會威脅到整體社會的生存。所謂平衡指的是系統中各個部分都能夠相互配合。在和諧理論者的眼中，社會是平衡的，或朝向平衡的，社會的各個系統都是彼此相互協調的，猶如一個有機體一般，社會的各種機構便像是有機體的各個器官，彼此之間有十分密切的關係，任何一個器官的任何微小的改變，都會牽涉到其他器官的運作。因此沒有任何一個器官是完全自主，或與其他器官相衝突的。無法獲得平衡的社會也是無法存在的。

(三)功能

和諧理論者以「功能」的概念來檢視社會各部門的存在理由。例如家庭的功能在於繁殖、並且社會化下一代；宗教的功能在於強化共同的價值，使社會系統成為一個整體。又例如核心家庭的出現，是為了適應工業社會遷徙頻仍的需要，因為大家庭遷移不便，所以會被核心家庭所取代。自由戀愛的出現，則是要發揮結合核心家庭成員的功能。和諧理論重視「正面的功能」是十分明顯的。功能主義者雖然也使用「負面功能」（dysfunction）的概念來說明某些社會機構無法正常運作的情形，但是，此一學派的重點強調的是正常的功能，較不強調功能異常的部分。此外，和諧理論還認為所有的社會活動都是必須的，沒有任何一項活動是多餘的。例如，史前文明常出現的「祈雨舞」，必然具有祈雨之外的其他功能，否則只要一次祈雨失敗，就必然無法再繼續此項活動了。同樣的道理，功能主義者會認為妓女的存在具有其社會的正面功能，也就容易理解了（Davis, 1947）。

(四)系統的統整

和諧理論視整個社會是一個完整的系統（a system），這個系統是由

緊密相關的各個部分所構成。要瞭解這個系統的運作必須對其各個組成部分
加以分析與瞭解。這個完整系統的組成分子或次級系統的存在皆是爲了整體
社會的生存。社會是由相互依賴的各部分依其功能結合而成的。所以探討社
會要從整體的系統去把握，才不會失之偏頗。因此，和諧理論者所用的基本
分析單位是社會的系統，而構成社會的不同部門則被視爲社會系統的一部分
或子系統，各子系統對於整個社會系統都有所貢獻，而非孤立的單元。此種
主張是源於十九世紀的「有機類比說」（organic analogy）。有機類比說把
社會比喻成一個有機體。正如同有機體爲了求生存，其各個器官必須發揮分
工合作的功能，社會要能夠繼續生存也必須其構成部門相互分工合作，發揮
各自的社會的必備功能（functional prerequisites of society）。唯有各個
部門都對整體的系統有所貢獻，都能維持社會系統的正常運作，社會才能持
續生存。此種強調系統的優先性，便是所謂的系統的專制性（system im-
peratives）。社會系統若無此專制的權力，就無法維持正常的運作。

二、和諧理論所受到的批評

　　和諧理論的觀點雖能見到社會的某種事實，且因強調社會結構的重要，
而對社會的和諧有所貢獻，卻也扭曲了許多社會的真相，因而受到許多批評。

　　㈠無法對社會變遷加以解說。和諧理論最常被批評的是無法對社會變遷
的事實提供合宜的解釋。因爲社會系統如果真的是和諧平衡，且共同貢獻於
社會的安定與秩序，則應如何解釋社會變遷的現象？和諧理論雖然企圖以
「社會的變遷可以視爲一種動態的平衡，而調適、目標的達成、統整以及模
式的維持四個系統是相互關聯的，其中一個有所改變，其餘便得跟著改變，
否則便會導致混亂」的方式來說明，甚至修正原有的理論以逃避外界的質
疑，卻缺乏令人信服的力量，形成其理論的重大缺口。

　　㈡和諧理論對社會採用保守的觀點，認爲所有的部門都是爲了整體的社
會而存在，但是對於整體社會的存在理由卻未能加以證實，因此對於現存的
社會秩序也無法提出合理的證據。反之，和諧理論把社會問題視爲對社會系
統的威脅，而不是社會系統本身的問題。這種說法被批評爲具有保守的偏

見，過度維護社會的現狀。另外，和諧理論以爲所有的社會機構皆有益於社會統整的見解，提供一種反對激烈變革的理由，也深受批評。

㈢和諧理論的思考方式缺乏邏輯性，其用結果來解釋原因的探究邏輯也受到批評。依照和諧理論的說法，一個機構的出現是因爲它具有正面的功能，那麼只要這個機構對於社會還有淨的正面效果，它便會持續存在下去。問題是一個機構的淨的正面果是很難衡量的。我們必須把它的正面與負面功能都算出來，然後才能知道其功能的淨值如何，像社會階層的正面與反面功能至今依然爭論不已，其功能之淨值在可預期之未來是不會有結論的。但是和諧理論採用預設的「目的論」（teleological）作爲解釋的模式，用此解釋社會部門的存在，容易預設其對整體社會的好處或功能。但是結果無法解釋原因，因爲原因永遠先於結果。這種解釋的思考錯誤就在於倒果爲因。

㈣和諧理論把社會比喻成一個有機體也廣受批評。因爲生物學家無法決定有機體的何種器官最有功能，任何一個器官停止作用都會造成有機體的死亡，而社會則只會變遷而不會死亡，所以社會學家很難使用相同的標準來描述社會。有機體的健康可以有固定的標準來檢驗，但是社會的健全則不易衡量。

㈤和諧理論者以道德共識作爲解決社會秩序問題的方法，也遭到極大的批評。首先，批評者指出共識是一種假設而非眞實的存在。研究者至今依然無法明確地說出社會的共識再哪裡；其次，社會的穩定可能是沒有共識所造成的，而不是共識所帶來的，例如社會底層的人們由於缺乏追求成就的共識，才穩定了社會的秩序，要是大家都想要成功，無法成功的人一定會造成社會的不穩定；其三，共識不必然帶來社會秩序，它也可能帶來相反的結果，例如主張激烈的競爭或全然的放任主義的共識，不會產生社會的和諧與團結；換句話說，影響社會秩序的是價值的內容而非價值的共識。

㈥和諧理論忽視了社會的宰制與衝突的現象又遭到許多的批評。和諧理論只強調人類追求共同價值的重要性，卻從不問所追求的到底是誰的價值。和諧理論者甚少嚴肅地面對社會中統治階級對其他被統治階級的壓迫與欺凌的事實。社會的規範與價值基本上是爲統治階級服務的，只是他們把其合法化成仿佛是爲了所有的人一般。

三、從和諧理論的典範過渡到衝突理論的典範

由於和諧理論的典範無法對其理論的缺失提供令人滿意的答案，而衝突理論對這些問題的答案似乎較爲合理可信，所以產生了典範遷移的現象，我們如果從典範的組成要素來加以分析的話，就會清楚地看到兩個理論的重要差異所在。

(一)從基本假設來分析

和諧理論的基本假設是社會像有機體一般，所有的機構都有其正面的功能，就算有些負面的功能存在，經過正負相減的結果，其淨值依然是正的，否則社會便無法生存。但是，衝突理論者從另一個角度來看社會，發現社會的黑暗面往往甚於光明面，只不過這些黑暗面已被有心人加以巧妙地掩飾，一般人不易發覺罷了。

(二)從主要概念來分析

和諧理論所常用的概念是功能、共識、平衡、和諧、統整、一致、合作等，顯示出社會穩定的一面。反之，衝突理論者從社會的動盪面來觀察，其所用的主要概念爲衝突、鬥爭、壓榨、反抗等，充分顯示出社會中的不和諧。

(三)從現象的範圍來分析

和諧理論所研究的現象的範圍雖然與衝突理論所研究者一樣，都是整個的社會系統，而不對個別的社會成員加以分析，但是，二者所分析之對象依然有別。前者所分析者是社會的上層階級的現象。後者所分析者是社會的下層階級的現象，所分析之對象不同，其所見到之結論自然有異，這是二者理論有所不同的主要理由。

(四)從獨特的理論來分析

和諧理論所創建的獨特理論有社會化的理論、有機比擬說等；而衝突理

論所創建的獨特理論則有複製理論、抗拒理論、交換理論、意識型態等。

伍從所要處理的問題來分析

和諧理論所要處理的問題是社會何以維持不墜、社會共識如何達成、社會規範如何設定、社會文化如何傳遞等；而衝突理論所要處理的問題則是社會何以變遷、社會如何粉飾太平、社會如何複製不平、社會階層如何維持等。

六從檢證的方法來分析

和諧理論所用的檢證方法與衝突理論並無不同，都是重視量的研究法，把社會當成是一種事實，盡量用科學的方法去捕捉此一事實，這是二者沒有差異的部分。

七從隱涵的價值來分析

和諧理論所隱涵的價值是人性本善，人人皆可以為堯舜，每個人都有充分的愛心，只要給予適當的機會，每個人都是好國民。相反的，衝突理論所隱涵的價值是人性本惡，人人皆有惡的念頭，只要制裁的力量不足，惡事便會層出不窮。

茲將和諧理論與衝突理論的主要差異列如下頁表之說明（見表六）。

貳、結構典範與詮釋典範的比較

對於社會實體本質的看法，長久以來，存有兩難的爭議，其一認為人們是由社會所塑造的，社會重於個人，個人受到社會規範的約束，並無自由之可言；另一派則強調個人是具有自主性的主體，是社會實體的創造者。這就形成了結構典範與詮釋典範的鮮明對照。

一、結構典範所受到的挑戰

結構典範受到詮釋典範的主要挑戰有三。

表六：和諧理論與衝突理論的主要差異表

	功能主義	衝突理論
基本假設	社會具有光明面，沒有或甚少黑暗面。	社會的黑暗面大於光明面。
主要概念	功能、共識、平衡、和諧、統整、一致、合作等。	衝突、鬥爭、壓榨、反抗等。
現象的範圍	上層階級的社會現象。	下層階級的社會現象。
獨特的理論	社會化的理論、有機比擬說等。	複製理論、抗拒理論、交換理論、意識型態等。
所要處理的問題	社會何以維持不墜、社會共識如何達成、社會規範如何設定、社會文化如何傳遞等。	社會何以變遷、社會如何粉飾太平、社會如何複製不平、社會階層如何維持等。
檢證的方法	量化的研究法；科學實證的方法。	（同左）
隱涵的價值	人性本善。	人性本惡。

(一)人類的行動是受到系統的決定嗎？

　　結構典範者把人類的行為描繪成由社會系統所決定、無主動創造其社會世界的能力、是在社會化的歷程中由社會的規範與價值所塑造、是被其所擔負的角色所限定，因此毫無自由之可言。這種觀點被詮釋典範者指為錯誤的。詮釋典範者認為個人具有主動力，可以主動地建構自己的社會世界，而不是被一個外在於自己的社會系統所決定。其實，詮釋典範者並非不承認人類的行動具有某種程度的結構性與例行性，更不否認社會機構與制度的存在。在多數的行動中，行動者早已知道自己應該如何行動，也知道別人會如何行動，並同意社會規範會對個人的行為產生限制。但是這些預存的知識所提供的僅是行為的一般指示，而不能提供明確的細節，因此當事者還是保有相當的發揮空間，能提出自己的詮釋與修正。因此詮釋典範認為即使是面對最嚴格的規定，依然無法使每一個人完全俯首聽命；即使是行動者表現出相當的標準化與結構化，也不能以此作為個人一定會服從外在力量的證據。行

動者內在的詮釋才是此標準化行動的理由，而非僅僅由社會系統單方面地決定。誠如葛分可（Harold　Garfinkel）所指出，主流社會學把人描繪成「文化的傀儡」，只能按照社會的文化所規定的標準指示去反應，而毫無自主的權利是錯誤的。因為社會的分子能夠不斷地參與獨特的情境、賦予情境各種的意義、將此知識與他人分享、創建出社會秩序的內涵，由此觀點視之，人是社會世界的創建者，而非單方面地被社會世界所形塑。

(二)實證科學的原理能見到人類行為的真相嗎？

詮釋典範者指出，結構典範者過度使用實證科學的原理，未能參照當事人的觀點，簡化了因果關係的建立，其所獲得到結論僅具表面的效度。此種結論不能看出當事人對於事件意義的詮釋，故難理解事件對於當事人具有何種影響。結構典範者強把研究者的觀點強加在當事人的頭上，這是視人如物的作法，此種作法，對於以物質為研究對象的自然科學而言也許並無不妥，但對於人文社會科學而言，其妥當性就值得思考了。因此，詮釋典範者認為實證科學的方法不僅無法捕捉到社會的真相，卻極可能扭曲了社會的真相。詮釋典範者主張研究者應該將自己沈浸在所要觀察對象的生活領域中，而不是把資料箱入預先定義的分類表上。應該進入當事人的經驗裡去感覺、體會當事人的心理，去瞭解當事人的意義。當然這不是一件容易的事，卻是一件瞭解真相的重要方法。

(三)社會秩序具有客觀的實體嗎？

社會生活是有秩序與規則的，而且社會的活動是有系統與類型的。儘管對於社會秩序的來源可能有不同的解釋與看法，所有人皆同意社會上存有某種形式的秩序。其中，結構的典範假設社會秩序有一個客觀的實體，並指出此一實體的真實存在，進而解釋此一實體的來源。但是詮釋典範則以為社會秩序來自行動者互動過程中所做的詮釋。這是一種經由相互調適所得的「協商的秩序」（negotiated　order），這種秩序與真實客觀存在的社會秩序的看法不同。對社會的成員而言，社會生活顯現出具有秩序性與系統性，但這

種秩序並不必然源自社會世界的內在本質，換句話說，它可能是不存在的。它可能只是一種虛假的事物，由社會分子所想像而得，並可以被描繪、解釋，使其分子可以認識、理解。詮釋典範者所重視的是社會分子用以理解社會秩序的方法與程序，或說是社會分子如何看待、描述、解釋他們生活世界中的秩序。因此社會秩序是社會分子的創造物，而非客觀的事實。

二、詮釋典範的特色與缺失

　　詮釋典範者的學說特色為強調個人主觀性的重要性，其基本立論是人們永遠以其對社會情境的詮釋或瞭解來進行活動。詮釋典範對於日常生活所經驗的實體具有信心，個人不是其周遭社會的產物，而具有主動的力量，可以改變社會因此分析個人成為詮釋典範的主要焦點。其次，它對於「客觀的」的社會學，提出質疑，認為不能把握當事者對於事件的真實感受，只從局外人的觀點去看事物，是無法瞭解真相的。其三，它認為並非所有佔有相同角色的人，其角色行為皆是相同的。例如同是學生，但每位學生與教師的關係卻有極大的不同。其四，詮釋典範並不是主張結構因素不必考慮，而是主張把強調點加以更動而已。其五，詮釋典範重視溝通的重要性。其六，詮釋典範以偏差行為、標籤理論等為其研究的重點。

　　這種強調微觀的見解雖有其優點，但也遭受一些批評。

(一)詮釋典範雖然見到了社會決定論的缺點，但也因為矯枉過正而被批評

　　儘管他們主張行動並非由結構的規範來決定，但他們並不否認規範的存在。然而他們似乎把這些規範視為理所當然之物，而不去解釋規範的本源。因此無法解釋為什麼人們在某種情況下會選擇既定的行為方式來行動，而不以其他各種可能的方式。詮釋典範在強調個人的彈性與自由之同時，把社會的限制完全拋開，忽視了社會結構所扮演的重要影響力，因此也難以見到真相。詮釋典範只能注意到面對面的溝通，卻把社會結構的因素，諸如各種社會階級、團體、組織都忽略了。對於社會的重要歷程，諸如種族的衝突與重

大的社會變遷也不加以重視。詮釋典範彷彿在社會的眞空中檢視人類的互動行爲。強調小規模的面對面互動，而不關心歷史與社會的情境因素。因小失大，見樹忘林。因此，其所描繪的社會圖像是無意義的。他們所見到的人類的關係並非歷史所決定的連續的社會關係，而僅僅是片段的小插曲，難以見到事件的全貌。

㈡詮釋典範強調意義的重要性卻無法解釋意義的來源

例如符號互動論說明標籤理論，卻無法說明個人爲何被老師、警察、觀護人員加上標籤的眞正理由。意義並非在互動之時同時產生的，而是在社會結構中有系統的出現的。因此要探討面對面的互動情況下所產生的意義，必須對社會的整體結構有所瞭解才成，否則雖能重視意義的重要性，卻不能解釋意義的來源也是徒然的。

三、從結構的典範過渡到詮釋的典範

由於結構典範的缺失才有詮釋典範的提出，所以再度出現典範遷移的現象，我們如果再度從典範的組成要素來加以分析的話，就會清楚地看到詮釋典範與結構典範的轉變情形。

㈠從基本假設來分析

結構典範的基本假設是社會系統本身具有實體般的生命力，因此社會雖然是由個人所組成，卻大於所有組成分子之總和。對於整個社會而言，個人是微不足道的，因此，只有社會才是研究的重點，個人的現象並不重要。但是，詮釋典範則持全然不同的觀點來看社會，認爲個人雖然受到社會既有的制度與規範的限制，但是人並非受社會搬弄的木偶，而是具有可以改變社會的眞實力量，因此，只有個人才是研究的重點。

㈡從主要概念來分析

從結構典範的主要概念來分析，其所常用的概念是系統、制度、組織、

團體、鉅觀、規範、整體、規則等，顯示出社會的大結構，因而具有鉅觀的特色。反之，詮釋典範者從社會的微觀面來觀察，其所用的主要概念為個人、意義、動機、感受、行動、微觀、互動、微粒等；他們著重在解釋人們如何透過磋商獲致自己的意義；強調同一角色的人也有許多獨特之點，充分顯示出個人觀點的特色。

(三)從現象的範圍來分析

結構典範所研究的現象範圍與詮釋典範所研究者正好互補，一個從整個的社會系統來分析，另一個則從個別的社會成員加以分析。

(四)從獨特的理論來分析

結構典範的獨特的理論包括和諧理論所創建的社會化的理論、有機比擬說等以及衝突理論所創建的複製理論、抗拒理論、交換理論、意識型態等。這些理論都是鉅觀的理論，以整體的社會現象為研究之著眼點。相反的，詮釋典範所創建的理論都是以個體的、當下的、面對面的微觀理論為主。諸如標籤理論。

(五)從所要處理的問題來分析

結構典範所要處理的問題是社會如何運作、何以維持、何以變遷、何以複製、何以衝突等。而詮釋典範所要處理的問題則是個人何以在社會中建構自己的意義、個人如何解釋社會的規則、個人如何適應社會的規範、個人如何詮釋周遭的事物等。強調個人是具有主動性的主體，是社會實體的創造者，此種觀點強調微觀的、行動的、互動的、原子的部分，重視個人建構社會實體的能力，以及每個人所具有的獨特性。

(六)從檢證的方法來分析

結構典範的檢證的方法是實證主義的研究方法論，把社會當成是一種既存的事實，採用量的研究法來客觀地描述此一事實。而詮釋典範的檢證的方

法，則以詮釋學的研究方法論爲依據。不堅持客觀的要求，改採用質的研究法，強調對個體內心意義的理解。

㈦從隱涵的價值來分析

結構典範的隱涵的價值是社會重於個人，所謂犧牲小我完成大我的理念是其主要價值的最好說明。而詮釋典範的隱涵剛好相反，主張個人重於社會，社會應該考慮個人的需要，不可以要求犧牲個人來成全社會，因爲個人爲本，社會是爲個人而存在的。

茲將結構典範與詮釋典範的主要差異列如下表說明之（見表七）：

表七：結構典範與詮釋典範的主要差異表

	結構典範	詮釋典範
基本假設	社會系統本身具有實體般的生命力；社會大於個人之總和。	個人具有可以改變社會的真實力量；個人之總和大於社會。
主要概念	系統、制度、組織、團體、鉅觀、規範、整體、規則等鉅的結構。	個人、意義、動機、感受、行動、微觀、互動、微粒等微觀的成分。
現象的範圍	從整個的社會系統來分析。	從個別的社會成員加以分析。
獨特的理論	社會化的理論、有機比擬說、複製理論、抗拒理論、交換理論、意識型態等。	偏差行為、標籤理論等。
所要處理的問題	整體的社會運作。	個人何以在社會中建構自己的意義、個人如何解釋社會的規則、個人如何適應社會的規範、個人如何詮釋周遭的事物等。
檢證的方法	實證主義的研究方法論。量的研究法。	詮釋學的研究方法論。質的研究法。
隱涵的價值	社會重於個人，犧牲小我完成大我。	個人為本，個人的需要重於社會。

參、教育社會學典範轉換的省思

何以教育社會學對於基本問題充滿了許多的衝突與爭論？主要是因為教育社會學與所有的社會科學一般，都先天地具有政治與科學的雙重性格。社會科學所研究的是社會的現象，而研究者又無可避免地生存在社會之中，因此，社會科學家所提出的假設、所搜集的資料、所創立的概念皆來自他所生存的社會，並且會對他所生存的社會產生影響。而這種現象對於自然科學家，例如物理學家或化學家並不存在。因此，社會科學所追求的真理並非絕對的客觀，只能是相對的或涉入個人主觀意識的真理。基於此，社會科學與自然學相比較，就具有許多鮮明的特色。茲就其犖犖大者列舉如下：

一、 社會科學典範的特色

㈠多重典範的並存

在任何的自然科學中，雖然不必然只有單一的典範，但是相互競爭的典範通常不會太多，即使存有相互競爭的典範，也很容易區分出彼此的優劣所在。相對而言，社會科學的典範則較為多元，同時並存、彼此爭競、難分軒輊的現象經常可見。此種多元典範同時存在的事實，使得不同典範的擁護者相互競爭、批評、甚至詆毀。唯有對於典範的本質有所瞭解，知道每一種典範皆只能提供一組理解社會現象的心理單元，才有辦法解開此種過分競爭的心態（Ritzer, 1979）。

㈡社會科學具有強烈的政治性與意識型態

社會科學之多重典範的特性來自它所具有的強烈的政治性。社會科學具有政治性是不爭的事實。但是許多社會科學家卻不願承認，而想要設法把社會科學偽裝成如同自然科學一般，並宣稱自己的學說是科學的，是價值中立的，是沒有偏見涉入的。反之，對於他們所不贊同的學說則往往冠以非科學

的或有偏見的字眼。他們更會使用艱澀難懂的語言，把原本簡單易懂的理論說成令人莫測高深的樣子，不僅令人難以理解，更令人望而卻步。事實上，社會科學的政治性與意識型態的關聯，除了能夠增加它的趣味性之外，更能顯現它的獨特性。過度地強調社會科學的價值中立性，往往犧牲了最為寶貴的政治層面，而使所得之結論完全無法應用在現實的情境中。

(三)社會科學屬於非累積性的知識

哈佛大學的文化學者布瑞頓（C. Brinton）把知識分為二種，一種是累積性的知識；一種是非累積性的知識。累積性的知識，像物理學等自然科學都是新舊更替，具有後出而轉精、益學而漸巧的特質，且有定向與線性的進化（引自陳之藩，民74，頁17）。但是社會科學的知識大都屬於非累積性的知識。這種知識絕非後來者必然優於前者、新的知識必然可以取代舊的知識，而且並無線性的進化方向。這也是社會科學與自然科學的最大差異所在。

二、社會科學新舊典範相互補充的必要性

社會科學的多重典範性，不僅讓相互競爭的理論可以同時獲得合法的地位，更重要的是並沒有一個理論可以單獨解釋所有的事實，而皆只能對特殊的問題提供部分的、特殊的瞭解。因此，新舊理論的互補對於社會科學乃有絕對的必要性。正因為如此，並沒有任何單一的理論被視為最好的理論。例如在心理學中，行為心理學與精神分析心理學的典範完全不同。在社會學中，功能主義、衝突理論、互動主義也各自不同，甚至在每一個典範中又有不同的派別。「爭議」雖然對於社會科學的發展扮演相當重要的角色，但唯有用「互補」的觀點來看社會，例如研究社會的穩定要用功能主義的觀點；研究社會變遷要用衝突的觀點；研究面對面的溝通要用互動論的觀點；也許更能獲得社會的完整面貌。

參考書目

陳之藩，民74，*一星如月*。台北：遠東圖書公司。

Barnes, B., (1982), *T.S. Kuhn and Social Science*. London: Macmillan.

Blackledge, D., and Hunt, B., (1985), *Sociological Interpretations of Education*. London: Croom Helm.

Blumer, H., (1962), "Society as symbolic interaction". In Rose, A. M., (ed.), *Human Behaviour and Social Processes*. London: Routledge and Kegan Paul.

Blumer, H., (1969), *Symbolic Interactionism*. Englewood Cliffs: Prentice-Hall.

Coser, L., (1956), *The Function of Social Conflict*. New York: The Free Press.

Dahrendorf, R., (1959), *Class and Class Conflict in an Industrial Society*. London: Routledge and Kegan Paul.

Davis, K., (1947), *Human Society*. New York: Macmillan.

Durkheim, E., (1960), *The Division of Labour in Society*. New York: The Free Press.

Durkheim, E., (1961), *The Elementary Forms of the Religious Life*. New York: Collier Books.

Frisby, D., (1984), *Georg Simmel*. Chichester, Englewood: Ellis Horwood.

Garfinkel, H., (1967), *Studies in Ethnomethodology*. Englewood Cliffs: Prentice-Hall.

Kuhn, T., (1962), *The Structure of Scientific Revolutions*. Chicago: University of Chicago Press.

Masterman, M., (1970), "The nature of a paradigm." In Lakatos, I., and Musgrove, A., (eds.), *Criticism and the Growth of Knowledge*. Cambridge: Cambrideg University Press.

Mead, G. H., (1934), *Mind, Self and Society*. Chicago: University of Chicago

Press.

Merton, R. K., （1968）, *Social Theory and Social Structure*. New York: The Free Press.

Parsons, T., （1951）, *The Social System*. New York: The Free Press.

Parsons, T., （1960）, *Structure and and Process in Modern Societies*. Chicago: The Free Press.

Parsons, T., （1961）, "The school class as a social system". In Halsey, A. H., Floud, J., and Anderson, C. A., *Education, Economy and Society*. New York: The Free Press.

Ritzer, G., （1975）, *Sociology: A Multiple Paradigm science*. Boston: Allyn and Bacon.

Ritzer, G., （1979）, "Toward an integrated sociological paradigm". In Snizek, W., et al. （eds.）, *Contemporary Issues in Theory and Research*. Westport, Conn: Greenwood Press.

Part 2 ▶▶▶ 教育的社會決定因素

◉引言◉

　　教育是整個社會大系統的一部分。作為社會的一個子系統，教育必然不能脫離社會的背景與事實。談教育而不能從社會的現實背景加以著手是空的、假的，其所見之教育必然是與現實不合的教育。教育社會學的研究興趣，主要便是在於找出這些影響教育的社會因素，以便對教育的處境與限制有一整體而明晰的理解。總括地說，影響教育的社會背景可以歸納為四個方面，即社會的期待、社會的結構、社會的特徵以及社會的過程。就社會的期待而言，它決定了教育的功能與目的的選擇；就社會的結構而言，它決定了教育的格局；就社會的特徵而言，社會有科層體制化的特性，它決定了教育機關（含學校）的運作模式；社會有階層化特性，它決定了教育機會分配的差異與不均；就社會的過程而言，個人校外的社會化歷程，影響了學校的教育歷程與成效；而社會變遷的歷程更是教育改革的主要動力。茲將此一基本架構以圖說明如下（見圖十三）：

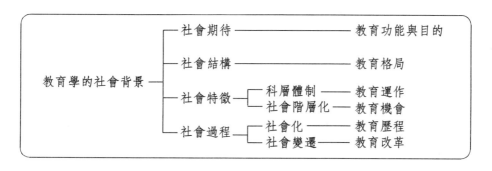

圖十三：教育的社會背景示意圖

　　由圖中可以看出，教育子系統的各種現實層面，莫不存在於社會大系統的期待、結構、特性與過程之中，並且很大程度地受其限制。唯有從這些背

景因素中認清教育的受限性，才能找到教育應有的出路。本篇依此構想，分五章說明教育的社會決定因素，以便掌握教育與社會之間的關係。當然，此種關係是千絲萬縷、甚難分割釐清的糾纏，每一項社會因素都彼此先有交互的作用，並且都同時影響著教育的每個層面。例如社會的期待會先作用於其他的社會因素，並接受其他的社會因素對其影響，然後再影響到教育，當然其影響也絕對不僅限在教育的功能與目的之層面而已，而是廣佈於教育的所有層面。此處將社會因素對教育的影響，限在單一因素的單一層面影響，只是為了分析的方便，讀者應該充分瞭解，在實際上那是一種交光互影的複雜影響，如此才不會輕忽了教育的複雜性。

　　本書分五章探討社會期待與教育目的、社會化與教育歷程、社會階層與教育機會不均、社會結構與教育格局、科層體制與教育運作，而把社會變遷的主題併在社會結構的部分一併探討，為的是在介紹社會結構的現況時，就可以同時見出社會變遷的脈絡來。

第四章

社會期待：教育目的及功能的爭議來源

　　教育目的及功能是維持教育方向的重要指針，方向正確與否是教育措施的第一要務，其重要性應無可爭議。但是，對於教育目的及功能究竟是正向的還是負向的，且不同的教育目的如何訂出其優先的順序，則一直是爭議不休的論題。由此可見，教育目的的決定是一個十分複雜的課題。爲了釐清此一主題的複雜本質，本章將教育目的及功能的爭議本質定在社會的期待上，由此找出影響教育目的決定的因素及過程所在，並爲教育的前途找出一條可以遵循的方向來。茲分三節分析教育目的雙重爭議、教育目的與社會期望的關係以及教育目的雙重爭議的化解如下。

◉ 第一節　教育目的的雙重爭議 ◉

　　教育目的的爭議由來已久。早在古希臘時代的亞里斯多德就曾指出（see Aristotle, Book VII, ch.2）：

> 人類對於教育應教的內容，不管從品德的養成或從生活技能的培育來看，並無一致的看法。教育究竟應該重視品德甚於知識，或知識重於品德，也不是十分清楚。現行的實際措施則更爲令人困惑，無人知道教育的真正目的究竟何在--良好生活的追求呢？高尚品德的培養呢？還是高深知識的獲得呢？這三種說法都有人提倡，但並無結論。其次關於教育的方法也是見仁見智的課題。對於不同的人而言，光是品德的本質如何就有不同的想法，當然在實施的方法上更是難以一致。

　　這些有關教育目的的爭議並未因爲人類的知識發達而獲得解決，反而因爲社會的不斷變遷而增加其複雜性。人類雖然已經可以登陸外太空的星球，但是對於一些基本的價值卻始終無法獲得明晰的概念，更無法得到共識。較之亞里斯多德的時代而言，人類目前對於教育的基本目的之爭議，當是有過

之而無不及。教育目的的爭議之所以日益嚴重，其實是來自社會對於教育的期待日益殷切有以致之。這種殷切的期待，表現在「每當發現社會問題嚴重影響生活品質與社會秩序時，社會大眾經常認為是教育工作沒有做好，期盼教育的改進能解決這些問題」（黃鴻文，民 87，頁 69）。

　　有關教育目的的爭議雖然眾說紛紜，其實卻不外下述兩種爭議。其一是教育目的或功能的「本質性」爭議，亦即教育的目的或功能究竟是正向的或是負向的爭議；其次則是教育目的的「相礙性」爭議。這是光就正向的目的而言，其達成是否互有相礙，或說眾多的教育目的究竟有無彼此矛盾？能否同時達成？只有由此雙重的爭議入手，才能對教育目的的爭議所在得到清晰的焦點，以免產生各說各話的局面。

壹、本質性的爭議：教育的正、負向功能爭議

　　一般人的習慣性思考會以為教育的功能必然是正面的，其實並不必然。就教育的本質而言，教育有如一把雙面開刃的寶劍，既可以為善，也可以為惡。因此，教育的目的也就具有正、負雙向的功能。從教育的本質來探討教育功能的雙刃性，最能明瞭何以教育具有正、負雙向的功能。茲分別討論如下：

一、正向功能論的見解

　　主張教育具有正向的功能是功能主義者的一貫看法。他們認為教育的主要功能是社會化下一代，並為社會選擇人才。

　　功能主義者十分強調教育的社會化功能，例如涂爾幹（Emile Durkheim）十分強調教育的首要功能是社會化下一代，也就是傳遞社會共同的價值與規範給未成年的下一代，使社會的每一個組成分子都具有共同的一般價值，如此才能與其他社會分子具有基本的共識，才能夠順利地融入社會之中，成為社會的一分子，進而對於其所生存的社會產生榮辱與共的感情，並且願意為社會的大我而犧牲奉獻。只有透過社會化的歷程，社會才能形成共

識、維持團結、確保生存。若無教育力量的作用，不僅人類的文明無由形成、人類的生活水準無由提升、人類的社會無由和諧。其結果也連人類的整個前途都受到影響。所以教育對於整個社會的穩定與生存具有決定性的正面作用。當社會的所有組成分子都具有共同的觀念、情感及習慣，便產生集體的意識（collective consciousness）。此種意識雖然存在個人的心中，卻非由個人所創造，而是外在於個人，存在於社會，不受個人生死之影響。誠如涂爾幹所謂：我們生存在集體觀念與情感的大氣層中，不能任意地加以改變。集體意識的存在有如一個實體，並且對我們具有強制力，拒絕個人對其破壞、改變。社會改變個人總比個人改變社會多。社會將其印痕印在每個人的心中，使個人言行有所依據，並且循規蹈矩地生活著。唯有在社會的秩序中，個人才有發展的可能。當然有人會試圖拒絕社會所給予的影響，但如此一來，他便會因為喪失社會的秩序、生活的預測性、社會的歸屬感，而付出很高的代價。這種因為失去社會的秩序感與歸屬感的情況，便是涂爾幹所謂的脫序（anomie）。在脫序的社會中，社會的內聚力（或稱連帶性）鬆散，個人缺乏生命的意義感與人際關聯性，所以容易自殺。可見社會秩序對個人具有重要的影響。只有當個人皆具有共同的理念，社會秩序才有可能。而這正是教育所要達成的目的（Durkheim, 1960）。杜柏士（Rene Dubos）在其「人類即動物」（So Human an Animal）一書中曾說：「每一個人皆是獨一無二的，空前絕後的，無法複製的。何以眾多的獨一無二的，空前絕後的，無法複製的個人卻可以和諧地結為一體，共營集體的生活，是一個有趣的問題」（Dubos, 1968, p.vii）。而使眾人的各殊性能夠毫無阻礙地與他人融而為一，便是被人拿來作為教育具有正向目的與功能的最佳證明。

　　另外一位功能主義的大師帕深思（Talcott Parsons）也十分強調教育的社會化功能，他認為學校是個人經歷了初級社會化之後的「重要社會化機構」，也是家庭與社會的橋樑，在為孩子的未來成人角色預作準備。尤其是在工業化的社會中，學校更成為傳遞社會價值、社會化下一代的主要機構，若不經學校教育的歷程來建立共識，光靠家庭與社會是無法獲致社會化的結果的。帕深思以為個人由家庭的特殊性標準（particularistic standards）轉

爲社會的普遍性標準（universalistic standards）、由天賦性角色（ascribed status）轉爲成就性角色（achieved status），學校實在扮演了橋樑的作用。而爲了達成此一目的，學校的課程中必須對社會發展的歷史做出正面肯定，並用許多具有歷史情感的象徵（例如國旗國歌等），以培養國民的共識與同舟一命的情感。由此造成社會的同質性，使合作與團結成爲可能。教育的另一個功能是透過公平的考試爲社會選擇人才，使每個人都能適才適用，各自擔任合宜的社會角色，使個人的角色與其能力、技術、才華相當。學校以「功績原則」（meritocracy）公平地衡量每一個人，眞正符合社會的正義原理（Parsons, 1951）。

另外，戴維斯與摩爾（Kibgsley Davis and Wilbert E. Moore）也認爲教育是角色分配的工具，與社會階層的形成有直接的關係。唯有透過教育探索個人的創意、想像，使個人的潛力發展至極致，並使聰明才智高的人，依其能力獲得較爲重要的職位、較高的酬勞，社會才不會動亂（Davis and Moore, 1967）。

雖然功能主義者特別強調教育的社會化及選擇人才的功能，並且認爲這是學校無法被其他機構所取代的獨特功能。但是在功能主義者的眼中，教育當然還有其他的功能，例如傳授個人未來社會生活所需的特殊技能等，此處需要特別說明的是，在功能主義者的眼中，教育的所有功能都是正向的。

二、負向功能論的見解

負向功能論者的見解與正向功能論者的看法正好相反，他們對於教育所扮演的角色，基本上是持負面的角度去思考的。他們用來質疑功能主義者的核心論點是：社會的權力分配不均，以及社會不平等的永續維持，都是仰賴教育的力量來完成的。由此觀之，教育對於社會的貢獻是因階級的不同而有差異，而非平等地爲所有的社會組成分子服務的。換句話說，若無教育力量的作用，社會的不平等就不會如此牢固，人類的許多悲劇就不會發生。教育之惡就是在於複製社會的不平等。除此之外，學校被視爲執政者重要的統治工具，更是社會無法進步的最大原因。要把社會進步的障礙除去，必須打破

教育資源的壟斷情形，如此才能使未成年的下一代完全立於公平競爭的地位。在他們的眼中，教育的正向功能並無法抵銷其所造成的負面作用。

　　主張此種論調者主要來自衝突論的觀點。馬克斯主義者認爲教育系統是被經濟的下層結構所塑造，教育系統是透過意識型態的灌輸而服務於資本家的需要的。其中法國哲學家阿舒舍（Louis Althusser）有關「勞動力的複製」（the reproduction of labour power）的理念，最能作爲代表。他認爲勞動力的複製是統治階級的首要的工作。統治階級除了要複製勞動者所需的技術外，更要將其本身的意識型態複製成爲勞工階級的意識型態，使其除了具有工作能力外，並且能夠順從。對於阿舒舍而言，國家的存在除了要用「壓迫性的國家機器」（Repressive State Apparatuses; RSA），像是警察、監獄、軍隊等，使百姓心生害怕而不敢反叛之外，更需要使用「意識型態的國家機器」（Ideological State Apparatuses; ISA）來解除百姓的精神武裝，使能心悅誠服地聽從執政者的指揮。而教育與大眾傳播媒體、法律、宗教等同是重要的「意識型態的國家機器」。藉著這個意識型態的國家機器，所有的壓迫與剝削皆被合法化成理所當然，而不受到任何的質疑（Althusser, 1972）。波迪爾（Pierre Bourdieu）及其同事自一九六○年代中期開始，在巴黎的歐洲社會學中心（Center for European Sociology）提出教育系統的主要功能是文化複製，教育所傳遞的並非如涂爾幹所主張的整體社會的文化，而是複製著統治階級的文化（Bourdieu, 1973; Bourdieu and Passeron, 1977）。在衝突論者的眼中，統治階級因爲有權處理知識，並使之合法化，所以他們的文化便成爲教育系統中的重要知識。其實這些知識並無客觀的證據可以顯示其優越性，其唯一的理由乃是「我握有實權」。透過教育所具有的社會複製的功能，不同階層的學生依其權力的大小分配到不同的知識，完成社會不平等的複製。這是教育的主要功能，而且是負面的。

　　此外，包爾斯與金提斯（Samuel Bowles and Herbert Gintis）也呼應上述的見解，他們在「資本主義美國的學校教育」（Schooling in Capitalist America）一書中，進一步指出教育爲統治階級複製勞力的過程，主要是從學生的人格、態度、展望等方面著手（Bowles and Gintis, 1976）。包爾

斯等人在紐約一所高中對二百三十七位學生所做的研究,則對於上述的論題得到證實。他們的研究結果發現低分組學生的人格是具有創造、侵略、獨立的特質,而服從紀律則是高分學生所共有的特質。因此他們的結論指出,學校教育的主要原理是「大甕與小杯」(jug and mug)的原理,老師有如大甕的知識的擁有者,並有權將知識分配給猶如空杯子的學生。學生不能主動要求,只能被動接受。因此,整個讀書的過程是疏離的。影響成績的不是才華與能力,而是家庭背景與人格特質,因此教育並不具有功績社會的原理。而學校教育的主要功能是在於培養經濟領域所需的人格特質,教育系統是一個龐大的「迷思製造機器」(gigantic myth-making machine),也因而扭曲了許多人的人格發展。

此種負向功能主義者的主張,認為教育所傳遞的價值僅是少數人(亦即統治階級)的價值,而非社會上多數人的價值。教育是為了維護社會現狀所設計的有力制度。他們批評正向功能論有關教育形成共識的主張,是站在統治階級的立場而說的,根本不能理解被統治者的感受。教育所傳遞的價值,是統治階級的價值,至於被統治者的價值是不被納入教育的內容中,是被犧牲的。他們對於教育的選拔功能,認為是在複製社會的不平等,智力、能力與學業成就之相關不大,倒是社會階層決定個人的教育程度甚鉅,而這是不公平的。此種負向功能論的進一步發展,便是激烈的或羅曼蒂克的教育改革主張的提出。例如伊理希(Ivan Illich)主張取消學校(deschooling society),改以技術交換(skill exchange)及學習網路(learning webs)來進行教育,這都是否認教育具有正向功能的重要論點(Illich, 1973)。

儘管如此,衝突論者在主張教育複製社會的不平等之同時,他們也承認此種不平等的複製是無法完全成功的。因為人類所具有的理想與良知,使人看到現實的缺點而想要改變現狀。這些見解便是學校具有對抗支配團體的功能,又稱為「抗拒理論」(Apple, 1982; Anyon, 1981; Giroux, 1981),而與複製理論成為衝突論者的兩大見解。但是抗拒理論並非學校有意達成的,當然不能算在教育的正面功能中。

貳、相礙性的爭議--教育的正向目的之無法兼容

　　教育具有多元並存的功能是社會大眾期待的結果，然而這些多元的期待是否可以同時達成，則成爲相礙性的爭議來源。事實上，教育功能的相礙性一直存在著「文化傳遞」與「個人成長」的兩難的命題，究竟是「文化傳遞」重於「個人成長」，還是「個人成長」重於「文化傳遞」，一直是教育史上未能解開的爭議。茲分別加以討論如後。

一、教育目的在於文化的傳遞（education as cultural transmission）

　　教育的主要功能在於文化的傳遞，這是以涂爾幹爲主要代表的一派說法。爲了社會秩序的達成，教育必須傳遞傳統的文化，使個人接受集體的意識，並將之內化於人格之中，成爲一種無所不在、無時不在的良心，隨時隨地起著監督個人的作用。爲了社會的穩定，即使犧牲個人的部分自由也是值得的。爲了社會的集體需要，教育的傳授內容不能任由教師爲之，而應由國家統一規定，把社會生活中所不可少的共同觀念、情感，傳給下一代。否則社會便無法統整，而造成四分五裂的結果。在此種見解下，加強社會的聯結、凝聚社會的集體意識、增進社會的和諧是教育的首要目的，而爲了達到此目的，教育不僅並不考量個人的成長，有時還得設法壓抑個人的成長，使文化的傳遞更爲順暢。如果要在個人成長與文化的傳遞之間做出優先性的選擇，無疑的，文化的傳遞是優於個人的成長的（Durkheim, 1956）。

二、教育的目的在於個人的成長（education as individual growth）

　　教育的主要功能在於個人的成長是以羅吉士(Carl Rogers, 1902～1987)爲主要的代表。這一派的說法反對傳遞文化可以犧牲個人成長的說法，他們的思維方式是個人先於社會。因此，教育所要服務的是個人，而非社會。但就終極的結果來看，個人的發展還是對社會有好處的（Rogers, 1969）。

　　羅吉士認爲在現代的社會中，由於社會規範的過於強大，到處充滿虛僞

與無情，個人對於他人的判斷日益敏感，爲了避免脆弱的人格受到傷害，只好把眞我加以隱藏、把眞情加以掩飾，以應付虛僞無情的社會生活。久而久之，個人的人格逐漸萎縮，再也無法正常地發展，終至失去了自我的本來面目。個人因爲無力肯定自我的價值，只好以他人的價值爲自己的價值。而許多的心理疾病都是因此而形成。在此情況下，不僅個人的價值是僵化的，由個人的結合而形成的整個社會則是虛假的。爲了解決現代社會的無情與虛僞，羅吉士把教育的功能與目的作了一個反向的思考，也就是把教育的主要目的放在個人的身上，他認爲只有把個人由社會的限制中解放出來，才能使個人瞭解眞正合適的道德是什麼，也才能創造出有道德的社會來。因此，個人具有獨立判斷的能力，能自由建構自己的價值結構，那才是最有用的事情（而這卻是涂爾幹及其信徒所最擔心的事）。羅吉士更認爲個人要與眞我重逢，只有在不受制約的良好氣氛中才能達成。而要達成此一目的，教師必須創造一個互信的氣氛，並且拿下虛假的面具。因此羅吉士把教師稱爲促進者，而非教導者。羅吉士以爲社會秩序的獲致是靠個人的健全人格與相互關懷的能力，而不是靠社會的集體意識。唯有自我實現的個人才能與人相處，才能對所有的情境做出最好的判斷與選擇。社會的束縛不僅對於個人的心理健康有害，更會阻礙個人的自我實現。道德的價值不是社會的與理性的，而是個人的與情緒的，而強調角色扮演與社會一致性會破壞情緒。因此羅吉士認爲精神醫療與教育的目的皆在幫助個人，使能夠重新接觸其情感生活，因此教育的目的在於創造新的自我，幫助個人恢復在社會化歷程中失去的感情作用，把眞正的自我從社會虛假的角色扮演中解放出來。

在此種見解下，加強社會的聯結、凝聚社會的集體意識、增進社會的和諧，不僅無助於個人的成長，反而使個人失去最重要的自我實現的機會，爲了強調個人自我實現的重要，教育應該以個人的成長爲主要目的，爲達成此一目的，就得對於社會的束縛加以解放，以免壓抑了個人的成長。所以如果要在個人成長與文化的傳遞之間做出優先性的選擇，無疑的，這一派的選擇絕對是個人的成長優於文化的傳遞。

◉ 第二節　教育目的與社會期待的關係 ◉

教育功能的爭議，有本質性的正、負向功能爭議，更有同屬正向功能的相礙性爭議，以說明如上。本節將更進一步探討這雙重爭議的背後原因。而唯有從教育目的的爭議來源、教育目的的權力較量過程以及教育目的多階段形成的過程去加以分析，才能對教育目的與社會的密切關係有所瞭解，茲分別說明如下。

壹、教育目的爭議來源：大眾對教育的期待不同

教育功能的爭議來源是社會大眾對教育的期待。因為教育是人類用來追求生存與幸福的一種重要手段，因此，教育的目的與功能的爭議，反映出人們對於未來幸福的多寡，以及實現方式的不同。

一、針對教育的本質性爭議來分析

在學校教育未出現之前，教育的實施是家庭的主要責任。父母依據生活的需要，將日常生活的經驗以及重要的觀念與價值，以現場示範的方式傳給給下一代。在此階段，教育並無所謂的負向功能存在。也許正向功能論者是以此廣義的教育現象作為立論的基礎。但是，隨著學校教育的出現，負向的教育功能於是產生。基本上，並非所有的人皆有相同的機會接觸相同的學校教育，每個人對於學校教育的期待，會因為他所處的社會地位不同而有所不同。有些人對於學校教育的期待是完全積極與正向的，另一些人對學校則全然沒有期待或只有負面的期待。對於學校教育期待的兩極差異，代表著兩種不同的社會階層與兩種不同的社會待遇，用上層社會階級的觀點來看，教育的功能與目的是正面的；但是，若用下層社會階級的觀點來看，則教育的功能與目的當然只有負向的可能。所以說，教育的本質性爭議，其來源是社會

大衆因其所處社會地位不同，而產生對教育期待的不同所造成。

二、針對教育的相礙性爭議來分析

教育目的的相礙，主要產生於教育目的的多元性與不斷膨脹性。教育的目的與功能的設定自古就是包含甚廣，例如我國唐朝的韓愈所寫的「師說」一文，就把教師的角色界定為「傳道、授業、解惑」三項。由此可以看出，教育所應發揮的功能已經涉及文化的傳遞與個人的發展等方面。教育對於現代社會而言，其應扮演之角色越來越多，舉凡個人人格的發展與自我的實現；傳遞傳統文化；教導職業與謀生的技能；創造功績、開放、機會均等的社會；穩定社會人心；選擇人才；發展社交技能等，都在期待之列（Doob, 1985, pp.340～348）。甚至對於許多社會問題的解決，也都寄望於教育功能的有效發揮。例如：一九六〇年代的美國出現了「貧窮」之類的社會問題，當時的總統也提出「以教育向貧窮宣戰」的號召。他說：「我國所有問題的總答案只有二個字：那就是教育」（see Miranda, and Magsino, 1990）。由此可見，教育通常被期待為所有問題的最終解決方法，無怪乎教育的功能會無限的膨脹。於是，對於教育應有功能的見解越來越多，舉例而言，美國教育目的的設定，至少都包含了下列幾點（Miranda ＆ Magsino,1990）：

1.致力於回歸基礎學科（return to the "basics"）。

2.使用現代的科技（the use of technology）。

3.強調人文關懷或品德養成（humanism and moral education）。

4.強調批判性思考使個人能夠應付複雜的社會生活情境（the development of critical thinking）。

5.實施多元文化的教育使個人能夠生存於多元化的社會中（multicultural education or education for cultural pluralism）。

國內學者歸納發現教育至少應該發揮下列五個功能（黃鴻文，民87），即：

1.社會化的功能，使國民成為社會的有用分子。

2.傳遞文化的功能。

3.社會控制與個人發展的功能。

4.選擇、訓練、安置個人於社會之中的功能。

5.變遷與革新的功能。

在這些眾多的功能與目的之中，由於對於社會的性質見解不同，乃產生社會優於個人或個人優於社會的爭論。對於教育具有正向的功能在此雖無爭議，但是，如何發揮教育的正向功能，則有壓抑個人與解放個人的兩種說法，因而產生教育功能的相礙性。所以說，教育的相礙性爭議，其來源是社會大眾對於社會與個人關係的見解不同，而產生對於教育手段的認可不同所造成。

貳、教育目的的形成是社會大眾權力較勁的過程

由於社會是人的集合體，不同階層之人因其所處的社會位置不同，其對於教育的期待自然不同，教育目的的決定便成為各種大小權力的較勁過程。因此，要明瞭教育目的的爭議性，必須對此較勁的本質有基本的體會才行。

從教育目的的較勁情形來看，較勁的層面包括三個層面。

㈠是社會系統中各種勢力的較勁，除了統治階級有其明顯的教育目的需要去達成以外，其他各種的壓力團體，也可能有本身的利益考量，並隨時設法將自己的主張，透過各種的管道向執政當局提出，以求納入政策之中。就算是學生家長，也會運用各種的機會，希望學校能把辦學的重點朝向他們所需要的方向去規劃。這些有形與無形的各種力量，隨時都在影響著學校的辦學方向與辦學措施，使學校不得不以現實的考量，來滿足較有權力者的要求。

㈡是教育系統中對社會期望的過濾與選擇。表面上，教育系統好像只能被動地對社會的期待有所回應或接受，其實是教育系統本身可以利用各種的手段，對社會的期待加以轉換或調整，而非完全聽命於社會的系統。

㈢教育系統本身對於教育目的也非具有完全一致的觀點。其中行政人員與教學人員的見解、各科教師之間的見解、不同背景（例如年資、學歷、性

別等）教師之間的見解，都可能存在著差異。因此，光就教育系統本身而言，在教育目的的設立與執行上，也存有相互較勁的意味。

參、教育目的的較勁過程是多階段的綜合結果

從教育目的設定到教育目的的達成，是一個漫長而曲折的歷程。吳康寧對教育的社會功能的形成過程所做的分析，最能說明此一過程的複雜性（吳康寧，民 87，頁 415～427）。

他將教育社會功能的形成過程分為四個階段，即是「功能取向的確立」、「功能行動的發生」、「初級功能結果的發生」以及「次級功能結果的衍生」。

一、就「功能取向的確立」之階段言

統治階層及其他社群皆對教育的功能有所期待，都影響著教育系統的功能取向，但真正決定教育系統的功能取向還在於教育系統中的「選擇」過程。所謂「選擇」指的是教育系統自身的社會態度，這種基本態度對於外界的期望可以產生「過濾」的作用，其結果則有三種可能：即與外界的期望同其方向、與外界的期望逆其方向、或與外界的期望無關。

二、就「功能行動的發生」之階段言

教育功能取向確立之後要到功能行動的發生，還得經過一段「轉化」的過程。「轉化」的過程又受到社會因素及教育本身因素的雙重影響。就社會的因素而言，社會對於教育的重視程度決定了對教育投資的多寡。因此，教育投資的多寡，決定了對教育功能轉化的促進或延緩作用，進而影響教育行動的多寡。就教育系統本身的因素而言，教育人員的觀念與基本能力對於教育行動的發生有著根本的決定力。因此經過社會的支持與教育人員素質二者的轉化之後，決定了教育功能轉化為教育行動的程度。其結果也有三種可能：即與教育的功能取向同其方向、或與教育的功能取向逆其方向、或教育

的功能取向無關，可見轉化的作用對教育行動的發生有強大的決定力。

三、就「初級功能結果的發生」之階段言

教育功能行動發生之後，到要產生初級的功能結果，還得經過一段「影響」的過程。「影響」的過程同樣受到社會因素及教育本身因素的雙重影響。就社會的因素而言，社會的文化環境對於教育的行動起著強化或弱化的作用，也起著支持或瓦解的作用，所以社會的文化環境之良窳，對教育的結果有莫大的影響。就教育系統本身的因素而言，受教者的特性影響著教育的結果，主要是因為受教者在進入學校之前已經帶著「文化的包袱」，這個包袱中的文化如果與學校文化具有同質性，則其教育結果之收效迅速而容易；反之，這個包袱中的文化如果與學校文化具有異質性，則其教育結果之收效倍加困難。受到這兩方面的影響，教育結果與教育行動之間的關係也有三種可能：即與教育的行動同其方向、或與教育的行動逆其方向、或與教育的行動無直接關係。由此可見影響的過程關係到教育的結果甚大。

四、就「次級功能結果的衍生」之階段言

教育的功能結果除了直接對受教者的文化形成有影響外（這就是所謂的初級功能結果的發生），尚對於整個社會系統的結構與功能起著作用（這就是所謂的次級功能結果的衍生）。教育的初級功能結果產生後，到要出現次級功能的結果，尚需有足夠的配合條件才行。這些「配合」的條件同樣受到社會因素及教育本身因素的雙重影響。就社會的因素而言，社會系統的人才環境對於教育的文化產物起著增強或削弱的作用，凡是教育的產物能獲得人才環境的支持，則容易衍生出次級的功能結果來，反之則初級功能結果無法產生次級結果。就教育系統本身的因素而言，教育系統的調節機制能否針對社會的需要，在教育的內容與教育的結構方面隨時加以調節，關係到次級功能結果的衍生與否。受到這兩方面的影響，教育功能的次級結果與其初級結果之間的關係也有三種可能：即與教育的初級結果同其方向、或與教育的初級結果逆其方向、或與教育的初級結果無直接關係。

　　由此可見，教育功能的形成過程從取向的確立到結果的發生，是經過漫長的階段，更涉及多種的社會及教育系統的因素，而非單純的可以由一個人加以完全決定的。所以要使教育功能有健全的發揮，非從這些有關的因素同時著手不可。

　　茲將此過程以下圖表示（見圖十四）：

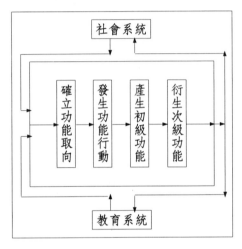

圖十四：教育目的之形成過程圖

◉ 第三節　教育目的雙重爭議的化解 ◉

　　明白了教育功能與目的的爭議原因之後，一定要進一步論及爭議如何解決的問題。而如前所述，教育目的的爭議是雙重的，亦即本質性的爭議與相礙性的爭議。要化解教育雙重爭議的方法必須先建立瞭解教育功能的完整架構，其次再由人性的本質去瞭解爭議背後的根本意識型態，最後則用民主的歷程來進行教育目的的決定。茲依此分三點說明如下。

壹、　建立分析教育功能的完整架構，作為概念掌握的工具

　　要解決教育功能的爭議，必須建立一個完整的分析架構，才能避免概念上的混淆。吳康寧分析教育的功能取向時，曾將之分為三派。即是唯正向功能論，有條件的正向功能論，以及負向功能論（吳康寧，民87，頁381～403）。所謂唯正向功能論，便是認為教育不可能有負面的功能。這種見解往往把教育的期待視為教育的功能，而且把教育的功能與教育的目的視為完全同一。所謂有條件的正向功能論，則認為教育的正向功能之達成是有條件的，是在某種情境下的特殊現象，而非絕對的。所謂唯負向功能論對於教育的功能持與唯正向功能論完全相反的觀點，認為教育的基本功能是負面的，所謂正向的功能，是經過扭曲與偽飾而來，並非事實。

　　為了使教育功能的概念更加清晰、更易掌握，吳康寧又採用日本學者柴野昌山的見解，認為教育功能的分析應該包含主觀意向與客觀結果兩個層面，並以此建立學校教育功能的分析框架（見表八，引自吳康寧，民87，頁397）：

表八：學校教育功能的分析框架表

		主觀意向	
		顯性	隱性
客觀結果	正向	A	B
	負向	D	C

在此框架中，主觀意向又可以區分成「顯性功能」與「隱性功能」；客觀結果又可以區分成「正向功能」與「負向功能」。如此一來，教育的功能便可以區分成四大類，即 A 類：「顯性正向功能」；B 類：「隱性正向功能」；C 類：「隱性負向功能」；D 類：「顯性負向功能」。

　　所謂教育的「顯性正向功能」，指的是學校有意要、且設法在努力達成

的功能，這種功能通常都明示於各種正式的規章中，作為辦學的主要依據；所謂教育的「隱性正向功能」，指的是學校雖非有意去達成此一功能，但是一些無意圖、無計劃的措施竟也產生了正向的功能，例如，在下課的閒聊中，學生學到了正確的人生道理；但是這種無意圖、無計劃的措施也常會帶來負面的效果，這便是所謂教育的「隱性負向功能」，又稱為潛在課程；至於教育的「顯性負向功能」，則是學校所要極力避免的負面影響。一般人以為學校是不可能會提倡「顯性負向功能」的，但是在實際的情況下，「顯性負向功能」還是存在的。例如學生的次級文化中所出現的反社會行為，就是明顯的「顯性負向功能」。

有了此一架構，每一個人都可以清晰地分辨出教育功能的不同層面，對於教育功能的理解自能有所依據，也才不會陷入各說各話的情境中。

貳、用人性的探討來釐清爭議的本質

一、人性的假設是一切爭議的源頭

我們的觀念源自於我們對於人的看法，不同的人性假設造成不同的教育理論，當然也包括教育目的的設定在內。如果我們能釐清人性的種種糾葛，諸如人性有善惡嗎？社會應該強調服從或是創造呢？我們該提倡自由或是限制呢？人類的價值源自何處，個人呢？社會呢？還是其他地方呢？個人的認同體如何獲致？來自個人呢？社會呢？還是其他地方呢？要釐清這些問題，非對人性的概念有清楚的瞭解不可。

人性指的是對於人類屬性的基本假設，包括人類的能力、特性以及其在宇宙中的位置。人性的假設是人類所有活動背後沈默的原因。所謂沈默的原因指的是這種原因雖然存在卻不明說；雖未明說，卻有重大的決定力。換句話說「人性的假設」雖是未說出的信念，它卻可以彌補所有爭論的空隙，以一種既定的觀點或先決的條件而成為「結論的前提」（premise to a conclusion）（see Webb and Sherman, 1989, p.32）。人性的假設一經決

定，實際上便已回答了下列問題：人是自由的還是被決定的；人是善的還是惡的；人是合作的還是競爭的；人是自利的還是利他的。此種假設是所有活動的根本動因，它是政府建立的基礎、是正義概念的設定指標、是人群相處的主要原則、當然也是教育目標的根源。儘管人性的假設是永遠存在的，平常卻很難加以辨識。若不加以辨識，就很難找到事情的關鍵所在。因此設法發現我們對人性的假設，將有助於所有爭議的釐清，當然也有助於教育目的與功能爭議的調停。

二、兩種文化的啓示

正如同「魚兒是最後發現水的動物一般」，人類也很難偵測到自己對人性的假設。爲了探討我們自己的人性觀，最好是藉助於外界其他文化對人性的看法，從別人與我們不同的文化現象中，我們較能受到震撼，也較能反省自己，如此也許較能免除魚兒不知有水的難題。

此處要以滕布爾（Colin Turnbull）在非洲所做的兩個「人種誌研究」的實例，來說明人性的假設是如何形成的，第一個是他於一九五一至一九五四年在薩伊（原比利時屬地的剛果，1960 年獨立）東北邊界的伊圖梨森林（Ituri Forest）中，對八部提（The BaMbuti）部落所進行的研究；第二個是他於一九六六年在烏干達境內對伊克（The Ik）部落所進行的研究，兩個研究的發現雖然剛好相反，但卻可以對於人性的形成提出可靠的證據。以此證據來證明人性並非固定的實體，對我們是有所啓示的。

(一)八部提人

滕布爾在其研究報告專書「森林人」（The Forest People）中，描述八部提人（The BaMbuti）的社會特徵如下（Turnbull, 1961）：

> 八部提人住在森林中，他們視森林爲父母，自己是森林之子，生活
> 中充滿了歡笑與快樂，對周遭的世界具有充分的信心，毫無懼怕。
> 八部提人實施合宜的男女分工制度，婦女建屋、男子打獵，並無性

別歧視的問題存在。八部提人生性慷慨，樂於助人。例如：他們會把建屋剩下的材料送給別人，有時還會幫忙別人到森林中取木材，毫不自私。八部提人性喜合作，通常六、七家一起出去打獵，並把所得的獵物平分。八部提人養育兒女的責任是由大人共同的承擔，而所用的教育方法是觀察與模仿。八部提人的人際關係是合諧的，社會上雖然甚少規則，也沒有正式機構與個人權威，但是爭吵的事情很少發生。即使偶有爭吵也是以和諧的談判加以處理，甚少訴諸暴力。八部提人最大的羞恥是亂倫，違犯此一禁忌的人會被趕入森林中單獨生活。但是只要肯悔改，還是可以回到營隊來，大家會原諒他。八部提人不隱藏自己的感情、待人真誠、生性樂觀、愛開玩笑，但也怕被取笑。八部提人喜歡唱歌，歌唱是生活中的重要事情。他們認為歡樂的歌聲可以喚醒睡著的森林之神，請祂來照顧他們，或與他們分享喜悅。唯一不能唱歌的時間是打獵的時候，因為他們的格言說：喧譁的營隊是飢餓的營隊。

但是，八部提人並非沒有苦惱，他們與白人之間的誤解甚深，更把進入白人居住的村子、或是要與白人打交道，視為一件沮喪之事。白人想用各種禮俗來約束八部提人；八部提人則以故意違犯白人的禁忌來取樂。八部提人反對開墾森林，也不願意依賴白人，與白人的唯一交易是換取金屬來製造刀矛。

(二)伊克人

滕布爾於一九七二年發表「高山人」（The Mountain People）一書，對伊克人（The Ik）的社會描寫如下（Turnbull, 1972）：

伊克人是幸災樂禍的，他們看到別人失足跌落山谷，不僅不伸援手，竟然還會偷笑。伊克人冷漠無情，以玩弄他人為樂，即使對自己的親人也一樣；離家兩年的年輕人回到家中，竟然無人理會；母

親生了病，兒子也不管；伊克人把食物視為最重要的東西，而生病的太太是騙取食物與醫藥的最好方法；伊克人的誠實是為了看別人痛苦。而這是他們生活中最大的樂趣；伊克人如果表現出仁慈的行為，在當地是被視為偏差行為；伊克人用自私與無情來抵抗飢餓，他們只知有眼前，不知有過去與將來，早已沒有了歷史的概念；伊克人不與外界交往，人人與世隔絕，生活是孤獨的；他們的家庭制度已經名存實亡，婚姻只剩商業化的交易，沒有情感與責任。因為愛情是奢侈品，只會帶來死亡；伊克人照顧孩子只到三、四歲，沒有愛。小孩為了生存只好團結起來謀取生活的必需品。三到七歲的孩子組成初級隊，八到十二歲的孩子組成高級隊，設法騙取食物。漂亮的女孩則用身體換取食物，毫不以為羞恥。

　　從滕布爾對於八部提人以及伊克人的描述中，我們看到了兩種截然不同的文化面貌，一個是互助互利、和諧團結的八部提人文化。另一個是極端自私的伊克人文化，只有自我沒有他人，求生是唯一的考量。一般人很容易從外表的行為來斷論這兩個族群的人性善惡不同。但是，我們若能進一步地瞭解這兩個族群的歷史與社會的背景，就會知道他們的人性其實是一樣的，並且由此得知人性並非固定不變的實體，而是可以改變的。因此人性本善或本惡的爭議並無必要，重要的是可變的人性是如何造成的。

　　八部提人之所以表現出慷慨大方的利他性格，絕非人性本善的證明，乃是因為他們糧食充足、生活容易的環境因素所造成。同樣的道理，伊克人之所以表現出邪惡卑劣的自私性格，絕非人性本惡的證明，而是因為他們糧食缺乏、生存不易的環境因素所使然。而這種解釋是可以從事實的資料中得到印證的。伊克人嚴重的飢餓問題，是來自烏干達政府的墾田政策失敗，破壞了當地的生活資源才造成的。在實施墾田政策之前，伊克人的生活並不困難，他們互助互利的行為表現，與八部提人並無兩樣。所以環境才是造成行為模式的主因，人性是環境的產物，而非人性單獨造成行為的差異。

　　從以上有關八部提人與伊克人的兩種文化的啟示，我們瞭解人性是在求

生的過程中，對現實環境加以反應的結果。當環境適合於生活，生命的威脅不大或者完全沒有，那麼合群的人性就容易滋長。反之，當生活環境惡劣，生命受到極大的威脅，那麼自私的人性就容易滋長。過去假設人性具有固定不變的實體，而人類的行為模式早已先天地箝入其人性中，個人無力加以改變。也由於此種「人性固定說」的見解，造成了兩大錯誤的思想，更造成了許多爭議的根源。這兩種錯誤的思想就是所謂的「我族中心主義」（Berger and Kellner, 1981），以及「懶惰的謬誤」（Dewey, 1957）。

　　所謂我族中心主義（ethnocentrism），指的是用自己的標準來判斷他人的文化，而缺乏同情的理解。此種狹隘的觀點容易對他人產生誤解，不利於社會的整合與和諧。反之，若能以同理心來理解並欣賞他種文化，便是文化相對主義（cultural relativity）。我族中心主義起源很早，因為我族中心主義所產生的民族自大的心理，並用此種自大的心理來輕視或仇視其他民族，造成種族的不睦與屠殺，可謂史不絕書。但是我族中心主義的合法化，要到十九世紀「社會達爾文主義」興起，「物競天擇，適者生存」的主張才為我族中心主義找到合法的藉口。因此，我族中心主義常被用來解釋社會差異的合理性。例如種族歧視、奴隸制度、帝國主義、放任的資本主義、社會階級的存在以及貧窮的必然性，都被我族中心主義所合理化了。

　　所謂懶惰的謬誤（lazy fallacy）指的是用事物本身的屬性來解釋事物的現象，例如以蘋果本身具有掉落性來說明蘋果掉落的原因；以人性具有善惡來解釋人類行為善惡的原因，都是懶惰的謬誤的最佳例證。這是難以令人信服的解釋，但因為這種解答的方式十分簡易，且能解答任何問題，所以成為人類常用來解釋事物的方法。採用了此種循環式的思考，不僅無法真正解答問題，還使我們養成不肯追問事情真相的習慣。教育目的的爭議，也可以說是我族中心主義與懶惰的謬誤所共同造成的結果，明白乎此，也許就能找出調停爭議的方法了。

參、用民主的歷程來化解教育目的的雙重爭議

從教育目的的形成過程來看，這是一個權力較勁的歷程，有形與無形的各種力量自始便已介入教育目的的決定過程中。表面上，擁有政治實力者具有最大的影響作用，但是教師的態度與素質也起著決定性的作用，其他的各種力量也皆能或多或少地影響教育的施行結果。因此以民主的歷程來進行教育目的的決定，當是最為合理的作法。

一、民主歷程的作用

民主歷程的作用是消除爭議的不二法門，對於解決教育的本質性爭議及相礙性爭議都是可用的手段。

首先，採取民主的歷程來決定教育的目的，就能去除教育的負向功能。因為教育的負向功能之所以能夠存在，其所憑藉的便是大眾的無知與無權參與，多少的私心都是趁著這個無知的空隙而起，並因為少數人的大權獨攬而遂其私欲。如果能將教育目的的決定權還給大眾，並將決策的過程完全加以公開化與透明化，讓所有受到決策影響的人都能有機會表達自己的看法與意見，並能在自由民主的氣氛下，對於彼此的異同進行溝通，經過如此過程所產生的教育目的必能符合多數人的需要，也必然能夠獲得多數人的支持與擁護，而過去只有少數人有權作主所產生的弊端，也終將一掃而空。從此以後，只剩下正面的教育功能，而不再發揮負面的作用，這才是民主社會的常軌，也才是教育的正途。

其次，要化解教育的相礙性爭議，亦即個人成長與文化傳遞何者優先的衝突，也只能在民主的過程中加以調停。

這種相礙性的爭議，雖然都承認教育的正向功能，但因對於社會與個人的偏重不同，所以產生無可兼顧的弊端。重視社會規範的一派，未能承認社會的規範常因時空背景的轉移而造成僵化而無彈性，個人不能對其加以質疑與改造，則只有受制於規範的拘束而漸漸失去創造力。重視個人自由的一

派，未能承認太多的自由往往侵蝕了社會的根基，使社會陷於脫序。如何使秩序與革新並存，對個人與社會而言，皆是重要的課題。民主的歷程則能注重個人與社會的相互依賴性，一方面給予個人最大的自由去創造並且維持其個性；但同時也維持足夠的限制來穩定社會的秩序不偏不倚，所以個人與社會的相礙是可以化解的。

二、民主歷程的內涵

民主歷程的重要內涵可以從杜威（John Dewey）的實用哲學找到立論的基礎。杜威探討個人與社會的相互妨礙，發現其主要的原因在於個人與社會缺少聯繫，也就是疏離的問題。他指出疏離的經驗對個人而言是痛苦的，對社會而言是有害的。而涂爾幹與羅吉士對教育目的所提的看法不僅無法解決疏離的問題，反而加重疏離問題的嚴重性。因為光從個人或社會之一端去著手，其結果必然是使個人服從團體的意志，造成他人導向（other direc-ted）的人格（Riesman, et al., 1950）或印象管理（impression mansgement）的弊端（Goffman, 1959）；或追求個人的自由而侵犯了社會的規範，產生社會的異類分子，被社會所揚棄。為了要解決此種兩難困境，杜威提出提出他的觀點，即以教育作為民主歷程薰陶的工具（education as democratic process）。

民主歷程的薰陶所強調的是「社會智慧」（social intelligence）的產生（Dewey, 1930）。因為個人並非自然的產物，而是社會的產物。人類的每一個特點皆是在社會中與他人互動所形成，而非天生的。個人與社會是密不可分的，如果將之分離或對立，甚至要使其一壓倒另一，則只有造成兩敗俱傷的結果。唯有把兩者視為有機的一體，才有雙贏的可能。杜威相信「社會的智慧」可以幫助個人發展其個性，並且維持社會的持續發展。所謂「社會的智慧」，不是個人智慧的總和，而是指在民主歷程中發展個人的智慧，且在個人的智慧中加入社會的關懷。其方法則在於讓每位受到社會制度影響的每個人都有機會參與制度的建立與管理。每個人都有發言及說服他人的機會，而非被安置在一個既定的角色下，受到其他權威的控制。面對面的溝通

使人增加相互的瞭解，更增加個人的容忍的雅量。即使別人有不同的意見，也會尊重並關心他。

杜威相信社會並非僅是個人的集合體而已，而是在集合體之外更含有共同的目的與價值，這是使社會產生聯結的力量。但是共同的目的與價值要具有彈性，並能隨情境之改變而加以修改。因此個人除了要遵從社會的共同價值之外，更要參與社會共同價值的創建、維持與改造。而社會共同價值的創建、維持與改造，必須透過民主的歷程來完成。社會中唯一不能改的共同價值就是：「用民主的歷程來發展社會的智慧」這個命題。有了社會的智慧，就能增進個人的品質，使個人不會盲目服從權威；也能使社會保有活力，不至於失去彈性。因此，民主的過程是「自由之鑰」（key to freedom）（Dewey, 1930），因為它使我們產生共同的智慧，使我們由偏見、教條、盲目的傳統及純粹的自私中解脫出來。它代表探詢、檢驗、區分、用證據下結論的意志，使個人有能力看清世界，及其可能的演變；使個人具有獨特性，而非別人的應聲蟲。因為民主的本意是在增進智慧，並由此來增進社會的福祉。它使個人與社會得以緊密地結合在一起，個人不再被迫接受外界的價值，或創造全然與社會無關的價值，而是參與社會規範的建構與再建構的歷程。教育則是使民主歷程得以實現的最大保證。因此，教育的目的應是民主歷程的實際經驗與社會智慧的達成。在此歷程中，學校要提供機會來發展個人與社會的智慧、幫助個人獲得關心與同情他人的能力。讓學生在民主的歷程中看清個人與社會的一體性，激發他們正確的學習動機，提升他們處世與做事的能力，擴大他們對學校的參與感與認同感，都是解決個人與社會疏離的有效方法。因此要求學生毫不質疑地接受老師的意見、被動地服從學校的規定、死背那些毫無意義與目的教材，真是大錯特錯。這種教育會使學生失去智慧、無法適應民主社會的生活。

三、民主歷程在學校中的作法

今後學校辦學要有績效，必須先解決長久以來就存在的教育目的爭議的問題，使學校的辦學方向獲得共識才能集中力量，共同朝向一個既定的目標

去努力。而要使學校的教育目的獲得共識，並使學校教育符合民主的歷程，其可能的作法如下：

㈠各校應該確立自己的辦學方向，而不能再以抽象而長遠的教育目的作爲辦學的唯一依據。換言之，政府所規定的共同的教育宗旨、各級學校的教育目的、課程標準或綱要所規定的教育目標都需經過各校自行轉化的歷程，使能切合各校的實際需要。各校應規劃符合自己社區特性的短、中、長期的教育願景，按週、月、學期、一年、三年、五年乃至十年，詳加列出實施的進程，使家長、社區居民、教師、學生、行政人員都能對於學校的方向與進度瞭然於心。

㈡教育目的設定與轉化過程需以民主歷程進行。各校在規劃符合自己社區特性的短、中、長期的教育願景時，應採取民主的歷程來進行，讓所有受到決策影響的人都能參與學校願景的制訂，並能在自由民主的氣氛下充分地進行溝通，讓所制訂之願景能夠深入人心，獲得支持。而對於執行的手段，以及願景的隨時修正，都需貫徹此一歷程與精神，而不再是少數人紙上談兵的作業而已。

㈢學校課程的重點應以民主精神的培養爲主要設計。不僅課程內容的決定要經民主的過程，課程的傳授過程更要注重民主的精神，使學生從小耳濡目染，習慣於民主的辦事方式及民主的待人方法，這才符合教育的目的是在於民主歷程的薰陶，也只有這種教育才能眞正合乎民主社會的需要。

參考書目

吳康寧，民 87，**教育社會學**。高雄：復文出版社。

黃鴻文，民 87，教育的功能。收於陳奎憙主編，**現代教育社會學**。台北：師大書苑。頁 69～82。

Althusser, L., （1872）, "Ideology and ideological state apparatuses". In Cosin, B. R., （ed.）, *Education: Structure and Society*. Harmondsworth: Penguin Books.

Anyon, J., （1981）, "Social class and school knowledge". *Curriculum Inquiry.* 11（1）, pp.3～42.

Apple, M., （1982）, *Education and Power.* London: Routledge & Kegan Paaul.

Aristotle, （Book VII, ch.2）, London: Penguin.

Berger, P. L. and Kellner, H., （1981）, *Sociology Reinterpreted.* New York: Anchor Press.

Bourdieu, P., （1973）, "Cultural reproduction and social reproduction". In Brown, R., （ed.）, *Knowledge, Education and Cultural Change.* London: Tavistock.

Bourdieu, P. and Passeron, J., （1977）, *Reproduction in Education, Society and Culture.* London: Sage Publications.

Bowles, S. Gintis, H. and （1976）, *Schooling in Capitalism America.* London: Routledge and Kegan Paul.

Davis, K. and Moore, W. E., （1967）, "Some principles of stratification". In Bendix,R. and Lipset, S. M., （eds.）, *Class, Status and Power.* London: Routledge and Kegan Paul.

Dewey, J., （1930）, *Human Nature and Conduct.* New York: Random House.

Dewey, J., （1957）, *The Public and Its Problems.* Chicago: The Swallow Press.

Doob, C. B., （1985）, *Sociology: An Introduction.* New York: Holt, Rinehart and Winston.

Dubos, R., （1968）, *So Human an Animal.* New York: Charles Scribner's Sons.

Durkheim, E., （1956）, *Education and Sociology.* Glencoe, IL: The Free Press.

Durkheim, E., （1960）, *The Division of Labour in Society.* New York: The Free Press.

Goffman, E., （1959）, *The Presentation of Self in Everyday Life.* New York: Doubleday & Company.

Giroux, H. A., （1981）, *Ideology, Culture, and the Process of Schooling.* Philadephia: Temple University Press.

Illich, I., （1973）, *Deschooling Society.* Harmondsworth: Penguin Books.

Miranda, E. O. & Magsino,R.F., (1990), *Teaching, Schools and Socioty*. London: The Falmer Press.

Parsons, T., (1951), *The Social System*. New York: The Free Press.

Rogers, C. R., (1969), *Freedom to Learn: A View of What Education Might Become*. Columbus, OH: Merrill Publishing Company.

Riesman, D., et al., (1950), *The Lonely Crowd*. New York: Doubleday & Company.

Turnbull, C., (1961), *The Forest People*. New York: Simon and Schuster.

Turnbull, C., (1972), *The Mountain People*. New York: Simon and Schuster.

Webb, R. B. & Sherman, R. R., (1989), *Schooling and Society*. New York: MacMillan.

第五章

社會化：影響學校教育成效的社會歷程

- ∞ 社會化的主要概念

- ∞ 社會化的重要階段與類型

- ∞ 社會化的重要機構

- ∞ 社會化的重要理論

- ∞ 從社會化的觀點檢視學校教育的應有作法

　　社會學家好奇地發現，將一個大球拋給不同國籍的小孩去接，他們的反應並非完全一致。多數國家（包括我國）的孩子都是用手去接，但是英國的小孩可能會蹲身用頭去頂，法國的小孩則可能用腳去接，這種不同的接球方法正是社會化成功的例子。社會化是人們學會其所屬特殊文化中合宜的態度、價值以及行為的一個歷程。愛斯基摩人喜愛享用鳥類與魚類之肚腸，中國人嗜吃魚頭與豬肚，皆是社會化的結果。社會化便是透過學習，讓人們獲得社會生活所必備的各種知識、讓社會的共識得以傳承的歷程，一般而言，社會化與最廣義的教育是同義詞（Babbie, 1982）。

　　經過社會化的歷程，新生的嬰兒慢慢地融入社會之中，成為團體有用的一分子，有能力、有意願參與社會的各項人際活動。但是社會化的歷程並不僅止於嬰兒時期，而是一個終身的歷程。嬰兒在家庭中透過父母的認可或反對，從父母之處學到了語言以及其他基本的行為模式；然後，透過同儕團體的遊戲，兒童學會服從團體的規則；再經學校的薰陶，社會化的影響更行深入與堅固。離開學校之後，社會化的歷程依然繼續進行，職業與休閒團體的規範扮演著重要的社會化的角色。由此可見，社會化是一個持續不斷的歷程，是在許多不同的團體中漸漸學得、修正的。既然如此，就社會化歷程的角度來說，學校只是整個人生社會化歷程的一部分。如果不能把學校教育的歷程與整個人生的社會化歷程連在一起，那麼便無法知道學校教育的可能性及其侷限性之所在。本章藉著社會化概念的分析，來說明教育工作應注意之重點所在。茲分五節說明社會化的主要概念、社會化的重要階段與類型、社會化的主要機構、社會化的重要理論以及社會化的意涵對教育的啟示如下。

◉ 第一節　社會化的主要概念 ◉

壹、社會化的涵義

　　有關社會化的定義甚多（Child, 1954；Doob, 1985；Elkin & Handel, 1960）。但是，仔細比較其主要的概念之後，會發現其中具有相當的共通性。例如蔡爾德（Irwin Child）對社會化所下的定義是：「生而具有各種潛能的個人，被引導去發展出有限制的行為，使能接受、適應其所處團體的規範，並將之內化成個人習慣的歷程」（Child, 1954）。杜柏（Doob）所界定的社會化為：「個人要成為團體或社會之一員，所必須經歷的文化內涵與行為模式的學習過程」（Doob, 1985）。另有學者（Elkin, F., & Handel, G.）歸納這些定義的相通處之後，將社會化的涵義統整為五個要點（Elkin & Handel, 1960）：

　　㈠社會化是個人學得其所處社會的生活方式，而能在其中正常運作的歷程。換句話說，社會化可以解釋個人何以能在一個社會中正常地生活，而無適應困難的原因。

　　㈡社會化是由負有教導之責的人所教，加上自我設法學得的部分所構成。

　　㈢社會化是用來解釋兩個不同但又相關的現象：即個人何以能夠參與社會，以及社會的存在或秩序何以可能。

　　㈣社會化的歷程是終身的課題，不限於嬰兒與兒童，成人社會化的重要性已慢慢受到重視。

　　㈤社會化的研究只強調普遍性與相似性的主題，並不關心新分子的加入所產生新的團體關係對於社會的衝擊，不說明個人的獨特性，也不解釋單一的社會或團體如何開始。

貳、 社會化的重要

　　我們都生活在一系列的社會文化之中，深受其影響而不自知。英國的大文豪蕭伯納因為發現了人與社會文化的微妙關聯，所以幽默地說：「人類過去所締造的文明不斷地受到野蠻人的威脅」（Stokes, 1984, p.88）。此處所謂的野蠻人指的是新生的嬰兒。因為新生的嬰兒彷彿未染的白紙，在剛出生的最早幾週內，對於外在的事物並未能將之分化，也未能對自己的身體加以充分地知覺。他們對周遭的事物完全陌生，也因而感到驚異、惶恐而無所適從。但是有一件事是確定的，在這未經分化的混亂中，他們既不是國民黨、也不是民進黨或其他黨的黨員；既不是佛教徒、也不是基督徒或其他任何宗教的教徒；他們不具學生、老師或其他任何的社會身分；甚至他們也不知道自己是男生或是女生。如果不加以教化的話，他們的確像是未經教化的野蠻人，是無法遵從社會規範的。幸好這個什麼都不是的嬰兒，無論在智慧或體力上都是無助的。唯有如此，成人才有機會利用各種方法加以調教，使之就範。

　　由微觀的觀點來看，社會化幫助我們瞭解如何行止才是合宜的，更使我們知道他人對我們行為的期望，進而遵從社會的價值與規範；從鉅觀的觀點來看，社會化使文化得以承傳，並使社會得以永續地維持下去。由此看來，社會化不僅是使個人得以參與社會，更是使社會得以延續的重要條件。換句話說，社會化是將個人由「生物的我」轉變成「社會的我」所不可或缺的機制，社會的穩定、民族的生存所依賴的便是這個機制的作用。因此，沒有社會化歷程的作用，人類便無法形成代代相傳的文明，也就無法產生今日足以傲視所有其他動物的文明社會。分析而言，社會化的重要性有三：

一、社會化使個人成為符合社會所定義的正常人

　　一個沒有經過社會化歷程的個人，基本上是無法符合社會所界定的正常人的標準的。例如古代的印度皇帝阿克巴（Akbar, 1542～1602 年在位）曾

經下令，將一群初生的嬰兒交由一位聾啞之人來扶養，而不教他們語言，以便瞭解他們會不會講希伯來語。因為傳統的信仰認為希伯來語是上帝的語言，是不必教就會的語言。結果證實傳統的說法是錯的。由此證明語言的獲得不是天生的結果（Haralambos， 1985， p.5）。此外，社會學中也有許多由動物扶養長大的孩童的文獻記載，例如一九二〇年在孟加拉一個狼洞中發現的兩位女孩（一位兩歲、一位八歲），都以四隻腳走路，喜吃生肉，像狼一般咆哮，完全不會講話。由此更可以證明，不僅要成為有用的社會一分子有賴社會化的歷程，光是要成為一個正常定義下的人也需要社會化的歷程。未經社會化歷程的個人，無法成為社會的正常人。

二、社會化使個人得以獲配適當的地位與角色

每一個社會成員都會佔有社會上的某種位置，這便是其社會地位，例如一個人在職業上的地位可能是司機、律師或會計主任；在家庭中的地位中可能是兒子、父親或祖母；在性別的地位中，可能是男性或女性；雖然有些地位源自個人的生物特性，例如性別與種族，多數的地位都是由文化所界定的。上述這些社會地位，有的較為固定，個人無法加以改變，這種地位稱為固定的或天賦的地位，包括性別與貴族榮銜等。與天賦地位相對待的是後天的或成就的地位，這不是由生物的特徵或遺傳來加以決定，而是經由個人的努力與選擇而獲得的地位。相對而言，成就地位較天賦地位不固定，個人可以依據自由意志加以改變。在現代社會中，天賦地位的重要性似乎有減弱的趨勢。個人的職業地位大都是後天成就的地位。天賦地位通常一出生便已固定，但在極少數的情況下也有例外。例如不愛江山愛美人的愛得華八世，為了與一位美國的離婚女人結婚而失去其天賦的地位。也有人為了參選眾議院的議員而宣佈放棄其貴族的身分；蘇聯革命以後把貴族的榮銜加以取消；都是明顯的例子。在古代的有許多社會中，連職業都是父子相傳，故有農之子恆為農的說法。尤其在傳統的印度社會階級系統中，兒子自動進入父親的職業地位，因此連職業都可被視為天賦的地位。但在今日，連性別都可以經由變性手術加以改變，皮膚與頭髮顏色的改變更是容易，當然不太可能以之作

爲地位的指標。

　　社會中的每一個地位，不管來自天賦的地位或成就的地位，都伴隨著一些的規範，用以界定並期待地位的佔有者應該扮演的行爲，這些規範便叫角色。因此丈夫的地位伴隨著丈夫的角色，律師的地位伴隨著律師的角色。此外，角色的扮演需與相對待的角色交互作用，例如醫生的角色扮演需與病人的角色相互作用。唯有每個人都能明瞭並且扮好自己的地位與角色，達成自己所承擔的社會任務，社會的正常運作才有可能。而社會地位的獲得或社會角色的界定都是社會化作用的結果。一個沒有經過社會化歷程的個人，不僅無法獲得在社會中的適當地位與角色，更無法承擔社會所賦予的責任。

三、社會化維持社會的穩定與和諧

　　基本上，社會的穩定與和諧源自共享的規範與價值，這種規範與價值對一個社會的正常運作是絕對必要的。因爲相互的瞭解與合作是社會穩定的先決條件。而一套共享的規範與價值，才使社會成員的相互瞭解與合作成爲可能。茲分別說明如下：

㈠就規範的學習而言

　　規範的學得是長期社會化的結果。在社會化的歷程中，通常會伴以獎賞與懲罰的制約手段，使社會化的結果得以牢固地形成一種習慣。賞罰的方式有正式的與非正式的兩種。以服裝的穿著爲例，在非正式的賞罰方面，一個讚賞或鄙視的眼神，會使人知道自己的穿著是否合宜，爲了要贏取讚賞的或避開鄙視的眼神，個人只好遵從社會的穿著歸範，不敢逾越；在正式的賞罰方面，某些規範會以法律的形式出現，凡是破壞了法律的規定，例如在大庭廣衆之下裸露身體，會遭到一定之處罰。而對於合宜的穿著，也有某種形式的獎勵以爲增強。例如許多國家的裁縫師公會每年都舉辦「最佳穿著獎」的評選，便是一種正式的鼓勵方式。經過正式與非正式的長期的賞罰制約之後，社會的規範乃成爲個人生活的習性，甚至內化爲個人人格的一部分，不必思索、不加勉強，其行爲就能中規中矩了。社會上的所有行爲都伴有許多

的規範加以指導或約束。因此，規範便是在某種情況下的行為是否適當的特別準繩。因為有了這種準繩，使得每個社會組成分子，都能依其性別、年齡、場合而有合宜的行為，不至破壞社會的和諧。

(二)就價值的獲得而言

沒有經過社會化的歷程，個人無法形成適當的價值。價值與規範的根本差異，在於規範所提供的是行為的特別指導，而價值所提供的是行為的一般指導。價值是用以判斷事物的好壞或可欲的程度的重要信念，例如西方的工業社會把個人成就與物質主義當成是主要的價值。因此爬上社會的最高階級，獲得最多的物質報酬，乃成為西方人的努力目標。與規範一樣，不同社會有不同的價值，蘇族印地安人認為慷慨大方是最高的價值，他們不能瞭解西方人追求物質的行為，認為那是不可思議的，或至少是貪婪的、自私的、不合群的。東方人一向注重家族的觀念，強調集體主義，其價值觀也與西方社會迥然不同。而這些一般性的價值觀念也是社會化的結果。其實價值與規範的關係是十分密切的。所有的規範都只是價值的反映而已。也唯有從價值的本源去澄清，規範的內化才是有效的。

透過社會化的作用，個人才能學會社會的規範與價值，有了社會的規範與價值的共識，社會的穩定與和諧才有基礎。因此，沒有社會化的作用，社會是無法獲致穩定與和諧的。

參、社會化的條件

社會化是社會穩定與合諧的先決條件。而社會化的進行本身也有其條件。比起其他動物，人類之所以能夠進行社會化，乃是得力於下述的先決條件。

一、偶然出現的社會及其不斷地演進

人類由於早期社會組織的出現，使得軟弱的人類得以克服生物上的弱

點，包括力量、速度、器官配置的不足等，而成為地球上最有力量的生物。當初這種早期社會的出現，也許只是出於偶然，但因其有效，所以不僅被保留了下來，還在這個基礎上，漸漸修正改良。阿德勒（Alfred Adler）曾經對此有詳盡的描述（蔡美玲譯，民79，頁35～36）：

達爾文很早以前就叫大家注意一個事實：凡軟弱的動物從來沒有單獨生活的。我們不得不把人類列入這些軟弱的動物當中，因為他也不具備能單獨生活的那麼強壯，他對大自然只有一點點抵抗能力，為了在這個行星上繼續生存他必須為他軟弱的軀體補充許多人造的東西。社會生活變成一種需要，因為只有透過社群及分工，人種才能繼續生存。單是分工一項，已足以使人類便於得到防衛及攻擊的工具了，而人類只有在學會分工以後才懂得怎樣維護自己。

雖然我們已經很難追溯最早社會的樣子，卻可以確定它是社會化的起點。從此之後，所有嬰兒都需要像新兵一樣，接受許多新的規定。而這些規定都是在一個現存的社會中運作的。社會若不存在，當然也就沒有社會化的需要。社會演進之後，社會化的重要性益行增加。因為任何一個稍具規模的社會都具有如下的共同特色：都有一般性的價值，作為追求目標、決定順序的依據；都有特定行為的規範，作為判斷是非的標準與預測行為的準則（例如學生要用功讀書、子女要孝順父母等）；都有專門化的地位與明確的角色，作為分工與合作的基礎；都有明訂的制度與專門執行的機構，用以滿足日常生活的各個領域；都有共享的主流文化與次級團體所獨享的次級文化；都必然會經歷一些可能的社會變遷，需要進一步的社會化來滿足新的需要。這些條件都是既存社會的特色，也是社會化的背景條件。無此條件，社會化的進行幾乎不可能。

二、人類缺乏固定的行為模式

人類雖然也像其他動物一般受到驅力（drives）的影響，但甚少受到固

定行爲模式的左右。如果人類所仰賴的僅是動物性的本能的話，則像其他動物一般，社會化便無可能了。

　　有關本能（instincts）對人的影響，從十九世紀達爾文進化論出現以後，到生物社會學的持續發展，本能的概念被用來作爲解釋人類所有行爲的一大利器。例如社會的形成乃是群居本能的表現；戰爭的發動可以用侵略本能來解釋；母愛的表現可以用母性荷爾蒙的作用來說明；私有財產制度可以用擁有的本能來解說。這種解釋之缺失，在於無法說明旣然本能爲人類與其他動物所共有，何以人類的發展可以與其他動物有如此大的區別。因此現在對於本能的定義已經有所修正。也就是不再把「本能」界定爲「行爲的驅力」而已，而是界定爲「以固定行爲模式來進行活動的一種驅力」。例如鳥類築巢的行爲是一種本能，因爲牠除了包含築巢的衝動，更以固定的方式來建築其巢穴。人類雖然與其他動物一樣，具有許多生理的驅力，例如饑餓與性慾。驅力使有機體感到不舒服，並且產生行爲的衝動，但人類的行爲模式則不像其他動物一般，受到先天固定的行爲模式之約束，因而產生各種行爲之可能。由於人類先天固定的行爲模式不多，人類才有可能依賴社會的指導，產生自由選擇的機會。否則，人類也就像其他動物一般，成爲本能的俘虜了。

三、較長的幼稚期

　　嬰兒要接受社會化的洗禮，必須在生理與心理上先達到某種程度的成熟，諸如眼手協調、大腦皮質的發展、語言的獲得、群居的經驗等。但是社會化的進行，又需要兒童具有較長時期的依賴狀態才有可能。人類的生理依賴期以及性的不成熟期較其他動物長了很多，這也是使得社會化成爲可能的另一個重要因素。隨著文明的演進，人類更因爲需要學習的技能與知識日益增多，因此依賴大人的時期更爲加長。兒童受照顧（或受控制）的時期加長，更帶來持續終身的感情依賴，這些都是社會化得以成功的重要條件。此種初生時的無助與完全依賴，與人類所具有最長的依賴時期，使由基因決定的目標導向的活動潛力，壓抑到最低。而讓天生箝入的驅力機制可以得到修

正改變的機會。換句話說，唯有基因所決定的潛力受到相當的修正，才能使社會教導的後天行為發揮最大的影響。而社會化便是藉著兒童幼稚時期之可塑性，以社會教導的後天行為取代先天驅力的衝動之歷程。

四、人類具有合群的本性，又有與人接觸的需要

社會化是與他人交往的歷程，因此在人類的本性中必須具有某種傾向，例如同情與合群等，社會化才能有效進行。根據生物學家的研究，人類的天性中便具有合群性與社會性。這種強烈的社會本性可由一項有關恆河猴的實驗得知。哈羅及其助理的研究指出（Harlow and Harlow, 1962 & Harlow and Zimmerman, 1959），人類近親的恆河猴如果被剝奪了與其他恆河猴身體接觸的機會，長大後會產生行為的錯亂，雄猴與雌猴都不會採用適當的交配姿勢，少數雌猴經過正常猴子的交配懷孕後，也無能力照顧其嬰兒。只有通過與同儕一起社會化歷程的小猴子，才能成為有社會能力與性能力的成年猴子。此種社會交往的需要，在人類的身上表現得更為明顯。

人類嬰兒如果缺乏與人接觸，其結果會比恆河猴更為嚴重。許多社會學的研究都指出，幼年時期的孤立或喪失與人進行社會交往的機會，將會影響正常的自我的功能。例如史匹茲（Spitz, 1945）以四組嬰兒進行實驗研究指出，四組嬰兒中，三組是正常人家的嬰兒，只有一組是由六十一位棄嬰所組成，這些棄嬰最初四個月的發展商數是 124，是四組中第二高的。一年之後，其商數已經降為 72，其他各組則無變化。第二年結束，棄嬰組的商數又降到 45，成為低能兒。再過兩年，研究者再到棄嬰之家去觀察，結果受觀察的二十一位二至四歲的兒童中，只有五位能夠自己走路，一位能夠自己穿衣，一位能夠講出完整的句子。多數都不會講話。嬰兒期缺乏身體的刺激或與人接觸的機會，會阻礙較高層的學習能力，雖然其中所涉及的神經與心理的機制，至今依然不很清晰。由此可見，人類營團體生活的需要是在其生物構造中所具有的特性使然。而此種構造是經過長期的演進才形成的。若無此構造上的演化，人類的社會化便無可能。反之，人類若無社會化的行為，則其生物的構造仍然無用武之地。由此可見二者具有互為因果的關係。

五、語文溝通（communication）的能力

俗話說：「人是語言的囚犯」，語言對人類的影響十分深遠，並已成爲人類社會的主要特徵之一。人類的學習能力比其他動物高出許多，尤其是在高層次的智力方面。心理學家所做的研究指出，與人類相比，黑猩猩早期的表現並不遜色，但是需要較高層次的智力時，黑猩猩就無法與人類相比。而這種智力層次的高下，主要是來自語言能力的差異。人類自視爲具有理性的動物，可以透過理性形成原則，其實所仰賴的是抽象的語言能力。語言是人類表達情感、價值、態度、知識的重要工具，也是人類用來創造社會的主要憑藉。靠著語言與文字符號的溝通，人類才能超越純生物的限制，而創建一個以符號爲特色的人類社會。

對社會化的進行而言，語言溝通的能力實在扮演相當重要的角色。人類的語言神經系統若不發達，社會化便無可能。因爲清晰的語言是群體生活的重要工具，這個工具使人類有別於其他的動物。而社會生活的重要活動，便是在於詮釋他人的意義，以便瞭解他人的思想與感覺，這是社會化的主要任務。誠如阿德勒（蔡美玲譯，民79，頁38）所謂：「語言現象不能與適用於全人類的概念相分離，因爲一個單獨生存的個體根本不需要語言，語言只有在社群中才有作用；它是社群生活的產物，是群體中個體間的聯繫工具。」而學會與人溝通是融入社會生活的第一步。雖然溝通不一定要靠語言與文字。嬰兒的吵鬧聲其實是合法的要求注意，且已經具有互動的意義。但是語言的獲得能夠加快社會化的腳步與品質。文字的習得更增加了社會化的深度與力道。語言與文字不僅是人類共享的符號世界，更是人類社會秩序的一部分。若無語言與文字的溝通能力，社會化幾乎是不可能的。換句話說，語文溝通的能力是社會化的先決條件之一。

◉ 第二節　社會化的重要階段與類型 ◉

　　社會化是一連串的人際互動的產物。社會化的達成是在不同的情境、經由不同的人員、採用不同的方法、長期而持續的作用的結果。這些人際的互動作用，有的是經過審慎設計的，有的則是毫無規劃的；有的是正式的互動，有的則是非正式的；有的是面對面的互動，有的則是隔著距離的；有的是被社會化者居於被動的地位，有的則可能是由被社會化者採取主動的；有的是以被社會化者的利益為目的，有的則是以整個社會的好處為著眼點；有的社會化的歷程是十分平順而不被雙方所知覺，有的則是必須以強制的手段為之，而充滿了衝突與宰制。由此可見，社會化的歷程是十分多樣與變化的，隨著個人年齡與角色的不斷改變，其所接受的社會化方式也有各種的變化。因此，社會化是一個多階段的終身歷程，而其階段又可做不同的劃分。林清江將社會化的階段依照年齡的不同區分成嬰兒社會化、兒童社會化、青年社會化、成人以及中老年社會化等五個時期，並提出每一階段所應注意的社會化重點（林清江，民70，頁92～110），值得參考。此處將社會化依據實際內容的不同分成不同的類型，從初級社會化與次級社會化；預期的社會化與後續的社會化；社會化失敗之後的再社會化；以及人生當中艱困時期的社會化等概念來掌握社會化所具有的重要的教育意義。茲將這幾個類型的社會化的意義及用法說明如下：

壹、初級的社會化與次級的社會化

　　初級社會化指的是兒童時期的社會化。在這個時期中，兒童的基本人格逐漸形成，並開始學得重要的社會規範。這種社會化是發生在個體未成熟之前，尚未具有明確的職業方向，而只是先學會一般性的社會價值、信念、規範與行為模式，形成合適的人格及自我觀念，使能適應社會的一般生活。因

為此階段屬於人生的早期歲月，故又稱為「早期的社會化」或「兒童的社會化」。相對的，次級社會化指的是將成年人分配到特殊的社會地位中，例如職業的地位，故又稱為「成人社會化」或「後期的社會化」。之後，隨著職業的變換，成人必須把以前學得的角色內容加以放棄，並學會以一套新的角色取代之。此時社會化的的重點不再是一般性的價值與規範，而是特殊性的職業技巧與態度。

由此觀之，初級社會化與次級社會化的意涵不同，在於社會化的時期先後、基本目的以及所用的社會化內容皆有不同。說明如下：

㈠是社會化時期的先後不同，必然是先有初級的社會化，後有次級的社會化。二者有先後銜接的關係。

㈡是社會化的目的不同，初級社會化是要使新生的一代成為一個觀念正確、行為合宜的社會分子。次級的社會化所著重的是要使下一代具有扮演特定社會角色、承擔固定社會責任的能力，使之成為有實際功能的社會人。前者是使個人成為整體社會的一分子，而後者則是使個人成為特定社會部門的一分子。

㈢是社會化的內容不同，初級社會化的重點在於一般性的知識、正確的價值觀念、良好的行為模式、和諧的人際關係等。次級社會化的重點則是專門的職業技術、良好的職業態度、明確的職業道德等。

貳、預期的社會化與後續的社會化

所謂預期的社會化（anticipatory socialization）指的是個人能夠預見並事先演練其未來之地位、職業以及社會關係等之社會化歷程。例如印度弄蛇者之小孩，從小就學會習慣蛇的習性並與之相處，練習搖動直笛以吸引眼鏡蛇。而其所預期的長大之後的工作就是當弄蛇者，這種社會化就是預期的社會化。

反之，後續的社會化（continuing socialization）指的是個人已經承擔某種社會角色之後，為了改變原有之角色所進行的社會化，與前述的次級社

會化相似。新角色與新經驗的獲得使每個人必須改變其原有的態度、價值與自我觀念，才能符合社會的新期待，此種角色的改變便是後續的社會化。

後續社會化的重點主要在於介紹新的角色，使新角色的佔有者能夠迅速地明瞭他人對此角色的期待，並且改變對他人的態度。例如一位新派任的軍官，他的行爲與態度剛開始總會有點不自然，那就是正在經歷後續社會化的歷程。經此歷程後，他就能正確無誤地扮好新的角色了。同樣的，一位新的醫生、母親、警察或校長等，也都要經過後續社會化的歷程才能把角色扮演得很自然。後續的社會化在正常的人生歷程中，可謂數見不鮮。由於各種事件的發生，使個人必須放棄先前的角色而接受新的角色，重新調整行爲的模式。例如職業升遷、退休、喪偶等，都須經過後續的社會化的歷程，才能順利地度過新的人生歷程。

參、再社會化

再社會化（resocialization）與後續的社會化雖然相似，但其主要的差異在於再社會化的改變是比較徹底而且快速的，尤其是新的生活方式不僅與先前的生活方式截然不同，而且二者通常是無法相容的。洗腦、罪犯的重新改造、某些職業或生活角色的徹底改變，例如新兵、牧師、尼姑，都需要經過再社會化的歷程。此一歷程使他們能夠順利地與過去斷絕關係，再造一個新的生命歷程。

再社會化的例子中，有一部分是由於先前社會化的失敗，而被迫重新學習社會規範的歷程，算是比較獨特的例子。這種再社會化的特徵，是以強大的外力將先前的角色消除，再用截然不同的角色加以取代。而進行再社會化的機構便是葛夫曼（Goffman, 1961）所謂的「完全機構」（total institution），此種機構通常是孤立於社區之外，並且對其分子的全部生活加以完全掌握。

肆、艱困時期的社會化：社會化過程中的危機

社會化的過程有時是順暢的，有時則是艱困的。在個人的生命週期中，有些時段比較容易出現不順暢的社會化事件，稱之為「社會化的危機」。例如艾力克遜（Erik Erikson）用八個生命週期作為基本社會化的問題或兩難（Miller, 1978）。即是：新生兒的「信任對不信任」（basic trust vs basic mistrust）；二歲時的「自主對羞愧與懷疑」（autonomy vs shame and doubt）；三歲時的「主動對內疚」（initiative vs guilt）；求學時期的「勤勉對自卑」（industry vs inferiority）；青少年時期的「角色認同對角色混淆」（identity vs role diffusion）；成年期的「親密對孤立」（intimacy vs isolation）；中年期的「奮發有為對遲滯」（generativity vs stagnation）；老年期的「統整對絕望」（integrity vs despair）。指的正是社會化過程中的不順暢或危機的存在。

美國的心理學家李文生（Daniel Levinson, 1978, p.199）曾經研究美國男性一生中有三個轉折時期，也是社會化的危機期。即是十七歲到二十二歲的成年早期的轉折期，四十歲到四十五歲的中年轉折時期，以及六十歲到六十五歲的晚年轉折時期。這些危機的出現，主要是因為自我的發展產生了模糊與混淆，使個人內在的自我與外在世界有所衝突所造成。茲分別說明如下：

(一)成年早期轉折的危機

由青少年轉為成人是十分不容易的。因為青少年的角色與成人角色的鴻溝太大，預期的社會化幾乎無法進行，尤其在金錢的自主性與性的滿足上，社會對於青少年的規範十分模糊且不一致，青少年對於外界的行為期待並不清楚，而容易造成「青少年的認同危機」（adolescent identity crisis）。另外，缺乏明確的角色指標，使青少年無法覺知成人的義務，只知享有權利，而不負擔責任，也是現代社會青少年產生認同危機的原因之一。此一時期的

青少年常因角色不明確而顯得迷惑、無助而不快樂，甚至自殺。

在比較原始的社會中，青少年的社會化是透過「成年儀式」（rite of passage）來進行的。例如中國古時候的「弱冠」之禮，便是宣示一個男孩子的成年，使他正式地加入大人的行列。在此工業化的社會中，雖然結婚典禮也具有某種類似成年儀式的作用，但是正式成年儀式的缺乏、青少年時期的延長，以及對於成年的定義模糊，可能是造成青少年無法有效地步入成年早期的原因。

(二)中年轉折時期的危機

人到中年，容易對於生命中曾有過的夢想加以回想與檢討，而四十歲正是自我評鑑的年紀，因為進入社會的時間已經不短，未來可用的時間也不會太多，因此檢討過去的成就是十分正常的舉動。但是檢討的結果，對於個人已經達到的成就感到滿意的究竟是少數，這種自我的不滿以及改變現實的不易，便是中年社會化危機的主因。

(三)晚年轉折時期的危機

人到六十歲，開始由中年轉入老年之際，另一個社會化的危機再度出現。此時個人已經有「曾經滄海難為水」的感觸。面對即將到來的晚年，個人開始經歷或即將面臨許多的人生痛苦，例如失業、離婚或喪偶、「空巢症候群」（emptynest syndrome）、退休所帶來的「無角色之角色」（rolelessness）的孤寂感，以及社會對於老人地位的忽視，使個人覺得生命似乎失去了意義。

◉ 第三節　社會化的重要機構 ◉

社會化與廣義的教育同其意涵。而學校只是眾多社會化機構的一個，不同的機構同時對個人各自進行社會化的作用。因此要瞭解學校的社會化作

用，就不能不先對於其他的社會化機構的作用有所認識。對於現代社會而言，學校以外的主要的社會化機構有家庭、同儕團體、大眾傳播等。另外，爲了進行徹底的再社會化而設的完全機構，也扮有重要的角色，茲分別說明如下。

壹、家庭

家庭是個人最先接觸的社會團體，更是形成個人人格的主要場所。家庭成員的互動，尤其是父母與子女的互動是家庭社會化的重心。

家庭社會化歷程之所以重要，主要是因爲：

一、家庭是每個人都必經的社會化機構

家庭不僅是社會組成的基本單位，更重要的是每個人必經的社會化機構。沒有任何一個人可以不經家庭的洗禮，而成爲社會的一分子。而家庭所奠立的觀念與行爲，更是其他機構進行社會化的基礎。就此觀點而言，家庭眞是最重要的社會化機構。

二、家庭是個人人格形成的主要場所

兒童對世界的看法取決於早期的生活經驗，個人所有的觀念、態度、行爲都是早期經驗的產物。尤其是嬰兒時期所受的養育方式不同，所形成的人格也就有極大的差異。例如餵奶的時間、如廁的訓練、溝通的頻率、父母態度的寬嚴等，對於嬰兒的人格形成都有決定性且長遠性的影響。嬰兒時期所經驗的三種基本的情緒（包括憤怒、焦慮以及愛），不僅影響個人的人格形成，也影響整個社會的制度與面貌。

三、家庭更是「逆向社會化」的實施場所

所謂「逆向社會化」是指嬰兒不但是家庭社會化的客體，同時又是家庭社會化的主體，因爲他在被父母社會化的同時，也發揮了社會化其父母的功

能。嬰兒在家庭中，一方面受到其父母的社會化，另一方面則依據其內在的舒適與否，來對其父母的養育方式進行反應，而以哭和笑來表達內在的舒適與否，並由此一方面學習與人溝通的方法，一方面社會化其父母，使其父母迅速地學會如何當合格的父母親。這種被社會化的客體也能同時是社會化的主體，便叫「逆向社會化」。逆向社會化的瞭解是一個新的研究課題，對於社會化本質的認識具有重要的意義。

貳、同儕團體

　　同儕是指與被社會化者具有相等地位（通常是指年齡）之人。同儕對於被社會化之個人具有重大的影響力。因為同儕能提供個人獨立的機會，使個人能夠肯定自己，進而順利地轉化為成年人。同儕又具有獎賞的系統，使個人心甘情願地接受團體的規範。同儕強大的壓力是個人行為的重要原因，舉凡選課、服裝、課外活動、約會、性觀念等，幾乎都難免受到同儕之影響。尤其是對於青少年，同儕團體的影響力更大。因為青少年與同儕團體相處的時間甚長，約為其與父母相處時間的兩倍（Doob, 1985）。因此，同儕團體對於青少年的社會化過程，扮有相當的重要性。說明如下：

一、同儕團體使青少年真正體會到自我的最真確的部分

　　青少年在同儕團體中，由於年歲相似、經驗相近、能力相當，所以容易從別人的身上體會到自己的各種特性，包括能力、長相、人品、信心等，這些東西在與不同輩分之人相處時，通常是無法真實顯露的。唯有與同儕團體相處時，青少年才有機會盡量地展現自我，也才能由此體會到自己最真實的部分，並對自己有正確的認知。

二、同儕團體是青少年練習扮演社會角色的重要場所

　　青少年只有在同儕團體中，才有機會練習如何承擔一個角色的責任，將抽象的規則化成實際的行動，並由同儕的眼神中，明瞭自己扮演的角色是否

成功，由此可以修正自己的價值、觀念、行為與態度，使自己更加符合社會的需求。

三、同儕團體可以讓人得到情感上的疏解

由於在同儕團體中，每個人的地位相同，所以比較容易捨去假面具，而以真面目相見。因此，個人在同儕團體中，才有真情流露的機會，才能用真感情來面對自己與對方，而這是個人在社會化過程中最能找到真正自我的機會。

四、同儕團體提供青少年創新社會、改造現實的機會與動力

依據科爾曼（Coleman, 1961）的研究，青少年的同儕團體具有顛覆成人的價值與目標的作用，並與上一代產生代溝。但是這也是人類文化創新、突破現實、追求理想的主要動力。似乎許多稀奇古怪的點子，都是在與同儕團體相處時所激發出來的。

參、大眾媒體

大眾傳播媒體在個人社會化過程中所佔的地位越來越重要，幾乎有凌越任何其他社會化機構的趨勢。尤其是無遠弗屆的電視與網路，已經成為現代社會生活中無法割離的一部分。兒童每天坐在電視機前面的累積時間超過其他任何的活動，包括上學的時間。

電視所受的主要批評在於暴力與色情的不良示範作用。另外電視對於認知方面的影響則有不同的看法。雖然有人主張電視有助於兒童認知的發展，但也有研究指出，電視對認知能力的增長作用只限於簡單概念的獲得，對於複雜概念的學習則無好處。儘管大眾傳播媒體功過的評價依然有許多爭議，但是他們營利的取向似乎無法主動配合社會化的功能。加上他們為了業績，不得不迎合觀眾的訴求，才是值得我們憂心的事情。

肆、完全機構（軍隊、精神病院、監獄等）

完全機構是為了進行徹底的再社會化而設的機構。例如軍隊、精神病院、監獄、孤兒院、少年感化院、殘障養育院等都是明顯的例子。完全機構為了使社會化失敗的社會分子能夠重返社會，乃採用較為特殊的手段，破壞其原先已經獲得的自我認同體，使其產生新的思想觀念與行為模式。在完全機構中所進行的再社會化具有四個特性（Goffman, 1961）：其一，其活動涵蓋生活的各個部分。其二，所有活動都是集體進行的。其三，由權威者設計獨特的規則供被再社會化者遵行。其四，這些機構的設立是以「自我認同體」的破壞與重建為目的。

而要重建個人的「自我認同體」，必須先破壞當事人原有的自我認同體。破壞的手段其實是一種羞辱的過程，其目的則在以特權的系統（包括規則、處罰、獎勵三者）剝光個人的自我認同體，使成為赤裸裸的自我。剝光自我的手段如下（Goffman, 1961）：

(一)打破與過去的聯結

打破與過去的聯結（breaking with the past）將個人與外界隔絕是縮減自我認同體的第一步。例如新兵入伍的前兩個月不准離營一步、不准談家世與財富，都是在斷絕其與外界的聯繫，因為將個人與能支持其先前角色之人與物完全隔離，是改造他的自我認同體的第一步。

(二)人身處理

人身處理（people-processing）透過各種正式的儀式與典禮，把個人所有的特徵與個性加以消滅，使每個人都是類似的一員，都只剩下一個號碼，以忽視其自我認同體的獨特性。例如在入伍的第一天將新兵理光頭，便是為了消滅所有足以支持個人獨特性的一種手段。

(三)服從測試

服從測試（obedience test）將當事人的的私有物品（即個人的角色認同組件），包括錢財、照片、姓名等通通取走，以便暗示當事人，你在這裡只能服從。又一再地以各種獎懲的手段，測試個人無條件服從的極限。

(四)標準的裝備

個人所用的所有裝備與用具是都標準化的，包括制服、牙膏、臉盆等，使當事人放棄個性與自我的存在。

(五)不斷的羞辱

再社會化的進行通常是以羞辱為手段，強迫當事人使用謙卑的稱謂，要求對上級絕對的服從，並對同伴中的優秀分子加以無情地踐踏，使當事人徹底地失去原先的自我概念。

⊙ 第四節　社會化的重要理論 ⊙

對於社會化現象的解釋共有四派說法。其中庫里(Charles Horton Cooley, 1864～1929）與米德（George Herbert Mead, 1863～1931）的理論，偏向社會學的解釋；而佛洛伊德（Sigmund Freud, 1856～1939）與皮亞傑（Jean Piaget, 1896～1980）的理論則偏向心理學的觀點。不管如何，四者皆主張「自我」的出現與成長是社會化的核心工作，而且「自我」的獲致是一種學習過程的產物，並且是在與人互動的情境中發生。此四種理論對於社會化的解說，共同提供部分的見解，茲分別說明如下。

壹、庫里的鏡中自我理論

　　庫里認為我們之所以能獲得「自我」的概念，其實是經過三個連續的階段而得的（Cooley, 1964）。首先，我們自覺到自己是如何地呈現在別人面前；其次，我們自己評估別人是如何地判斷我們；其三，我們對於別人的判斷，產生榮耀或羞愧的情緒感覺，並由此對自己產生類似的評斷。換句話說，我們對自己的看法，其實是以別人的瞳孔為鏡子，透過別人對自己的眼光而照見自己。因此，稱之為「鏡中自我」（looking-glass self）。例如一個一歲半的小女孩，以蹣跚的腳步微笑地走向其父母，然後跌倒在地板上，父母拍手大笑，就是小女孩知覺自我的一個例子。她會認為父母覺得她是乖巧而有趣的寶貝，並且找機會繼續走路給父母看。當然，每個人對於他人的思想與感覺無法直接接觸，只能以自我的感覺去推斷。推斷有時會錯誤，有時則因為線索不足而造成混淆，如果這種情況過於嚴重，一個人永遠無獲得清晰的自我，更無法對自己產生信心。也就注定要在人生的道路上遭遇許多的困難。

貳、米德的自我發展的概念

　　米德認為個人必先學會瞭解社會的複雜情境，判斷何種行為最為適宜，再依此判斷採取適宜的行動。他的理論便是要解釋個人如何將社會的情境作出最好的判斷，如何決定其行為，並將行為的規則內化成為其人格的一部分。米德的理論在大前提上是認同了庫里的見解，他主張心靈與自我是社會的產物。而反對在有社會之前，或在社會之外，早有一個具有心靈與自我的自然人的存在。這項假設誤以為具有心靈與自我的個人是社會的創造者，而非社會的產物。但是他認為自我的發展並不像庫里所說的那麼簡單，光從別人對自己的反應就能獲致。於是提出自我的發展的三個階段，而成為重要的社會化的理論（Mead, 1934）：

一、第一個階段是準備期（the preparatory stage）

出生後到二、三歲的兒童，只能以特定的行為去瞭解特定的個人，其社會互動只限於少數的人際關係。在此階段，兒童模仿其周遭人物的行為，但無法發現角色的作用。這是未完全社會化的階段，在此階段中，未成熟的個體依然無法與人合作，也無法瞭解社會共同的目的。

二、第二個階段是遊戲期（the play stage）

四到五歲的兒童，透過遊戲的過程去扮演重要他人(significant others)的角色行為，例如從辦家家酒的遊戲中，演練父親、母親、醫生、老師等角色，開始對社會的角色分工有所體會，對權利與義務等概念有初步的瞭解。

三、第三個階段是比賽期（the game stage）

六歲以後的兒童，藉著比賽的規則與他人進行互動，並由此獲得概括化的他人（generalized others）的概念，學得了社會對於各種角色的期待。這樣一來，個人便已學會社會的主要規則，能夠以社會角色的觀點來瞭解他人的態度，而且獲得一個社會的自我，而成為完全社會化的一員。

米德將自我分成「遵從傳統的」自我與「自發創造」的自我兩大部分，前者是受到社會態度的左右而形成，是一個被動的我（me）；後者則是一個具有主動力量，不被社會態度所約束，稱為主動的我（Ⅰ）。米德認為在僵化而受限制的社會中，主動的我無法發揮影響力量。只有在適當的社會情境下，主動的我才有力量重新改造社會。而這也是自我最興奮而有歡樂的經驗。因此米德注重主動的我的力量，認為主動的我（即Ⅰ）不應該完全被內化的他人態度（即被動的我，me）所控制，變成「過度社會化的人」（over-socialized conception of man），而應該具有修正、影響、改造社會的能力。這也是文明之所以能進步的原因。

參、佛洛伊德的精神分析的觀點

佛洛伊德和庫里與米德一樣，都相信自我是社會的產物，都對於社會化過程中自我的發展進行分析。佛洛伊德比較認同米德的觀念，認為自我的誕生是一個複雜的歷程。但是佛洛伊德與米德也有根本的差異。米德從理性的層面去著手，強調人類理性的創造力、社會生活的合作性以及個人自我的統整性。佛洛伊德則從精神分析的觀點，提出自我的結構中具有彼此衝突的成分，強調團體生活對自我的壓制與挫折，注重理性與欲望的衝突以及自我內在的掙扎（Freud, 1952）。

佛洛伊德指出人格的組成包括三個不同的部分。㈠是本我（id），這是一種天生具有追求歡樂本能的我；㈡是超我（superego），這是一種內化的道德良心，是經由重要他人（如父母、老師或其他權威人物）的影響，將對與錯的道德標準內化在人格中，而形成一種自我監控的道德良心；㈢是自我（ego），這是調停本我及超我雙方矛盾的機制，也是經過社會化歷程而獲得的結果。本我、超我以及自我三者分別代表了個人在社會中所經驗到的不同的要求。本我代表本能的歡娛，是自我的「生物性」構造、動物本能的代表、也是社會試圖加以控制但又無法完全成功的部分；超我代表自我保存的理性行為，類似米德的「被動的我」，代表社會及其要求，也是個人所經驗到的社會規範與禁制，是良心的呼聲；而自我則是代表了個人調停生物需求與社會規範的中介橋樑，是統整的、具有控制功能的我。佛洛伊德用不同的內在衝動來說明社會化的本質。他發現在日常的生活中，我們受到不同方向的衝動的拉扯，因而產生「魚與熊掌不能得兼」的心理衝突。例如面對可口的蛋糕，想要多吃一塊時，總會考慮到腰圍已經過大了；晨間賴床不想上課時，總會想到萬一被老師點名不到，會不會當掉。佛洛伊德認為社會化就是個人經驗到這三種不同的我的衝突要求，經加調停之後，而產生了自我意識的整個過程。

肆、皮亞傑的認知發展理論

皮亞傑是瑞士心理學家，他以認知能力的觀點來補充米德的社會關係的觀點。皮亞傑將兒童認知發展區分成四大階段（Piaget, 1970）：

一、第一個階段是感覺動作期（the sensorimotor stage）

在初生的前兩歲中，兒童是以感官經驗與動作能力來認識自己與外在的世界。三、四個月大的嬰兒已經學得將自己與週遭的環境區分開來。在九個月大的時候，兒童開始具有「物體恆在」（object permanence）的能力。

二、第二個階段是前操作期（the preoperational stage）

二歲到七歲的兒童發展，仍未能完全瞭解像重量、體積、速度、因果等基本概念；所以兒童表面上好像懂了許多概念，其實是假的，因此在處理日常生活時，仍然具有相當的危險性。

三、第三個階段是具體操作期（the concrete operational stage）

七歲到十一歲的兒童發展，已經精熟了日常生活所必需之認知技巧，能知道時間、空間、速度、重量、因果等概念，能欣賞他人之想法，也能協調自己與他人的觀點和行動，但無法做抽象之思考。

四、第四個階段是形式操作期（the formal operational stage）

十一歲到十五歲的兒童發展，已經能夠進行抽象的思考，開始擴增大腦的各種能力。

上述四種社會化的理論，各自呈現自己的觀點，他們皆同意兒童早期的經驗對於自我的發展有極大的影響。庫里以鏡中自我的概念，說明個人對自我的覺知是來自想像他人對自己的看法，強調個人自我的內涵，便是個人不斷地調整自己的行為，使符合個人知覺中他人的想法與期待；米德雖然接受

庫里的此種觀點，但強調自我的的發展需要瞭解角色的運作。他以遊戲、比賽等角色扮演的概念，說明自我的發展是三個階段的歷程，每一個階段都代表著個人對社會情境的更爲熟悉。因此所謂社會化，便是對社會情境的精確把握，而能順利的扮演自己應有的角色；佛洛伊德的觀點與米德的看法迥異，他認爲社會與個人是衝突的。他以本我、超我與自我等概念說明個人的原始衝動與社會的控制之間，有不斷的衝突存在。因此所謂社會化，便是自我學會了調停本我與超我之間的矛盾，且能考量社會的情境，而符合社會的要求。皮亞傑的觀點偏重在認知發展的階段性，以認知能力的發展說明社會化的獲得是經過四個認知改變的階段，因此所謂社會化，便是兒童認知能力的成熟過程。此四者的觀點雖然不一，但是如能用此四者的理念相互補充，而不侷限於一家之言，才能得到完整的社會化的概念。

◎ 第五節　從社會化的觀點檢視 ◎
學校教育的應有作法

壹、學校社會化的特質與限制

學校是重要的社會化機構之一。學校透過各種教學與活動的設計，使學生獲得社會所使用的符號系統，並以此符號系統去瞭解社會的文化規範，產生社會的共同信念與價值，其重要性是無可取代的。比起其他社會化的機構，學校社會化具有如下的特質與限制：

一、學校是經過正式設計與規劃的社會化機構

學校社會化的最大特性是它的正式性與計劃性，而這正是學校與其他社會化機構的根本差異所在。學校社會化不僅是有意的，更起用專業人員來主持其事，使其社會化的作用能依照預期的方向與進度，逐一達成。

二、學校社會化是其他社會化機構之後盾

學校除了負有繼續家庭社會化的功能外，更要修正兒童在其他社會化機構中所學的錯誤觀念，同時還要補充其他社會化機構所未教導的東西。因此，學校可謂是其他社會化機構的後盾。

三、學校並非以社會化作為唯一的任務

社會化雖是學校的重要任務，卻非唯一的任務。學校一方面要社會化下一代，使其獲得社會的各種價值、態度與行為模式。但在此同時，學校還要達成許多其他社會化機構所不承擔的任務，諸如教導學生各種的知識與技能，使其學得各項必具之生活能力，將來能成為社會某一特定工作的從事者，貢獻一己之力於職業的生產上；灌輸抱負、設定努力的方向，使學生把精力集中於某一特定的目標上，也因而淡化、模糊了學校在社會化功能上的重要性。

由此可見，學校雖是最正式的社會化機構，但是就整體社會化的觀點來看，學校實在無力單獨完成社會化的使命，尤其是許多人並不明瞭學校在社會化功能上的重要性，認為那是家長的責任。所以，唯有先確定學校的社會化功能，並與其他的社會化機構共同合作，社會化的使命才有可能達成。因此學校教育的辦理，應該體認自己的無力之處，並充分與其他的社會機構合作，才能完成自己的社會化任務。

貳、應把「自我概念」的建立列為教育的重點

個人之所以能夠立足於社會，主要是具有一個清晰而明確的自我概念，以發揮自我的各種功能，諸如容忍挫折；處理不安、焦慮與害怕；抗拒誘惑；評估現實；面對罪惡；建立內在的控制；抗拒團體的興奮；對規則與例行之事的反應；對失敗、錯誤、成功的處理；維持自我的統整等。因此自我概念的獲得，實是學校教育所應重視的議題。如果社會化真的是學校的最重

要功能，那麼，從社會化理論的觀點言，自我概念的建立才是教育的首要任務，應該被列為第一優先。個人唯有獲得合適的自我概念，才能知道自己與他人的區別，進而知道自己應有的角色行為。準此而言，學校教育的成功與否，應以個人是否具有合適的自我觀念作為最重要的衡量標準。過去以學業成績作為教育成效的唯一標準的作法，不僅忽視了教育的重點，甚至產生扭曲自我概念的反教育作用，這是今後辦學所需大力扭轉的地方。

如果要以自我概念的獲得與否作為教育成效的指標，則要先建立合適的自我概念的指標，下列十點可以作為評量學校有無達成社會化任務的基準：

1.當目標受阻時，學生能否以其他目標取代。
2.學生能否發展出合宜的心理防衛機構。
3.學生能否延宕歡樂。
4.學生能否依照特殊的情境調整行為。
5.學生有無罪惡感並能改正自己的錯誤。
6.當外在的監督不在時，學生能否以內在的控制加以替代。
7.當團體的情緒激動時，學生能否放慢回應的速度。
8.學生能否把規則與例行之事視為生活中所必需的事物。
9.學生能否改正錯誤並且不對成功過度感到驕傲。
10.學生能否在團體中表明自己的價值，而不盲從別人的主張。

參、學校要妥善處理師生的各種社會化危機

就社會化是終身的歷程而言，其中會經過許多次的生命轉折期，而且遭遇轉折危機的不僅是學生而已，教師也在其終身社會化的歷程中，與學生同樣遭遇到許多的困難，只是危機的重點有所不同而已。所以對於師生的危機能否妥善處理，便成為學校辦學成功與否的關鍵因素。

一、要化解學生各成長時期的轉折危機

學校一定要發揮輔導的功能，協助各發展階段之學生度過危機。其中，

少年時期的轉折危機主要在於「勤勉對卑微」的危機；青年時期的轉折主要在於「角色認同對角色混淆」的危機；所以要協助國小的學生以「勤勉」來克服「卑微」的危機；要協助國中以及高中生，以「角色認同」來度過「角色混淆」的危機；至於更早階段的「信任對不信任」、「自主對羞愧或懷疑」、「主動對內疚」的發展危機，雖然並非學校教師的主要任務，卻可以當成親職教育的重點，學校教師應該協助家長克服兒童的這些危機。

二、要化解教師本身的轉折危機

教師本身也在人生的發展階段中繼續前進，也有許多的發展危機須要去克服。其成年期的「親密對孤立」、中年時期的的「奮發有為對遲滯」、老年時期的「統整對絕望」的危機，都有待教師一一去克服。

成年時期的教師正面臨人生的許多重大事件的抉擇，這些事件的處理是否完善，決定了未來的發展是否順當。其中職業的選擇或更換，是許多教師會遇到的困難，繼續任教或改行轉業的困惑，常是教師心中的難題。其次，婚姻的選擇問題也是此一階段的重要問題。由於中小學女教師的社會接觸面不大，加上學校中女教師多於男教師，所以常有結婚對象難尋的困擾。學校應該設法協助教師解決職業社會化與婚姻社會化的兩大難關，使其能夠無後顧之憂，而能專心於社會化我們的下一代。對於中老年時期，因為年歲日大、體力日衰所造成的生理危機；因為遭遇人生重大不幸所造成的心理創傷；以及因退休所帶來的生命孤寂感。學校應該協助教師保養身體，健全心理、善用休閒時間、加入各種慈善工作團體，使教師能夠安然度過這些難關。此外，在校園中建立「親密」的氣氛，使每位教師都能在校中獲得如在家中的感覺，消除教師的孤獨感，有助於教師的正常發展。

肆、培養具有健全自我觀念的教師

在現代的社會中，學校的角色日益重要。因為家庭以及其他的社會化機構雖然扮演了重要的社會化者的角色，卻也經常是錯誤社會化的泉源；我們

的學生帶著許多錯誤的觀念與行為進入學校，目前也只有學校是唯一能夠扭轉這種錯誤的機構。就社會化的觀點來看，一所學校如果不能扭轉學生在校外所形成的錯誤，就不配稱為合格的學校。但是做為正式社會化的機構，學校要能扭轉學生的社會化錯誤，所仰賴的是實際擔任教導之責的教師。如果教師本身沒有健全的自我觀念，一切都只是空談。可惜的是，當今學校的教師並非都是經過健全社會化階段的人，所以很難擔負這項使命。如果教師無法承擔扭轉學生社會化錯誤的責任，而只是對孩子述說一些書本的知識，教育就難有成效了。

　　為了使教師具有健全的自我概念，就得依賴師資培育的制度與過程。過去在師資培育的過程中，所強調的都是專業的知識與技能，而甚少對於教師的人格與自我觀念的健全與否加以考慮，今後為了讓學校成為真正帶領下一代步入社會、走向將來的機構，則非重新思考師資培育的重點不可。只有歷經良好社會化過程的教師才能讓他的學生經歷良好的社會化歷程，也只有具有健全自我觀念的教師才能改正他的學生由其他機構所帶來的錯誤的自我觀念，並且教他們用正確的態度去迎向終身都存在的社會化危機。所以培養具有健全自我觀念的教師，是十分重要的工作。

伍、要避免塑造「過度社會化的人」

　　如同教育一般，社會化也是一個雙面開刃的寶劍，他具有正負的雙重功能，一方面社會化創造了社會人，使個人的「社會我」得以順利誕生，社會得以安定，個人得以生存。再方面，它壓抑了個人的創造性，使個人的創意與個性無法正常開展，無法充分發展個人的潛能（詳見第四章有關教育的相礙性爭議）。從個人的角度來看，社會化是將人類從生物的存有變成社會的存有，並且產生一個自我（the　self）的一個歷程，透過在文化脈絡中與他人的互動，個人獲得自我的認同體、產生理想、價值以及抱負，並在適當的情境下成為有能力自我實現的個體。在這個歷程中，自我的實現是透個與人的良好互動而得到的。因此，融入社會成為社會的一分子，只是社會化的初

步目的，而非終極目標。其終極目標應該設定在個人潛能的最大發展，使個人一方面得到自我實現，而又以自我實現的美果，貢獻給整個社會的每一個人。因此社會化代表了兩種互補的歷程，一是社會文化遺產的傳遞、一是個人人格的發展。前者乃是使個人融入社會中，後者則是使個人出乎社會的束縛外，二者似乎存有矛盾，其實是可以兼顧的。因爲唯有社會化的成功，個人的潛能才有發展的機會。一個社會化失敗的人，是無法成爲自我實現的人。但是社會化的成功，卻往往製造出所謂的「過度社會化的人」（over-socialized conception of man），所謂「過度社會化」指的是爲了使社會穩定卻犧牲了個人的創意作用。學校固然要提供正常社會化的機會，使學生得以學會社會的規範、使社會得以穩定、使國家民族得以生存發展；但學校應避免過度強調學生的盲從，以免犧牲個人的創意與獨特的個性，而成爲「過度社會化的人」。過去，由於學校太強調機械式的訓練，所以常被視爲典型的「完全機構」，這是值得吾人深刻反省的課題。

參考書目

林清江，民70，**教育社會學新論**。台北：五南出版社。

蔡美玲譯　（Alfred Adler 原著），民79，**瞭解人性**。台北：遠流出版社。

Babbie, E., (1982), *Understanding Sociology: A Context for Action.* Belmont, California: Wadsworth Publishing Company.

Child, I., (1954), "Socialization". In Lindzey, G. (ed.), *Handbook of Social Psychology.* Reading, Mass.: Addison-Wesley.

Coleman, J., (1961), *The Adolescent Society.* New York: Doubleday.

Cooley, C. H., (1964), *Human Nature and the Social Order.* New York: Schocken Books.

Doob,C.B.,1985, *Sociology: An Introduction.* New York: Holt, Rinehart and Winston.

Elkin,F., & Handel,G., (1960), *The Child and Society.* New York: Random House.

Freud, S., (1952), *A General Introduction to Psychoanalysis*. New York: Washington Square Press.

Goffman, E., (1961), *Asylums: Essays on the Social Situation of Mental Patients and other Inmates*. New York: Doubleday.

Haralambos, M., (1985), *Sociology: Themes and Perspectives*. London: Unwin Hyman.

Harlow, H. F. and Harlow, M. K., (1962), "Social deprivation in monkeys". *Scientific American*. *207*: (November) 137~147.

Harlow, H. K. and Zimmerman, R. R., (1959), "Affectional responses in the infant monkey. *Science*. *130*: 421~423.

Levinson, D., (1978), *The Seasons of a Man's Life*. New York: Knopf.

Mead, G. H., (1934), *Mind, Self and Society*. Chicago: University of Chicago Press.

Miller, J. P., (1978), "Piaget, Kohlberg, and Erikson: Developmental implication for secondary education". *Adolescence*. Vol. XIII. *50* (Summer): 237~249.

Piaget, J., (1970), "Piaget's theory". In Mussen, P. H., (ed.), *Carmichael's Manual of Child Psychology*. New York: John Wiley and Sons.

Spitz, R., (1945), "Hospitalism". *The Psychoanalytic Study of the Child*. *1*: 53~72.

Stokes, R., (1984), *Sociology*. Dubuque, Iowa: Wm. C. Brown Publishers.

第六章

社會階層化：學校教育機會不均的社會原因

∞ 社會階層化的涵義

∞ 社會階層的劃分

∞ 有關社會階層化的各種理論

∞ 社會階層化的破除：社會流動與教育機會均等的追求

　　不平等是人類社會的普存現象。造成社會不平等的背後原因除了與勞力
分工及自我保護機制等因素有關之外，更與社會階層化有不可分離的關聯
性。人類社會的階層化，並非是現代社會的專利，當第一位山頂洞人打敗了
對手，使其臣服，最簡單的社會階層便已形成。從此以後，各種「可欲物
質」的分配便有了差異。每個人對於可欲之物的獲得機會，以及可憎之物的
免除機會，皆因其所屬之階層不同而有極大的差異。同樣是圓顱平趾的人
類，但因個人在階層系統中所獲得的地位不同，不但影響其在社會上所受到
的待遇，更影響到其一生的「生活機會」。這種待遇的差異性隨著社會階層
化的加強與加深而逐漸擴大，教育則被批評爲擴大此種差異的幫凶。但是在
此同時，教育又被指望爲減少社會不平的利器。希望透過教育的努力，讓每
個人不僅在上帝之前平等，更在眾人的眼中也是平等的。屆時，由於權力與
財富的公平分配，社會再沒有剝削與壓迫，沒有貧富之分、沒有貴賤之別，
所有的人都是平等的。儘管這個夢想的實現依然遙遙無期，權力、地位與財
富的分配，在社會上仍然有極大的懸殊，但是平等的追求卻將一直持續地進
行下去。

　　教育到底是社會不平等的重要來源，還是能夠打破社會不平等的主要力
量，至今依然沒有定論。從教育社會學的觀點來看，學校是存在一個已經階
層化的社會中，事實上無法完全擺脫階層因素的左右；但是學校也能夠透過
各種手段來減輕階層因素的影響，用平等的教育機會來彌補階層化的人爲不
平等。本章爲了分析教育與社會階層化的關係，特分四節介紹社會階層化的
涵義、社會階層的劃分、社會階層化的相關理論以及教育機會均等的追求如
下。

◉ 第一節　社會階層化的涵義 ◉

　　要說明社會階層化（ social　stratification ）的涵義，必先說明階層的意
義。「階層」一詞是借用地質學的用語，用以說明社會是具有類似地質的分

層結構。將人們依據其所擁有的各項特徵，包括權力、聲望、財富、性別、膚色、健康、種族等，排成在社會中的高下不同的序階，彷彿地層有明顯的層次一般，便是社會的階層。

社會因為有階層的存在，因而有的人居於上層，享受著較多的權勢與福利，有的人則居於相對的下層，受到不平的待遇。「社會階層化」是社會學家用來研究社會不平等所用的專有名詞，以便瞭解社會不平等是如何產生、如何維持以及其後果如何。同屬於某一階層之人會對於共同的利益有所認知，並產生共同的認同體。他們會產生相似的生活方式，並以此與其他階層之人有所區別。例如印度的世襲的階級制度，是依據在宗教儀式中的所扮演的角色將社會分成不同的階層，即僧侶、士族、平民、奴隸等，居於最高階層的僧侶（brahmins or priests），被視為純潔的、智慧的，更是知識與真理的主要來源。只有他們可以執行最重要的宗教儀式。而居於階層的另一端的奴隸，則被視為「不能碰觸者」（untouchables）。因為他們是骯髒的、卑微的、不純潔的，只能從事不乾淨的工作，例如清理動物的屍體。他們被社會隔離，住在髒亂的社區中，與其他階層之人不相往來。他們的出現會污染了別人。甚至他們的影子碰到了其他階層之人的食物，該食物就會因此被視為不潔而被丟掉。社會學家研究社會階層化，是從以下五點來說明其主要的涵義。

壹、社會階層化的產生是以人為的社會不平等為基礎

社會的不平等雖有一部分是天生的，但社會學家所重視的是人為的不平等。社會階層是由具有約略相同社會地位或特徵的個人所構成。個人在社會中所佔的位置並非平等的，而是有高低之別的。但這種高低之別的不平等並非指天生所造成的，而是指人為創造的結果，因此這是一種人為的社會不平等。換句話說，人為的不平等才是社會階層化的主因，但是在過去很長的一段歲月中，卻把社會階層化解釋為自然所造成的。為了區分自然的不平等與人為的不平等，盧梭（Jean-Jacques Rousseau）指出自然的不平等是以生物

的不平等為基礎，是自然所造成的。例如年齡、健康、體能、智力、性別都是天生的不平等。而人為的不平等則是社會依據個人聲望、職業、財富與地位的差異而強加賦予高下之別，或將自然的不平等加以擴大。盧梭認為自然的不平等之差異本來不大，其重要性也較小。因此，把人為的不平等強用自然的原因來加以合理化是不道德的。例如過去把種族的階層化認為是生物基礎所造成的。因此，黑人之所以在社會的階層中處於低下的地位，聯帶的收入也比不上白人（只有白人的 54%）、大都只能擔任手工的粗重工作、甚少擔任政治要職或政府官員的機會，是因為基因的不良與智力的低落（少白人 15 分）所造成的，而非人為因素所影響的結果。這種假借科學證據的解釋，表面上好像可以自圓其說，但是卻經不起進一步的科學檢證。現在社會學家已經承認，社會的人為歧視才是種族階層化的原因。尤其自一九六〇年代開始，美國開始立法禁止種族的歧視，要求不論是就業、政治參與、教育等，都不能因種族之不同而有所差別對待。經此政策實施之後，美國黑人的社會地位，在「黑就是美」（black is beautiful）的口號之下有明顯的提升，由此可以証明當初把種族階層化歸因於生物的理由是錯誤的。同樣的道理，智力的高低一直被用來解釋社會不平等的成因。把智力的不同歸因於基因的遺傳，企圖以生物的因素來解釋社會的不平等。但是此種說法也經不起科學的考驗。今天我們已經明確地知道智力分數的陷阱，光憑智力分數的高低來論斷種族的優劣是危險的，因為智力除了具有基因的因素，更具有社會的因素，二者無法分開。只見基因的因素而不見社會的因素，是見樹不見林的結果；而且，智力測驗是以主流文化為重點而編製的，因此對於非主流之人具有不利的影響。更重要的，智力測驗只能測得部分的心理能力，而非所有的能力。憑著部分心理能力的高低，就斷言所有能力的良窳，不免失之武斷。

由此可見，生物的差異成為社會不平等的藉口，往往是人為界定的結果。例如中國人及澳洲人的老人有較大的社會權力，而美國的老人則只能靠年金維生，這是文化界定的結果所致。因此以生物的差異作為不平等之藉口，只是對此人為的不合理加以合理化而已。

貳、社會階層化涉及社會的整個系統

社會階層化所涉及的面向甚多，依據有關的研究指出，凡是造成個人接近可欲之物的機會差異，都是階層化的原因（Rossides, 1976）。此處所謂可欲之物，指的是可以滿足個人欲望、彰顯個人身分或支配他人的行動，都可以稱爲可欲之物。社會階層化使得個人因爲所在社會位置的不同，產生接近可欲之物的機會不同，而造成在社會序階的高低不同，這是一種系統化的不平等，也是社會階層化的重要原則。社會階層化所包涵的層面並非單一的面向而已，而是兼涵整個的社會系統，是好幾個不同的面向同時進行作用而成的（Babbie, 1982）。這些層面包括親屬的面向、經濟的面向、政治的面向、教育的面向、種族的面向、年齡的面向、性別的面向、健康的面向以及地域的面向等，因此，光從單一的面向去理解社會階層化的現象是不夠的。

一、就親屬的面向而言

個人因爲親屬的顯赫不同，在社會上就具有不同的地位，受到不同的待遇，因此，生在顯赫之家與生在無權無勢之家，所造成的社會階層是不同的。

二、就經濟的面向而言

個人因爲收入與財富有所差異，就處於不同的社會階層。此處所謂收入，是指在一段時間內所能獲得的金錢；所謂財富，是指已經累積的財產。因此，生在富有之家與生在貧賤之家，所造成的社會階層是不同的。

三、就政治的面向而言

個人因爲所握有的政治權力大小不一，因此擁有不同的自我意志加諸他人身上的實力。凡是對於公眾事物有較大的決定力或影響力，就居於社會的上層。反之，只能聽命於他人決定的人，就居於社會的下層。

四、就教育的面向言

個人因爲所擁有的知識多寡不同，在社會階層的位置就有高低之不同。凡是具有高的學歷與廣博的知識，就比較容易爬上社會的的上層。反之，學歷不高、知識不博，就容易居於社會的下層。

五、就種族的面向言

個人因爲所屬之種族不同，也影響著其在社會階層位置的高低。凡屬於社會的衆多人口的族群，或握有統治大權的族群，通常享有較高的社會地位。例如生在中國的漢族之家，或生在元朝時代的蒙古之家、清朝時代的滿族之家，其地位通常是較爲高尙的。反之，生在人數較少又無統治之權的族群，要享有較高的社會地位是較難的。

六、就年齡的面向言

個人因爲年紀的不同，也享有不同的社會地位，但這要視該社會的文化取向而定。具有敬老尊賢的文化，則老人所享有的社會地位較高。反之，沒有此種文化，則老人往往成爲社會的無依者。

七、就性別的面向言

個人的性別往往也是決定社會地位的因素之一，但這也要視該社會的文化有無性別歧視而定。有性別歧視的社會，通常女性是受到壓抑的一群，而男性所享有的社會地位則較高。如果社會沒有性別的歧視，則男女的社會地位是平等的。

八、就健康的面向言

個人身體的健康情況良好與否，也形成不同的社會階層。對於健康的人士而言，其所享有的接近可欲之物的機會大於身體有缺陷者。反之，殘障人士在社會上所遭受的各種待遇，則明顯地不如人。因此，健康情形也是區分

不同社會階層的一項因素。

九、就地域的面向言

個人因爲居住的地域不同，也影響著其爬上社會高層的機會，但這也要視該社會的一般建設是否有地域的差異而定。通常居住在都會地區與居住在偏遠地區的人，因爲環境的差異，影響著將來的社會地位。而在都會地區的居民，又有高級住宅區與貧民窟的區別。居住區域可能是社會階層的反映，也可能是社會階層的成因。但可以肯定的是住在沒有文化氣息的環境中，對將來的前途是不利的。

由此可見，社會階層的形成是各種層面相互作用的結果，各因素的影響都是相互增強的，亦即只要在其中任何一個層面具有高的地位，就容易在其他層面上獲得優勢。反之，缺乏其中任何一項優勢的人，想要爬上社會的高層就毫無機會。

參、社會階層化是透過次級文化的作用而形成的

要理解社會階層化的形成與維持必須對社會的次級文化有所瞭解。就各種階層的面向而言，凡是生活在同一階層之人自然地發展出屬於自己的次級文化，使其價值、態度、規範以及行爲模式都與其他階層之人有別。例如勞動階層之人對於生活的態度是宿命論的，他們認爲環境是無法改變的，只能接受現實的存在，命運與運氣決定了個人的一生。相反的，中產階層之人則認爲環境是可以改變的，命運是可以由自己加以掌控的。

不同社會階層的人們形成不同的次級文化，經由次級文化的作用，進一步地影響著該階層的生活方式。因此社會學家喜愛以社會階層作爲獨立變項，用以研究此一變項與其他變項，諸如孩童訓練、投票行爲、社會衝突、營養、口音、婚姻等的關係。

肆、社會流動的多寡，決定著社會階層化的強度

　　各社會階層之間的壁壘分明程度並非固定的，而是由社會流動的多寡來決定的。社會流動的多寡影響著各階層相互交往的可能性。在封閉的社會中，因為缺少流動的機會，個人所屬的階層於出生之時已經決定，並且無法或很難加以改變，因而形成各階層次級文化的獨特性，使得各個階層之間甚難相互融通，而以「天賦角色」（ascribed role）做為社會階層的特徵。但在開放的社會中，因為社會具有較高的流動性，個人所屬的階層大多是經由自己的努力而得的，並且容易隨時加以改變，因而各階層的次級文化並不鮮明，使得各個階層之間的相互融通成為可能，因而是以「成就的角色」（achieved role）做為社會階層的特徵。

伍、社會階層化的結果決定個人的「生活機會」

　　不同社會階層的人們不僅有不同的生活方式，更有不同的生活機會（life chances）。即使在最早期的社會，財富的差距不如今日之大，但是各社會階層的生活機會，已有明顯的差異。考古學家從遺留的古物中發現，早在西元前七千年，約旦人的居室大小相差甚大，有的居室甚至超出一般居室的三、四倍大，由此可見，生活機會的不平在當時就已存在。更有研究者調查美國阿拉巴馬州孟茲維里（Moundsville）地方的七一九個墳場，發現史前時代的北美社會早有極大的不平等存在。這可以從陪葬物的多寡看出，其中有一位男人是以五十位年輕的女人陪葬；還有年紀極輕的小孩有也有極昂貴的陪葬物。由此可見當時的社會已經具有財富繼承的制度，尤其值得注意的，富人的遺骸顯現體型較大、健康較佳的特徵（Stokes, 1985, p.164）。這些現象說明了不同社會階層的生活機會是不平等的。時至今日，人們的生活機會受到其所屬社會階層的影響依然存在，屬於不同的社會階層，其所代表的最大意義就是生活機會的差異。生活的機會包括甚多，死亡與健康、教

育的多寡、社會正義的保障是其較大者。簡述如下：

一、死亡與健康

一九一二年，鐵達尼（Titanic）郵輪撞及冰山而沈船的事件最能彰顯社會階層對死亡機會的影響。郵輪不同等級的艙位可以視爲社會階級高低的表徵。因此，沈船事件發生時，各等級艙位的死亡人數可以解釋成不同社會階級的死亡機會。依據有關資料的顯示，沈船之時，頭等艙的一百四十三位婦女，只有四位死亡；二等艙的七十三位婦女死了十五位；三等艙一百七十九位婦女則死了八十一位（Doob, 1985, p.216），其死亡機會之比約爲 1：7：16；而白人與黑人的死亡率爲 875：1250。當然以郵輪的不同等級的艙位，比喻社會具有不同的階級，並無法顯現社會階級的複雜性。但是從此一比喻中，可以看出不同社會階級的死亡機會是有差別的。

至於健康的差異，許多研究都指出，富有的人的平均年齡比窮人的平均年齡高出七歲之多；不同社會階級的醫療保險的投保率也相差甚大；不同社會階級的工作危險性不同；不同社會階級的精神病的比例不一；這些都可以說明死亡與健康的機會，在不同社會階級的分配是不平等的（Berreman, 1981）。

二、教育的多寡

教育的量與質也是取決於個人在社會階層中所佔的地位；在開發中的國家，專科的文憑是中層與下層階級的分界線；兒童的能力相同時，上層兒童將來進入專科學校的機會明顯大於低層的兒童；而且所進入的學校聲望與性質也不同。明星學校的學生多數來自中上的家庭。由此可以顯現教育的多寡與社會階層的高低具有絕對的關聯（Scarr & Weinberg, 1978; Hanushek, 1972）。

三、社會正義的保障

以法律為例來說明，法律是對於社會正義的重要保障，但是法律對於各階層的保障程度並不相同。因為對法律服務的付款能力是擁有該正義的先決條件。較低社會階層的付款能力較低，因而所受的法律保障較不周到，較易受到各種的剝削。基本上，法律所保障的是上層的人，而對低層之人則有甚多的偏見；律師通常是為有錢人服務的，法官與檢察官認為上層社會的被告較不具惡質性，加上上層社會的被告較有人脈與金錢，因而比較能夠避免被提起公訴。另外，白領犯罪比藍領犯罪較不易受到懲罰，雖然白領犯罪的不良後果並不比藍領犯罪小。由此可見，社會正義的分配在各階層之間所具有的差異性。

◉ 第二節　社會階層的劃分 ◉

社會階層是「依據接近可欲之物機會的多寡，而形成不平等的社會序階。」此種不平等的社會序階，存在於社會的各個系統之中，而不僅以社會階級為限。例如以性別為依據的社會階層，就是「男尊女卑」的階層區分；以親屬為依據的社會階層，就是「身世與門閥」的階層區分；以政治為依據的社會階層，就是「達官與平民」的階層區分；以教育為依據的社會階層，就是「鴻儒與白丁」的階層區分。儘管如此，一般在區分社會階層時，最常用的還是社會階級的概念，所以此處有特別加以說明之必要。社會階級與社會階層的意思相似，但不完全相同。一般而言，階層的涵意大於階級，指的是個人在社會上（的各個面向中）所佔的位置。而階級的涵意指的是享有相同利益之個人或家庭所構成的團體，通常是以財富、職業、權力三者作為主要的依據。社會階級的級數劃分方法，在資本主義的社會與社會主義的社會中，並不相同。茲分別介紹如下：

壹、社會階級的級數決定

一、資本主義社會的階級分類

紀登斯(Anthony Giddens）將資本主義社會的階級分爲三個（Giddens,1973）：亦即上層階級（upper class）、中產階級（middle class）以及勞工階級（lower or working class）。所謂「上層階級」是以擁有製造財富之生產工具爲主要條件；所謂「中產階級」是以具有教育與技術的資格爲主要特徵；所謂「勞工階級」是以擁有手工勞力爲主要基礎；此種分類是以個人的生產工具的類別，以及所使用來獲取經濟報酬的手段爲依據。分類雖然粗略，但用在分工尚不精密的社會是頗爲合適的。

隨著社會的分工越來越精密，紀登斯的三階級分類法顯然無法說明日益複雜的社會階級。因此在其分類的基礎上，實有再加以細分之必要。新近的研究比較著重於先將社會區分成兩大階級，即非手工的白領中產階級與藍領的手工勞動階級。因爲這兩個階級所佔的人數最多。而前者又可以分爲四級，亦即較高的專業、經理、行政人員；較低的專業、經理、行政人員；例行的白領工作人員以及低層的監督人員；後者又可分爲三級，即是技術的手工人員、半技術的手工人員、非技術的手工人員。而此種分類又可依據職業的類別加以細分。例如巴津（Parkin, 1972）指出，整個階級結構以及社會的報償系統都是以職業的結構爲骨架的，而職業報酬的層級性，又可用職業聲望的層級性來加以認定。凡是具有長期訓練、高學術資格、專業性以及責任性的職業，都會擁有較高的職業聲望，並因爲獲得較高的報酬而形成較高的階級。因此社會階級層數的多寡，可以職業的報償系統或職業聲望之高低來決定（Westergaard; Resler ,1976）。此種分法使得社會階級的級數大大地增加，對於此處的討論較無助益。折衷之道便是以紀登斯的三階級分類法爲基礎，然後再對於人數眾多的中產階級加以細分，成爲中上、中產以及中下三個階級，並對勞工階級以及最底層的貧窮階級另作探討。如此一來，便

可以得到六個階級，即：上層階級（upper class）、中上階級（upper middle class）、中產階級（middle class）、中下階級（lower middle class）、勞工階級（working class）以及下層階級（lower class）。

二、社會主義社會的階層

社會主義國家雖然以建立沒有階級的社會為根本目標，但是這個目標卻尚未達成，社會的階級依然存在。依據巴津（Parkin, 1972）的研究指出，東歐的共產國家的社會階層有四：一是白領知識分子（包括專業人員、經理人員、行政人員）。二是技術性的手工職位。三是較低或為專業化的白領職位。四是無技術的手工職位。由此可見，就階級的存在而言，資本主義的社會與社會主義的社會在本質上並無太大的不同，只是社會階級的級數、名稱或順位也許有些差異而已。

貳、資本主義各社會階級的特徵

此處專談資本主義社會各社會階級所具有的不同特徵。以美國為例，各階級的特色如下（Haralambos, 1985）：

一、上層階級

上層階層（upper class）所佔的人數比率不高，約為總人口數的百分之一至百分之三；具有龐大的財產，而且許多財產都是先人所遺留；其收入通常只佔財富之一小部分；具有貴族的身分；家庭的祖譜與婚姻對象的選擇極其重要；這是唯一具有清晰階級意識的階級，外人甚難打入其階級中，所謂「老錢不與新錢相混」便是指此。

二、中上階級

中上階級（upper middle class）所佔的人數比率約為總人口數的百分之十至百分之十五；其認同與價值之來源是以「所從事之工作」（what they do）爲主要依據，而非以「固定之身分」（who they are）作爲判別的標準。這個階級所包含的職業有高級專業技術人員、高級政府官員、高級軍事將領等。這個階級十分重視子女的教育，希望藉著菁英的教育，使其子女得以繼承其地位。在民主的社會中，這是較低階層人士所夢想進入的階層，靠著個人的努力，要進入此一階層並非完全不可能的。

三、中產階級

中產階級（middle class）所佔的人數比率約爲總人口數的百分之二十至百分之二十五；以大學教育的完成作爲重要的界標；工業化社會的最大改變就是中產階級的擴充。因爲商業、財政、法律等專家、科技人員、社會福利人員、醫療人員、教師以及中級的公務人員的增加，使得中產階級的人數日益增多，且具有日益重要的地位。許多科學的、行政的、經理的、專業的白領工作，都可以被歸入這個範疇，也因此成爲資本家與勞工階級的溝通橋樑，降低了階級兩極化的趨勢。

由於中產階級所包含的分子來自所有的背景而具有多樣性，加上中小型企業的增加，薪水階級的經理人員的出現，行政人員的激增，使得中產階級的職業更形複雜。同屬中產階級，其生活的方式也大不相同。因此中產階級已經不再是一個統一的階級，而是正在經歷一種分歧化的過程。

四、中下階級

中上階級（lower middle class）所佔的人數比率約爲總人口數的百分之三十至百分之三十五；以專科學校畢業作爲重要的界標；大多屬於例行工作的白領階級，主要的組成分子是書記工作人員、售貨員等；其收入雖然比不上技術性的手工人員，但是市場的條件較高、工作較爲安全、工時較短、固定薪水以外的利益較多、升遷的機會較大，所以還能使人安份工作。

但是，隨著國民的平均教育水準提高，婦女就業人數增多，技術要求減少，缺少較高的學術證書等因素，使得中下階級的市場優勢受到傷害，其社會地位情況日益模糊，與手工階級幾乎不能區分。且其工作所具有的例行

性、反覆性、不必動腦的特質與手工人員相似，所受到的監督又日益增多，所以二者的區別更加不易。換句話說，例行性的白領階級正在經歷一項「無產階級化」的歷程：收入降到最低層，無法被列入中產階級。儘管如此，他們並不認同於無產階級，依然以中產階級自居，因為他們的價值觀念與生活態度，與勞工階級有很大的不同。

五、勞工階級

　　勞工階級（working class）所佔的人數比率約為總人口數的百分之二十五至百分之三十；是屬於技術與半技術的藍領工人。勞工階級的市場待遇甚差，例如工作時間長；收入的金額少；就業的保障小；附帶的利益（例如較長的休假的天數、休假時間的自由選擇、生病費用由公家支付、請假或遲到不扣薪、上班免打卡等）也不多，無法與中產階級相比。此外，勞工階級的生活機會，諸如健康情形、嬰兒的死亡率、長期疾病、壽命、教育成就、物質空間、消費性設備等，比起中產階級可謂天壤之別。有關傳統的勞動工人的次級文化之研究指出，勞工階級的文化特色有五：㈠他們的生活態度是抱持著宿命論，個人甚少可能去改變環境，只能依賴運氣或命運。㈡個人既然無法掌握未來，因此只能注重現在取向，而不注重長期的計劃。㈢他們強調立即歡樂的滿足，而不肯犧牲眼前的歡樂去追求未來的收穫。㈣勞工階級強調以集體策略來爭取利益，而非以個人的努力。因此強調對團體的忠誠，工作與休閒都在一起，如果有人想要成為中產階級，會被批評為自大甚至受到制裁。㈤一般人對於勞工階級的「社會印象」是與勞工本身對自己的印象存有極大的鴻溝，而且是無法跨越的。由此可見，勞工階級與中產階級有極不相同的次級文化，包括說話的方式、思想與觀念、習慣與道德原則、宗教與政治觀念。因此形成兩個完全不同的國度。由此次級文化之不同，可以看出勞工階級的特殊性。

六、下層階級

下層階級（lower class）指的是生活在貧窮線之下的團體，屬於社會的最底層，因此又叫底層階級，是以非技術與粗重的工作維生，大多是由少數民族所構成，與上層階級同樣具有封閉的特性；若說上層階級難以接納新來者，那麼下層者則是難以退出其所佔之階層。

下層階級具有的特色(Lewis, 1959)：㈠生活在貧窮線之下。所謂「貧窮線」是指政府官方用以決定窮人的標準，在此線之上，其收入縱然不多，但仍能提供健康與可敬的生活方式。而在此線之下，則食、衣、住、行皆有所不足，無法像正常人一般地生活。㈡具有貧窮的文化觀點（culture of poverty viewpoint），因為受到貧窮環境的負面影響，其心中充滿著憤世嫉俗的觀念，對人生充滿著抱怨、放棄努力、沒有未來，由於此種心理的作用，更使他們無法脫離貧窮的生活。

◉ 第三節　有關社會階層化的各種理論 ◉

柏拉圖與亞里斯多德開始設計理想的社會時，便已想到權力與聲望的不平分配，而設計出統治者、平民與奴隸的分別，似乎是承認不平等的存在是無可避免的事實。盧梭則認為人類的不平等有兩種：其一是自然的或生理的不平等，其二是政治的或道德的不平等。他指出多數的政治不平等都被解說成自然的不平等。他的此種思想似乎想要打破人為的不平等。社會主義的國家信奉共產主義，並且以革命的行動建立了政權，但是革命後的新社會並未能消除不平等的現象。我們如何解釋社會的階層及其所造成的不平等呢？功能主義者與衝突主義者的看法形成兩極的觀點，連斯基（Gerhard Lenski）則企圖將此兩種觀點加以折衷，茲分別說明如下。

壹、功能主義者對社會階層化的看法

　　功能主義者以社會的整體運作為著眼點，將社會階層化解釋為社會賴以生存的一種功能，而且這種功能是重要且無可取代的，因為唯有社會階層化之後，才使得社會的各個部分可以順利地分工合作，而有助於維持社會的運作。茲舉帕深思（Talcott Parsons）、戴維斯與摩爾（Kingsley Davis and Wilbert Moore）等人的見解說明如下。

一、帕深思

　　帕深思（Talcott Parsons）認為階層化是所有社會所不可缺少的重要部分。因為社會的階層化是社會價值共識體現的結果，社會的階層化不僅提供了社會合作的基礎，更使所有的人都蒙其利（Parsons, 1977）。茲分別說明如下：

㈠社會的階層化是社會價值共識體現的結果

　　社會需要共同合作與互相依賴，而這正提供了階層化的正當理由。因為社會需要秩序、穩定與合作，而為了社會的秩序、穩定與合作就需要對社會進行分工，以確保社會的正常運作，而分工的結果使社會形成高低不同之階層，不僅是無可厚非之事，更是社會的一種共識。所以說，階層化的系統就是價值共識體現的結果。

㈡社會的階層化提供社會合作的基礎

　　一個未經階層化的社會是無法進行合作的。不同的權力分配與地位設計是社會分工的基礎，更是達成集體目標所不可缺的手段。一個分工專精的社會，需要有人居中領導、協調，使各個不同的部分都能順暢運作，因此握有領導與協調之權者，必然居於較高的位置。所以說，此種權力分配不均的現象，不但具有必要性，而且是社會合作的基礎。

(三)社會階層化使人人獲益

人才的安置與激勵，雖是是社會不平等的根源，但是其結果卻使人盡其才，所以對個人與整體社會而言，都是互蒙其利的。

二、戴維斯與摩爾

戴維斯與摩爾（Kingsley Davis and Wilbert Moore）對社會進行實際的觀察，指出社會階層化是必然的，其必然之原因有三（Davis and Moore, 1967）：

(一)社會的不平等有其重要的功能

戴維斯與摩爾主張社會的不平等不僅是無可避免的，更是絕對不可缺少的。社會不平等的存在，表面上是一種社會的問題，其實卻是達成社會穩定所必要的條件。換句話說，不平等不僅不是社會的問題，而是具有解決社會問題的功能。他們指出所有的社會都有階層化的現象，這表示階層化是社會正常運作的必備功能。

(二)社會階層化區分具有功能重要性的職位，使社會能正常運作

依據戴維斯與摩爾的觀察，有效的角色分配機制對社會的正常運作是必要的。因爲角色的分配與執行是社會存活的必要條件，而社會階層化便是讓每個角色不僅都有人擔任，而且都能由最適當的人擔任，這種機制就是以不平等的待遇與聲望賦給不同的職位，讓所有的角色都能發揮其功能。而資本主義社會的不平等關係就是依附在職業的報償系統之上，而報償系統又與職業的功能重要性息息相關。他們指出具有功能重要性的職位是：

1. 具有功能的獨特性。亦即該工作所提供之服務無法由他人加以取代，例如醫生的工作較護士具有功能的重要性，因爲醫生可以代替護士，但是護士無法代替醫生。
2. 是受到其他職位的依賴。例如經理的職務是其他所有業務人員所依

賴，因此經理職務具有較高的功能重要性。

3.是具有較少的合格人員。某些職位所需的技術與訓練較不容易找到合
適的人員來從事，因此在功能上的重要性就增加了。

4.是工作的吃力程度。某些角色比起其他角色要吃力得多，爲了社會的
有效運作，所有的職位都需找到有能力與意願的人來承擔。因此對於
較爲吃力的角色，必須給予較爲優厚的酬勞，以確保所有的職位都有
適當的人來擔任。

㈢社會階層化是促進社會進步的必要手段

戴維斯與摩爾主張社會階層化所依據的「功績主義」的原理是促進社會
進步的動力。所謂「功績主義」，指的是使個人才華與其所佔有之社會地位
完全吻合，社會地位的賦予是以個人在社會中的功績表現爲基礎，亦即最有
才華者給予最爲重要的職位，而且每個人都有相同的機會去實現其才華。將
社會分成具有高低的階層，是有利於人才的分配的。而較重要的職位由較有
智慧的人、或由經過適當訓練的人來擔任，並給這些人較多權力、聲望、待
遇以及地位也是合理的。因此，以智慧與訓練的多寡，配合職業的功能重要
性來決定待遇的不同，這是維持人人願意努力的最好動機，更是促進社會進
步所必備的手段。否則就會產生人才的浪費，甚至造成社會的不安。

貳、衝突理論的社會階層化理論

馬克思主義者認爲社會階層化是一種社會分裂的結構，而非社會整合的
結構；是一種剝削的機制而非達成集體目標的機制。他們把社會階級界定爲
享有相同生產工具關係之成員所構成的團體。這些團體爲了自身的利益而彼
此發生衝突。換句話說，社會階層化是社會衝突的主因。茲舉杜明（Melvin
M. Tumin）、楊格（Michael Young）、羅生費德（Eva Rosenfeld）以及
巴津（Frank Parkin）等人的觀點說明如下：

一、杜明對於社會階層化的見解

在杜明（Melvin M. Tumin）的眼中，社會階層化的所有正面功能，其實都是負面功能（dysfunction）的一種僞裝而已。杜明對功能主義者有關社會階層化的主要批評有五（Tumin, 1967）：

㈠職務與才華並無必然的關係

杜明認爲由最有才華之人擔任最爲重要的職務的說法，其實是一種障眼法。因爲一個人之所以能夠擔任最重要的職務，仰賴的不僅僅是才華，還需要具有背景與機會。一個人只要有足夠的背景，就有機會上好的學校，並藉著學校文憑來證明自己的才華，爲自己擔任重要職務取得合理性。因此，職務與才華之間的聯結並無表面上所顯示的那麼必然，而只是對於既存現象的合理解釋而已。

㈡職務待遇的好壞與職務的功能重要性沒有必然的關係

杜明對於待遇與職位的功能重要性有關的說法也不表贊同。例如英國女王的職務待遇最高，並不表示其職務的功能重要性最高。反過來說，一些經濟報酬低、社會地位也不高的職位，其重要性並不見得低。例如垃圾清理工，其職務之待遇雖低，但是對於整個都市的生活品質卻有重大的影響，只要他們一罷工，所有人的生活立即陷入髒亂的局面。所以職務待遇的好壞是其功能重要性的反映之假設，是無法獲得證明的。就一個現代化的社會而言，所有的職務都有其重要性，無法以待遇的高低來判斷其職務的重要性。所以社會報酬分配的不平均，不是由功能的重要性來決定，其中還涉入了「權力」的作用，功能主義者故意忽略權力的作用，其解釋是無法令人信服的。

㈢有能力佔據高職位之人不是稀少的

杜明對於有能力佔據高職位之人是稀少的說法也難表認同，因爲能力的

界定是有爭議的。許多高的職位並不必具備特別的才華就能擔任，而且這個社會上人才濟濟，並非找不到人才。因此，杜明認為人才的稀少性是社會所故意造成的，是社會階級化的結果，而非社會階級化的原因。功能主義者倒果為因，因此不足取信於人。

(四)社會階層化無法激勵人才，反而阻礙人才

杜明認為社會階層化不是如功能主義者所謂是激勵人才的手段，反而是阻礙人才的作法。未有真正平等的管道讓所有人都能接受訓練之前，階層化的社會是發展真正平等機會的殺手。這種情形，在封閉的社會中固然如此，在開放的社會中，也是如此。佔有高位者為了自己的利益，往往設立更多的障礙，以阻止他人的威脅。例如美國醫學學會壟斷會員人數，以便增高收入，就是好的例子。

(五)社會階層化造成社會的敵意、懷疑與互不信任

杜明認為社會階層化並不能如功能主義者所謂能整合社會的各個部門。相反的，社會階層的存在反而是使各社會部門產生敵意、懷疑、互不信任的主要原因。尤其是使位於低社會階層之人，存有「局外人」的疏離心態，這是社會不安的來源。下層階級的暴動是因為對社會的疏離與不滿所造成的，這些都是社會階層化的可能流弊。因此，社會階層化是社會分裂的力量，而非社會統整的力量。

二、楊格對於功績主義的批評

楊格（Michael Young）在其「功績主義的崛起」（The Rise of the Meritocracy）一書中，指出以「功績主義」作為社會階層化的理論基礎，必然存有下面的負面影響（Young, 1961）：

(一)「功績主義」使低層之人喪失自尊與內在的動力

「功績主義」的假設是每個人都有公平的機會去爭取自己在社會階層中

的應有位置，此一假設讓位於低層之人感到無比的沮喪。因為過去在非功績主義的社會中，低階層之人可以把自己的失敗歸罪於社會沒有給他們公平的機會，但是這個藉口在功績主義的社會中已經失去效力，使得最底層的人不僅嘗到失敗的苦果，更嘗到無法自圓其說的尷尬。他們勢必因此喪失自尊，而失去自尊之人很可能也會同時失去內在的活力，再也無法提起精神，為自己的人生奮鬥。

㈡「功績主義」造成高階層之人的高傲、輕慢的態度

在非功績的社會中，高階層之人明白自己的職位並非全然只有功績的因素在內，其他因素例如親戚朋友的幫忙，也佔有相當的重要性。因此對於底層的人也會承認其具有某種優點，而不敢完全加以抹煞。但在功績主義的社會中，低階層之人真的是能力不如人，容易使得高階層之人不再存有謙卑之心，認為自己的智力、機智、才華真的高人一等，因而產生高傲、輕慢的態度。結果更造成上、下階層的敵視與誤解。

㈢「功績主義」的社會造成社會的分裂

以功績主義為原則所構成的社會，本來是為了創造更大的平等機會，追求更多的社會自由與正義，結果卻因為高層社會人士的自傲與低層社會人士的自卑，造成上、下階層溝通的困難，不僅失去社會統整的機會，使社會無法正常運作，更喪失了原有的社會正義。

三、羅生費德對於社會階層化的見解

羅生費德（Eva Rosenfeld）對於功能主義者所主張社會階層化是不可避免的說法，也提出批評（Rosenfeld, 1974）。他用以色列的共產社區系統（kibbutzim system）來提出反證：在以色列約有百分之四的人口住在全國二百四十個公社中，每個公社的人口約為二百人到七百人，其經濟主體是以農業為主，另有少數的輕工業為輔。其社會組成的原則，是以「需要」而非以「能力」作為分配的主要依據，所以是一個完全平等的社會。在此公社

中，機器、建築、產品等財產都是共有的。日常用品都是依據個人的需要而分配，各種服務都是免費的，個人的薪水都是相同的。因此以財富為基礎的社會階層並不存在，所有重大的決定都是由全體居民共同投票形成，人民有權自治的理想已經成為事實。這些措施都是在於追求一個真正平等的社會，並已獲得相當的成就。

　　儘管羅生費德也承認公社中依然存在著不平等，依然有階層的高低存在，依然是對於不同階層的權力與聲望做不平等的分配。高階層的人是由領導經理所組成，他們是經由選舉而產生，並且負責公社的日常運作。低階層的人是由農人與勞工所組成。領導經理能主導一切，因而擁有較多的的權力與聲望，此外，他們擁有較多的農場與商店，享有較多的資源與歡樂。於是低層的人會有情緒反應，不願意全力付出，造成高低階層之間的利益衝突，高階者呼籲大家要更加付出，自我犧牲奉獻，但是低階者通常是無動於衷，消極抵抗。所以以色列的共產社區系統依然具有權力的結構並非絕對的平等。但是，在羅生費德的眼中，這並不能用來作為社會階層必須存在的證據，換句話說，我們縱然承認平等的社會尚未達成，並不等於否決了平等社會存在的可能性。

四、巴津對職業報酬系統不同的見解

　　巴津（Frank Parkin）對於功能主義者有關各種職業的報酬系統不同所造成的社會不平等，有所批評。功能主義者認為職業報酬之高低不同，是因為職業的重要性與獨特性不同所造成，或是社會的價值優先性所產生的。巴津則認為是權力不同以及市場的供需法則所造成的。而市場的供需比例是可以被控制的，例如醫生與律師的專業團體用長期與昂貴的訓練來淘汰新進人員，便是一種控制市場供需比例的手段。另外，權力的多寡也是職業待遇差異的來源。經理的待遇優於工人，是因為經理擁有較大的權力，而經理的權力直接來自市場對該職位的需求。市場供需的法則決定了職業的重要性。但是市場的供需常被職業團體所控制，使自己的職業從業者保持稀少性，以增加職業的重要性，並由此獲得較高的報酬。所有的職業稀有性（例如醫生與

律師）就是如此造成的。由此可見經濟並非唯一影響職業待遇的因素，政治
權力的影響反而成為最主要的因素。許多有關的研究也都支持此一見解
（Parkin, 1972）。

參、連斯基對功能主義與衝突理論的調合

　　對於上述功能主義者與衝突理論者的爭辯，連斯基（Gerhard Lenski）
則採取折衷的看法（Lenski, 1966）。他相信造成社會階層化的原因源自整
體的社會需要以及有權階級的宰制。換句話說，功能主義者與衝突理論者都
說對了一部分的事實，但也都忽略了另一部分的事實。連斯基以「剩餘物質
的多寡」作為社會階層化的主要依據，以便調和功能主義者與衝突理論者的
衝突。其基本論調如下：

　　㈠人類的基本需求與生存有賴大家的合作。連斯基認為所有的社會都需
要提供最低程度的生活物質給每一位成員，社會才有延續的可能。而在簡單
的社會中，由於基本生活的需求較為單純，欲望的滿足較為容易，而且並無
太多的剩餘物質，所以社會上的階層化程度較不明顯。因此在沒有剩餘物質
的社會中，不可能形成不平等的階級制度。就此階段之現象來分析，功能主
義者的見解是站得住腳的。

　　㈡農業社會的出現之後，由於生產能力的提升，生產物質超出生計之所
需，因此有了剩餘的財富，並開始從事交易的行為，由此產生私有的財產，
也因此產生了階層化的社會。由此可見，剩餘物質的增多是社會階層化的主
因。到了工業化的社會，社會的剩餘物質更為增多，又由於基本生活的需求
較為複雜，而世俗的誘因不斷出現，所以社會的競爭更為激烈，社會階層化
所帶來的不平等更為嚴重。此時，社會的物質生產雖已超越最低生活所需的
程度甚多，但是人生的欲求則更熾熱，人心轉而更為貪婪。因此物質的分配
不再以需要為依據，而是以權力，社會競相爭奪的現象自然更為激烈，使得
社會階層化成為社會不平等的主要來源。就此階段之現象來分析，衝突理論
者的見解是說得通的。

㈢社會階層化的現象兼有功能性與衝突性的兩種面貌，單獨從任何一方面去看，都是有所偏頗的。連斯基從剩餘物質的觀點分析社會階層的本質之後，認為社會各個階層之間的關係其實兼有相互依賴與相互衝突的雙重屬性。一方面，人因為具有私心，會為了一己之私而侵害他人的利益。因此，上層社會與下層社會之間難免具有剝削與壓迫的關係，並以各種理由來合法化剝削與壓迫的現象。儘管如此，若不以社會的流動來打破封閉性的社會階層制度，必然導致玉石俱焚的局面，所以為了社會各階層的共同利益，在一個現代化的社會裡，打破階級的封閉性，讓各階層能夠依據功績主義的基本原理相互流通，降低階級的對立關係，以營造一個公平而開放的社會，乃成為重要的課題。而社會流動與教育機會均等，就是打破社會階層化的兩大利器。

⊙第四節　社會階層化的破除：社會流動與⊙
教育機會均等的追求

封閉性的社會由於社會階層壁壘分明，往往無法使社會真正融為一體。而社會流動是打破社會階層封閉性的主要手段，教育機會均等又是造成社會流動的重要條件。所以從教育社會學的觀點來看，這是研究社會階層化必須觸及的主題。本節將進一步說明，如何以社會流動與教育機會均等的手段來打破封閉的社會階層如下。

壹、以社會流動來促使開放社會的到來

社會流動指的是個人在社會階層中的位置改變，由一個階層移動到另一個階層的現象。造成社會流動的理由甚多，而基於民主的理念所產生的功績主義深獲人心，才是促成社會流動的根本動力。社會流動的有無與多寡已經成為社會開放與否的主要象徵。封閉的社會甚少流動，個人所佔的階層是世

襲的、難以改變的，因此天賦的地位對於個人的影響甚大。但在開放的社會中，社會流動則較爲容易。天賦的地位對於個人地位的影響則相對減少，個人不再以原有的階級、性別、種族、親屬等天賦的社會地位作爲依據，而改以功績的表現與個人的成就來決定自己的社會地位。個人成就已經成爲開放社會的主要價值與特徵。此種可以依據個人才華、能力、雄心與努力，在階層化的社會中找到自己應有位置的功績主義，被視爲一種合理的決定個人社會階層的模式。因爲在此制度下，個人所佔階級的位置雖然不同，但是其機會是平等的。

爲了打破不合理的社會階層，必須對社會流動的情形進行必要之研究、做出合理的解釋、並找到可行的流動方法，特舉英國有關社會流動的研究說明。

一、進行社會流動情形的瞭解

社會學家重視社會流動率的研究，因爲社會流動的瞭解不僅有助於社會的認識，更有助於採行有效的措施，以達成眞正平等的社會理想。社會流動的方向有二，一個是「向上社會流動」（up-ward social mobility），另一個是「向下社會流動」（down-ward social mobility）。而研究社會流動的方式有二，其一是研究「代內的社會流動」（inter-generation social mobility）的研究，指的是個人在不同時間的社會地位改變。例如某人開始進入社會工作時是從事勞工的工作，十年後已經成爲公司的經理，那就是向上社會流動。其二是研究「代間的社會流動」（intra-generation social mobility），指的是上下兩代所佔社會階層之改變。例如某人的父親從事勞工的工作，而其本人則成爲經理級的人物，那就是向上社會流動。

現在的社會已經不像過去那樣階層界線分明。即使像英國那種貴族平民分離的社會也有越來越明顯的社會流動。例如早在一九四九年，英國的葛拉斯（David Glass）所做的研究便已指出英國的社會已經具有開放的特徵，其以「代間社會流動」所做的研究發現如下頁表所示（見表九，引自Glass, 1954, p.183）。

表九：英國的社會流動情形表

	階層	Ⅰ	Ⅱ	Ⅲ	Ⅳ	Ⅴ	Ⅵ	Ⅶ	總計
				兒子於 1949 年的社會階層分類					
父親的社會階層分類	Ⅰ	38.8 48.5	14.6 11.9	20.2 7.9	6.2 1.7	14.0 1.3	4.7 1.0	1.5 0.5	100.0 （129）
	Ⅱ	10.7 15.5	26.7 25.2	22.7 10.3	12.0 3.9	20.6 2.2	5.3 1.4	2.0 0.7	100.0 （150）
	Ⅲ	3.5 11.7	10.1 22.0	18.8 19.7	19.1 14.4	35.7 8.6	6.7 3.9	6.1 5.0	100.0 （345）
	Ⅳ	2.1 10.7	3.9 12.6	11.2 17.6	21.2 24.0	43.0 15.6	12.4 10.8	6.2 7.5	100.0 （518）
	Ⅴ	0.9 13.6	2.4 22.6	7.53 4.5	12.3 40.3	47.3 50.0	17.1 43.5	12.5 44.6	100.0 （1510）
	Ⅵ	0.0 0.0	1.3 3.8	4.1 5.8	8.8 8.7	39.1 12.5	31.2 24.1	15.5 16.7	100.0 （458）
	Ⅶ	0.0 0.0	0.8 1.9	3.6 4.2	8.3 7.0	36.4 9.8	23.5 15.3	27.4 25.0	100.0 （387）
	總計	100.0 （103）	100.0 （159）	100.0 （330）	100.0 （459）	100.0 （1429）	100.0 （593）	100.0 （424）	（3497）

階層分類說明：階層Ⅰ：專業及高級行政人員

　　　　　　　階層Ⅱ：經理及執行人員

　　　　　　　階層Ⅲ：高級督導、監督之非手工人員

　　　　　　　階層Ⅳ：低級督導、監督之非手工人員

　　　　　　　階層Ⅴ：技術性手工人員及例行性非手工人員

　　　　　　　階層Ⅵ：半技術性手工人員

　　　　　　　階層Ⅶ：無技術性手工人員

　　表格閱讀說明：格子右上角的數字代表兒子的階層，而左下角的數字則代表父親的階層。舉例而言，在當年受調查的一百二十九位屬於第一階層的父親，他們的兒子有百分之三十八點八依然留在第一階層，百分之十四點六

降爲第二階層，百分之二十點二降爲第三階層，餘類推。另一方面，在當年受調查的一百零三位屬於第一階層的兒子，他們的父親有百分之四十八點五屬於第一階層，百分之十五點五屬於第二階層，百分之十一點七屬於第三階層，餘類推。

　　由表中可以看出英國的社會流動相當高。約有三分之二的受試者已經改變其父親的社會階層，其中約有三分之一是向上社會流動，另有三分之一則是向下社會流動。此外，雖然多數的社會流動只是小幅度的流動，大幅度流動的現象較少出現（亦即個人的新階層與原來所在的階層相距不遠），但是可以肯定的是社會流動的普遍存在，已經使英國社會不再像過去那樣封閉了。

二、解釋社會流動的眞正面貌

　　儘管從上述的數字可以看到英國的社會已經較爲開放，但是，對於研究結論的解釋不同，又產生了社會流動的眞假問題。從表面來看，英國的社會的確有社會流動的發生，階級之間的壁壘已經逐漸瓦解，社會的開放性也增加了；但從深層的結構加以分析時，則發現英國的社會流動並未眞正發生，因爲基本的社會結構並未改變，表象的社會流動其實只是一種掩護社會衝突的煙霧彈而已。

　　所謂社會的深層結構並未改變，指的是在高階層的社會中，「自我雇用」（self-recruitment）的現象十分明顯。自我雇用是指某一階層在雇用人員之時，會優先雇用具有同一階層背景的子弟。但這種現象在研究的數字中卻不容易顯現。就以上表爲例，表面上似乎以第五階層的自我雇用情形最爲明顯，但是這是因爲受試者人數分配不均的結果。如果以第一階層的受試者只佔百分之三點五的樣本數而言，卻有百分之四十八點五的比例依然留在第一階層，高出機率的十三倍。可見自我雇用的現象依然嚴重，這表示家庭背景對個人的社會地位影響依然甚大，換言之，向上社會流動的機會依然是不均等的。

　　一九七二年，有名的「牛津社會流動研究」（Oxford Mobility Study）也得到類似的結論。研究結論指出，英國與威爾斯的社會雖然比以前更爲開

放，尤其是上層階級的封閉情況已經改善不少。但是若把焦點放在所謂的菁英團體（elite group），則又出現菁英自我受雇（elite self recruitment）的現象，顯示第一階層雖已經開放，但是居於第一階層最頂端的菁英階層仍然具有相當高的封閉性（引自 Goldthorpe, 1980, pp.44～48）。

為了進一步解釋「自我雇用」的現象，許多有關社會流動的研究，開始採用兒子與父親的相對地位是否有所改變，來決定真正的社會流動是否發生。如果父親與兒子的相對位置有所改變，可以說社會是開放的。反之，若兒子與父親的相對地位並無改變，則此種社會的開放性只是一種假象，並不是真正的開放。這些研究的結果指出，現代社會的流動具有「結構性的流動」的特徵，所謂「結構性的流動」指的是社會流動的主因不是因為社會的真正開放，而是因為白領工作的增加，而勞工階層的生育率又高於白領階層，使得勞工階層的兒女有機會向上流動。但是就相對的社會位置而言，社會的階層結構並未改變，所以並不是真正的開放。如果把結構性的流動從中扣除，則社會的階層其實還是相當穩定。可見許多社會流動並非真正的社會流動，遽然提出今日社會已經完全開放是不正確的說法。

三、漸進式的社會流動有助於穩定社會

為了社會的真正公平開放，社會的制度仍然需要朝向促成真正流動的發生而努力。但是，只有漸進式的社會流動才對社會真正有利。太快或太慢的社會流動都會有不良的社會影響。因為太高的社會流動率會造成階層的內聚力不足的結果。反之，太低的社會流動則會形成各階層鮮明的次級文化，都不利於社會的融合。只有適度的社會流動能一方面降低階級的衝突性，而同時又能有助於整體社會的穩定。

所謂適度的社會流動便是採取漸進式的手段，讓社會流動的速度與幅度適中，而無太快或太慢的不良作用。此種適度的社會流動具有「政治安全閥」的作用：㈠適度的社會流動讓有能力之人有機會爬到自己應得的階層，自然不會有顛覆社會的心態存在。㈡適度的社會流動所造成的異質性的社會，能使社會階層的壁壘鬆散，可以降低階層的對立性。㈢適度社會流動的

存在讓個人有向上流動的動機，而不會固著於某一階層。㈣適度的社會流動會形成穩固的社會態度，減低階級的歧異性。因爲向上社會流動者會認同於新的社會階層之觀念與態度，而成爲政治上的保守主義者。向下社會流動者則依然認同於其原有的社會階層，也是保守的心態，所以形成穩固的社會局面。

社會主義國家過去的經驗告訴我們，一朝變天式的社會流動所造成的社會代價是難以彌補的。唯有以漸進式的社會流動，一方面打破階級壟斷的弊端，而又不至於動搖社會的根基，才是合宜的作法。此種小幅度的社會流動經過數代之後，也一樣會產生「非結構性的流動」的效果。卻不至於造成無可彌補的副作用。

貳、以教育機會的均等來確保社會的正義

儘管德國大哲學家康德（Kant）的格言說：「社會的不平等是萬惡之源，但也是衆善之門」（Social inequality is a rich source of much that is evil, but also of everything that is good.），打破社會的不平等依然是人類努力的目標，教育雖然只是社會階層中的一個面向而已，卻是用以打破階層封閉性的利器。過去的教育不僅未能發揮此一功能，反而因爲無法提供眞正均等的教育機會，所以成爲複製社會階層的工具。今後要追求一個眞正開放的社會，非從均等的教育機會的提供下手不可。

一、以教育機會均等來實現社會的眞正平等

學校教育之所以日益受到重視，實在是因爲教育會帶來大家所期望的向上社會流動。如果教育能夠協助受教者獲得與其能力相當的社會地位，而非複製既有的社會階級，那麼社會便會因爲打破社會的封閉性而更趨平等。過去的學校教育（以衝突論者的觀點來說），是鞏固社會階層不平等的地方，尤其是透過潛在課程的作用，使社會階層的不平等得以發揮到淋漓盡致。而這種複製社會不平等的作用其實是透過兒童自我觀念的扭曲過程來達成的。

例如亨利（Henry, 1963）在其「文化壓制人」（Culture Against Man）一書中，以學生上黑板做練習題爲例，說明社會下層的學生如何經驗失敗的夢魘，並由於學習的失敗被複製在社會的下層階級中。又如威茲曼等人分析學前教育的兒童圖書內容，發現其中充滿性別的歧視，對於複製男性的社會權力有重大的作用（Weitzman, Eifler, Hokada, & Ross,1972）。重新思考學校教育在階層化的社會中所應扮演的角色，則社會正義的追求、社會平等的維持應是學校的重要功能。在一個漸漸開明的社會中，學校的辦學目的應該是提供均等的教育機會來打破封閉性的階層，而非使階層的封閉性更爲鞏固；學校應成爲社會流動的力量來源，而非阻斷社會流動的罪魁禍首，這是每一位教育人員應有的共識。

　　過去認爲社會階層的不平等是一種必要的惡，所以比較不從平等的追求去思索教育的目的與手段。但在今日民主開放的社會中，社會流動的現象已經大增（儘管可能只是結構性的流動而已），創造眞正功績主義的社會乃成爲社會的主要目標。而教育機會均等才是功績社會的基礎。因此，教育機會均等乃成爲實現社會正義的重要手段。過去各種社會階層的因素都滲入教育的歷程中，使教育的機會分配不均，現在爲了追求機會均等的教育，則要從可能影響教育的各個層面，包括性別、地域、種族等，去消除其不利的影響，讓每一位學生都能享有公平的機會。學校所要消除的不平等是人爲的的不平等而非自然的不平等。盧梭（Jean-Jacques Rousseau）所謂自然的不平等是以生物的不平等爲基礎，是自然所造成的。例如年齡、健康、體能、智力。這些差異雖然存在，但其重要性如不經人爲的加大其實是很小的。經過人爲的設計，使得弱者益弱、強者益強，而造成弱肉強食的不幸局面，就是人爲的不平等，這種人爲的不平等才是教育所要消除的不平等。

　　教育成就的差異源自個人與社會的各種因素，因此要追求平等的教育機會便要設法打破各種超乎個人的社會因素，才能有效。但是所謂打破人爲的教育不平等，並不等於教育的結果完全相同，而是以立足點的平等，讓每個人有公平競爭的機會，不是以齊頭式的平等來抹煞天生就有不平等的事實。而要達成立足點的平等，就是以教育機會的均等作爲辦學的基本原則，使每

位學生享有公平的機會，卻承認其結果會有差異性，並且承認只要機會均等了，結果的差異不僅是可以接受的，而且還是必然如此的。

二、瞭解教育機會均等內涵的演變

教育機會均等的理念曾在歷史的演進過程中經過幾番的轉變：

㈠享有受相同年限義務教育的機會

最早所謂教育機會均等指的是每個國民都有受相同年限義務教育的權利，而不受到個人性別、階級、地域、貧富、信仰、種族、美醜、強弱等因素的影響。提出此一義務教育受教權的背景是當時教育是少數人的特權，教育是由私人所興辦，國家並不強制每個人都要受教育。所以，對於多數人而言，是被排斥在教育的門檻之外，無法進入學校受教的。經過長久的努力，義務教育受教權才獲得保障。

㈡享有受相同類型義務教育的機會

有了義務教育的受教權之後，教育機會均等的追求並未停止，但其重點已經由年限的均等改以學校類型的均等。提出此一學校類型均等的背景是當時教育是區分為雙軌的制度，上階層的子弟受的是貴族式的教育，平民的子弟受的是普通式的教育，二者在各方面都有重大的差異存在。所以同樣的受教年限並不代表同樣素質的教育，其中的不平等十分明顯。經過不斷的努力，受教學校類型均等的理想也總算達成了。

㈢享有受相同教育課程的機會

達成受教學校類型均等的理想之後，教育機會均等的要求更為提升，但其重點已經由受教學校的類型均等改為受教內容（即是課程）的均等。因為在相同類型的學校中，其課程的設計依然可以不同，以學生的背景不同授以不同的課程，並不符合教育機會均等的理念，不同課程的傳授就是機會不平的明顯證據，所以要以課程的相同來追求機會的相同，此一努力也總算達成了。

㈣享有受相同教育過程的機會

　　現在教育機會均等的理念所強調的已經不再只是受教年限、受教學校類型、受教課程內容的爭取而已，現在最受重視的受教過程的機會均等。由此可見，教育機會均等在不同的歷史階段所指的內涵並不一致，但是人類透過教育追求社會正義的決心，則是越來越堅強。

三、以受教過程的機會均等來完成教育機會的真正均等

　　隨著社會的演進，前述追求受教年限、受教學校類性、受教學校課程的機會均等，皆已先後達成。尤其是在教育優先區的政策之下，過去許多教育機會不均等的現象都已消除。今日台灣的學校教育所應追求的機會均等的重點是受教過程的機會均等，但是距離達成的目標尚遠，仍有待繼續努力。

　　受教過程中的機會不均等主要來自教師對於不同階層的學生抱有先入為主的刻板印象，並將此刻板印象顯示在教學的過程中，以致影響學生的自我概念，產生無形卻又重大的影響作用。這種作用便稱為教師的「自我應驗的預言」（self-fulfilling prophecy），羅仙薩（Robert Rosenthal）以其學生所養的小老鼠作實驗，他告訴其中六位學生，他們的小老鼠是聰明的，告知另六位學生，他們的小老鼠是笨的，實驗結果竟然與預期相符。其後，羅仙薩與傑克柏遜（Robert Rosenthal; Lenore Jacobson）用學生作實驗，亦得到相同的結果（Rosenthal; Jacobson, 1968），並稱之為「教室中的比馬龍效應」（pygmalion in the classroom）。這種效應的產生一方面來自標籤作用（labelling）的力量，同時又加入教師本身所享有的「重要他人的力量」（the significance of significant others），因此影響特別明顯。教師要達成學生的受教過程機會均等，除了要對此種作用力量的產生有所認識，更要具有悲憫的心腸與無限的耐心，才能對自己原先所忽視的學生加倍於予關懷。而要對下層社會兒童加以關懷，必須對他們的階層特徵、工作態度、互動方式、抱負水準、對社會的看法、對人生的觀點等都有深刻的體會，才能真正有效的打進他們的心中，產生正面的影響。而此種無私的教育大愛，

是目前學校中為追求社會的正義與真正的社會流動、打破封閉性的社會階層，所必須加強的重點。

參考書目

Babbie, E., （1982）, *Understanding Sociology: A Context for Action.* Belmont, California: Wadsworth Publishing Company.

Berreman, G. D., （1981）, *Social Inequality: Comparative and Developmental Approaches.* New York: Academic Press.

Davis, K. and Moore, W. E., （1967）, "Some principles of stratification". In Bendix,R. and Lipset, S. M., （eds.）, *Class, Status and Power.* London: Routledge and Kegan Paul.

Doob,C.B., （1985）, *Sociology: An Introduction.* New York: Holt, Rinehart and Winston.

Giddens, A., （1973）, *The Class Structure of the Advanced Societies.* London: Hutchinson.

Glass, D. V., （ed.）, （1954）, *Social Mobility in Britain.* London: Routledge & Kegan Paul。

Goldthorpe, J. H., （1980）, *Social Mobility and Class Structure in Modern Britain.* Oxford: Clarendon Press。

Hanushek, E., （1972）, *Education and Race. Lexington,* Mass: D. C. Heath.

Haralambos, M., （1985）, *Sociology: Themes and Perspectives.* London: Unwin Hyman.

Henry, J., （1963）, *Culture Against Man.* Harmondsworth: Penguin.

Lenski, G. E., （1966）, *Power and Privilege.* New York: McGraw.

Lewis, O., （1959）, *Five Families.* New York: Basic Books.

Parkin, F., （1972）, *Class Inequality and Political Order.* St Albans: Paladin.

Parson, T., （1977）, *The Evolution of Societies.* Englewood Cliffs: Prentice-Hall.

Rosenfeld, E., （1974）, "Social stratification in a classless society". In Lopreato,

J. and Lewis, L. S., *Social Stratification: A Reader*. New York: Harper & Row.

Rosenthal, R. & Jacobson, L., （1968）, *Pygmalion in the Classroom*. Eastbourne: Holt, Rinehart and Winston.

Rossides, D. W., （1976）, *The American Class System: An Introduction to Social Stratification*. Boston: Houghton Mifflin.

Scarr, S. & Weinberg, R. A., （1978）, "The influence of family background on intellectual attainment". *American Sociological Review*. 43 （October）: 674～692.

Stokes, R., （1984）, *Introduction to Sociology*. Dubuque, Iowa: WCB Publishers.

Tumin, M.. M., （1967）, "Some principles of stratification: A critical analysis". In Bendix, R. and Lipset, S. M., （eds.）, *Class, Status and Power*. London: Routledge and Kegan Paul.

Weitzman, L. J., Eifler, D., Hokada, E., & Ross, C., （1972）, "Sex-role socialization in picture books for preschool children". *American Journal of Sociology*. 77 （May）:1125～1150.

Westergaard, J. & Resler, H., （1976）, *Class in a Capitalist Society*. Harmondsworth: Penguin Books.

Young, M., （1961）, *The Rise of the Meritocracy*. Harmondsworth: Penguin Books.

第七章

社會制度：決定教育格局的社會因素

ᏸ 教育制度的涵義及與其他社會制度的關係

ᏸ 各種社會制度對教育的影響

ᏸ 我國各種制度的演變與特徵

ᏸ 我國各種制度變遷的教育因應之道

「教育格局的形成並非某一社會結構孤一作用的結果，而是全部社會結構綜合作用的產物；且任一社會結構的制約也絕非僅限於教育系統某一因素，而是波及多種因素乃至整個系統」（吳康寧，民87，頁59）。教育是重要的社會制度（或稱社會結構）之一，而與其他的社會制度具有密切的關係。教育的施爲受限於社會的各種條件，而這些條件又無一不是受到其他制度的左右，因此要瞭解教育當前的格局，非對整體的社會結構加以分析不可。理論上，在分析教育與其他社會制度之關係時，應將所有制度的交互影響通通計入，其結果才是中肯的。但在實際分析時，則只能從個別的制度加以著手。而很難對其複雜的關係完全加以釐清，所以這只是一種簡略的化約性的瞭解而已。

本章要對於社會的重要制度（包括家庭制度、政治制度、經濟制度、文化制度等）如何影響教育的格局進行分析。先說明教育制度的涵義及與其他社會制度的關係，再逐次說明教育如何受到其他社會制度的影響，其他社會制度的演變與特徵如何，最後則說明教育制度應如何對其他制度的演變加以調適與改變，以便瞭解教育的格局如何受限，又應如何突破。

◉ 第一節　教育制度的涵義及與 ◉ 其他社會制度的關係

本節要說明制度的涵義、教育制度在整體社會制度中所佔的位置、教育制度與其他社會制度所可能存在的關係，以便作爲立論的基礎。

壹、制度的涵義

在談到教育制度與其他社會制度的關係之前，首先應對制度的涵義加以說明。所謂制度指的是人類爲了滿足生活的需要，因而對於日常生活中的價值、態度、規範、行爲模式等，加以訂出一定的準則及實踐的手段，以便作

爲共同遵守的依據，這些準則及實踐的手段便稱爲制度。而這些共同遵守的
準則與手段如果專門集中在生活的某一領域，便稱爲某一制度。準此而言，
有關家庭生活領域的準則及手段，便是家庭制度。有關教育生活領域的準則
及手段，便是教育制度。唯有各種制度的設立，社會才能正常地運作，人們
的各項需求才能獲得滿足。茲將制度的涵義以下圖表示之（見圖十五）：

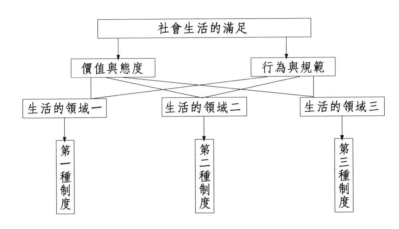

圖十五：制度的涵義示意圖

　　由圖中可以看出，首先，社會生活的領域是多元的，所以所需建立的社
會制度不是單一的。雖然圖中只畫出三個生活的領域，但是實際上所存在的
生活領域定然不止此數。一個社會中究竟設有多少個制度，則要視該社會的
專精分工程度如何而定。在一個單純的社會中，則制度的種類也很單純。反
之，社會越複雜，所需的制度便越多。在現代的社會中，由於生活複雜、事
務繁多，各種制度的種類也就逐漸增多起來，例如國防、經濟、財政、內
政、外交、教育、交通、司法都是重要的生活領域，這從政府的組織編制的
設計上容易看出。其他不斷出現的社會問題，使得新的制度相繼出現，例如
環境保護、全民健保、外勞管理、偷渡客遣送等，不勝枚舉。其次，各個制
度所定的準則，雖然依其領域的獨特性而有不同，但是爲了滿足生活的需要
或解決生活的問題則無二致，所以各領域所定的價值與態度、行爲與規範，

基本上是有共通的原理，那就是不能違背社會共通的價值與態度、不能訂出超越常理的行為與規範，否則便會窒礙難行。其三，社會各個制度的重要性不一定相等，而以當時的實際需要作為衡量的依據。例如在戰爭頻繁的年代裡，徵兵的制度也許是最重要的。但在和平的時期，生產的制度也許更為優先，未可一概而論。

貳、教育制度在整體社會制度中的地位

教育的存在條件與存在目的大都決定於教育之外的其他社會制度，所以教育的格局必然受限於教育之外的其他制度。就教育的存在條件而言，辦理教育必須依靠許多現實的物質與人力，缺少這些物質與人力，教育的辦理幾乎是不可能的。例如物質的條件是由經濟制度所決定的；學生的素質是由家庭制度所決定的；學校數量的規劃要視人口與交通的狀況而定；學校規模的大小是就學人口多寡的函數；教師待遇的決定與就業市場或經濟景氣脫離不了關係等，這些條件都無法由教育制度本身加以解決。就教育的目的而言，教育的辦理並非只針對教育本身的需要而設想，而是必須對整體社會的需要進行考量；教育目標的設定也不可以光憑教育的想像而閉門造車，而是要以社會的實際情況作為依據；教育的實際運作更不能一廂情願地自以為是，而要與社會的期待取得協調等。因此，若不考量其他社會制度而談教育，不僅無法見到教育的真相，更無法得到合宜的方向與有效的手段。

儘管教育的格局受限於社會的結構，在很大的限度內受到拘束。但是教育對於其他的社會制度也非全然無力的。教育對於整個的社會制度所能發揮的影響力決定了教育制度的社會地位。教育制度的社會地位隨著社會發展階段的改變而有不同。在人類發展的早期，教育的重要性並不如今日明顯，與教育最有直接關係的大概是文化傳承之一項而已，至於交通、環保、經濟、消費等，與教育的關係並不明顯。所以教育在當時的整體社會制度中，僅居於外圍的地位。時至今日，教育制度在社會生活中的地位已非往昔可比。在一個現代化的複雜社會中，幾乎所有的其他制度都會受到教育的影響，因而

提高了教育制度在整體社會制度中的地位。誠如國內學者林清江所謂：教育
已由社會結構的外圍地位移向核心地位，而對整個的社會具有關鍵性的影響
作用（林清江，民 70，頁 28）。

參、教育制度與其他制度的關係

教育制度與其他社會制度的關係共有四種可能的情況，相互隔離的關
係，這是指社會尚未發達之前，教育與其他社會制度的接觸不深，彼此並未
發生太多的關係。等到社會發達以後，教育制度與其他社會制度的關係日益
密切，同時存在著三種可能的關係，即是相互調適的關係、相互改變的關係
以及相互依存的關係（林清江，民 70，頁 26～28）。

所謂相互調適的關係，指的是教育制度受其他社會制度的影響，也影響
其他社會制度，彼此求取適應。這是一種消極的相互關係，彼此雖然視對方
的實際情況，而採取必要的措施以為配合，但這只是兵來將擋、水來土掩的
策略而已。例如家庭結構的改變，生育率降低之後，許多學校的招生人數明
顯下降，為了實際的需要，乃有降低班級學生人數的制度出現。班級學生人
數降低之後，師生的互動機會增加，對家長配合的要求也相對提高，轉而又
影響了家庭的生活型態。這是教育制度與家庭制度相互調適的明顯例證。

所謂相互改變的關係，指的是教育制度與其他社會制度之間，不僅以消
極的調適作為彼此的關係，更採取積極的方式來改變自己與對方，使彼此的
適應達到更圓融的地步。例如經濟結構的改變，工業逐漸取代了農業的經濟
地位，學校的類型不得不做積極的改變以為因應，所以工業職業學校興起，
農業職業學校沒落，原因在此。同時由於科技的提升，經濟市場所需的人才
素質也較以往提高，所以工業職業學校乃需朝向工專或技術學院去轉型，否
則便難以生存，這是因為經濟制度的改變所引起的教育制度改變。但在此同
時，教育類型的改變與程度的提升，更產生了科技的發明，進而改變了經濟
的既有型態。這是教育制度與經濟制度相互改變之一例。由此可以證明，教
育雖然受限於社會的其他制度，但在相當程度之內，教育仍具有主動的力量

去突破社會的侷限，並對其他的社會制度產生改變的作用。

　　所謂相互依存的關係，指的是教育制度與其他社會制度的關係，如唇齒之互依，如影之隨形，有我才有你，無你我難存，二者的命運無法分割。這種情形可以由教育制度與政治制度的關係作為說明。政治制度的類型決定了教育的特徵與重點，例如共產主義國家的教育制度以培養共產主義的意識型態為第一要務；民主主義國家的教育制度則以破除各種有害的意識型態為主要任務；沒有這種政治制度就沒有此種教育制度；同樣的，沒有此教育制度的維護、穩定與發揚，此種政治制度也難長久。由此可以看出教育制度與政治制度具有相互依存的關係。

◉ 第二節　各種社會制度對教育的影響 ◉

壹、家庭制度如何影響教育

　　家庭制度對教育具有深遠的影響，主要是因為來校受教的學生都是家庭的產物。家庭是社會的基本單位，也是個人出生後最早接觸的團體，這種面對面的團體所具有的親密性與濃厚的倫理性質，奠定了個人一生的人格基礎。教育制度受到家庭制度的影響，可以從家庭成員的組成方式、家庭的子女人數、大人的教養方式以及大人對於兒童教育的期待等方面看出。茲分別簡述如下：

一、家庭成員的組成方式對教育制度的影響

　　家庭成員的組成方式，直接影響著家庭子女照顧的責任分配，間接則影響教育制度的規劃。例如在農業社會中，大家庭制度的存在，每一個家族都是數代同堂，起居生活在一起，彼此有個照應，所以小孩的照顧便不成問題。在那種社會中，幼稚園是沒有存在的理由。等到大家庭制度被小家庭制

度所取代，幼兒的照顧立即成為一項重大的問題，而成為幼稚教育制度催生的觸媒，幼稚園便如雨後春筍般的出現了。

二、家庭的子女人數對教育制度的影響

家庭的子女人數，直接影響著國家的人口總數與人口結構，間接則影響學校教育的規模與施教方法。通常在出生率高的國家，由於每個家庭的子女人數多，則學校設置的數量與規模需求大，班級的學生人數自然無法降低，教學的方法也就偏重於講述的方法。反之，在出生率低或呈負成長的國家，家庭的子女人數變少，一個家庭只有一、二個子女，甚至完全沒有子女，就會因為人口結構的改變，而調整各級學校教育的比重與班級學生的人數，甚至連上課的內容與教學的方法都需要隨之調整。

三、家庭的教養方式對教育制度的影響

家庭的教養方式直接影響著家庭的親子關係，間接則影響學校的管教方式，甚至造成學校與家庭的齟齬。家庭所採用的教養方式不同，對於學校的教育方式也會有不同的要求。以嚴格式的、放任式的或民主式的方法來進行子女之教養者，通常會要求學校採用與其相同之管教方法。例如主張嚴格管教的方式者，會贊同「教不嚴師之惰」的理念，而對於管教不嚴的教師，則認為是不負責任的教師。反之，採用民主教養方法的家長，對於嚴格管教的教師，則會抱持反對的看法。由於一個班級通常都有三、四十位家長，教師的管教方式很難滿足每一位教師的要求，因此教育的齟齬現象就很難避免。

四、家庭對兒童教育的期待對教育制度的影響

家長對於兒童的期待直接影響著子女的自我觀念，間接則影響學校的辦學方針。家長對於孩子的期待高，就會對學校的種種作法加以關心，尤其是學校的辦學方向。例如家長如果重視孩子的升學，就會要求學校採用能力分班、加強課後輔導或補習、主張經常模擬測驗、加重升學考試科目的授課時數、採用民間的測驗卷、設計各種激勵的措施來提升學生的成績等。反之，

家長對於孩子若無過高的期待，就不會要求學校以升學作為唯一的考量，而比較會接受正常教學的理念，甚至要求辦理開放式的教育等。

貳、經濟結構如何影響教育

經濟制度對教育具有深遠的影響，主要是因為學校的物質條件、辦學類型、教學內容、學生未來的出路，都與經濟制度有關。反過來說，教育之格局受限於經濟制度者，主要來自經濟的型態，經濟的實力與條件，經濟的需求，以及經濟的遠景等方面。茲說明如下。

一、經濟的型態決定了教育的社會職能

經濟的型態主要地決定了教育的社會職能（吳康寧，民87，頁59～78）。不同的經濟型態下的教育職能各自不同。例如在農業社會的經濟結構下，由於社會具有變動遲緩、身分差異明顯以及技術要求不高的特性，因此教育的主要職能是「防範性的」，不管是菁英的培養也好、庶民的教化也好，教育的職能在於防範統治階級的後代無力繼承其原有的統治地位，以及防範下層對於現行社會秩序進行挑戰。

在工業社會的經濟結構下，教育的主要職能是「調適性的」，除了將菁英的培養對象開放給各階層的子弟，而不再消極地保障統治階級的子弟之外，更將庶民教化的內容，由強制灌輸轉變為內隱的潛移默化，以適應工業社會所需的高技術、多變動、開放性的經濟結構。

在後工業社會的經濟結構下，教育的主要職能則由「防範性的」、「調適性的」職能，轉為「更新性的職能」。因此必須藉由教育的改革來改造社會，用終身學習的機制來造就各種新型的人才，使社會得以不斷地推陳出新。

二、經濟的條件或實力決定了教育的規模與品質

教育是費錢的事業，所以教育一向被視為具有高消費的特質。「教育投

資論」出現後，雖然扭轉了教育是純消費的觀念，但是教育無法脫離經濟條件的限制，則是無可質疑的事實。國民的生產總額，國家的外匯存底，社會的經濟景氣，不但影響著教育的硬體設備，更決定著國民就學的年限，升學的意願，科系的安排，課程的內容等。換句話說，教育的品質受到經濟的條件之影響是十分明顯的。唯有國家的經濟達到某種水準，才有足夠的經費投資到教育的事業上，才有可能提升師資的素質，也才有可能改善教育的環境，提升教育的品質。

三、經濟的需求決定了教育的型態與內容

經濟的需求對於教育制度起著很大的決定力。首先經濟的就業市場決定了教育的方向與類型，連帶的決定了教育的內容。舉凡學校的設置、招生的類科及員額、課程的設計及內容，有一大部分是基於經濟市場的考量。例如在農業的、工業的以及後工業的時代，各種職業學校的比例有很大的差異，很顯然的這是基於經濟的考量。教育一方面要為社會的經濟需要來服務，另一方面則要為學生未來的出路做打算，因此，就業的考慮乃成為影響教育的最大關鍵。所以經濟的需求在很大的比例上決定了教育的類型與內容。

四、就業的遠景提供了教育市場的選擇

學生未來的就業市場選擇，與教育的科系選擇有密切的關係。就業的前景與工作的待遇看好，則選讀該科系的學生人數增多，成為熱門的科系。反之，就業的前景不佳，工作的待遇也不吸引人，則該科系會面臨無人選讀的命運，成為乏人問津的科系。例如過去的醫學院，由於獲利的機會大，所以每年都是考生競相爭取的重點。但是自從全民健康保險開辦以來，醫學院的聲望雖然還很高，但已經失去過去一枝獨秀的優勢，倒是許多新興的熱門科系，像電腦、資訊、法律等則有後來居上的趨勢，成為學生爭相選擇的優先對象。可見教育的市場是無法擺脫未來就業前景的左右。

參、政治結構如何影響教育

政治制度對於教育制度的影響可謂非常明顯且深遠，政治的體制決定了教育的控制型態、政治的立法決定了教育的政策、政治的考量左右了教育的投資、政治的意識型態影響了教育的內容、政治的更替決定了教育政策的存廢，茲分別說明如下。

一、政治的體制決定了教育的控制型態

教育格局受限於政治制度者，主要來自政治對於教育的控制方式。幾乎所有的國家，其教育制度與政治制度之間都有相呼應的控制模式。不同的政治結構下的教育控制方式也就各自不同。例如中央集權制的國家（例如法國），大多設有大權在握的中央教育行政機構，以便統轄全國的教育事務，領導並監督地方的教育內容與水準。這種鉅細靡遺的教育控制，事實上是與政治的集權特徵相一致的。在地方分權的國家（例如美國），則不設有此種大權在握的中央教育行政機構，而將教育事務的決定權，下放給地方的教育行政機構。中央雖然設有全國性的教育機關，但是其權限則相對小了很多，通常只負責資料的收集與提供、經費的補助、基本原則的制定等事項。這種將教育的實際措施任由地方決定的行政特徵，基本上是其政治權力分配方式的一種反映而已。當然，在中央集權與地方分權二者之間，尚有界乎其中的「均權制度」。此種模式兼取中央集權與地方分權之長，在均權制度的國家（例如我國及今日趨勢的日本），其教育決定權受到中央與地方的雙重影響。但是不偏向中央調控，也不偏向地方自治，而有折衷的特徵。

二、政治的立法決定了教育的政策

教育政策受到政治的影響與控制，是透過立法的程序來達成的。在民主國家中，所有的施政都需要經過立法的程序，教育的政策當然也不例外。所有的教育法案，需要經過立法院三讀通過，總統公佈，然後生效。在此情況

下，教育政策不再是單純的教育事件，而是含有濃厚的政治意味。因此單從教育的角度來思索教育政策，往往無法見到事實的眞相。例如行政院所擬的師範教育法修正草案，到了立法院被全盤的修正，而有師資培育法的誕生，最能說明教育的考量與政治的考量有時並非一致的，而且教育的考量往往敵不過政治的考量，也是不爭的事實。

三、政治的考量左右了教育的投資

教育投資的多寡，除了要考慮政府的財政因素之外，更要考慮政治的因素。在資源分配的過程中，教育部門需要與其他行政部門互相競爭，卻往往居於弱勢的地位。例如我國憲法上明文規定教科文的預算在中央不得低於百分之十五，但是過去由於政治情勢的獨特狀況，國防所需的預算龐大，只能以種種方式來掩蓋教科文預算不足的違法事實，今日的情況雖有改善，但是，教育預算操在財主單位的手上則是事實，經濟掛帥的思想，使得教育文化工作常常被視爲非迫切的事物。尤其爲了選舉勝利的考量，短視的政治人物往往亂開支票，例如富農也能領老人年金等，都是對於教育資源的不利打擊。

至於教育經費在各級學校的分配，也受到政治考量的左右。過去教育的預算偏重在大學，至於中小學的經費大都只能支付人事費用而已。現在的政策則轉爲重視中小學的硬體建設，使得中小學的設備大有改善，但是大學採取校務基金之後，在整個的運作上也呈現了缺失，尤其是像師範校院的規模旣小、又缺乏大企業家的支助，其基金之籌措十分困難，辦學品質受到不利的影響是可以想見的。

四、政治的意圖往往扭曲了教育的內容

教育的內容表面上是以客觀而且最有價質的知識來充當，其實是充滿了各種的意識型態。這些意識型態之所以扭曲了知識的客觀性，爲的是執政者的管理上方便。過去在教科書中所呈現的眾多的意識型態，可以說明教育內容受到政治涉入之一斑，在自由民主的國家中，雖然極力對此意識型態加以

批判、防止、剔除、修正，但也不敢保證其中完全沒有不良意識型態的寄居。

五、政治的更替造成教育政策的中斷

　　教育行政首長的任期長短，影響著教育政策存續期間的久暫。教育政策能否一貫地延續，主要受到政局的安定與否來決定。因為教育官員的任命權操在各級首長的手中，而各級首長的產生主要是由選舉的成敗來決定，從總統到地方行政首長莫不如此。所以選舉一到，就預示著教育政策更迭的可能性，也常使得教育政策無法一貫地延續下去。

肆、文化制度如何影響教育

　　文化制度以其價值觀、文化結構的模式、文化傳播的內容等對教育產生直接或間接的影響。其中，教育的價值觀受到社會價值觀的影響、教育的取向受到文化結構模式的決定、教育的成效則受制於文化傳播的內容。簡述如下：

一、社會的價值觀影響著教育的價值觀

　　教育的價值觀與整體社會的價值是無法分割的，因此社會的價值觀對人民的教育觀念有著立即而深遠的影響。這些觀念都將反映在教育的目的與教育的具體措施上。舉例而言，國人的價值觀念如果重視文憑的話，就會產生強調升學第一、考試優先的教育觀念。如果重視職業技能的話，則會強調一技之長的重要，而不只是重視文憑。

二、文化的結構模式決定了教育的取向

　　「文化的結構模式」指的是文化發展的主軸方向。一般將文化的結構模式依其主軸取向之不同，分成「後喻型」的文化(post-figurative culture)、「前喻型」的文化（pre-figurative culture）以及介乎二者之間的「同喻型」

的文化（co-figurative culture）三大結構（吳康寧，民87，頁97～104）。

　　所謂「後喻型」的文化結構，是一種後顧型的文化。由於文化的相對穩定，社會的思考模式主張維護傳統的文化，因而不強調批判與創新。在此文化結構下，傳遞舊有的文化、認同於當前的社會生活方式乃成為教育的主要任務。人們向年老的一輩請教經驗，社會尊敬的是具有較多經驗的老成，因此年青人在這種文化結構中並沒有發言的權利。所謂「嘴上無毛，做事不牢」，就是強調年紀與經驗的相關性。在這種長幼有序、敬老尊賢的文化結構中，年紀成為受到尊敬的一個因素。教師基本上比學生年長且具有較多經驗之人，具有相當的法定與傳統的權威，所以學生要絕對服從，壓抑著自己的個性以符合教師的要求。資深教師又比年輕教師具有較多的發言權力。這是一種向後看的社會，所以其教育主張也是向後回顧的，而非向前衝刺的。

　　相反的，在「前喻型」的文化結構中，由於文化的急速變遷，知識的折舊率非常快，所以文化的創新比文化的傳承更為重要。教師的角色與任務不只是文化的傳遞，而是要兼顧文化的創新。所以教師要使學生自己去發現新的問題，並提出問題的解答方法，以培養學生自主的意識、理性的精神，而不迷信既有的權威。因此，在此文化結構下，告別過去、迎向未來乃成為教育的主要考量。

　　所謂「同喻型」的文化結構，則是介於「後喻型」與「前喻型」之間的一種文化結構。在此結構中，由於新舊文化交融，社會的思考模式主張兼重傳統與創新，因而在傳遞文化與創新文化之同時，更強調新舊文化的融合。在此文化結構下，重視舊有文化的傳遞，也同時重視文化內容的更新，使過去與未來皆在考量之列，而不偏重於任何一方。

三、文化傳播的內容左右著教育的成效

　　教育是文化傳遞的工作，但是學生所接受的文化來源並不只限於學校之一途，充斥在社會上的各種文化都以有意或無意的方式傳給學生，這些來自外部的文化有些是有助於學生的學習成效，有些則否。而其決定之因素則包括兩點：㈠外部文化與學校所傳之文化在價值取向上的關係，依此關係可以

有同向的與異向的兩種區別。所謂同向的關係，指的是外部文化與學校所傳之文化在價值取向上具有一致性，因此具有助長的作用；所謂異向的關係，指的是外部文化與學校所傳之文化在價值取向上具有相反性，因此具有抵銷的作用。㈡外部文化與受教者身心發展特點的關係，依此關係可以有同層的與異層的兩種區別。所謂同層的關係，指的是外部文化符合受教者身心發展的特點，所以吸收容易，影響深入；所謂異層的關係，指的是外部文化並不符合受教者身心發展的特點，所以吸收不容易，影響也不深入。由此兩個層面進行交互分析，則可以得到文化傳播內容與教育成效關係的四個可能（如表十，引自吳康寧，民87，頁422）：

表十：文化傳播內容與教育成效之關係表

		與教育系統價值取向的關係	
		同向	異向
與受教者身心 發展特點的關係	同層	A型 （同向同層）	C型 （異向同層）
	異層	B型 （同向異層）	D型 （異向異層）

　　由表中可以看到，文化傳播內容與教育成效之關係有四種可能。㈠A型的「同向同層」的影響，這種影響是外部文化對於教育系統的功能有「促進的作用」；㈡B型的「同向異層」的影響，這種影響是外部文化對於教育系統的功能有「支持的作用」；㈢C型的「異向同層」的影響，這種影響是外部文化對於教育系統的功能有「瓦解的作用」；㈣D型的「異向異層」的影響，這種影響是外部文化對於教育系統的功能有「干擾的作用」。

　　學校教育要有成效，必須一方面善用具有同向關係的外部文化，並使之成為同層之關係，以便產生促進的作用；在此同時，更要避免具有異向關係的外部文化所產生瓦解或干擾的作用。唯有如此，才能收到事半功倍的效果。

◉ 第三節　我國各種制度的演變與特徵 ◉

壹、我國家庭制度的演變與特徵

一、家庭人口結構的改變，核心家庭普遍存在

家庭的組成方式通常分成大家庭、小家庭（或稱核心家庭）兩種。所謂大家庭指的是家庭成員由多代的以及旁系的親屬所組成。小家庭或核心家庭則是由父母及未成年的子女所組成。我國由於家庭結構的改變，傳統的大家庭制度已經式微，代之而起的便是核心家庭或小家庭的林立，這可以從我國每戶家庭人口數之變動情形看出（見表十一，引自行政院主計處，民 86）。

表十一：台閩地區人口總數及每戶平均人口數表

年別	戶數（戶）	人口數（人）	每戶平均人口數
民國 45 年	1,705,063	9,435,615	5.53
民國 50 年	2,001,469	11,196,667	5.57
民國 55 年	2,331,131	13,065,473	5.60
民國 60 年	2,715,540	15,073,216	5.55
民國 65 年	3,192,794	16,579,737	5.19
民國 70 年	3,906,045	18,193,955	4.66
民國 75 年	4,499,787	19,509,082	4.34
民國 80 年	5,227,184	20,605,831	3.94
民國 85 年	6,021,783	21,525,433	3.57

由表中可以看到，民國四十五年台閩地區的總人口數不到一千萬人，但是每戶平均人口數有五點五三人。此種趨勢到了民國七〇年代有明顯的改

變，以民國七十五年爲例，台閩地區的總人口數已經接近二千萬人，但是每戶平均人口數則降爲四點四三人。到了民國八十五年，台閩地區的總人口數超過二千一百萬人，但是每戶平均人口數只剩下三點五七人。若以家庭戶數來看，民國四十五年台閩地區的總戶數約爲一百七十萬戶，到了民國八十五年，台閩地區的總戶數已經增加爲六百萬戶，成長率爲三點五倍，新的家庭大都是小家庭。

二、雙薪家庭的實際需要

現在的社會生活富裕，物質的享受遠非昔日可比，因此家庭的開銷比以往大得多。一個普通家庭除了日常生活的正常開銷外，如果還要負擔各種貸款的利息，以及子女的教育費，其負擔是相當重的。爲了增加家庭的收入，以貼補一個人賺錢的不足，過去男主外、女主內的分工，已經不再適用於現代的社會。而雙薪家庭的出現乃成爲必然的趨勢。

隨著雙薪家庭的出現，婦女走出廚房去謀生之後，也帶來了許多新的社會問題，其中最爲常見的就是子女的照顧及教育問題。職業婦女的育嬰工作，很難獲得兼顧，大部分的孩子都無法得到充分的親情照顧，出生後不久，就被送到奶媽家去受人照顧，因此，甚少有嬰兒可以獲得餵食母奶。至於就學的孩子放學之後，也因爲父母親都在上班，只好單獨在家，或被送到所謂的「安親班」去，直到父母下班爲止。此種親子之間聚少離多的現象，對於孩子的人格正常發展具有不利的影響。

三、家庭的倫理性質正面臨考驗

我國的社會強調遵從五倫的道德觀念，而家庭之倫更是五倫的根本，除了君臣有義及朋友有信之外，其餘三倫皆以家庭成員爲規範的對象，所以重視倫常乃成爲我國家庭的主要特徵之一。而父子有親，夫婦有順，長幼有序就是規範家庭成員的相處之道。但是此種過去被認爲優良的傳統，隨著時代的推移，已經產生了微妙的變化，現在的家庭已經很少像過去一般，由父親操縱整個的決定權，母親往往具有相等甚至或較大的決定權。過去子女在長

輩面前毫無發言權的局面也不復存在，兒女的意見往往成爲全家的主要考量。過去的生活是以大人爲重心，現在兒女反而成爲全家生活的主軸。隨著家庭倫理觀念的改變，過去父慈子孝的傳統美德也已經面臨了考驗，這可以從社會上層出不窮的虐待親生兒女及弒害親長的事件看出一點端倪。

四、對子女的教育期望過度提高

過去家長對於子女的期待雖然也很殷切，但未有像現代社會之高。造成現代父母對子女的高期待的原因，主要來自經濟的好轉，多數人只要有意願都能讓孩子上大學。其次，社會開放的結果，功績主義與社會流動的觀念深中人心，每個人都期待兒女能在社會的階梯上往上爬，而不願留在社會階梯的原階。其三，教育被視爲影響個人社會流動的主要因素，唯有靠著教育的力量，個人的前途才有保障。基於這些理由，現代的父母比起以往任何時代的父母都要熱衷於孩子的教育，希望孩子的教育表現能夠換來一生光明的前途。這種現象，固然有其好處，但也帶來一些後遺症，尤其是不問孩子的興趣、能力、性向，只知盲目地以升學爲目的，而忽略了教育的其他功能，造成了許多無法彌補的教育缺失。父母對孩子過高的期待所造成的壓力，更帶來兒童不快樂的童年，扼殺了兒童的發展潛力，更造成無法挽回的損失。凡此種種，都是不當的教育期望所造成的，值得注意。

五、年輕一代擁有自由擇偶的權力，卻不見得有正確擇偶的能力

過去子女的婚姻決定權在家長，必須經過「父母之命，媒妁之言」的過程，婚姻始得成立。這種制度強調門當戶對，以及婚姻對宗族的責任，雖然造成許多的愛情悲劇，卻也有其正面的意義在。反觀現代的社會，男女交往容易，性的忌諱也已打破，所以婚前性行爲普遍，青年人不再聽從父母之命與媒妁之言，可以自己作主成家。這種改變當然有其時代的意義，卻也造成許多社會問題。其中最大的問題在於男女有權自主婚姻，卻未必有能力選擇合適的對象，如果缺乏擇偶的能力，只能放任性的衝動，盲目地成爲性的俘虜，則婚姻的悲劇就很難避免。這也許是當前社會離婚事件頻傳、單親兒童

增多的主要原因。

六、家庭解組帶來家庭功能的不彰

傳統的家庭扮演著多重的角色，擔負著多重的功能，而最主要的功能有下列五種（龍冠海，民55）：

1.生育子女並給予社會化。
2.擔任經濟生產與消費單位的功能。
3.給予個人社會地位與社會角色。
4.提供個人親密的人際關係。
5.宗教與娛樂的功能。

這些功能隨著時代演進、社會精密分工的結果，已經有了變化。家庭的許多功能都已經由其他機構所取代。家庭依然存在的主要功能便是生育子女，至於教育子女的功能則漸漸受到忽視，許多為人父母者把自己教育子女的重責大任完全移轉給學校，家庭教育成為有名無實的一環；經濟合作的功能包括生產與消費二者，家庭的經濟生產功能已經被職業機構所取代，但是家庭的消費性格則未見影響；家庭給予個人社會地位與社會角色的功能，已經隨著「功績社會」理念的崛起，不再具有重要的決定力量，下一代的社會地位主要是靠個人的成就（尤其是教育的成就）來決定，而非世襲上一代的餘蔭；家庭所具有的宗教與娛樂的功能，已因個人主義的抬頭而消失了，宗教的儀式甚少在家中舉行，娛樂的來源則落到電視的身上；唯一未變的家庭功能是提供個人親密的人際關係，因為現代社會的競爭性與匿名性，個人很難在家庭以外的機構獲得心理的滿足，因此親密關係的滿足便成為家庭最重要的功能。可惜的是，現在的家庭由於家庭的解組，似乎也未能發揮此一獨具的功能。在現代的家庭中，雖有親人住在一起，卻缺乏親情的感受。徒剩有家庭之名，而無家庭的作用存在。這種家庭功能不彰的現象，是許多社會問題的根源，當然也包括教育的問題在內。

貳、我國經濟制度的演變與特徵

一、我國的經濟型態已經步入後工業社會的經濟型態

後工業時代的到來，使得我國的經濟型態有了根本的改變。依據貝爾（Daneil Bell）的說法，後工業時代具有五個主要的成分，即是：經濟上由製造業轉爲服務業、職業上重視專業及科技階級、政治上由知識階級所領導、文化上重視理論、視野上強調未來導向。因此經濟上服務業的大量增加是後工業社會最明顯的特徵（Bell, 1974）。從職業人口的變化來看，我國的經濟型態已經進入後工業時代。我國從事各種職業的人數變遷可以由下列之統計表看出（見表十二。資料來源：行政院主計處，民86）：

表十二：我國從事各種職業的人數變遷統計表（按行業分）

單位：千人

年別	總計	農林漁牧業		工業		服務業	
		人口數	%	人口數	%	人口數	%
民國 67 年	6,231	1,553	24.9	2,460	39.5	2,221	35.6
民國 70 年	6,672	1,257	18.8	2,828	42.4	2,587	38.8
民國 75 年	7,733	1,317	17.0	3,214	41.6	3,201	41.4
民國 80 年	8,439	1,093	13.0	3,369	39.6	3,977	47.1
民國 85 年	9,068	918	10.1	3,399	37.5	4,751	52.4

說明：一、工業包含礦業及土石採取業、製造業、水電燃氣業、營造業。

　　　二、服務業含批發、零售及餐飲業、運輸倉儲及通信業、工商服務業、金融、保險及不動產業、社會服務及個人服務業、公共行政業。

從表中可以看出，我國在民國六十七年時，從事農林漁牧業的人口數約佔四分之一，到了民國八十五年，農林漁牧業的人口數已降爲十分之一；在

此期間，從事工業的人口數一直維持在四成左右；而從事服務業的人口數則由百分之三十五增加爲百分之五十二，成爲人口最多的行業。

二、我國的經濟求富的目標已經達成，求均的目標應加強實現

基於三民主義的最高指導原則，我國的經濟發展以求均求富的雙重理想爲主要目標。經過多年的努力，求富的理想已有卓越的表現，甚至被世界指爲一項經濟的奇蹟。這項奇蹟可以由我國國民年收入的增加看出端倪（見表十三。資料來源：行政院主計處，民86）：

表十三：我國歷年平均國民所得與平均國民生產毛額一覽表

單位：新台幣元

年代（民國）	平均每人國民所得（按當年價格計算）		平均每人國民生產毛額（按當年價格計算）		國內生產毛額（按當年價格計算）
	金額	年增率（%）	金額	年增率（%）	
40 年	1,407	....	1,493	...	12,328
45 年	3,296	10.27	3,502	10.75	34,410
50 年	5,666	8.77	6,078	8.52	70,043
55 年	8,848	9.10	9,480	9.00	126,022
60 年	16,407	13.80	17,730	14.06	263,676
65 年	39,559	17.00	43,033	17.44	707,710
70 年	89,868	15.85	98,179	16.33	1,773,931
75 年	137,992	15.70	151,148	15.00	2,855,180
80 年	219,637	10.18	240,909	10.46	4,810,705
85 年	319,501	6.96	352,518	7.35	7,477,540

由表中可以看出，我國在民國四十年時，平均每人的國民所得只有一千四百元，之後，每年以大幅的年增率往上增加，到了民國八十五年，平均每人的國民所得已經接近三十二萬，增加倍數約爲二百三十倍。由此可以說明求富的理想已經達成。

　　儘管在求富的理想上，我國的經濟目標已有傲人的成就，但在求均的理想上，並未能達成預期的理想。隨著社會的日益富裕，貧富的差距也漸漸拉大。這項差距可以由我國國民年收入的差異中看出（見表十四。資料來源：行政院主計處，民86）：

表十四：我國國民可支配所得一覽表（按五等分為主之分配）

單位：％

年別 (民國)	五等分位組						第五等分位組為第一等分位組之倍數
	總計	第一組 (最低所得組)	第二組	第三組	第四組	第五組 (最高所得組)	
55 年	100.00	7.90	12.45	16.19	22.01	41.45	5.25
59 年	100.00	8.44	13.27	17.09	22.51	38.69	4.58
65 年	100.00	8.91	13.64	17.48	22.71	37.26	4.18
70 年	100.00	8.80	13.76	17.62	22.78	37.04	4.21
75 年	100.00	8.30	13.51	17.38	22.65	38.16	4.60
80 年	100.00	7.76	13.25	17.42	22.97	38.60	4.97
85 年	100.00	7.23	13.00	17.50	23.38	38.89	5.38

説明：本表格以五年為間隔去找出台灣地區貧富差距的趨勢，但由於民國六十年相關數據的缺乏，故以民國五十九年之資料權充之。

　　由表中可以看出，我國在民國五十五年時，第五等分位組（最高所得組）之收入為第一等分位組（最低所得組）之五點二五倍，此種貧富之差距曾因求均的努力而逐漸縮小，到了民國六十五年，第五等分位組（最高所得組）與第一等分位組（最低所得組）之差距已降為四點一八倍。但是此後的貧富差距又開始擴大，民國七十年，增至四點二一倍；民國七十五年，增至四點六〇倍；民國八十年，增至四點九七倍；民國八十五年，增至五點三八倍；不僅超越了民國五十五年的五點二五倍，還在持續地惡化當中。值得注意的是，統計表中所用的統計數據，僅以收入為計算之基礎，並未將不動產及其孳息算入。如果將此列入計算的話，則貧富差距的情形更為明顯。由此

可見，在求均的理想上，我國的表現是不如在求富的表現上，值得政府繼續努力。

三、勞動人口消失，勤勞的美德式微，一夕致富的心態普遍存在

隨著富裕社會的到來，經濟的發展也遇到了兩個極需克服的瓶頸：

㈠勞動人口的消失

富裕慣了的生活，使得國民吃苦耐勞、勤儉持家的習性也有了轉變，而這對於整個的經濟發展將有莫大的衝擊。我國目前經濟所遭遇的一大問題就是勞動力的缺乏。由於國民不願也不堪勝任激烈的體力勞動，國內許多需要體力的粗重工作，再也找不到人來擔任，只好以外勞的引進做為應急的措施。但是，外勞的引進所付出的代價是難以估算的，最大的代價是一批疏離且貧困的外來人口存在社會上，如果管理一有疏失，就會成為治安的一大死角，這在歐美先進國家都已經嚐到了苦果。更嚴重的是，我們這群不想吃苦的年輕人，一旦遇到經濟景氣消失，或遇到其他的金融風暴，則連要在國內求一勞工來當的機會都成問題，而可能淪為他國的外勞。

㈡國民經濟道德的淪喪情況嚴重

我們的社會雖然富裕了，但是國民的道德卻未見成正比地提升。反而在整個的經濟市場上充滿了「為達目的，不擇手段」的心態，顯現國民的經濟道德正在崩潰。現在社會上普遍存在著好逸惡勞，而又貪圖享受的錯誤心理，以致產生不勞而獲的妄想，希望一夕致富而甘願自居下流。這種為了享受而不惜入獄坐牢的犯罪型態，比起過去因為飢寒起盜心的犯罪型態，真是經濟發展的一大警訊。

參、我國政治制度的演變與特徵

一、我國多年的政治建設，已經奠下良好的民主政治基礎

　　我國自推翻滿清的專制政權、建立民國以來，雖在國家動亂、內憂外患的時期中，仍能積極從事民主體制的建立。其中，從軍政、訓政到憲政的過渡，可謂表現了實施民主的大決心與大智慧。民國三十六年憲法的制頒，可以說是我國歷史上的里程碑。政府撤退來台，在風雨飄搖中，仍能堅持民主的決心，繼續朝向民主的道路邁進，眞是難能可貴。唯在當時，戰爭頻仍，局勢危急，故實施戒嚴，可謂基於實際的情勢需要，無可厚非。等到情勢得以緩一口氣，政府乃貫徹實施民主的決心，毅然宣佈解嚴，推行各項民主建設。其中較爲重大的民主施政措施，可以由下表見出（詳表十五）：

表十五：政府撤退來台以後實施民主政治的重要措施表

發生時間	重要事件
民國 37 年	12 月，宣佈戒嚴。
民國 39 年	7 月，台灣地區首度實施地方自治，省以下各級縣市長及民意代表皆由公民直接選舉。
民國 58 年	首度辦理增額中央民意代表選舉。
民國 75 年	宣佈解嚴；開放黨禁，制定國家安全法。9 月，民進黨成立。
民國 76 年	開放大陸探親。
民國 77 年	開放報禁。各種傳播媒體紛紛成立。
民國 80 年	開始修憲。
民國 83 年	開放省長直選。
民國 85 年	總統直選。

　　這些重大事件的發生，顯示著我國追求民主的決心，也使我國的政治穩定地邁向民主的陣營，並獲得國際的一致好評。這是值得國人驕傲的成就。

二、我國政治權力的分配由中央集權走向地方分權

我國的政治結構，依據憲法第十章「中央與地方之權限」的規定，是採取界乎中央集權與地方分權的均權制度。這種制度的精神強調：「其事務有全國一致之性質者屬於中央，有全省一致之性質者屬於省，有一縣之性質者屬於縣」（第一百十一條）。完全依據事務之性質而決定事務管轄權之所屬，不偏於中央，亦不偏於地方。遇有管轄權之爭議時，則由立法院解決之（第一百十一條）。但在實際運作時，過去一直是偏向中央集權制，現在則地方的權限大增，尤其是政治的解嚴以後，總統以及省（市）縣（市）長皆由人民直接選出，當前的政治權力分配，已產生中央與地方較勁的情形。尤其是在野黨在地方政權的選戰中獲得勝利，中央集權的特色乃日漸淡化。而有關中央與地方的財政收支劃分法，縣市長用人權限等方面的爭議，更顯現出地方對中央集權制度的反彈，可以預見地方分權已成為未來的主要趨勢。

單就教育制度的管轄權來觀察也是如此。憲法第一百零八條中規定教育是屬於中央立法並執行，或由省縣執行之事項。至於省教育則規劃為「省立法並執行或交由縣執行之事項（第一百零九條）」，縣教育則為「縣立法並執行之事項」（第一百十條）。這種政治結構的設計，強調的是和諧與統整的權力分配。但在實際運作上，過去也是具有濃厚的中央集權制的味道，現在則地方的教育權限大增，尤其是教科書由統編制改為審定制之後，教師的課程自主權受到了保障，加上教育人員任用條例及教師法等法案相繼完成立法，讓地方及各校所享有的自主權大增，可以看出地方分權的教育制度已經逐漸成形。

三、我國當前的政治已由權力和諧統整的結構轉為權力衝突較勁的結構

民主政治的成果是國人在政治建設上最值得自豪的一項成就。過去我國政治制度上所採行的五權分立的體制，被譽為具有三大特徵：一是和諧統整的政治結構，二是全民參與的政治文化，三是適度擴張的政治體系權力（林清江，民70，頁32~35）。但是今日此種和諧統整的局面已經完全改變，

政治衝突的情形日趨嚴重。而造成政治權力衝突的原因除了前述地方與中央爭權以外，主要在於整個的憲政權力架構並不合理。這種不合理存在於中央機關的設計上，雖經一再地修憲，權力架構中所存的矛盾依然存在。例如總統制與內閣制的爭議，至今未有定論；兩個國會的設計（監察院已經成為準司法機關），使得立法院與國民大會之間的衝突無法化解；監察院的作用與司法院相近，二者的權限難以明確劃分，徒增困擾。所以整個憲法的架構中充滿著衝突與危機，而要修改憲法又難有共識，實在是政治上的最大隱憂。

肆、我國文化制度的演變與特徵

一、劣質文化侵蝕著教育的效果

過去的社會存有明顯而固定的主流價值，但是這些價值隨著多元化社會的到來，已經逐漸銷聲匿跡，而被多元的價值所取代，例如勤儉一直是我國的傳統美德，但是在此鼓勵消費的時代中，已經式微。值得重視的是，我國的精緻文化雖有許多的創新與發明，但是劣質文化的充斥更是令人憂心，例如檳榔西施、午夜牛郎等現象都顯示出通俗文化日趨粗俗。這些粗俗的文化更以商業的包裝、透過媒體的立體傳播方式，無時無地的向外放射，使得這些異向而同層的外部文化，正在瓦解著學校教育的效果，對於教育產生極為不利的影響。

二、前喻型的文化結構逐漸取代後喻型的文化結構

就我國的文化結構而言，「後喻型」的文化結構已經逐漸被「前喻型」的文化結構所取代，校園中的權力結構也起了微妙的變化，校園的氣氛則由和諧轉為衝突。正如同老人不再享有過去所享的社會尊榮一樣，資深教師過去在校園中所受到的尊重已經逐漸消失，而兒童本位教育的提倡，也使得教師的權威大不如前，加上家長教育自主意識的抬頭，都為校園帶來嚴重的衝擊，難怪這幾年提前退休的教師人數大增。

◉ 第四節　我國各種制度變遷的教育因應之道 ◉

壹、學校教育對家庭制度改變的應有因應

一、教師應該具有正確的家庭觀念

　　傳統為家庭所下的定義是：「兩個或兩個以上的人，由於婚姻、血統或收養的關係所構成的一個團體」（龍冠海，民55，頁258）。依此定義，則家庭的組成分子包括成年人（至少有一對無血統關係而經由婚姻結合之成年男女）和小孩（成年人之婚生子女），其最低限度之功能需在情感需要方面給予滿足與控制，包括性關係的規範和生育、教養子女之社會責任承擔。但是由於社會的急遽變遷，使得家庭的型式十分多樣而奇特，有些甚至無法被傳統的家庭定義所涵蓋（例如由同性戀者所組成的「單性家庭」），更無法充分發揮家庭教養育子女及親密關係的功能。

　　學校教育要因應家庭制度改變所引發的各種問題，必須教師先對家庭具有清晰的理念，並以此理念建立自己的家庭。教師自己的家庭如果不能發揮親密的功能，或負起教養自己子女的責任，又怎能達成教育的任務。所以協助教師建立良好的家庭是發揮教育功能的重要手段，教師應該對家庭的本義與功能有深刻的瞭解，並以之教導學生及家長，讓每一個家庭都能成為一個人格成長的地方。

二、把親職教育列為教育的重要項目

　　既然家庭影響教育的成效如此之鉅，辦教育而不先增進父母的教育知識，無異是緣木求魚。學校教育的對象並非只有學生，更重要的是改變家長的觀念使能充分地配合教師，再透過親師的合作來共同教導學生，這種教育

才是有效的教育。此乃我國中小學教育一直列有親職教育項目的緣故。儘管過去所辦的親職教育成效不彰，卻不能否認親職教育的重要性。尤其教育要對家庭所造成的衝擊加以因應的，非將重點放在每一位爲人父母者的身上不可。只有先改變爲人父母者的觀念，並且提供他們有效的教養方法，才能改變教育的現狀。

由於家長對孩子的期望越來越高，所以學校辦理親職教育相對地容易多了。只要講習的內容能增進他們兒女的成就，家長參與的程度自然會提高。今後要使親職教育有效，一定要把重點放在兒女教養的方法上，這是最切實際的主題，包括：

1. 教導家長有關養育兒女的正確知識，以便瞭解孩子的發展歷程。
2. 教導家長建立良好親子關係的方法，讓家長與兒女的關係和諧。
3. 教導家長如何正確地給孩子關懷與愛。
4. 教導家長如何維護兒女的身心健康，使兒女正常地發育。
5. 教導家長如何促進兒童的大腦發育，使兒女心智成熟。
6. 教導家長如何成爲孩子的模範榜樣，讓孩子以父母爲榮。
7. 教導家長如何養成孩子的良好習慣，使成爲兒女一生的行爲基礎。
8. 教導家長如何給予孩子適度的獨立自主的空間，使兒女養成獨立的習慣。
9. 教導家長如何與教師相處，以建立兒童對教師的信心。
10. 教導家長如何爲兒女佈置一個合宜的成長環境，使家庭成爲孩子成長的伊甸園。
11. 教導家長如何給予孩子合理而適度的期望，使兒女找到正確的人生目標。
12. 教導家長如何讓孩子學會社會的基本價值與規範，使兒女知道社會的「可爲」與「不可爲」。使他們能夠「爲所當爲」，而不逾越社會的規範，作姦犯科。
13. 教導家長如何輔導孩子做適當的休閒，並爲孩子愼選電視節目。
14. 教導家長如何陪孩子走過艱困的時期。

*15.*教導家長如何結合鄰居的力量，共同結為現代的大家庭。

三、協助家長照料課後無處可去的兒童

學校可以利用現有的人力與設備，來因應雙薪家庭所造成的「鑰匙兒」的問題。現在民間所辦的「安親班」，雖能解決兒童無處可去的問題，但是此種商業行為的收費並不便宜，有些貧窮的家長並無法負擔，尤其嚴重的是這些以賺錢為目的的機構，其實是無法發揮應有的教育功能，有時更造成學校教師的困擾。解決之道，則是學校提供現有的場地、設備、人力，以社團活動的型態來充實學生的各項智能，不僅使家長免去後顧之憂，更可以擴充學校的正面影響。當然運用義工家長的協助，也是可以考慮的重要資源。

四、推動制訂「家長教育義務法」，課家長以教育孩子的法律責任

親職教育最大的難題在於無法規範相應不理的家長，而這種家長才是真正的親職教育的對象。為了要使每一位家長負起自己該負的教育子女的責任，有必要推動制訂「家長教育義務法」，強制課以父母教育兒女的責任，如有違犯，則除了依情節之輕重課以必要法律責任外，更需明訂子女行為不端之父母，應參加一定時數及內容之親職教育課程。就如同違規之駕駛員必須參加駕駛講習一般。當然，講習之內容要妥善規劃，不可流於說教，否則其結果必然如違規駕駛員之講習一樣，並無實效。

此項「家長教育義務法」的制訂，一定要由教師親自提出，否則很難實現。而全國教師會應該代表教師，研擬「家長教育義務法」草案，經過審慎討論定案後，提請有關單位進行立法的程序，如遇阻礙，全國教師會應該發動所有教師，進行抗爭，非完成此一重大法案之制訂不可。唯有課家長以教養子女的責任，教師才能使上力量，進行有效的教學，才能解決多年來無法解決的根本問題。

五、學校正式課程的內容應強調家庭的觀念與教養子女的方法

過去學校教育之內容對於家庭責任、家庭教養子女的方法、婚姻的意

義、擇偶的方法、親子關係的建立與維持、親師合作的要領、兒童醫藥與營養、家庭的功能與義務等課題皆少有介紹。今日的年輕人在成家之前，並無足夠而正確的家庭經營概念，致使離婚率增高，單親家庭或破碎家庭之比率大增，並為學校帶來許多的問題。目前政府正在提倡婚前參加講習的觀念，其立意是對的，但是放棄在學校中以正式課程來薰陶，而只用結婚之前的幾個小時的講習，其效果則是值得懷疑的。對於已經成為父母的人，我們不得不承認很難完全改變他們，所以我們要從未來的父母去著手，讓他們在未成為父母之前，就能具有足夠的知識，足以建立一個良好的家庭，才是根本的解決之道。所以在正式的教育階段中，將家庭與婚姻的重要概念加入課程中，使每個人在成家之前就具備正確的家庭觀念與經營家庭的方法，這比在兒女上學後才強迫他們參加親職教育要有效得多。

貳、學校教育對經濟制度改變的應有因應

一、以教育計劃來配合經濟發展的目標，避免造成人才的浪費

經濟發展需要各類的人才來完成，而教育正是經濟發展所需人才的培育者。學校教育的辦理，要考慮各項人才的需求量，妥善加以計劃，以免產生學非所用、用非所學的現象。而制訂合宜的教育計劃，正可以避免此一現象的發生。

合宜的教育計劃，首先要考量的是高等教育人口在總人口中所佔的比例。太高或太低的高教人口都有其弊端。我國高等教育的擴充迅速，可以由下頁的表獲知（見表十六；資料來源：行政院主計處，民 86）。

由表十六中可以得知，我國台閩地區的高等教育在民國三十五年時，只有四所學校，六百多位教師，三千位學生。但是到了民國八十五年時，已有一百三十七所學校，約四萬位教師，八十萬位學生。再以研究所的成長來看，民國三十五年時並無研究所之存在，到了民國八十五年時，已有七百所研究所，其成長之迅速，相當驚人。高等教育發展之迅速，也可以從最近幾

表十六：台閩地區高等教育數量統計表

學年度	校數（所）	教師數	研究所數	學生數
民國 35 年	4	616	...	2,983
民國 40 年	8	1,118	3	8,209
民國 45 年	17	1,910	19	22,606
民國 50 年	30	3,523	37	38,403
民國 55 年	69	6,726	63	113,855
民國 60 年	96	11,471	110	222,505
民國 65 年	101	14,548	168	299,414
民國 70 年	104	17,452	232	358,437
民國 75 年	105	21,769	301	442,648
民國 80 年	123	29,444	446	612,376
民國 85 年	137	37,779	709	795,547

年大專聯考的錄取率高達六成以上看出，有人還戲稱考不上大學比考上還難。此種迅速發展的趨勢固然有助於經濟人才的獲得，但是，過多或不適用的高等教育畢業生，也會帶來負面的影響。諸如太高的升學錄取率難免使學生素質下降；未學到一技之長的高學歷者通常有高不成低不就的遭遇，因而產生內心的不平；過多的高學歷者造成勞動人口不足的現象（外勞的引進就是因此而造成），並造成文憑貶值的現象等，都是高等教育人口比例未加規劃所造成的問題。其次要考量的是各類高教科系的平衡與出路問題，以免造成人才供需失衡的現象，甚至產生高級人才失業的反淘汰現象，如此不僅浪費教育資源，甚至會引發社會動盪的問題。所以今後高等教育的辦理，應該依據實際的就業市場及經濟人才的需要，做好評估，平衡各科系學生人數與用人單位的需求，以免造成人才浪費的問題。

二、培養富有「成就需欲」與「道德責任」的經濟人，作為經濟發展的永久動力

現代人的特性關係到國家的整體發展，尤其是經濟的建設更要具有高素質的現代人來完成。因此教育在因應經濟制度的改變時，要有長遠的眼光把重點放在高素質的經濟人的培養上。

高素質的經濟人具有兩大要件，即要同時具備「成就需欲」與「道德責任」的雙重特質。依據哈佛大學社會關係學系主任馬克利蘭（D. C. McClelland）的觀點，「成就需欲（need of achievement）似為促進經濟發展的可以證明與測量的動力」（林清江譯，民 59，頁 12）。因此，要使經濟永續發展，必須在教育的過程中培養學生的成就需欲，使其將來願意承擔國家繼續現代化的責任，缺乏具有高成就需欲的國民，一個國家是很難立足在競爭日益激烈的國際舞台上。

但是如果只著重成就需欲的培養，而忽視了經濟人的道德性，所有的經濟成果都只是暫時性的泡影而已。現代的經濟必須強調其道德性，因為唯有配合著道德而發展的經濟，才是值得追求的經濟；也唯有以道德為後盾的經濟，才是可大可久的經濟。這些都不是只具有「成就需欲」的人所能達成。當前的經濟發展，由於不重視道德的層面，社會中普遍存在著一夕致富的心理，這是未來經濟發展的最大致命傷。因此如何在教育的過程中，同時教導學生具備「成就需欲」的人格特質及「君子愛財，取之有道」的道德，使國人能夠真正憑良心賺錢，而不用假藥、假貨、死豬肉或各種騙術來取財，使其成為有能力又有道德的現代經濟人，實是學校不能忽視的重大責任。我國過去所承傳的許多美德，諸如勤儉、吃苦等德行，是經濟長久發展的主要力量，卻在現代化的過程中漸漸消失，所以應該在教育的過程中再加以尋回。因此，負有身教責任的教師，除了應該廉以自持，更應該表現出勤儉吃苦的美德，讓學生有一良好的楷模可資仿效。

參、學校教育對政治制度改變的應有因應

一、教育要重視國民民主素養的提升

我國推行民主政治雖有績效，但在整個政治的運作中，仍多有缺失，譬如國會殿堂中打架、賄選、關說，不一而足。而這些現象的背後，顯示國民的民主素養有待提升，教育若要成為改變政治制度的主力，應該在教育的歷程中強調民主政治的可貴，實施合乎民主的教育歷程，訓練學生純熟的議事規則，培養學生容忍他人的雅量，以厚植民主政治的基礎，進而改善現在所常見的政治上的弊端。

二、教育要注重合宜的政治社會化的歷程

過去教育常常成為政治的傳聲筒，被政治人物拿來當成愚民的工具。許多有關兒童政治社會化的研究都指出，執政者有心在教科書中滲入對自己有利的意識型態，而使教育的知識受到扭曲。在民主的社會中，教育要發揮合宜的政治社會化的功能，使國民不至受到教條的灌輸與洗腦。唯有經過合宜的政治社會化歷程所培養出來的國民，才能具有批判與被批判的能力與雅量，才不會再想以灌輸或洗腦的方式對待他人。

三、教育界要選出代言人

過去教育界在整個的政治決策過程中一直居於弱勢的地位，而淪為被犧牲的一群。教育界如果要在民主的社會中爭得應有的權益，則非展現出教育團體的政治實力不可。其實教育的專業人口眾多，再加上關心教育的人士，則其勢力更加龐大，足以形成重要的壓力團體，讓政治的決策者傾聽教育界的意見。但是教育界一直未能團結一致，未能匯集教育界的共同心聲，所以常常被他人所犧牲。為了挽回此一頹勢，教育界應該有代言人，隨時徵詢教育界的意見、傳遞教育界的心聲，使政策的決定能夠符合教育的理想。現在

全國教師會已經誕生，其應該擔起此一任務，才是對教育界的最大貢獻。

肆、學校教育對文化制度改變的應有因應

一、加強實施價值澄清的教育，以健全國民的價值判斷能力

處此價值多元的社會中，價值判斷的能力是個人立身處世的第一要務，更是個人避免隨波逐流的重要條件。今日教育的要點除了知識的薰陶之外，更在於價值的辨明；除了技術的獲得，更在於誘惑的抗拒。今日社會中，太多似是而非的論調，太多引人犯罪的誘惑，我們的教育如果不能依此加以因應，則其成效定然有限。所以，為了健全國民的判斷能力，價值澄清教育的實施實在刻不容緩。

二、建立和諧的校園文化，避免校園民主的弊端出現

「前喻型」的文化結構的到來，對於校園的和諧有重大的打擊。目前校園中普遍瀰漫著衝突的氣息，主要是因為資深教師與年輕教師的權力地位交換所造成。其實，校園文化結構改變之所以會產生兩代之間的摩擦，其關鍵還在於校園文化不能和諧。因此，光從文化結構的取向來解釋教育，有時並不能見出實際情況的多樣性。如果能在文化結構取向上加上文化的氣氛，就能更為清晰地看出文化結構的實際作用。茲將文化結構模式與校園氣氛的關係以下頁表示之（見表十七）。

由表十七中可以看出，文化的氣氛基本上可以分成和諧、冷漠以及衝突的三種情境。以之和後喻型以及前喻型的兩種文化結構取向相結合，就產生六種類型，即A型（提攜的）、B型（尊重的）、C型（輕視的）、D型（厭惡的）、E型（壓榨的）以及F型（仇視的）。在後喻型的校園文化中，隨著文化氣氛的不同，資深教師對於年輕教師，因文化氣氛的不同而給予提攜的、輕視的或壓榨的不同待遇；在前喻型的校園文化中，隨著文化氣氛的不同，年輕教師對於資深教師也因文化氣氛的不同而給予尊重的、厭惡

表十七：文化結構模式與校園氣氛的關係表

		文化結構取向	
		後喻型	前喻型
文化的氣氛	和諧的	A 型 （提攜的）	B 型 （尊重的）
	冷漠的	C 型 （輕視的）	D 型 （厭惡的）
	衝突的	E 型 （壓榨的）	F 型 （仇視的的）

的或仇視的不同待遇。可見文化氣氛所起的作用不小。所以要化解教育取向改變所造成的校園摩擦問題，只能由建立校園的和諧氣氛著手。最近因為教育制度的大幅更張，在動人的「校園民主」的口號下，其實各校都暗藏著許多利益的爭奪。而處於弱勢地位的資深教師，因為無法適應而提前退休，這顯示出校園中的氣氛不夠和諧，所以建立和諧的校園文化，使兩代之間的摩擦減少，是當前校園中極為重要的工作。

三、改變學校的傳播模式以對抗外部文化的侵蝕

目前學生在校外所接觸的文化，大多是與教育系統「異向而同層」的文化，此種「異向而同層」的文化對學校的教育成效產生極大的瓦解作用。因為這些外部的文化除了以其傳播方式的聲光俱佳來吸引人外，更以其內容的反教育性來取悅無判斷力的學生。相較而言，學校中的信息內容與傳遞方式是無法與大眾傳播媒體的刺激性相抗衡的，主要是因為二者存在著如下頁表的差異（見表十八，引自吳康寧，民87，頁113）。

從表十八中可以看出，學校中所用的傳遞內容是以無聊為主要特徵。而其所用的傳遞方式又是單調古板的，因此無法吸引學生的注意；相反的，大眾傳播媒體為了吸引觀眾，不僅在信息內容的選擇上挖空心思，更在傳遞的方式上推陳出新，無怪乎會受到學生的喜愛。

如果學校無力改變大眾傳播媒體的侵蝕，又無力禁止學生觀看媒體，唯

表十八：學校與大眾傳播媒體所傳遞信息之差異表

	學校所傳遞的信息	大眾傳播媒體所傳遞的信息
接受途徑	理解的	感受的
領域	狹窄的	寬泛的
主題	恆常的	多變的
包容性	排它的	兼蓄的
效用	預期的	現實的
呈現形式	單調的	多樣的
傳遞者	固定的	流動的
接受者的權限	幾無選擇餘地	聽任自由選擇

一的辦法便是改變學校的無聊與單調的特質，在課程上加強變化，在教法上推陳出新，以吸引學生的注意，才能產生與外部文化相抗衡的力量。

參考書目

行政院主計處編印，民86，**中華民國統計年鑑**。

吳康寧，民87，**教育社會學**。高雄：復文出版社。

林清江譯，民59，**現代化**。台北：商務印書館。

林清江，民70，**教育社會學新論**。台北：五南出版社。

龍冠海，民55，**社會學**。台北：三民書局。

Bell, D., （1974）, *The Coming of Post-Industrial Society*. London: Heinemann.

第八章

科層體制：學校運作的主要模式

∞ 現代社會的特徵：組織化

∞ 組織化社會的有效運作：科層體制的興起

∞ 科層體制的不同觀點與解釋

∞ 學校組織特性及其有效運作的社會學分析

　　我們雖是個體的存在，卻是以團體的方式而生活著。我們社會的組織究竟具有何種特徵，對我們的生活又有何種影響，是社會學研究的重要主題。如果我們利用晴朗的夜晚，乘坐飛機升上高空觀賞人類的社會，我們會很容易地發現到現代社會的嚴密組織性。我們可以看到成千上萬的燈光，有秩序地組成一個個的光輪，由一個個的中心向四周輻射。而在光輪與光輪之間，又有著規則性的連續，將所有燈光結合成為一體，此種看得到的燈光排列，正反映出潛藏的社會關係，暗示著現代社會所具有的秩序性與組織性。

　　現代的社會已經結成一個龐大的組織，其運作則具有明顯的科層體制的特徵。學校作為這個龐大組織的一部分，其運作方式當然不能脫離科層體制的特徵，但是，學校又具有與科層體制相互衝突的專業屬性。本章從科層體制的觀點入手，先探討現代社會的組織化特徵，再探討科層體制興起的理由，進而對科層體制的不同觀點加以解釋，最後則分析科層體制對學校教育的衝擊與啓示如下。

◉ 第一節　現代社會的特徵：組織化 ◉

壹、龐大而有組織的社會

　　在單純的農業社會中，社會的互動大抵限於族人或鄰近地區的人們，因此所形成的正式團體不多，其規模也較小。但在一個工業化的現代社會中，社會的互動變得非常複雜。基於社會的、經濟的、法律的、娛樂的、政治的目的而形成的團體與組織越來越多。這些團體與組織除了具有無所不在的屬性，更具有規模龐大、構造嚴密的屬性，這便是現代社會最明顯的兩大特徵。

　　先就社會組織的無所不在性而言，我們的一生幾乎都在各種的組織中度過：在醫院出生、在學校受教、在各種公司中採購、在政府機構任職、加入

各種專業性或興趣性的團體成為會員、在殯儀館中告別人世，我們很難想像沒有了這些社會組織，生活會成為何種模樣。所以誠如伊齊歐尼（Amitai Etzioni）所說：「我們已經無法逃脫社會組織的控制」（Etzioni, 1964）。生活在現代社會的人與生活在古時候的人最大的不同，就是古時候的人比較可以自給自足，較少受到社會組織的影響。中國人所謂：「日出而作，日入而息，鑿井而飲，曲肱而眠，帝力何有於我哉？」就是這種生活不受外界影響的明證。但是對於生活在現代社會的人而言，已經無法不受外界的影響。誠如霍爾（Richard H. Hall）所指出：只要拿起一張報紙，從第一版翻到最後一版，就能看到各種組織的影子滲入在生活的各個層面，無所不在，現代人想要不食人間煙火，成為遺世獨立的隱士可不容易（Hall, 1977）。

　　其次就現代社會組織的龐大複雜而言，雖然早在一千多年前的人類社會，就有龐大的社會組織出現，以完成巨大工程的興建，例如中國的萬里長城、埃及的金字塔，這些建設都不是小規模的社會組織所能承擔的。儘管如此，早期的正式組織之規模仍難與今日的社會組織相比。例如美國前五百個最大的公司能夠控制全國百分之六十五的工業銷售量，獲取百分之七十五的利益，獨佔了百分之七十五的用人市場（Dowd, 1974），其規模之大，絕非古代的人所能想像。

貳、社會組織的形成

　　然而，這些無所不在而又龐大複雜的社會組織是如何產生的呢？依據伊齊歐尼（Amitai Etzioni）的定義：「社會組織是為了追求特定目標而設的社會單元」（Etzioni, 1964），準此而言，社會組織的形成來自三個基本的理由。

　　首先，社會組織的形成必須有特殊的目的存在，儘管有的組織具有較正式的目的，另有一些組織具有較不正式的目的，無論如何，所有組織的存在一定具有其目的，沒有特殊的目的是無法形成組織的。

　　其次，社會組織的特殊目標是基於專業分工的需要。現代社會勞力的分

工趨於專精化，而與漁獵時代的粗略分工有所不同。人類早期所形成的社會組織，雖然也是一種分工，但由於所有可用的人力都投入於食物的獲得之上，因此難以形成專精的分工。等到農業發明之後，糧食的充足使得部分之人能夠免除生計活動之苦，才有專業人員，諸如陶工、技匠等的出現。他們只負責某一專精的任務，因此能夠成為技藝精湛的專業人員。有了專業的分工，技術才能精湛，績效才能提升，創新才能產生，社會才能進步。而專業分工的結果連帶的就是產生了各種具有特殊目的的專業組織。

其三，社會組織的分工完成以後，又需要同時規範對內與對外的合作關係。唯有內部的各部門能與組織中其他不同的部門相互合作，對外又能與其他的社會組織保持分工而不分離、專業而不專斷的關係，整個社會才能形成看似分離卻又無法分割的整體。所以社會的組織是以特殊的目的為分工之基礎，但卻以統整性的維持為最終的目標。

參、社會組織的分類

社會組織因為其結構的類型與互動的方式不同，而有不同的分類。一般將社會組織區分成初級團體與次級團體（primary groups and secondary groups）、正式與非正式組織（formal organizations and informal organizations），分別說明如下。

一、初級團體與次級團體

初級團體一詞是由庫里（Charles Horton Cooley）首先創用，其最主要的特徵是具有「親密合作與面對面的溝通關係」（Cooley, 1964）。這種團體包括家庭、朋友、親戚等。至於公司、軍隊、政府機構、學校等則是典型的次級團體。初級團體與次級團體之不同，可以由其團體所具的功能、團體目的的明確性、團體結構的僵化程度、團體的凝聚方式、團體對個人的意義等五個面向之不同加以說明，值得注意的是，這些不同有時僅是程度之別，而非種類之異。

(一)就團體所具的功能而言

庫里區分團體的兩種功能，表情性的功能（expressive function）與工具性的功能（instrumental function）。所謂表情性的功能，指的是團體能夠提供個人一種「人我一體」的感覺，能使個人獲得情感上的依附，進而形成人格的特質。而這是初級團體的主要功能。初級團體對於個人的人格與個性的形成具有重要的影響力，因為初級團體內的互動是親密的、感情涉入的、愛恨鮮明的。表情性的功能所重視的互動的本身，互動本身即是目的，其本身就具有內在的歡愉。反之，與表情性的功能不同，工具性的功能具有較非人格性與較少情緒涉入性的特徵。這種功能不把互動本身當作目的，而只是為了達到其他目的的一種手段而已。而次級團體就是以工具性的功能為主要特徵。此種感情涉入程度的不同，便是初級團體與次級團體的最大差異。

(二)就團體目的的明確性不同而言

初級團體的目的是多面向的，因而缺乏單一明確的目的。至於次級團體則有單一而明顯的目的，此一目標的達成便是次級團體存在的主要理由。而為了達成此一特定的目的，使得次級團體具有目標導向或工具導向的特色。

(三)就團體結構的僵化程度而言

初級團體的組織較少正式的結構與規則，因而具有較多的彈性空間。反之，次級團體的設計都是為了達成特殊的目標，因此強調理性的分工、形成權威的結構、明定成員的權利義務等，使得團體的結構較為僵化而少彈性的空間。

(四)就團體的凝聚力不同而言

初級團體的凝聚方式，類似涂爾幹（Durkheim, E.）所謂的「機械式的聯帶」（mechanical solidarity），是以團體成員的相似性以及彼此共享的

情感作爲團結的力量，具有較高的地緣依附性與血緣親密性。而次級團體的凝聚方式，則類似涂爾幹所謂的「有機的聯帶」（organic　solidarity），是以團體成員的相異性以及彼此的分工互賴性作爲團結的力量，具有較高的專業分工性與功能互補性（Durkheim,　1960）。這兩種團體與湯尼斯（Ferdi-nand　Tonnies,　1855～1936）所區分的「社區」（Gemeinschaft，英譯爲community）與「社會」（Gesellschaft，英譯爲 society）　十分類似。前者是指簡單的社會，以同質性作爲相結合的條件，社區中的成員具有共同的價值與規範，從事相同的工作，並遵守傳統與習俗的規範。後者則是異質性的複雜社會，其成員並非以共同的情感作爲結合的力量，而是以經濟上的相互依賴結合在一起。社會的秩序不是由傳統與習俗來維繫，而是以法律來加以約束（Tonnies,　1963）。

(五)就對個人的意義不同而言

初級團體對於個人而言，具有參照團體（reference　groups）的作用，個人對於評斷自己與他人所需的價值與規範，大都是由此參照團體所提供。因此初級團體對於個人的情緒安穩、角色認同、價值獲得都有極大的影響。例如學生的衣著、言談、休閒活動、態度等都在初級團體中形成。反之，次級團體將感情的成分盡量排除，個人在此被切斷了情感涉入之路，斲喪了創造與革新的原動力，因而對於個人意義的獲得有負面的影響。而各種的職業團體都是重要的次級團體，但卻是「解社會化」（de-socializing）的機構，例如亨利（Jules　Henry）就曾指出多數人對於其工作缺乏滿足感，工作依附（job　attachment）幾乎不可能。在等因奉此的例行工作中，不僅無法獲得心靈上的滿足，甚且淪爲工作的機器（Henry,　1963）。

二、正式組織與非正式組織

正式組織是指：「人類爲了完成某一目標而設計的集體機構」（Hall,1977）。這種正式組織算是一種特別的次級團體，因此具有次級團體的特徵：非人格性、工具性、僵化的組織、分工互賴、且非以情感的依賴相結

合。

　　正式組織所要達成的特殊目的，就是其存在的基本理由。就此本質而言，正式組織可以被視爲一種「社會機器」，這種「機器」的發明與生活中的機器有其相似性，都是爲了滿足社會生活的需要，或爲了解決社會現存的某種問題。因此，正式組織的最大考量是目的的達成，至於目的之外的其他功能則只能是其次的考量而已。茲以吸塵器爲例，吸塵器的主要功能是清潔灰塵，能夠完成清潔任務的吸塵器就是好的吸塵器，美觀與否倒是其次的考量。至於非正式的組織，以其缺乏正式的組織目的，正式的組織規程，正式的運作細則，正式的溝通管道，正式的權力分配，故稱爲非正式組織。前述的初級團體，就是非正式組織的例子。

◉ 第二節　組織化社會的有效運作：◉ 科層體制的興起

　　韋柏（Weber, M.）觀察現代工業化社會的特徵，首先指出馬克斯主義者把工業化的社會區分成社會主義與資本主義的錯誤。因爲在韋柏的眼中，社會主義與資本主義的社會雖有相當的不同。但此種不同比起它們的相似性則顯得微不足道。他認爲現代工業化的社會，不管是資本主義的社會或是共產主義的社會，都同樣具有科層體制的主要特徵。因此他認爲科層化的組織（bureaucratic organizations）已經打破社會主義與資本主義的差異，成爲工業化社會的主要特色。不管是政府的機構、政治的團體、商業的公司、軍隊、學校、教會都是以科層的方式來進行組織與工作。而科層體制（bureaucracy）正是韋柏用來說明現代工業化社會組織的重要概念（Weber, 1947）。

　　「科層體制」是"bureaucracy"的譯名，或譯爲「官僚制度」。在組織化的現代社會中，「科層體制」已成爲社會運作的主要方式，對於每一位生活於現代社會的國民而言，任誰也脫離不了「科層體制」的影響。反諷的是一般人對於「科層體制」並無好的印象，認爲那是官樣文章、繁文縟節的同

義字。因而對於「科層體制」一詞，存有很濃的貶意。尤其是中文「官僚制度」的字義所帶給人的感覺，包括繁雜累人的儀式與程序，毫無績效的行政，都是具有令人厭惡的負面意義。究竟「科層體制」的本意如何，應先釐清。

壹、科層體制的意義

要瞭解科層體制的意義，可以從科層體制的本質、目的、起源以及構成要素等方面來加以說明如下：

一、從本質來看：科層體制是屬於「報酬/利用型」的正式組織

儘管正式組織都具有類似的特徵，不同的正式組織仍有相當的差異性存在。例如伊齊歐尼（Etzioni, 1961）用兩個主要的因素，將正式組織的性質加以區分。首先依據組織對其成員的權威類型，正式組織可以分成宰制型（coercive）、報酬型（remunerative）以及規範型（normative）三種。其次依據成員對其組織的態度，正式組織可以分成疏離型（alienative）、利用型（utilitarian）以及道德型（moral）三種。伊齊歐尼用此兩大因素的結合，將正式組織分成三種類型，亦即宰制/疏離型（coercive-alienative organization）、報酬/利用型（remunerative-utilitarian organization）以及規範/道德型（normative-moral organization）三大基本組織。其中，報酬/利用型的正式組織居於最多，又稱為科層體制。

二、從目的來看：科層體制是為了理性化的績效追求

我們從韋柏對科層體制所下的定義：「科層體制是一種階層性的組織，設計來合理地協調眾人的工作，以確保大規模的行政任務及組織目標的達成」（Weber,1947），可以看出科層體制的真正用意是在追求「理性化」（rationalization）。因為韋柏看到現代工業化社會中的正式組織，有全時的人員在進行行政的管理與服務，在此組織中，薪水的階層化，分層的管理與

控制，彼此的分工合作都成爲必要的特徵。韋柏爲了對此現象加以解釋，乃提出他的「社會行動理論」。韋柏認爲，人類的行動是以內在的意義爲主導，因此解釋行動必須以行爲者的意義與動機作爲主要依據。在此理論的前提下，韋柏乃將社會行動區分成三種，即感情或情緒性的行動（affective or emotional action）、傳統的行動（traditional action）以及理性的行動（rational action）。所謂感情或情緒性的行動，是指行爲者的行爲動機是基於內心的感情與個人的嗜好，受到原始的衝動與情緒的左右甚大，因此經常出現不理性的行爲。所謂傳統的行動，指的是行爲者依據社會的傳統而行爲，是以上一代人的習慣爲行爲之指導，對於習以爲常的事物，不再深究是否合理，便依例行事。所謂理性的行動，指的是行爲者經過理性的審愼判斷而行動，其行動的程序與步驟也經過詳細的設計與考量，務使行動能達到最經濟而又有效的結果。理性的行動是經過理性思索的結果，比起感情或情緒性的行動，以及傳統的行動，此種行動被視爲最佳的行動方式。而科層體制正是把理性行動用在正式組織中的一種制度。

　　相對應於前述的三種行動，韋柏又提出三種權威。人格感召的權威（charismatic authority）是用在感情或情緒性的行動中。傳統的權威（traditional authority）則用在傳統的行動中。理性與法定的權威 （rational-legal authority）則是用在理性的行動中。科層體制所使用的權威便是理性的權威，因爲此種權威並不訴諸個人的人格特性，所以可以避免人爲的私心作用，而確保其合理性。

三、從起源來看：科層體制源自韋柏的理想型概念

　　科層體制起源於韋柏的理想型（ideal type）的概念模式。雖然韋柏深知實際之科層體制是無法完全與此模式相符，但他認爲此一模式將是社會發展的必然趨勢。韋柏（1947）的理想型（ideal type）科層體制是考察了工業化社會的特性之後才提出的。工業化的社會是以科技的優先性爲主要的特徵。此種社會不再依賴人格感召或傳統的權威，而是以能達成組織目標的知識與技術作爲權威的來源。以技術作爲唯一的考量所訂出來的規則才能專注

於組織目標的達成，對於專家技術的信賴則可以排除個人情緒與利益的干擾，因而可以確保組織目標的達成。與其他類型的組織相比，科層體制的行政將更爲精確、快速、摩擦少、而且成本低。

韋柏的科層體制是一個不講人情、不帶情感的「社會機器」，只有理性與績效的考量。這個理想型的科層體制，雖然過度簡單、且流於誇大，而且在現實中，並無任何一個機構與之完全相符，但是韋柏的預言已經被證實爲正確無誤。古代的埃及、中國、羅馬帝國的行政組織就已具有部分的這些特徵。到了今日工業化的社會中，這種理想型的科層體制已經成爲組織運作的典型方式。

四、科層體制的構成要素

規則、職位、階層是構成科層體制的三大要素，因而科層體制的整個構想，是圍繞在此三個核心的概念上。

(一)規則

規則（rules）指的是依法行政的精神，所有的行政規定都要制成成文的規章與辦法，使主事者不能依自己之喜怒哀樂加以隨意變更。

(二)職位

職位（office）指的是以規劃詳盡的權責內容、能力需求、所需訓練、升遷管道、考核獎懲等作爲組織覓才、運作、管理的依據。依據職位說明書的內容行事，不僅可以適才適所，而且可以輕易地達成組織的任務。因此，職位的設計是科層體制分工的依據，唯有周全的職位設計，可以確保組織的順暢運作，不會因爲用非其人，或權責不明等因素而影響組織的效率。

(三)階層

階層（hierarchy）指的是組織內的權力結構，設計成具有上下統屬的特性，以方便組織任務的監督與達成。

貳、科層體制的主要特徵

從科層體制所強調的精神，可以歸納出其重要特徵如下：

一、明確分工的職責

科層體制強調將所需達成的組織目標細分成詳盡的活動，再將此活動分配為每個人的固定職責，使每一個行政人員都具有詳細規定的責任範圍。再繁再雜的工作都可以打破成環環相扣的小任務，並將之交由不同的專業人員來負責。例如國家的行政可以區分成內政、外交、國防、經濟、財政、教育等部門。每一部門再分成更細的小部門，直到每一個人都有一個明確的責任範圍為止。任務明確，達成容易，成為科層體制的重要特徵之一。

二、階層化的權力分配

科層體制將組織的指揮系統，按照權力的大小排成階層的系列。所有的職位依其所具權威之大小，排成一個高低相續的層級，以便做上下之管轄。除了最高層者外，每個人皆是其上司的屬下，都須聽命於其上司的命令，於是形成命令與服從的鏈子，產生層層節制的效果。

三、抽象的規則系統

科層體制的組織運作，依據的是個抽象但又一致的規則系統。在此規則中，明確地定義每一項工作的法定流程；明確地規定命令下達的途徑；明確地規定每個任務的執行與所需達到的標準，使機關的運作都有可資遵循的規則。

四、形式上非人格化的精神

科層體制中，行政人員的辦事必須遵照規則的約束，而非個人的感情或好惡，這樣才能確保行政的合理性，而免除感情的涉入與干擾。在此依法行

政的精神下，個人無法以情緒性的反應來辦理公務。

五、以知識的專精作爲用人的標準

科層體制重視專家的專業知識，這是使科層體制具有理性特徵的主要原理。因此科層體制的人員任用，完全以具有達成組織目標所需的知識與技術爲依據。被任用者一旦進入科層體制中，就成爲全時受薪的受雇人員，並且具有職業的生涯發展。升遷的依據是可能是年資的深淺，也可能是工作表現的成就，或者兼採二者作爲考量的標準。

六、嚴格劃分私人與公務的範疇

科層體制中的人員必須將公務與私事的範圍作出嚴格的劃分，他並不擁有他所就職機關的任何部分，更不能利用自己在組織中的職位去賺取私人的利益，公私分明不得有所相混。

參、科層體制的另類考量

科層體制的上述特徵，在實際運作時並非沒有缺點，也因而引起反省與改進，其中日本與中國大陸的改進方式，算是科層體制的另類考量，說明如下：

一、日本對科層體制的改良

日本的經濟被視爲舉世無雙，其主要的理由是機關組織的獨特性（Dore, 1973）。日本的工人對於自己的公司及老闆有深厚的認同，因此日本工人工作熱心，他們把公司當成是自己的家，一輩子不輕易離開這個家；工人對公司所表現的認同感是工作中的一部分，每天在正式上班之前，所有的員工要先唱屬於公司的團歌，以示團結，要驕傲地穿上公司的制服，以示認同。而公司及老闆對於工人的體恤與照顧則是無微不至，並不把他們視爲僅是生產的因素之一，而是以家庭的一分子善加對待，即使遇到不景氣，也不會輕易

地辭退工人，而寧可共同減薪來度過難關；因此，對於日本的工人而言，其工作具有終身的保障。

與西方的文化背景相比，日本的組織運作與科層體制的基本理念有極大的差異：㈠日本人對於職缺的安排並不只從團體的需要去考量，還要從職員的個人需要去考量。因為職員是具有某種功能的成員，而非僅是佔有某一位置的個人而已；㈡組織的決定採取由下而上的「草根模式」，由每一位組成分子共同參與而作成決定，階層的上下服從性並不十分明顯；㈢組織的分子具有強烈的團體凝聚力，人人以成為組織的一分子為榮，因此對於組織具有奉獻的熱忱，忠貞而且全心投入；㈣日本人把自己所屬的組織視為家庭或社區，個人與組織形成不可分離的生命共同體，相互照顧，彼此互惠，因而成員對於組織甚少疏離感。這些特色與西方的科層體制形成極為鮮明的對比。

二、中國大陸對科層體制的改良

中國大陸自稱其科層體制是具有彈性的共產體制的科層體制，其所宣稱的特色是重視個人的人格性。基於人格性尊重的考量，其科層體制要符合下述的五大原則：

㈠科技能力不是取得職位之唯一標準，態度與政治立場有更大的決定力。

㈡科層體制並無完全獨立自主的權力，而應聽從政治的指揮與監督。

㈢所有的決策都需經常期的、全體的、共同的參與討論而制訂，所有的長官不僅需要參與低層的工作，其服裝與待遇也與大家相同。

㈣為了保持工作的彈性，工作的程序與規則並不規定得十分明確，此外更強調革新與發明的重要，而不主張墨守成規。

㈤強調個人的整體生活都要投入工作組織中，包括休閒的部分。

懷提（Martin King Whyte）在其「現代中國的科層體制」（Bureaucracy and Modernization in China: The Maoist Critique）一文中，指出中國與西方科層體制的十個相異處，列表說明如下（Whyte, 1973）：

表十九：中國與西方科層體制的相異點表

西方的概念	中國的概念
1. 人員安置是以科技能力作標準	1. 考量政治純潔度與科技能力
2. 提升組織的自主力	2. 配合外界與政治的需求
3. 採用法定合理權威	3. 採用人格感召的權威
4. 非正式團體無可避免地發生	4. 非正式團體應納入運作
5. 不同職位與工作有不同之待遇	5. 強調待遇無差別
6. 形式上的非人格化	6. 鼓勵發揮同志之愛
7. 非情緒性	7. 鼓勵政治熱忱
8. 只部分涉入組織，負有限契約責任	8. 整體生活都完全涉入，負無限責任
9. 重視規則與程序	9. 重視彈性與變遷，打破規則與程序
10. 嚴格的階層管制，服從上級	10. 集體領導，彈性諮商

三、東方國家科層體制的特色

　　日本與中國之科層體制，在許多方面都顯示出與西方國家不同的特色，而顯現東方國家所特有的文化精神，歸納而言，有下列三個特點：

　　㈠組織的效率雖然重要，但不是唯一的考量。日本與中國之科層體制也是為了達成具體的組織目標而設計，都具有某種程度的專業化與階層化的特性，都有運作的規則與程序，都在追求相似的目標，但更重要的是，組織的效率雖然重要，卻不是唯一的考量。尤其是個人的需要並不被組織的任務所犧牲。

　　㈡重視個人對組織的認同感，以培養組織成員的忠貞與投入，使個人與組織融為一體，形成休戚與共的榮辱共同體。

　　㈢解決參與者的疏離感，使能全心投入工作，增加工作的績效，不僅沒有因為疏離感所造成的退縮、破壞公物、暴力等症狀，更能將生活的整體都獻給組織。

◉ 第三節　科層體制的不同觀點與解釋 ◉

壹、功能主義者的觀點：組織即是系統

　　韋柏對於理想型科層體制的定義，表現出典型的功能主義者的觀點。這種觀點認為組織是由相互依賴的不同部門所組成的系統，各部門的存在對於整個組織的維持都有所貢獻。因此組織各部門的最大考量就是任務的達成。而科層體制的各種設計，例如專業的人力分工、上下層級的節制、明確的規則、非人格化的考量等等，都是為了組織的有效運作。組織為了存活，除了要對外界環境加以調適，以免被不利的因素所摧毀外，更要對組織內部進行充分的溝通，使組織能夠發揮其功能。此種觀點，把組織視為一個系統，所有的組織行為都是為了達成組織的目標，而組織目標的達成，又是組織存活的主要依賴。因此分析一個組織的行為，便是在於分析一個組織的功能及目標達成之方法。準此而言，科層體制是達成社會目標的一個結構健全的系統。

貳、馬克斯主義者的觀點：組織無非工具

　　馬克斯主義者對科層體制的觀點基本上是採取汙衊與懷疑的態度，認為科層體制是資本主義社會為了資本家的私心目的而設計的共犯結構體。例如蘇聯的頭子列寧（Lenin）就認為科層體制是由資本主義的下層結構中所衍生的壓迫性的機器，其解決的辦法唯有將下層的資本主義的經濟制度消滅，改成社會主義的經濟主張，把所有的生產工具都歸人民共有，才能使科層體制的缺失真正消滅。他認為社會主義社會的行政，將不再被專業分工的原理所限制，所有的人都必須參與行政的決策，讓真正的民主取代科層體制。但

在實際的情形中，蘇聯自一九一七年革命成功，生產工具已經達成共有的理想，但是科層體制並未因為社會主義的建立而沒落，反而持續擴充。對此列寧的解釋是「因為社會主義的社會尚未成熟」之故。這種情形在中國大陸也是如此。準此而言，衝突理論者把科層體制視為達成社會壓榨的一個重要工具。

參、互動主義者的觀點：組織違反個人意志

　　誠如席佛曼（David Silverman）所謂：「行動來自個人內在的意義，而非外在的刺激，或組織的要求」（Silverman, 1970），這句話最能說明互動主義者對於科層體制的觀點。這種觀點對於功能主義者與衝突理論者的看法皆持相反的意見。功能主義者與衝突理論者把人的行動視為對於組織需求的反應，組織成員只能依照組織的需要而被動地反應，並無主動決定行為方向之能力，這種觀點深受互動主義者之批評。互動主義者採用現象學派的主張，認為行動來自意義的把握以及對於情境的瞭解。個人並非被動的行為者，並不被組織的規範完全限制，而保有主動建構意義、界定情境的能力。例如最先以互動觀點研究組織行為的葛夫曼（Erving Goffman）指出，在精神病院、監獄、集中營、孤兒院、僧侶院、軍營等所謂的「完全機構」中的成員，他們的行為反應方式是經過個人對於情境詮釋的結果。他們適應情境的各種方法包括退縮（situational withdrawal）、負隅頑抗（intransigent line）、殖民（colonization）、順從（conversion）、漠不關心（playing it cool）等，都是透過內在的詮釋才決定的行為反應（Goffman, 1963; 1969）。所以科層體制在互動主義者的眼中，僅是一部壓制個人意志的行政機器而已。

◉ 第四節 學校組織特性及其有 ◉
效運作的社會學分析

隨著社會組織的龐大化與複雜化,我們的周遭出現了許多我們無法瞭解、難以接近、不能加以影響的強有力的機構,諸如大型的公司、政府機關、各種工會、專業的機構等,我們稱這種機構為大結構(mega-structures)的組織。就連一向以人性培養為主要任務的學校也難逃成為大結構的組織的命運(Berger, 1977)。

我們雖能由大結構的組織運作中得到許多便利,卻也因此受到許多限制。當大結構組織正常運作的時候,我們感到被它所控制;但當這部大機器不能運作時,我們又覺得無所適從。現代社會的生活,已經脫離不了這部大機器的影響。而這部大機器的運作是由不講情面的人員所主持,他們沒有幽默、缺乏想像力,與人保持膚淺的表面接觸,而不涉及親密的關係。例如我們對於健康保險人員、高速公路收費員、診所的護士,並不感到有太多的情感關聯。我們與他們的關係僅止於他們所提供的暫時的服務而已。我們無法由他們得到熱忱、親密以及真心的關懷。在大結構的組織中,人際關係的冷漠是正常的。因此它也無法提供吾人生活的真正意義及生命的認同體。而這就是科層體制的共同面貌。可笑的是,現代人為了對抗大結構組織的不利影響,而組成各種機構來以之抗衡,但是這些為了抗衡大結構而組成的機構,本身又無可避免地成為大結構的組織。其次,學校成為科層體制的一環之後,一方面以不具個人情感作為辦事的準則,再方面卻以人格的薰陶作為主要的組織任務。此種矛盾便是學校處在當前科層體制化的社會中,難以避免的窘境。究竟學校的特質與科層體制能否相容,或應該如何避免二者的矛盾,一直是無法得到滿意答案的主題。以下分從學校的組織特色與學校的合理運作兩方面,說明科層體制對學校的影響及其應有的因應之道。

壹、　學校的組織特性：兼具科層體制與專業機構的雙重特徵

學校的組織一方面具有科層體制的特徵，另方面則是以專業爲導向的學術機構。因而是同時具有在本質上相互矛盾的雙重特徵。說明如下：

一、學校的組織結構是「多層級權威的寡頭機構」，具有明顯的科層體制的特徵

作爲社會的子系統，學校無可避免地具有整個社會的共同特徵，即是科層體制化的正式組織結構。就對外的關係來看，學校是整個大的科層體制的一環。就對內的關係來看，學校本身也具有明顯的科層體制特徵。此種內外同具科層體制特徵的組織結構，便形成學校的「多層級權威的寡頭機構」的特色。茲將學校的此一特性以下頁圖表示（見圖十六）。

由圖十六中可以見到，學校所受的控制並非只有單一的來源，而是受到許多層級的控制，而要聽命於多重的機構。中央的教育部，省（市）的教育廳（局），以及縣（市）的教育局，都依其指揮系統之所及，對各級學校享有直接指揮、控制之權，此外，中央各部會、省（市）各廳處，以及縣市各單位，雖不直接指揮監督各級學校，但就各自所主管的業務範圍，依然享有對各級學校的間接指揮權。由此可見學校是處於權力結構的末端，受到許多機構的直接或間接的控制，因而具有「多層級權威機構」的特色；其次，學校在內部的指揮權設計上是由校長握有最終的決定權，而非以委員會的集體領導作爲權力設計的原理。學校在校長之下，設有各處室主任，其下又分各組來承擔特定的業務，教師又位在各組長之下，處於權力的末端，在對學生進行各種教學的活動。由此可見，學校是具有「寡頭機構」的特色。而「多層級權威的寡頭機構」便是科層體制的主要特徵，因此學校是典型的科層體制的正式機構。

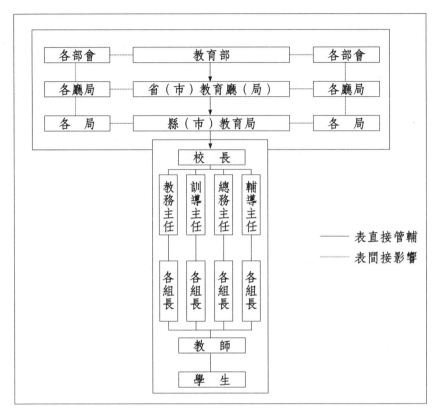

圖十六：學校是「多層級權威的寡頭機構」圖

二、就專業的屬性來看，學校的組織特性與科層體制無法相容

學校雖然已經成為一種正式的社會組織，且具有明顯的科層體制的特質，但是從學校是以教學為主要任務的專業組織來看，學校與科層體制的特性並不完全相合。

(一)學校缺乏單一而明確的目標

科層體制強調明確而單純的目標，但是學校的組織目標具有相當的多元性與模糊性，所以與科層體制的基本精神相左。由於缺乏單一而明確的目

標，學校的運作無法像工廠一般，以固定的種類或數量來計算業績，也很難以目標管理的理念來對學校進行評量。

(二)學校中的專業權威與科層體制的權威無法相容

韋柏認為科層體制的權威來自專業知識，是科層體制的最大特徵。他認為將科層的權威與專業的知識加以結合，必能增加科層體制的合理性，使工作效率達到最高。但他忽略了科層體制的權威與專業的權威具有無法相容的本質。其一，科層體制的權威是以職位的高低作為命令與服從的依據，而專業的權威是以知識的專精程度作為依據，二者的本質完全不同。其二，多數專家的職位並非在科層的頂端，通常只是在中等職位而已，專家如果以其所擁有專業的自主權與科層體制的行政命令權相抗衡，會造成原有的命令途徑紊亂或不清晰，甚至產生角色衝突的出現。其三，專家自主權的合法性判準來自專業知識的考量，所重視的是「正確的知識」。而科層體制行政命令權的合法性判準是符合組織的規章，所重視的是「行政的倫理」。此二者常有摩擦的情形發生，因而造成上下人員的不安全感。

(三)學校任務的達成要重視感情的涉入性

學校任務的達成，必須重視師生心靈的契合，人性的薰陶與人格的感召，而這些功能都與科層體制所強調的非人格性的特色相左。以提高效率為重要考量的科層體制，必須將個人的感情作用完全排除在工作的過程外，但是，對於強調人格薰陶的學校教育而言，情感的涉入是使教學有效的必要條件。學校教育的許多問題，根本來源便在於把學校當成科層體制的一環，把老師視為正式組織的受雇人員，而斬斷了師生感情交融的機會。

貳、學校的合理運作

一、學校的組織運作要避免科層體制的缺失

科層體制所蘊涵的理性原則，比其他所有的行政模式都要優越。尤其科層體制強調理性、起用專家，具有效率卓越的優點，但在科層體制發展的過程中，也已產生了重大的缺失，因此，學校行政的運作要能順暢，必先知道這些缺失之所在，並設法加以避免。歸納而言，科層體制具有如下的主要缺失：

㈠忽視人的整體性

科層體制使用理性的思想模式，揚棄了直觀的、迷信的、非理性的成分，使工作更具有邏輯性及績效性，因此具有解除世界魔力（disenchant-ment）的力量；但在使用理性把人類從無知中解放之同時，這個理性化的社會組織卻將人類的感情推入冷漠與荒涼的深淵。過度重視理性，而把不需要理性化的感情層面也加以理性化，無疑地是把人類的處境推入鐵籠（iron cage）之中，對於人類情感造成了傷害。這是科層體制的一大弱點。尤其是科層體制只重視專業知識而忽視人的整體性，因而限制了人類的完整發展。因為偏重於理性的思考，不僅不能產生自發性、創造性以及個人的獨特性，反而容易陷入在例行工作的偏狹思維中，而不能對於自己的工作與整個組織的關係有所瞭解，每個人都變成科層體制中的小螺絲釘，而不知道其整體的作用的原理，無法成為統觀全局的全才，只好淪為沒有靈魂的專家。這種沒有靈魂的專家只知道服從上級的命令，而缺乏自我的判斷，尤其在命令不清楚或命令的來源有衝突之際，將會顯得緊張、懦弱、無助而不知何去何從。

㈡權力過度集中

科層體制是一個權力的機器，只服從控制了此一機器之人的最高命令。因此最高權力者的意志不受其他人的約束，容易流於專制，造成權力過度集

中的不良結果。爲了避免權力的過度集中，只能減低最高權力者的實權，改由各層人員來控制這部權力機器，如此又會面臨著效率降低的危險，尤其是遇到危機之時，將無法有效迅速處理危機。尤其是將決策的實權下放，容易受制於「科員政治」。例如加拿大於一九四四年執政的合作福利聯邦（CCF；Cooperative Commonwealth Federation），主張採用社會主義改革方案，但因爲基層公務員的反對而告失敗（Lipset, 1950）。如何避免權力過度集中與效率低落的兩難問題，眞是科層體制的盲點所在。

(三)威脅民主與自由

科層體制被認爲是實施民主的重要工具以及保護個人自由的重要手段。布勞就曾指出：「沒有科層體制來作爲執行的手段，現代社會的民主目標是無法達成的」（Blau, 1955）。因爲所有的民主與平等的原則，都有賴科層體制的原則去執行。因爲科層體制沒有私人的考量，不因人而破壞法規的公平性，才能依法行政，達成自由與民主的目標。反諷的是，現代社會中的科層體制又被視爲個人自由的威脅。布勞與其他的人一樣，也擔心科層體制會超越大衆監督的範圍，成爲民主的剋星。尤其是現代社會中，龐大的組織林立，權力與資源幾乎都集中於少數人的手中，他們所追求的幾乎都是自己組織的利益，而非社會的整體利益。此外社會大衆對於組織的決策是無法參與的，整個的決策過程中，甚少受到大衆的監督與控制，因而威脅到民主的原則。現代人的生活受到組織的影響越來越大，但是對於組織的控制權卻越來越小，因此，如何調整民主的制度，使大衆擁有控制影響他們生活甚大的行政組織的權力，當是一個重要的課題。

(四)組織目標難以達成

科層體制以達成組織目標爲設計的主要原則，但是科層體制的運作程序中卻具有負面的功能存在，表面上以理性爲號召的科層體制，往往自我限制了組織目標的達成。例如墨頓（Robert K. Merton）曾對此加以探討，他發現科層體制難以達成組織目標的主要原因在於（Merton, 1957）：

1. 膽怯、僵化，而無力處理變遷（rigidity and the inability to cope with change）：科層體制中的人員是被訓練來依法行政的。但是對於法規未曾規定之事項，將造成僵化與膽怯，尤其是為了升遷的考量，他們更加不敢超越法規之限制而採取自我之主張。因此，科層體制雖然對於例行工作有效，卻無力應付新的環境。當外界大環境變遷迅速，僵化的科層體制實在無力加以因應，清末中國之無能，只能任人宰割，就是最好的例子。

2. 固守法規的條文，往往會造成「目標置換」（displacement of goals）的結果：科層體制的成員對於法規的遵守是十分嚴格的。遵守法規成了目的的本身，而不再是達成目標的一種手段而已，甚至使人忘記了組織原有的目標，這就產生了目標的置換，改以科層體制本身的維持與繁榮為要務。例如慈善機關成立後，用在內部維持的經費有時比用在慈善的經費多，就是一種「目標置換」的例子。

3. 流於儀式主義（ritualism）：儀式主義只重視聽命行事，而非真正關心組織目標是否達成，而不追求實質的責任與績效。高瞻遠矚的決策眼光，群策群力的共赴目標是科層體制設計的原理。但因儀式主義的影響，屬下為了保護自己的利益，對於自己不利的資訊只好加以扭曲或捏造，上層接受到扭曲的資訊，往往使其失去客觀的依據，而作出錯誤的判斷。

4. 與顧客產生摩擦：科層體制限制了個人的情感涉入，同時也使個人產生工具性的工作態度，缺乏對組織的忠誠、不認同組織的目標，而把工作視為經濟報酬的一種手段而已。科層體制此種「非人格性」的強調，往往造成服務人員與顧客的摩擦。例如前來就醫的孕婦需要的關心與同情，但是科層體制的服務人員所用的公事公辦的態度，讓人覺得這個科層體制化的醫院是一個沒有人情、冷酷、傲慢、自大、不夠親切的地方。

科層體制原是為了增加組織的效率而設計的合理性的組織，但卻因為上述的缺失而淪為功能不彰的結果。學校的組織運作一定要避免這些缺失，才

能不陷入科層體制的絕望中。

二、重新思考學校的科層化程度

　　科層體制的運作，需要依據機構本身的性質來決定採用的程度。葛德納（Alvin　W.　Gouldner）曾經研究機構的科層體制化的程度，發現不同性質的機構要用不同程度的科層體制來運作，才能避免過度科層體制化的缺失。葛德納是以礦工與木工的工作來做比較，他發現礦工與木工的工作性質，在工作的可預期性、工作規則的明確性、工作團體的內聚力、領導人員的權威性等方面，二者皆有明顯的差異，而此差異就是造成科層體制能否適用的主要原因。簡單地說，凡是工作的可預期性高、工作規則具有明確性、工作團體的內聚力強、領導人員的權威性大，採用科層體制的運作方式是有利的，反之，則採用科層體制只會帶來反效果（Gouldner,　1954）。

　　另外，伯恩斯與史托克（Tom　Burns　and　G.　M.　Stalker）也曾做過類似的研究。他們研究蘇格蘭與英格蘭的二十家電力公司，發現科層體制適合於可預期性、熟悉性以及例行性的工作。他們將組織區分成機械式的組織與有機式的組織（Mechanistic　and　organic　organizations）兩種。前者類似韋柏的科層體制，後者則沒有明確的責任界定、沒有僵化的階層與專精的分工，每個人以其專業之技術來決定任務的進行，而非按照預先決定的動作而「等因奉此」。這種組織遇到困難時，通常以集體的商量來解決困難，依據所遇到的問題才臨時決定任務的分配，以溝通式的協商來執行任務，重視資訊的交流與意見的分享，以商量代替命令，而非命令式的指示與決定（Burns　and　Stalker,　1966）。

　　伯恩斯與史托克的研究進一步指出，在穩定的工作情況下，最適合採用機械式的組織。因為在此情況之下，工作內容相當固定、工作流程相當標準化、工作分工相當專業化、單位結構相當階層化、對產品的要求相對一致、產品規格有一定之標準、生產與發展的革新需要較低，所以適合採用科層體制來從事組織的任務。但在不穩定的情況下則適合採用有機式的組織。例如市場的變化快速、知識與技術的不斷更新、產品規格並未標準化等，需要更

大的工作彈性與更流暢的溝通，才能使每個人都能瞭解整個組織的目標，而非只考量自己的有限範圍的責任而已。在此情況下，各部門之間以及同部門之內的每個人的合作是絕對的需要，非此不足以達成新的要求。

從上述各種研究的結論，我們可以得到一些重要的啟示：

㈠科層體制的採用，必須考量工作的性質是否適合於此種行政方式。儘管韋柏認為科層體制的時代已經到來，但並非所有的機構都適合此一行政模式。既然如此，我們就要研究學校行政是否真的適合於此一方式，而非盲目地採用它。如果科層體制與學校工作性質並非完全符合，則要進一步研究其適用之程度如何，有無加以修正之可能等問題，儘量使科層體制適合於學校的工作性質，而非削足適履而產生問題。

㈡機械式的與有機式的組織各自有其優缺點，也沒有單一理想的科層體制的類型可以適用所有的機構。學校的組織其實兼具機械式的組織與有機式的組織兩種性質，而且在不同情境與條件下，學校的組織性質會隨著產生變化，所以要視情況來決定採取科層體制的時機與程度，而非完全採用或完全不用的問題。如果能夠將學校的任務區分成機械性（或例行性）與有機性（或變動性）的不同領域，然後採用不同的辦事原則，使能各依性質之差異而有所調整，必能化解科層體制的兩難問題。

三、重視非正式結構的功用

科層體制雖是一種正式的組織，但其內部依然存有許多非正式的結構，若不將此非正式的結構納入考慮，往往會造成組織行政效率的低落。有關機構中的非正式結構的研究，已經證實了此一看法。例如布勞（Peter Blau）的觀察研究指出，非正式的結構有時不僅不會降低組織的行政效率，反而有助於增加組織的行政效率。他觀察華府九個地區的偵查機構是否有人破壞法律的規定。依據華府的規定，偵察人員遇到困難只能向上級提出請示，不能與同事相互討論。但是實際上，偵察人員並不願意依規定向上級請示，因為這樣會被上級認為自己無能，而影響了升遷的機會。他們所採用的非正式結構的接觸，雖然破壞了華府的規定，卻增加了工作的效率。此外，非正式結

構的合作更形成了工作的團隊精神，增加了工作的向心力。因此布勞指出：
非正式團體所形成的規範也是組織結構中不可或缺的一部分，其重要性有時
甚至大於正式的結構（Blau, 1974）。此一發現對於學校具有深刻的意義。
因為學校中具有許多非正式接觸的機會，教師、家長、學生、社區人員以及
行政人員之間的非正式接觸，比其他機構的此類接觸要多，所以透過非正式
的接觸，更能使學校運作自如。尤其是對於家長及社區人士，使用非正式的
接觸更能奏效。非正式結構的運作往往為了個人需求或機構的目標而破壞、
重新詮釋或忽略正式的規則，但卻使士氣大增。領導人員需要採用非正式的
管道來瞭解部屬的心聲，因為科層體制中的非正式結構，往往足以與正式的
權力相抗衡。不能善用這些結構，往往使組織之內形成小團體，各自追求黨
派的私利，影響行政的效率。

四、調和科層權威與專業權威的矛盾

學校教師具有教學的專業權威，但在行政上卻得聽命於各處室的行政人
員，往往造成科層權威與專業權威的相互衝突。因此，如何調和科層權威與
專業權威的矛盾，乃成為學校行政的重要課題。

其實，只要有良好的配合措施，專家的自主權與行政的命令權並不必然
造成衝突。這些可能的配合措施如下：

㈠區分專業與行政的領域，不使相混

例如郭師（Mary Goss）研究教學醫院中，醫生與行政人員的關係，發
現只要將專業領域與行政領域區分開來，在專業領域內尊重專家自主權，行
政人員不要干預專業的決定，或由資深的專家來兼任行政的事物，這種衝突
會減到最少（Goss, 1969）。而在學校組織中，通常可以依其任務的性質
區分成三個層級：居於最內圈的是技術的層級，這是有關教學技術與方法的
領域，應該由受過專業訓練的教師來負責，行政人員儘量不要干預；居於中
間一圈的是管理的層級，這是有關學校行政事務的處理，或行政系統的維持
的領域，應該由行政人員以科層體制的原則來負責，並儘量取得教師的配

合；居於最外圈的是機構的層級，這是有關尋求外界支援以拓展學校生存空間的領域，應該由校長領導全體教師及行政人員共赴事功；依照工作性質來決定處理的方式，就能調和科層權威與專業權威的矛盾（黃昆輝，民 72，頁 36）。

(二)設置順暢的溝通與諮商的管道

布勞（Blau, 1974）的研究，發現組織中專家越多，所需的經理人員的比例隨之提高。這與一般常識性的判斷，以為專家越多，所需的監督與指揮越少，所以經理人員應該越少的想法似乎不相符合。其實專家的比例提高，對於權力下放的要求越大，對於共同決策的要求越強，因而需要更多的經理人員來協助進行溝通與諮商的工作。此時所增加的經理人員，並非以指揮監督為工作重點，而是以溝通協調為主要任務。溝通與諮商的管道越順暢，垂直與平行的交流機會越多，隔閡與誤解的機會就相對減少，組織內部的關係就更和諧，專家自主權與行政命令權的衝突就可以因此減少，甚至完全消失。

(三)提升專家個人內在的義務感，以增加個人充分的自由

個人自由指的是不必受到外在意志的壓迫，有時甚至不必仰賴上級的監督，而是以內心的責任感主動地去完成工作，並能符合專業的標準。這種自由與內在統整的價值感，會為機關帶來最大的效率。例如布勞等人（Blau and Schoenherr）將此種內在的義務感稱為「隱涵的控制」（insidious control），指的是當事人內心自發的控制。「隱涵的控制」形成以後，各種專家不需要行政命令權的指揮，就能自動地把自己的任務做到最佳的境界，不僅使組織內部成員的團結增大，更因為有專家的技術與知識的發揮，增加了機關的服務品質，使得組織在社會上的地位也增大。因此「組織專業化，讓專家以其專精領域的能力來作決定，可以同時增加內部的效率與外部的聲譽」（Blau and Schoenherr, 1971）。

五、兼顧科學管理與人際關係的優點

科層體制的主要理論依據是「科學管理」。但是過度強調科學管理卻帶來了人際關係疏遠的問題，要使學校組織工作有效率，必須兼顧科學管理與人際關係的平衡，二者缺一不可。

㈠科學管理的興起及其缺失

科學管理的傳統是以泰勒（Frederick W. Taylor）的「科學管理原則」（The Principles of Scientific Management）為圭臬，是以科學的方法作為增進組織效率、提高工人生產效能的一套方法。在這套方法採行之前，工人的工作程序、使用的工具、休息的時間長度與頻率、工作的方法等都未曾以客觀的科學方法加以研究與設計，因此工作效率不高。泰勒用科學的原理，將工作的時間、各種工作的程序與方法作最精密的研究。他主張工人必須與工作的性質相配合。例如智商較低的工人適合從事簡單、重複的工作。工人既經選定之後，就應該加以訓練，使能熟悉工作的方法與要求。每個工人都要依據詳細規定的說明書，確實地執行自己所分配的任務。最後再以金錢的動機提升工人的工作意願與士氣，而用按件計酬的方式最能增高工人的生產力，因為金錢是最好的工作增強物。泰勒認為只要工作合宜、工人有訓練、工作有動機，就能使生產增至最大（Taylor, 1947）。「科學管理原則」的提倡可說為行政效率的提升找到了科學的依據，其貢獻是無可置疑的。

儘管泰勒的科學原理改善了過去效率不佳的工作情況，使生產的質與量都獲得改善，並且化解了雇主與受雇者的衝突。泰勒的理念也遭到許多的批評：其一是泰勒認為人類的工作動機是經濟的，只要有錢可賺，勞工就會樂意地接受科學管理的要求，這種把人的動機界定在經濟的唯一層面上，忽略了人生意義的多面性，把人限制在狹隘的「經濟人」的層面，忽視了更高的價值與理想的面向，是把人矮化了。

其次是泰勒把人當成孤立的個體，而非團體中的成員，對於團體中的非正式團體的影響疏於考慮，因而未能見到真實的情況。

其三是泰勒認為資本家與工人的利益得以調停，是忽視了整個經濟結構的剝削本質。其實泰勒所主張的公平的待遇，只不過是資本家對工人剝削的合理化而已。資本家的效率邏輯與流程設計，讓工人變成資本家的工具，而無法對自己的工作加以控制，基本上對勞工還是極不公平的。

(二)人際關係的重視可以濟科學管理之窮

對於科學管理缺失的改進，便是人際關係理論的提出。哈佛大學教授梅耶（Elton Mayo）從一九二七到一九三二年，在芝加哥的西方電力公司（the Western Electric Company）的霍桑工廠（Hawthorne plant）進行實驗，發現泰勒的科學管理的假設，亦即工作環境的物理條件、工人的態度、金錢的動機三者是生產力的重要決定因素是錯的。他用此三種因素的有關變項，例如不同的燈光、暖氣、休息的時間長度與頻率、對金錢的態度等來進行假設的考驗，結果這些變項與生產力之間並無必然的因果關係。於是他轉而研究工人對於工作的態度、對於成為非正式工作團體之一員的行為看法，發現工人不僅分屬於不同的非正式團體，而且每個非正式的團體都有各自的規範，工人是依據自己所屬團體的規範來決定自己的工作產量。因此，人際關係以及非正式團體的規範才是影響生產之主因。個人的智力以及手腳靈敏度與生產力的多寡無必然之關係。基於此種研究之發現，霍桑把工作效率的決定因素由個人因素轉為團體因素（林文達，民73）。其後，又有人進行更精密的研究，發現非正式團體的規範具有強大的約束力（Roethlisberger and Dickson, 1939）。個人如果破壞了團體的規範，會受到各種的制裁，小則受到冷嘲熱諷，大則受到不同程度的肢體暴力。因為每個人都有被團體接納為成員的歸屬感的需要，以便在團體中建立地位，獲得他人的贊賞、承認，這些需要使他能放棄金錢的動機而願意遵從團體規範的約束。

人際關係理論改變了科學管理的基本假設，科學管理對人的過於狹隘的觀點，對於金錢動機的太過於強調，而忘了人是團體中的一分子，團體的支持、接受、讚賞、鼓勵、承認、安慰，使個人在團體中擁有歸屬感、地位感，並能充分發展自己的才能、創意、人格以達成自我實現的需求，都是影

響生產力的重要因素。而機關中和諧的人際關係正是個人心理需求獲得滿足的主要來源，因此機關想要達成組織的目標，必須在科學管理的原則之外，加上對個人心理滿足的重視才有可能。這些研究發現對於學校行政具有重要的啟示。

六、以人性化的教育解決校園中的因科層體制所引起的疏離感

瓦爾登（Richard Walton）指出：科層體制的本質不僅無法滿足個人的心理需要，更是工作疏離的主要來源。因為科層體制的工作具有如下六個性質（Walton, 1972）：

1.工作單調，無法產生挑戰與個人成長。
2.缺乏平等對待，無法產生相互影響。
3.工作只有物質的報酬，而缺乏內在興趣、人格尊嚴、社會責任。
4.個人需要無法立即得到滿足。
5.組織生活缺乏情緒的層面，諸如：個人自尊、坦誠佈公的人際關係、暖意的表達等。
6.強調競爭，增加工作的壓力。

疏離感便是個人與工作組織相互隔離的一種負面的感覺。這種感覺已深深地箝入當代的科層體制中，連學校也不能豁免。疏離感的主要形式有五，即是（Seeman, 1959）：

㈠無力感

個人對於直接影響自己生活的一些決定，卻沒有參與的機會或表達意見的權利，這便是無力感（powerlessness）。現代社會令人感到無力的原因有二：其一是組織的結構過於龐大，一般人無法對其加以瞭解，遑論對其加以控制；其二是個人人格結構的容忍力降低，無法忍受不講人情的現代社會組織。在科層體制中，個人尊嚴、權利與尊重，都難以獲得。

(二)無意義感

由於科層體制的結構過於龐大，個人無法經驗其整體的面貌，更不知其如何及爲何運作，也難以瞭解其目標。個人對此等抽象的結構，因爲無法在其中建構自己的意義感與參與感，只好另謀出路，這便是無意義感（mean-inglessness）。

(三)無規範感

追求成功是現代社會的特徵，每個人皆想獲得較高的分數、薪水或權力。但是獲致成功的手段是由社會所規定的。此種由社會所規定的目標與達成目標的手段便叫規範。有些人接受社會所界定的目標，卻發現無法用社會所規定的手段去獲致，只好用違反社會認同的方法（例如考試作弊）來達成。此種目標與手段無法調停的現象，便叫無規範感（normlessness）。個人因爲要支持自己的反社會行爲而退入同儕團體中，便容易形成犯罪的次級文化。

(四)孤立

個人全然由工作的領域中退縮，拒絕與人交往，便是孤立（isolation）。在此情況下，個人生活在自己的世界中，不僅拒絕了社會的目標、達成目標的手段，甚至否決了社會所制定的意義。個人經常遭遇到無助、恐懼、憤怒，在進退維谷的情況下，終會形成疾病。孤立常帶來精神分裂的症狀，這也是個人逃避疏離感的方法之一。

(五)自我疏隔

個人發現自己的角色與工作全然沒有內在的滿足感。所有的活動都不具內在的目的，而僅僅是爲了外在的報酬而已。例如上大學卻不好學術研究者大有人在。自我疏隔（self-estrangement）現象可以用賴斯曼（David Riesman）在其名著「孤獨的群衆」（The Lonely Crowd）一書中的描述來說

明，他認為現代人是「他人導向」的（Riesman, 1950）。所謂他人導向，是以取悅他人為主要考量，以別人對自己的看法做為自己唯一的參照點，別人的讚賞是自己最大的快樂。但要獲取別人的讚賞也不容易，尤其對於不同的人的不同期待更難加以兼顧。因此他人導向的人格會發展出一種雷達似的人格，敏銳地偵測別人的反應。他們在意別人的反應，而把自己訓練成「印象管理」（impression management）的專家，像變色蜥蜴一樣隨時改變自己來滿足同伴的歡心（Goffman, 1959）。他們並不在意自己是什麼人，而在意別人期待他是個什麼樣的人。個人把所有的注意力集中在維持社會和諧、避免社會衝突的上面。沒有任何事比被同伴負面評價來得可怕。

　　要解決校園因為科層體制所造成的疏離感的問題，則要以人性化的觀點來減少科層體制的冷漠與無情，並同時滿足教師的兩種需要：外在的與內在的需要。所謂外在的滿足是指金錢、健康、愉悅的工作環境以及其他利益等。這些條件與工作的本質無關，因此稱為外在的滿足。至於內在的滿足則指工作本身的性質，諸如工作所帶來的自尊、對工作完成所獲得的驕傲感與成就感、感到個人潛能的逐漸拓展。教書工作本來就具有很大的內在滿足，只要激發教師工作的成就感並且多加關懷，教師的疏離感就會減輕。

參考書目

林文達，民 73，**教育行政學**。台北：三民書局。

黃昆輝，民 72，**教育行政與教育問題**。台北：五南出版社。

Berger, P., （1977）, *Facing Up to Modernity: Excursions in Society, Politics, and Religion*. New York: The Basic Books.

Blau, P. M., （1955）, *The Dynamics of Bureaucracy*. Chicago: University of Chicago Press.

Blau, P. M., （1974）, *On the Nature of Organizations*. New York: John Wiley & Sons.

Blau, P. M. and Schoenherr, R. A., （1971）, *The Structure of Organizations.* New York: The Basic Books.

Burns, T. and Stalker, G. M., （1966）,. *The Management of Innovation.* London: Tavistock.

Cooley, C. H., （1964）, *Human Nature and the Social Order.* New York: Schocken.

Dore, R., （1973）, *British Factory, Japanese Factory: The Origins of National Diversity in Industrial Relations.* Los Angeles: University of California Press.

Dowd, D., （1974）, *The Twisted Dream: Capitalist Development in the United State Since 1776.* New York: Winthrop.

Durkheim, E., （1960）, *On the Division of Labor in Society.* New York: The Free Press.

Etzioni, A., （1961）, *A Comparative Analysis of Complex Organizations.* New York: The Free Press.

Etzioni, A., （1964）, *Modern Organizations.* Englewood Cliffs: Prentice-Hall.

Goffman, E., （1959）, *The Presentation of Self in Everyday Life.* New York: Doubleday.

Goffman, E., （1963）, *Stigma: Notes on the Management of Spoiled Identity.* Englewood Cliffs: Prentice-Hall.

Goffman, E., （1969）, *Strategic Interaction.* Philadelphia: University of Pennsylvania Press.

Goss, M. E. W., （1969）, "Influence and authority among physicians in an out-patient clinic". In Etzioni, A., *A Sociological Reader on Complex Organizations.* New York: Holt, Rinehart & Winston.

Gouldner, A. W., （1954）, *Patterns of Industrial Bureaucracy.* Glencoe: The Free Press.

Hall, R. H., （1977）, *Organizations: Structure and Process.* Englewood Cliffs: Prentice-Hall.

Henry, J., （1963）, *Culture Against Man.* London: Random House.

Lipset, S. M., （1950）, *Agrarian Socialism*. Berkeley: University of California Press.

Merton, R. （1957）, *Social Theory and Social Structure*. New York: The Free Press.

Riesman, D., et al., （1950）, *The Lonely Crowd*. New York: Doubleday & Company.

Roethlisberger, F. J. and Dickson, W. J., （1939）, *Management and the Worker*. Cambridge: Harvard University Press.

Seeman, M., （1959）, "On the meaning of alienation". *American Sociological Review*. 24（6）: 783～791.

Silverman, D., （1970）, *The Theory of Organizations*. London: Heinemann.

Tonnies, F., （1963）, *Community and Society*. New York: Harper and Row.

Taylor, F. W., （1947）, *Scientific Mngement*. New York: Harper & Brothers.

Walton, R. E., （1972）, "How to counter alienation in the plant". *Harvard Business Review*. *50*. （September/October）: 70～81.

Weber, M., （1947）, *The Theory of Social and Economic Organization*. New York: The Free Press.

Whyte, M. K., （1973）, "Bureaucracy and modernization in China: The Maoist critique". *American Sociological Review*. 38（April）:149～163.

Part 3 ▶▶▶ 教育自身的社會系統分析

◉ 引言 ◉

　　教育是與整個社會都有密切關聯的，因此社會的現狀與條件都影響著教育的形象與成敗，此在第二篇中已有所論述。至於教育的本身也是一個小型的社會，也具有很濃的社會性，則是本篇所要論述的重點。教育社會學所關心的除了教育如何受到各種社會背景的影響外，更重視學校教育系統本身的社會性質。因為忽視了學校教育的社會層面，其所見之教育縱然不是錯誤的，至少也是不完全的。本篇的旨趣在於對學校本身的社會系統加以分析，而這個系統的主要因素是由人員與活動兩大部分所構成（詳見圖十七所示）：

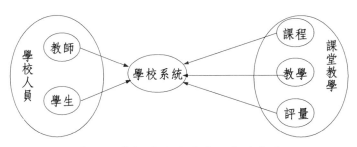

圖十七：學校系統的重要組成因素圖

　　由圖中可見，學校的系統是由學校人員與課堂教學所構成。教育的進行是指由成熟的上一代對未成熟的下一代所實施的各種有形與無形的影響，其中所牽涉到的因素十分龐雜。但是基本上，學校系統的核心因素是教師對學生所進行的課堂教學，其餘因素都可以視為這個核心因素的擴充或延伸。因此本篇將針對教師、學生以及教學三者進行社會學的分析。因為教師的發言權雖然比不上人數最少的行政人員，卻是真正負責實質教育工作的一群；學生雖然最少發言權，但卻是人數明顯最多的一群，更是設置學校的根本目的，如果沒有學生，學校就失去存在的理由；因此教師與學生的角色分析，

乃成爲教育系統分析之首務。而課堂教學的活動佔去了學校活動的大部分時間，是學校活動的主要部分。因此，本篇分三章探討教師角色，學生角色以及課堂教學三個成分所具的社會學意義。

第九章

教師角色的社會學分析

- ∞ 作為社會成員的教師

- ∞ 作為學校成員的教師

- ∞ 作為社會化承擔者的教師

- ∞ 作為社會化承受者的教師

　　教師是教育任務的主要承擔者，也是教育成敗的關鍵人物。職是之故，教育學者一直很重視教師角色的研究。最早的教師研究是以教師的特質爲重心，因爲當時認爲有怎樣的教師就有怎樣的教育，只要找出具有何種特質的教師對學生有最大的影響力，就能依此特質聘請教師，便可提升教育的品質。但是此種研究的結論並不一致，而且教師的特質也非單純的概念，無法用幾個明確的指標去找到此種教師，所以其後的研究乃改弦易轍，開始注重教師的角色與權威等社會學概念的分析，並從社會學的觀點理解教師角色的形成過程。雖然教師的研究，是教育學與教育社會學的共同主題，但是二者的視角與目的均不相同。大陸學者魯潔對此曾有清楚的比較（魯潔，1991，頁442）：

　　　　教育學對於教師的研究，是將教師視爲「教育者」旨在闡明作爲教育者的教師的職業素質（包括職業道德、職業知識、職業技能等）；而教育社會學對於教師的研究，則是將教師視爲「社會角色」旨在揭示作爲社會角色的教師的社會學特徵。

　　角色是社會學的重要概念，以此概念來分析教師特性的研究甚多。吳康寧則提出教師角色的四個層面作爲分析教師社會角色的主要架構，可謂見解獨到。而這四個層面由外而內形成了四個同心圓，分別代表著：作爲社會成員的教師、作爲學校成員的教師、作爲社會化承擔者的教師、作爲社會化承受者的教師（吳康寧，民87，頁204）。從教育社會學的角度來分析教師的角色，所強調的是其與社會周遭環境的互動關係。而此一周遭環境，由大的整體的社會逐漸縮小到學校中，再由學校中縮小到班級內，更由班級內再縮小爲一己的心路歷程。由此揭示教師角色的社會學特徵，可以明瞭作爲社會成員的教師角色的多樣性與獨特性。從作爲社會成員的角度來瞭解教師，需要分析的是教師的社會責任、教師的社會權利以及教師的社會地位等三項；從作爲學校成員的角度來瞭解教師，需要分析的是教師的雙重角色、教師的工作群體、教師的校內地位形成等三項；從作爲社會化承擔者的角度來瞭解

教師，需要分析的是教師的實際權威、教師的控制方式、教師的影響限度等三項；從作為社會化承受者的角度來瞭解教師，需要分析的是教師的職業社會化的內容以及教師職業社會化的過程等二項，以便瞭解教師的工作滿足；教師的角色衝突；教師的成敗關鍵；教師素質的維持等問題（魯潔，1991，頁442～474）。茲將此一分析架構以圖表示如下（見圖十八）：

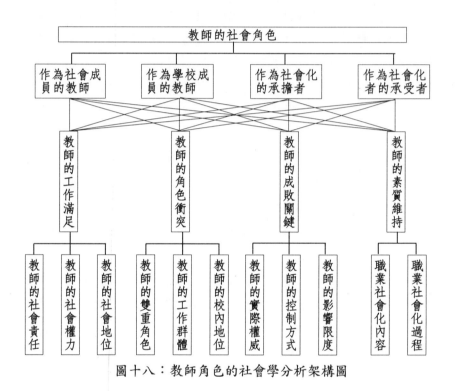

圖十八：教師角色的社會學分析架構圖

◉ 第一節　作為社會成員的教師 ◉

作為社會的一分子，教師在整個的社會之中是一種佔有特殊地位的社會成員，這種成員所具有的特殊性，首先是由其所擔負的獨特責任來加以界定

的。其次，由於責任的承擔聯帶地產生其所應享的社會權利，所以教師的社會責任與社會權利的分析是同一個概念的兩個層面，是無法分離的。教師的責任與權利的大小又決定了教師在社會中所享有之地位。所以要體現作為社會成員的教師與其他社會成員的差異，只能由其所承擔之責任、所享有之權利、所佔據之地位來加以分析。

壹、教師的社會責任

作為社會的一般成員，教師所需負擔的責任與其他社會成員並無不同，因此不是此處所需論述的主題。作為社會的特殊成員，教師所需負擔的責任自然有有其獨特性。就各行各業是專業分工的角度來看，教師的社會責任來自社會對其專業分工的需求與期待。

一、教師的專業分工與性別特徵

教師的專業分工包括對外與對內兩個層次。就對外的層次而言，教師的身分是一個統稱、未再細分的整體概念，也就是社會對於所有教師的責任的籠統賦予。無論教師所服務的學校層級是小學、中學或是大學，他們所負的責任具有一個共通性，那就是「對學生的身心施加符合社會要求的影響」（魯潔，1991，頁443）。儘管如此，不同的社會與時代，對於何謂「符合要求的身心影響」的界定不能完全一致。例如在傳統的社會中，傳遞文化以安定社會是社會的主要需求，所以教師對學生所施加之影響，必須強調個性的克制、群性的提升；反之，在現代的社會中，個性的發展與群性的陶冶具有同等的重要性。所以教師必須強調如何提升群性而不壓抑個性。又此可見，教師的社會責任內涵並非固定不便的，而是不斷調整的結果。

就對內的層次而言，教師的責任則因其所服務學校之層級而有不同。因此小學教師與中學或大學教師彼此之間所負有的責任不是毫無差異的。通常社會對小學教師的知識專精度的要求，不如大學教師；反之，社會對大學教師的言行細節的要求，不如小學教師；也由此可以見到各級教師所負的責任

內容並非完全一致。

　　由於此種專業責任的差異性，造成教師角色的性別特徵。通常大學教師是男性的專業，而小學教師則是女性的專業。小學女教師多於男教師是世界共同的現象，也同時顯示小學教師的專業程度尚未獲得社會的完全肯定。傳統上，女性並不被鼓勵從事男人的專業工作。而小學教師是女性所能從事的較高待遇的專業工作之一，其他屬於女性的專業工作尚有護士、社會工作者等。因此，依據美國全國教育協會（NEA）的調查，國小女教師佔有百分之八十六，初級中學女教師佔有百分之五十六，這個比例到了高中階段就只剩下百分之四十七（National Education Association, 1987, p.119）。多數的中產階級的女性會選擇教師的工作，因為教師工作所負的社會責任，所享的社會地位，所具有的社會聲望，都是令人羨慕的。此外，教師的工作對女性而言還有其他的好處。第一，教書與傳統對於女性的家庭責任衝突較小。第二，教書提供給成年早期的女性一個受人尊崇的職業，對其結婚對象的選擇有其優點。而且第二份的薪水對於家庭經濟有很大的幫助。第三，教書可以享有育嬰假，女老師可以專心育嬰，等到她回校重教時，工作的改變並不會太大。第四，教書的責任與擔任母親的責任容易同時承擔。孩子上學與母親上課時間沒有衝突，長時間的放假容易在家照顧小孩。第五，教師證書是最好的生活保障，可以保證一生衣食無虞。基於這些理由，小學女教師多於男教師就不足為奇了。

二、教師專業分工的社會本質

　　其次，教師所負的「對學生的身心施加符合社會要求的影響」的社會責任，雖非獨佔性的，而是與其他的社會機構（尤其是家庭）共同承擔的，但是教師所負的責任與其他的社會機構所負的責任，就本質來說有根本上的不同。教師所負的責任本質上是基於社會的契約關係，是受到社會的付託而承擔的責任。反之，家長及其他社會人士雖然也承擔了教化下一代的責任，但並無社會契約的屬性，所以教育如果失敗了，社會通常會怪罪教師，而較少怪罪家長及其他社會人士，除了因為家長及其他社會人士並非專業的教育人員，

並不具備專業的教育能力之外，他們並未受社會付託的責任本質才是主因。

　　儘管社會對教師付託了他們的社會責任，社會與教師雙方具有契約的關係，但是這種關係並不是清晰的。在很大的程度上，不僅社會常常忽略了教師責任的契約性，教師也常常忘了自己的責任是來自社會的契約，這是由於教師並未真正由家長的手中接過聘書，而是由校長的手中取得。所以常常以為自己是由教育團體賦予責任，而非受家長之付託。加上社會對教師的期待往往並不一致，更降低了此種社會契約的清晰度。

三、教師承擔社會契約的基本動機

　　依據美國全國教育協會（National Education Association, 1987, p. 119）的調查，美國教師選擇教書工作當作職業生涯有三個主要的初級動機：第一，渴望與年輕的一代在一起（佔71.8%）。第二，肯定教育對社會的價值（佔37.1%）。第三，對於所教的學科有興趣（佔34.5%）。這種初級動機顯示教師認為教育與知識對於下一代及整個社會的利益有絕對的影響，因此具有強烈的理想性與積極性。此外，教師就職的次級動機尚有：第一，長期的暑假（佔36.1%）。第二，工作的安全性（佔28.9%）。第三，家庭需要第二份收入（佔17.1%）。第四，金錢的報酬（佔5.9%）。

　　羅提（Lortie, 1975）的研究則發現尚有兩種動機支持著教師進入此一行業。其一是繼續的動機（continuation motive）。有些教師因為喜愛自己的學校生活，因而選擇教書以便繼續享受此一經驗。此種例子與運動選手為了懷念自己的光榮歷史因而選擇當教練有其相似的動機。另一是抱負受阻的動機（blocked-aspiration motive）。有些教師選擇教書是因為無法達成自己的第一志願，尤其是想當作家、演員、運動家之人，在沒有能力完成自己的願望之前，往往選擇當任相關科目的教書工作，以便保持興趣，繼續準備，等到時機成熟了才離開教書之工作；另有人是因為無法滿足其他專業工作所需的資格要求，只好退而求其次進入教育的行列；更有人是因為其他工作缺乏人文性質、過度無聊、過於競爭，因而轉入自認較為符合自己的價值、能力與人格特質的教師行業。

四、教師的就業動機與保守的偏見

雖然並沒有單一的「教師人格」，只有許多不同的人因為不同的理由而來扮演教師的角色。但是，教師的群體具有保守的特性則是一個公認的命題。大多數的教師可能希望改進學校的教育系統，但是很少教師會採取激烈的手段來進行教育改革。他們不希望以徹底的改變來進行改革的主要原因，存在於他們擇業的動機中：那些藉由教師角色輕易地向上社會流動到中產階級的人，不會攻擊這個使自己提升社會地位的系統。至於以權宜心態進入教師工作之人，不會花時間與精力來進行改革。而重視傳統家庭角色的女老師更不可能批評這個讓自己安定的學校系統。由此可見，教師選擇此一行業的動機，使他們不會考慮進行大規模的改革。雖然有極少數想要改革的教師，但是處在此種具有保守氣氛的環境中，也只好維持現狀，因為改革是不受歡迎的。

貳、教師的社會權利

作為社會的一般成員，教師所能享有的權利與其他社會成員所享有者並無不同，因此也不是此處所需論述的主題。作為「對學生施加影響」的專業人員，教師所享有的社會權利包括兩種意涵，㈠社會對於教師的貢獻所做的回報；㈡社會賦予教師達成其所負的責任的專業自主的權限。

一、教師的社會回報

首先，就社會對於教師的回報來看，教師以其專業的分工貢獻於社會，社會的回報除了經濟的待遇之外，更有其他無形的待遇，例如尊師重道，予於免稅等等。不同社會對於教育的重視程度不一，因此對於教師的回報也不盡相同。

就經濟的待遇而言，教師對於社會所給予的經濟回報，表現出正反相反的兩種情結。一方面，教師似乎能夠滿意自己的待遇，顯現願意久留其位的

意願；因爲儘管教師的收入無法與企業界的薪資相比，但是比一般中級公務人員的待遇優厚，足以讓小家庭過著衣食無虞的生活。依據羅提（Lortie, 1975, p.31）的研究指出，百分之七十六點五的教師認爲有機會與學生及同事研究功課對其而言是最重要的。只有百分之十一點九的教師承認教師職位的價值性以及其薪水與所受的尊敬對其而言是最重要的（另外的 11.7%的教師則認爲經濟的穩定性、時間的充裕性、免除與人競爭是教師職業吸引人的主要因素）。表面上看來，教師對於薪水及所受的尊敬似乎並不滿意，但是羅提改用「什麼因素吸引你進入此一行業？」來問時，則選擇金錢的理由的教師佔最大多數（有 37%）；其餘分別是經濟的安全（佔 34%），教師的職業聲望（佔 12%），由此可見，良好的收入、工作的安全與職業的聲望是教師吸引人的因素。而薪資的因素高居第一位，可見教師對於社會所給的經濟回報是滿意的。

　　但是另一方面，教師則顯現出對待遇無法滿意，而有離職的念頭。依據美國在一九七○年的一項調查研究（Walberg, 1970）指出，有些教師表示願意久留其位，但是分析其不願離開教職的原因並非因爲喜愛教育工作，而是受到社會經濟不景氣的影響，爲了不敢冒經濟之險，只好繼續留在教職。另有研究指出（Dworkin, 1980），考慮要離開教職的教師（約有四分之一的比例）大多是年輕、白人，而且是來自較高的社會階級背景。此一研究發現，與較早的一些研究（Gottlieb, 1964 & Pavalco, 1970）有相互印證之處。也就是少數民族以及來自低收入家庭的教師比較能夠久留其位，並且比較滿足自己的工作。因爲他們的背景使其能夠接受教師相對微薄的待遇，也比較能夠容忍學校的一些現實的問題。

　　分析教師所具有的對於待遇的矛盾情節，則可以發現社會階級背景具有關鍵性的影響。來自低階層的教師具有較高的待遇滿意度，而來自高階層的教師對於待遇的滿意度則較低，而待遇滿意度的高低又是教師離職與否的主要原因。

二、教師的專業自主權

其次就賦予教師達成責任的必要權力來說，教師能享有的獨特的身分權利及專業的自主權，乃是為了有效地進行教育的活動，以達成社會所付託的社會責任。正如同為了立法權的充分發揮，社會有必要賦予立法委員言論免責權一般，獨特的身分權利及專業的自主權對於教師而言，有其必要性。

從進行有效的教育活動的觀點，來考量教師應該享有多少的特殊權力就很清楚。魯潔主張（魯潔，1991，頁 447～447）：

> 從發揮教師的主體創造性、保證教育效果的角度出發，教師的教育
> 自主權起碼包括以下四個方面，即教師的教科書選用權、課程實施
> 計劃制訂權、教學形式與教學方法運用權、評價手段使用權。

平心而論，教科書的選用權、課程實施計劃的制訂權、教學形式與教學方法的運用權、評價手段的使用權，四者都是教師專業自主權的重要內涵，更是有效教學所不可或缺的條件。唯有四者能夠實際配合教學的對象、教學的情境、教學的目的以及教學的過程，教學的結果才是有效的。因為在實際教學之際，由於各班的情境都不相同，所以縱使有預先編定的教材、有共同規劃的進度、有事前擬定的教學形式與方法、有規定的評量手續與方法，在真正實施之際，都得再由教師本人審酌當時的實際情況，加以調整，而不能墨守成規，一成不變，否則便會產生削足適履的的情形。我國過去對此四權，並非平等地由各級教師所享有，而是學校層級越高，教師所享的權力就越大。大學教師在此四方面，幾乎早就享有自主之權，但中小學教師過去對此四者的自主權並未享有，今日則已逐漸賦予更多的專業自主權。

教師所享有的專業自主權是教師工作滿足的主要來源。依據有關的研究指出，約有三分之二的教師認為兩個重要的因素影響教師的工作滿意度。其一是能夠發揮個人潛力；另一是能夠幫助學生成長。如果這兩方面不能得到滿足，教師會感到灰心。如果學校干預了教學的時間與準備上課或批改作業

的時間，教師會有挫折感出現。但是教師受到非教學事物的干擾其實是十分普遍的（Feistritzer,1986）。此一研究進一步指出，教師要發揮其專業自主權，必須：

　　1.學校具有明確的目標與成就的標準。

　　2.學校行政的支持，並對教師的工作有所瞭解。

　　3.學校的決策權力能夠與教師分享。

　　4.教師受到應有的尊重與信任，並享有教室的自主權。

　　5.教師能合作解決困難、決定方針、課程教材、教學策略等。

　　6.學校氣氛是安全而友好的。

　　7.學校的規章是明確、公平而且真正執行的。

　　8.教師遇到需要幫助時，有明確的管道可以求助。

　　多數教師其實是重視心理的報償大於物質的報償，而心理的報償是從專業的成長中獲得的。如果教師能夠獲得專業的自主權，並在教學過程中得到成長，便會覺得滿足與快樂，而獲得心理的報償。一項美國的調查顯示，百分之四十四的教師認為自己對教學生涯感到十分滿意，另有百分之三十五的教師認為自己對教學生涯感到尚滿意（Harris, Libresco, and Parker, 1984, p.51）。只要讓教師覺得教學是具有挑戰性、歡娛性以及個人的滿足性，大多數的教師都會堅守其崗位，付出其努力，並得到其滿足，認為自己所從事的是一個值得驕傲而又重要的工作。誠如艾西敦與威柏（Ashton and Webb, 1985, p.105）的研究指出，當中學教師被問及為何留在教育工作中，以及什麼是其最主要的滿足來源，他們的反應是「學生的成就」。此一發現顯示，儘管教師對於外鑠的報酬（諸如待遇、地位、聲望等）感到關心，但是他們更在意心理的報酬（或稱為內發的滿足）。師生的關係是否良好，關係著教師的工作成就與滿足。如果師生關係不好，也就是學生不尊敬老師、成績差勁、態度頑劣，教師會覺得自己的工作沒有獲得報償，沈悶而無趣。相反的，如果師生關係是積極而正向的，教師會覺得自己的工作是值得的而且是有趣的。

參、教師的社會地位

教師社會地位的獲得，基本上是依據其責任的重要性與權利的大小，加上與其他職業相互比較的結果來加以衡量的。因此，分析教師的社會地位，主要是探討教師職業在社會的所有職業中所排有的名次。換句話說，教師的職業聲望是其社會地位的重要指標。

一、職業聲望的本質：人們擇業的指標

一般將聲望（prestige）、財富（wealth）及權威（authority）三者作為評價與分析社會地位的三條指標（吳康寧，民87，頁204～205），我們無法單以教師的職業聲望來概稱其整體社會地位。因為教師在社會上的地位評價並不是單一指標的結果，而是兼涵許多因素的複合體。這些因素包括經濟收入、政治待遇、文化環境、專業化的機會以及社會對教師的看法等，因此光憑某一種或數種的的指標所評得的社會地位並不能看出其整體的社會地位。吳康寧從教師社會地位的本質去分析，認為教師的社會地位是「教師職業在整個職業體系中所處的位置的高度」，而這種高度既不是「社會統治階層對教師職業進行價值定位的產物」，也不是「研究者對各種職業進行客觀比較的產物」，因為這種價值的定位與客觀的研究並無法反映出「教師職業在整個職業體系中所處的位置的高度」，更無法體現出「教師職業各層面因素的具體影響程度」。基於此種觀點，人們經常言及的教師的社會地位或教師職業聲望，「實際上是教師職業的社會評價地位，是社會成員在選擇教師職業的可能性方面的普遍傾向」（以上皆引自吳康寧，民87，頁206）。它雖未必符合社會統治階層的價值預設，也未必會符合研究者的理論邏輯，卻是社會成員把握教師職業的各個層面因素，再經過「加權」的作用之後，所產生的選擇教師作為職業的普遍傾向。就此而言，教師社會地位的本質是「人們以教師為職業的傾向的高低程度」，調查教師的社會地位或職業聲望，可以看出社會成員對於教師職業在各種職業之間的相對位置，更可以瞭

解教師在職業市場上的搶手程度。

二、影響教師社會地位的各個層面因素之擬定

　　既然教師在社會上的地位評價是許多因素混合作用的結果，光憑其中一種或數種因素所評得的社會地位並不能看出影響教師社會地位的真正原因。因此，教師社會地位的調查，除了要瞭解社會成員對其所做的「綜合評價」之外，更要找出「各層面因素」所佔的比重。進行此一研究，必先訂出影響教師社會地位的各層面因素指標，然後再用多元回歸的統計方法，求出各個不同層面的因素對於教師的整體社會地位所佔的比重，就可以看出影響教師社會地位的真正因素所在，更可以作為制訂教育政策的重要參考。但是影響教師社會地位的各層面因素包括哪些，則是見仁見智的問題。吳康寧以經濟收入、政治待遇、文化環境、專業化程度以及勞動強度等五項，作為分析教師職業聲望的指標因素，也許在大陸是合適的指標，卻不一定適合於體制不同的我國社會。例如政治待遇與勞動強度是社會主義國家所強調的因素，但在民主國家中其重要性則似乎不大。倒是「對社會的貢獻程度」以及「受社會尊敬的程度」似乎有較大的影響力。所以設法訂出影響我國教師職業聲望的重要層面，是未來可以探討的一個主題。

三、教師的職業聲望調查

　　我們雖然習慣上把各級學校的教師都稱為教師，但在探討教師的社會地位或職業聲望時，就不得不將各級的教師分開來討論，因為各級教師的任務、學歷要求、學生特性、享有之資源、所做之服務等皆有不同，所以其社會地位或職業聲望也就有所差異。舉例來說，大學教授與中小學教師的職業聲望就有明顯的差異。過去所做的歷次調查，皆獲得相同的結果（何友暉等，民58；林清江，民60；師大教育研究所，民69）。大學教授的職業聲望遠高於中小學教師，而與工程師、醫師、科學家、部長、大法官等齊名，居於職業階層的頂端位置，享有最高的社會地位。儘管如此，在歷次的職業聲望調查中，我國中小學教師的職業聲望也排在很前面，享有不錯的社會地

位。

但是中小學教師的職業聲望排名前面的原因，可能是教師的人文任務以及尊師重道的傳統觀念所造成，使得其社會地位遠超乎其薪水所能獲得的尊崇。但也因此使得許多教師覺得自己似乎沒有像調查結果那麼受到尊重，顯示出教師具有「職業的焦慮感」，尤其是小學的男老師的職業焦慮感更爲明顯。無怪乎許多男性小學教師會報考各種專業人員考試（例如醫師、中醫、法官、建築師、會計師等），企圖以此換跑道，就是此種職業焦慮感所造成的現象。

四、中小學教師的職業背景

一般人以爲中小學教師具有中產階級的特徵，其實這是值得商榷的。教師的社會背景具有多樣性。不同地區、不同學校層級的教師可能有不同的階級特性。例如都會型的學校教師與偏遠鄉下的學校教師，其社會階層的特徵大不相同。大學與中小學教師也有截然不同的階層背景。所以說教師的社會背景並非單純一致的，而是具有明顯的差異性。而中小學教師是來自較低的職業背景，是其另一大特色。

依據研究指出，儘管美國的教師來自所有的階層背景，但是大部分的中小學教師具有中下階層的背景，尤其是男教師。此一結論已經推翻了「中小學教師代表著中產階層」的常識性假設，更發現了中小學教師正在向上社會流動的事實（Dworkin, 1980）。對於中低社會階層的人而言，中小學教師的職位是通往中產階級的白領世界最爲簡便的道路。羅提（Lortie, 1975, p. 35）所謂：「教書明顯地是一種白領與中產階級的工作，因此提供了藍領與低層階級向上社會流動的機會」。我們不必訝異，爲什麼以教書的薪水與地位水準竟能吸引許多人前來應徵，薪水的固定與社會的尊敬是主要的動機，尤其對於成長於勞工世界、長期處於相對不確定情境的人而言，教師是一個吸引人的職業。依據美國全國教育協會(National Educational Association)的調查發現，百分之五十一點七的美國教師來自職業爲農夫、非技術工人、技術與半技術工人的家庭，而且他們的父親有百分之三十八沒有高中的學歷

（National Educational Association, 1987, pp.162～163）。由此顯現中小學教師向上社會流動的事實。此一事實在我國也是類似的。比起他們的父執輩，我國的中小學教師的社會地位已經提高，所以具有代間向上社會流動的特色。這個現象在師範校院獨自培育師資的年代最為明顯，由於有公費及分發的制度，師範校院吸引了一批優秀又清寒的農家子弟前來就讀，所以向上社會流動的現象非常明顯。如今師資培育制度已改為多元培育的方式，此種向上社會流動的現象也已經改變，許多新進的中小學教師並不比他們的父執輩具有較高的社會地位，甚至較低。這種現象並非我國所獨有，以美國為例，二次大戰前的美國教師，有百分之三十八具有農家的背景（Greenhoe, 1941）。但是到了一九八六年，只有百分之十三的教師有農家的背景（National Education Association, 1987, p.162）。教師背景改變所造成的影響如何，值得進一步研究。

◉ 第二節　作為學校成員的教師 ◉

從作為學校成員的層面來分析教師的角色，可以發現教師與校內其他成員的主要關係，因為對象不同而有三種主要的相處模式。教師與學生的相處方式主要是「掩藏式」的；教師與其他教師的相處則大體上是「孤立與競爭式」的；教師與行政人員的相處則主要是「依附與較勁」的。而校園內的相處方式，對於教師的工作滿意度有重大的影響，茲說明三種相處方式如下。

壹、教師與學生的相處方式：角色的掩藏

從教師與學生的相處方式來分析，可以發現教師具有嚴重角色衝突的現象。而這種現象是其它職業所沒有的，因此對於分析教師的角色特徵，特別具有意義。

過去分析教師的角色衝突，有的從教師的角色間的衝突(intra-role conflict）來進行分析，有的則從教師的角色內衝突（inter-role conflict）來分析。所謂教師的角色間的衝突，指的是教師並非只有扮演教師的角色，而是需要同時扮演許多不同的角色，例如母親的角色或女兒的角色。而這些角色的時間競用，有時會使教師角色受到排擠而產生無法兼顧的現象。但是這種現象並非教師角色所獨有，所有的職業角色都會有這種現象。相對而言，教師的角色間衝突並不比大多數的其他職業嚴重。因為教師的工作時間比較集中，而且可以照顧到上學的兒女，這是其他許多職業（例如警察）所沒有的方便。所謂教師的角色內的衝突，指的是對於同一個教師角色，不同的人會有不同的角色期待，例如教育局長希望教師正常教學，校長希望教師加強校園環境，家長希望教師提升考試的成績，學生則希望作業與考試不要太多，處在這些相互矛盾的期待之中，教師的內心難免產生無所適從的狀態。所以分析教師的角色內衝突具有重要的意義。但是教師的角色衝突還具有一項更大的特色，那就是角色的迅速變換。過去都忽視了此一特色，因此，無法見到師生相處的主要問題。基本上，教師與學生的相處方式截然不同於與同事的相處，也因此造成教師在校園中因為角色迅速變換所造成的內心衝突的事實。誠如吳康寧所謂（吳康寧，民 87，頁 214）：

> 事實上，教師的社會代表者角色與同事角色的衝突遠比各種衝突更能反映教師的社會學特徵。這是因為，沒有任何其他社會成員在群體中兼有的不同角色像教師在學校群體中兼有的這兩種角色這樣形成鮮明對照，而且，也沒有任何其他社會成員在群體中的角色轉換像教師在學校中的這兩種角色的轉換這樣頻繁。與之相伴的是教師在學校群體中的兩種基本「常套行為」之間的頻繁碰撞與衝突，即在學生面前以居高臨下為主，在其他教師面前以平等互尊為主。

因為教師在校園中既要作為社會的代表者，同時又要作為他人的同事。所以會產生「兩套相互衝突的行為模式」。作為社會的代表者，教師必須以強烈的「社會規範性」，來居高臨下其學生，以便向學生表明社會規範的要

求，自身並要扮演行為示範者的角色，以顯現其代表社會規範的重要角色。但是作為同事，教師所要顯現的是「個人的獨立性」，用同行的身分，以平等的態度、互尊的姿態、朋友的口氣來與其他教師和平地交往。基本上這兩種相處的方式是完全相背的。茲將教師的雙重角色之差異性列表比較如下（見表二十）：

表二十：教師的雙重角色之差異性比較表

	社會代表者的角色	同事的角色角色
關聯的對象	學生	同事
基本特徵	社會規範性	個人獨立性
人格主體	作為教師的人	作為人的教師
與自我的關係	掩飾自我；有時還得掩飾社會	展現自我；偶而也會批評社會
角色扮演的原則	居高臨下的原則	平等相待的原則
相處的心態	以楷模自居	以常人自居
顯示的態度	權威的	互相尊重的

從表中可以看出，教師在校園中的日常生活，是週而復始地輪番扮演著本質上截然相反的雙重角色的過程。在這個過程中，教師既要扮演「社會代表者」的角色，又要扮演「同事」的角色，造成教師在職場中「永恆的角色轉換過程」的現象，也代表著教師永遠要在學生的面前掩飾真實的一面，或是戴著面具來與學生相處。所以說教師與學生的相處具有掩藏真我的性質，這種角色掩藏的相處方式，不僅造成教師角色扮演的無效，更是教育失敗的主要原因所在。

貳、教師與工作群體的相處：孤立中帶有競爭性

教師所受來自各方的工作壓力甚大，使人以為他們會與同事建立強烈而堅固的關係，以共同建立學校的目標、商討教學的方法、分享彼此的想法，並減輕壓力、建立自我的價值、重燃教育的熱忱。其實，教師與同事相處是孤立中帶有競爭的特質，此種特質源自教學的偏狹性（insularity），以及互

動的表面性（superficiality）（參見 McPherson, 1972; Waller, 1932; Becker, 1970; Bredemeier & Bredemeier, 1978; Dreeben, 1970; Warren, 1975; Zucker,1977; Forsyth & Hoy, 1978）。

所謂教學的偏狹性，是指受到物理空間的障礙與學校規範的約束，多數教師是關閉在自己的教室中進行教學，對於其他教師的教學是不清楚的。除了在公共場合教師可以看到其他教師如何與學生互動之外，所有教室內的訊息幾乎都是教師自己報告的。教師如果在自我的報告中誇示自己的成功，即使是以最謙卑的字眼呈現，也會被視爲對他人的一種挑戰。所以學校的規範中，以「互不侵犯」爲最高原則。在此原則下，教師不能侵入其他教師的領域，否則要立即抱歉。一項研究指出，教師彼此之間很少互相協助、觀摩教學、分享理念、共同處理學校的問題、規劃教學的目標（Goodlad, 1984, pp.186～188）。每個人都在自己的小世界中各自奮戰，誰也不幫誰，怕自己的弱點被人發現（Ashton & Webb, 1986, p.45; Lipsky, 1980, p.203.）。

至於教師互動的表面性（superficiality），則是教師彼此之間只有表面而虛應故事的談天；帶著深不可測與堅不可破的面具交往；如果有人除下了面具，他人會立即爲之戴上。此種表面性的互動方式造成友誼缺乏，使教師產生孤單、脆弱與互不信任的感覺。

如果從教師相處的對象來進一步分析，可以發現教師並非與全校教師都有相處的機會，正如同教師並非與全校的學生都有接觸的機會一般。與教師有所接觸的同事通常只限在同班任課、同學年任課、同學科任課、承擔同一任務以及自行組成的交往等五種情形。這五種情形所構成的團體便稱爲同班教師群體、同學年教師群體、同學科教師群體、臨時任務教師群體以及自行交往教師群體，茲分別說明如下。

一、同班教師群體

就同班教師群體而言，這個群體是由同一班級所有的任課教師加上級任老師（或稱導師）所組成，但是彼此之間的關係並非和諧合作的。首先這些教師並無專業上的共同語言，只有以學生的行爲表現作爲共同的話題，而這

個話題通常只出現在科任教師與級任老師之間，而甚少出現在科任教師彼此之間。科任教師與級任老師雖然共同承擔一個班級的教學，但是心理的壓力並不一樣大，通常級任老師除了要對自己的授課負責之外，還要對班級的經營成敗負責，以便科任教師的上課容易進行。遇到班級秩序不好時，科任教師與級任老師通常會歸咎於對方。所以雖在同一班級任課，科任教師彼此之間是孤立的，科任教師與級任老師的關係則普遍存有互踢皮球的衝突。

二、同學年教師群體

就同學年教師群體而言，這個群體是由同一學年所有的任課教師所組成，並選出或指派一位學年主任來作爲聯絡與協調的中心。由於學校的各種競賽（無論是課業的或生活的競賽）是以同學年的各班爲競賽的單位，爲了提高自己班級的表現，同學年的教師群體之間具有競爭的本質乃成爲自然之事。尤其是同學年而又同課程的教師之間，以及同學年的各班導師之間，這種競爭性特別強。

三、同學科教師群體

就同學科教師群體而言，這個群體是由同一學科的所有任課教師所組成，由於具有相同的學科背景，所以具有相同的對話主題。雖然他們爲了學術的研究或指導學生，常有合作的機會，但爲了爭取個人的地位，這些教師彼此之間反而有較多潛藏的競爭存在。此外，由於學校的各種學術性活動，以及各教師的教學績效評定，都是由同學科的教師群體共同來進行，爲了怕被別人攻擊，同學科的教師群體彼此會維持著外表的禮貌，但是爲了避免自己的學術缺點過度暴露，這些人也會保留相當的隱密性，所以並非無所不談的。

四、臨時任務教師群體

就臨時任務教師群體而言，這個群體是由臨時的任務指派所構成的團體，例如導護老師的分配、運動會的編組、畢業典禮的排演等。由於這種團體在任務完成後即告結束，具有非正式團體的特徵，所以影響性不如前面所

述各群體大，而且因爲這種團體有任務在身，需要彼此的合作，所以通常在安排此種團體之時，學校會把教師合作的可能性列入考慮，這是此種群體較少發生衝突的主要原因。

五、自行交往的教師群體

就自行交往教師群體而言，這個群體的組合是由教師依自己的選擇而形成的非正式團體，這是所有教師群體中最爲和諧的的一群。教師除了正式的工作時間必須與前述各類教師群體交往之外，如果是工作之外的自由時間，則通常會與自行交往的非正式團體在一起。在這種交往中，教師會卸下職業的面具，顯現出自我的眞實面貌。在與自行交往的教師群體相處之時，教師才有談心的對象，才有人我一體的感覺，才能減少教師在校中的孤立感，也才能讓教師遇到挫折時有抒解的機會。

參、教師與行政人員的相處：依附與較勁的藝術

學校的人員組成與其他機關相比，具有相對的複雜性。因爲其他機構的組成人員都具有相當的同質性。但是學校的組成分子則具有相當的異質性。光就學校的行政人員來看，其所具有的異質性就很高。首先，學校行政的層級可以分成四個層級：第一層是校長，第二層是各處室主任，第三層是各組組長，第四層是各承辦人員。其次，以行政人員是否具有教師的身分，又可分成兩類。㈠具有教師身分者，包括校長以及各處室主任，他們是以教師的身分而兼辦行政的事物，因此與教師具有共通的特質，比較能站在教師的角度來衡量事情，所以衝突的可能性也較小。㈡不具有教師身分的行政人員，他們是以專門的行政人員的身分而主辦其主管的業務，例如主計人員與人事人員，分別代表主計單位與人事單位的立場，一方面協助學校推動校務，一方面也具有監督的意味。這種行政人員所認同的對象，通常是其專業背景的職業團體，而非教育團體，加上他們的辦事考量不是從教育的角度出發，而是從其所屬專業團體的法規立場爲出發點，所以常使人有故意刁難的感覺，

教師以及其他由教師兼任的行政人員常常會與此種行政人員發生齟齬，認為他們是吹毛求疵的局外人，其實這種現象的發生乃是制度所產生的問題，與個人的人格特性並無必然的關聯。

教師與這些具有異質性的行政人員相處並不容易，但基本上所採取的兩手策略就是「依附」或「較勁」而已。教師與各層級行政人員的關係，主要取決於自身利益的考量。凡是能夠給予教師個人需要的滿足者，教師通常會對之依附或妥協。而因為校長所擁有的權力與資源較大，所以教師與校長較勁的情況較少見，但並非沒有；反之，不能夠給予教師個人需要的滿足，或經常造成教師工作的負擔者，教師常會以較勁的方式來加以對抗。而因為主任或組長常要交付任務，又未擁有足夠的權力與資源，所以教師常常敢於與之較勁，甚至不惜發生衝突。教師對行政人員採取依附或較勁，來達成自己的利益考量，而行政人員則採取籠絡或忽視來回應其利益的考量。所以教師與行政人員的關係具有利益交換的本質。

這種利益交換的手段是校內地位爭取的主要過程。通常能夠得到較高校內地位的教師，必須至少具有下述三種條件之一才行。

㈠教師本人的表現：凡是能夠盡到自己的職責，帶好學生，為學校爭取榮譽，讓學校在社區中揚眉吐氣的教師，都是學校所器重的教師，自然享有較高的校內地位；反之，上課不認真，能力又不足，對學校缺乏具體的貢獻，其所享有的校內地位自然較低。

㈡教師與行政人員（尤其是校長）的關係：凡是能夠處處配合學校的要求，體諒行政人員的立場與苦衷，不讓學校行政人員感到頭痛的教師，也能獲得較高的校內地位；反之，處處與行政人員作對，又故意不配合行政要求的教師，其無法享有較高的校內地位也就理所當然了。

㈢教師在非正式團體中的影響力：有些教師雖然沒有良好的表現，又沒有與行政人員保持良好的關係，但是只要教師在非正式團體中具有相當的影響力，足以與行政人員產生抗衡的作用，則其也能在校園中取得一定的地位；反之，在校內毫無人脈，又無能力，更不配合行政要求，這種教師只好被打入冷宮了。

◎ 第三節　作爲社會化承擔者的教師 ◎

從作爲學生社會化的承擔者的層面來分析教師的角色，主要是探討教師的實際權威、控制方式、影響限度等主題，茲分別說明如下。

壹、教師的實際權威

教師要有效地對學生進行各種有形與無形的影響力，以達成既定的教育目標，則非具有相當的權威不可。失去權威的教師，也就失去影響他人的獨特力量，而與路人一般，甚難有效地發揮其影響力。

教師權威的主要來源包括制度的賦予，以及個人的修爲。因此教師的權威包括韋柏所謂的「地位的權威」（positional authority）與「個人的權威」（personal authority）。唯有二者交叉運用，才能發揮教師最大的影響力。

所謂制度的權威（institutional authority）或稱地位的權威，指的是以社會和組織所授與的一種外爍的、強制性的權威，又可分成傳統的權威與法定的權威兩種。所謂傳統的權威指的是以歷史的文化背景作爲教師影響力的主要根源；所謂法定的權威指的是以明文規定的法規條文作爲教師影響力的主要依據；這兩種權威皆與個人的修爲無關，只要一個人居於教師的位置，就可以擁有的影響力量，好比將一個二等兵改換上軍官的制服，並透過正式的儀式加以布達，他就立即擁有軍官的權威是一樣的道理。而個人的權威則非由組織所授與，而是以個人的獨特修爲作爲力量來源的一種自發性的、互動性的權威，由於個人的人格、經驗、專業、修養、品格等受到他人的信任，而使他人願意聽從其意見。個人的權威又分成專業的權威與人格感召的權威兩種，所謂專業的權威指的是以個人的專業知識與技能作爲教師影響力的主要根源；所謂人格感召的權威指的是以個人的人格特質作爲教師影響力的主要根源；這兩種權威皆與個人的獨特修爲有絕對的關係，個人要擁有這

種權威，就得展現出專精的學術或人格的魅力，並多親近學生，縮短彼此的距離始可獲得。吳康寧依據此四種權威，列成教師權威的構成表如下（見表二十一；引自吳康寧，民 87，頁 218））：

表二十一：教師權威的構成表

權威的組合 制度的權威 個人的權威		高法定權威		低法定權威	
		高傳統權威	低傳統權威	高傳統權威	低傳統權威
高感召權威	高專業權威	A	B	C	D
	低專業權威	E	F	G	H
低感召權威	高專業權威	I	J	K	L
	低專業權威	M	N	O	P

　　由表中可見，教師的實際權威依據四種權威來源的組合，可以有十六種不同的類型，表中由A到P就代表著這十六種類型。例如A代表著制度權威與個人權威具足的情況，擁有此種權威之人，不僅具有高感召與高專業的權威，同時還擁有高法定與高傳統的權威；E型的權威則除了不具有高專業的權威之外，其餘三種權威都是具足的；至於P型的權威，則是不具備任何一項權威；教師所有的權威類型都可以被此十六種所涵蓋。

　　但是教師權威的發揮受到社會的因素與學生年齡的因素所影響，左右著其力量的展現程度。就社會的因素而言，首先，社會的開放程度影響著制度權威的發揮程度，越是封閉保守的社會，傳統的權威與法定的權威越受到尊敬。反之，在一個開放而民主的社會中，傳統的權威就無法獲得青睞。其次，資訊的發達與否對專業的權威有相當的影響，在一個資訊不發達的社會，教師的專業權威因為擁有知識的壟斷權而獲得保障。反之，在一個資訊發達的社會中，教師的專業權威因為知識的普及而受到極大的挑戰，教師要擁有專業的權威就得靠不斷的充實才有可能。就學生的年齡因素而言，教師的人格權威隨著學生的年紀不同而有所轉變，年紀越小的學生，越強調教師

的人格魅力。反之，年紀越大的學生，就比較信賴專業的權威。所以教師要依據社會的狀況與學生的特性，調整自己的權威內涵，才能使自己的影響力發揮到最大。值得注意的是，四種權威俱備的A型教師，並不一定最受學生歡迎。但是四種權威皆失的教師（即是P型教師），不僅無法受學生歡迎，根本就無法發揮任何的影響力，當然也就徒有教師之名，而無教師之實了。

貳、教師的控制方式

作為學生社會化的承擔者，教師要想「對學生的身心施加符合社會要求的影響」，基本上是在實施一種社會控制，使學生能朝向預期的方向去改變。教師所能採用的控制類型甚多，有人將之分成兩大方式，即是顯性的控制與隱性的控制兩種（魯潔，1991，頁 464）。前者指的是以明確要求、明言規定為本的控制；後者指的是以間接引導、暗設障礙為本的控制。這兩種方式各有其利弊，不可只用其一，而忽視另一。

此外，教師在控制其班級或學生之時，依其所採用之哲學觀點不同，可以區分為三派，㈠非干預主義者（noninterventionist），㈡干預主義者（interventionist），㈢互動主義者（inter-actionalist）。三者的主要不同在於對於班級本質的基本假設有所差異，包括：控制的主要責任在誰、規則的制訂在誰、控制主要的考量為何、個別差異的重要性如何、干預介入的快慢如何、干預所使用的方式如何以及所使用的權威依據如何等七項（Levin ＆ Nolan, 1991, p.99）。茲以列表的方式比較三派的差異性如下頁（見表二十二）。

由表二十二中可以見到，不同的教育理念所產生的控制方式亦截然不同。對於非干預主義者而言，其教育理念來自人文心理學派，強調個體的自我實現，主張教育是人格塑造的過程，因此要對學生完全尊重；對於干預主義者而言，其教育理念來自行為心理學派，強調行為的養成必須依賴制約與增強的原理，主張教育是行為改變的過程，因此要將學生完全制約；對於互動主義者而言，其教育理念來自互動主義學派，強調個體與他人的互動是教育的基本原理，主張教育是人際交往的產物，因此要與學生共同控制班級的

表二十二：教師所使用之控制方式比較表

	非干預主義者	互動主義者	干預主義者
控制的主要責任在誰	學生	學生與教師	教師
規則的制訂在誰	學生，但由教師從旁協助	教師，但採納學生意見	教師
控制的主要考量為何	內心的感受	以外在的行為為優先考量，但不排除內心的感受	外在的行為
個別差異的重要性如何	非常強調	適度強調	毫不強調
干預介入的快慢如何	儘量慢，讓學生有自我控制的機會	在不妨礙群體的情形下，留有讓學生自我控制的時間	儘量快，以免情勢變得難以控制
干預所使用的方式如何	溝通的技巧，私下的討論等	團體諮商，開會討論等	獎賞與懲罰，各種增強物的使用
所使用的權威依據如何	人格與專業的權威	專業與法定的權威	法定與傳統的權威

行為。

參、教師的影響限度

　　教師要真正對學生產生預期的影響，首先必須教師的實際權威與控制的方式能夠得到學生的認可。因為未被認可的教師權威與控制方式都無法對學生起著正面的作用，而且在更多的情況下，只是引起學生的反感。但即使教師的實際權威與控制方式都能得到學生的認同，教師的影響企圖依然不可能完全實現，充其量只能部分達成而已。從校外的角度來分析，則學生到校受教，雖然接受學校的各種正式與非正式的影響，但這些影響依然無法涵蓋他所接受的全部影響，而只是眾多影響中的一部分而已；因此，先撇開學校中

328 · 教育社會學導論 *

所具有的不利影響因素不談，就算學校中只有正面的影響因素，也不能保證
校外的影響不起著左右的作用。

　　從校內的角度來分析，教師對學生的影響限度受到師生的社會背景吻合
程度、教師使用權威的方式、教師所具有的信念、師生之間的親密關係能否
建立以及師生之間的社會距離是否適當等因素的左右，分別說明如下：

一、師生的社會背景吻合程度

　　教師對學生所施加的影響，主要決定於師生背景的吻合度。教師與學生
都不是來自社會的真空管中，也就自然都帶有一段社會化的經驗，這種經驗
的相似與否，其實對於教師影響學生的程度有著決定力。學生家庭的社會層
級與教師的社會層級差距越小，則其所可能受到教師的影響程度越大；其
次，學生的同儕文化與教師的文化差距越小，則其所可能受到教師的影響程
度也越大；其三，學生的社區居民所持的價值觀念與教師的觀念差距越小，
則其所可能受到教師的影響程度也越大；由此可見，教師對學生的影響程
度，有一大部分是來自學生的家庭背景，身為教師應該瞭解這種差異對低社
會階層的學生是不公平的，所以要透過自覺的反省，公平地對待與自己身分
背景差異較大的學生，以減少因社會因素所引起的不公平，才是專業教師應
有的行為。

二、教師使用權威的方式

　　教師具有各種可用的權威，但在使用時個人所強調的重點不同，則對學
生的影響限度也就不同。有人喜愛使用制度的權威，但也有人偏好個人的權
威。制度的權威因為是植入在機構的職位中，是由學校立即地分配給每一位
教師，對於任何佔有該職位之人都同樣享有，是最為便捷的權威，立即可
用；但是制度的權威需要社會距離的屏障，以免受到學生的挑戰；制度的權
威要求絕對的服從，常常會引起學生的心理不滿與反彈；至於個人的權威則
必須經過長期的互動之後才會產生。這是經由師生建立親密關係之後由學生
自願地授與教師的權威；個人的權威則不強調盲目的服從，而強調共同目標

的磋商與心悅的順從；教師不能沒有制度的權威，但是光靠制度的權威是無法發揮真正的影響力量。此外，獲有個人權威的教師並不必要放棄其制度的權威，在需要時，制度的權威可以適時地發揮。二者相互爲用才能使教師的影響限度發揮到極點。

個人權威是需要設法建立的，但是建立的方式並無一定的公式，正如同友誼的獲得並無一定的方法。儘管如此，一些原則性的方法還是可以歸納得到的。例如眞正尊重自己的學生；對於學科有徹底的瞭解；將學科的價值告知學生；使自己所教的學科內容生動有趣；使學生在學習中獲得創造力與理解力，進而充滿了生命力，並獲得成就感。

曾有研究從教師的專業素質、人格魅力、評價手段與師生關係四者，探討教師權威對不同就讀階段學生的影響有何不同，結果發現小學生對此四者的重視程度依次爲評價手段、人格魅力、師生關係、專業素質；初中生對此四者的重視程度最高爲人格魅力、最低爲師生關係，至於居於中間的評價手段與專業素質二者，則評價手段呈現由高而低的走勢、專業素質則正好相反，是由低而高地增強中；高中生對此四者的重視程度則依次爲專業素質、人格魅力、師生關係、評價手段，表現出與小學生極大的差異性（魯潔，1991，頁 463）。可以供作教師在使用不同權威時的參考。

三、敎師所具有的信念

權威的採用源自教師所具有的信念。依據一項調查研究指出。百分之二十的美國教師承認自己是保守的。而有保守傾向之信念者則高達百分之四十五。由此可知六成以上的教師具有保守型的信念。只有百分之七的美國教師承認自己是自由主義者。而有自由主義傾向之信念者則約佔百分之二十七。由此可知具有自由型信念的教師不到四成（National Education Association, 1987, p.89）。

保守型的教師信念通常比較會使用制度的權威；而自由型的教師信念通常比較會使用個人的權威。因爲保守型的教師認爲宇宙間具有絕對的眞理與固定的法則，而教育傳遞著不變的智慧。人對於眞理是無知的，也是容易犯

錯的。而維護智慧、端正品行是教師的主要任務。此種信念造成教師喜歡使用制度的權威；反之，自由型的教師不承認絕對真理的存在，而認為真理是人類理性不斷提升的產物。教育是發展理性力量的主要因素，人類的本性是善的，學校是解放人類理性，培養人類合作的主要工具。此種信念造成教師喜歡使用個人的權威，而不喜歡制度的權威；由此可見，教師信念之不同，也是造成影響限度不同的主因。

四、師生之間的親密關係能否建立

其實教師對師生親密關係的渴望有時甚於對權威的追求。依據一項研究指出：進入教師行業的動機有許多，但是最大的理由是「關心人們」以及「喜歡與年青人一起工作」（National Education Association, 1987, p.211）。新進教師對於師生的關係總有一種浪漫的看法，多數追求關懷、互相支持的親密關係，以便與學生合力達成教學的目標。抱著此種理想主義的教師，期待自己能夠成為有趣的、有用的以及受學生歡迎的教師。他們計劃著如何滿足學生的個人需要，又能將學科的知識教給學生，同時自己也獲得知識的成長。但是學校本身的結構並不利於這種關係的維持，教師很快地發現他們與學生的關係是冷漠、隔閡、有時還是操縱與算計的。也因此感到失望。他們很快地發現這種期望已經落空，發現自己很難與學生溝通，而當老師是一個困難的、甚至是孤單的歷程。許多教師發現自己並未被學生所瞭解，而且自己是脆弱的。如果你對學生仁慈，他們把你當病貓，如果你認真上課，他們把你說成無聊，學生一直在試探教師的最後容忍的限度，並且得寸進尺地需索無度，直到教師忍無可忍為止。因此教師多數會放棄與學生的親密關係，開始擺起威嚴的面孔，建立起另一種信念：就算學生不喜歡我，我也可以成為好老師。這是一種惡性循環的歷程，教師想要與學生建立親密的師生關係，但是學生誤解教師誠實可欺，並且得寸進尺地試探教師的忍耐度，教師不能瞭解學生的試探心理，誤解學生是在威脅他，於是決定粉碎學生的試探，採用嚴格的策略，這一來又增強學生對教師的既有信念，以為教師沒有一個是可以相信的。其結果就造成類似「完全機構」的敵對心理狀態與社會

距離。而其根本原因還在於教師未能先建立自己的合宜權威，就想直接與學生建立親密的關係，所以無法正常發揮影響力的緣故。

五、師生之間的社會距離是否適當

合宜的社會距離（social distance）是良好師生關係的重要條件。師生之間必須維持著適當的距離，教師的影響才能有效發揮。因為教師與學生對於教育的看法有各自不同的觀點，而且各自以自己的觀點來詮釋對方。而正確的詮釋是需要適當的社會距離才能達成。

適當的社會距離之所以必要，是因為適當的社會距離能夠保護教師，使其免受攻擊、免除痛苦。因為教師如果涉入學生的私人生活太深，卻又無力為其解決其問題，往往產生道德上的自責。所以教師以社會距離來保護自己，免除憂慮；其次，教師於學年結束時會換班級，感情涉入太深時，師生雙方都會有不良之適應。其三，適當的社會距離可以使教師的情緒獲得控制，並且免除偏心的控訴。總之，適當的社會距離能夠協助教師維持其權威。教師如果沒有與學生保持適當的社會距離，對於教師發揮其影響力是不利的。所以維持適當的社會距離是每一位教師都要善加斟酌的。常用的適當社會距離的維持方式有：教師穿著正式的服裝，以便與學生有所區隔；要求學生以正式的稱呼叫老師；採取商業似的、形式性的態度來接觸學生；板起臉色，不讓學生問及自己的隱私；提供教師專用的場所，禁止學生進入其中；嚴格規定師生的親密界線與時間，不使逾越等（Waller, 1932, pp. 279～291）。社會距離表面上是造成教師影響力量減弱的原因，但是若完全無社會距離的存在，則教師的影響力完全無法發揮，更會造成相當多的管教困擾。因此唯有適當的社會距離才能發揮教師的權威。

◉ 第四節　作為社會化承受者的教師 ◉

從作為自身社會化承受者的層面來分析，教師角色的探討主要是以其職

業社會化的問題爲重點。所謂的「教師職業社會化」指的是「在職業素質方面逐步縮小與社會期待之間的距離，成爲名符其實的社會代表者的過程」（魯潔，1991，頁466）。因爲教師作爲學生社會化承擔者的身分是社會所期待的，但是教師承擔此一責任的能力，則要經過後天的不斷充實與進修才具有的，因此教師要承擔學生社會化的責任，要先承受自身的社會化過程，使自己具備教師應有的素質。教師角色與能力的獲得，其實是教師職業社會化歷程的產物。教師職業社會化的重點，包括職業社會化的內容與職業社會化的歷程兩大方面。前者探討教師角色扮演所需的各種知識、技能、價值、態度與能力；後者探討教師能力取得的重要階段。唯有兼重二者，使內容合宜、歷程銜接，才能確保教師職業社會化的成功，茲分別說明如下。

壹、教師職業社會化的內容

我國教師職業社會化的主要場所本來是在各師範校院，但自從民國八十三年師資培育法通過之後，師資的培育制度已由「師範校院一元獨佔」的制度改爲「各大學共同負責」的多元培育制度。不管如何，各種師資培育機構在進行其培育的工作時，最大的考量就是如何養成能夠勝任教育工作的未來教師。換句話說，就是要保證這些未來的教師有能力達成社會的期待。因此教師職業社會化的重點便是要爲合格而勝任的教師做準備。合格而勝任的教師所需具備的條件，便成爲師資培育機構的主要考量。

一般而言，要成爲合格而勝任的教師必須具備兩大條件：其一，要具有任教科目的專精知識或技能，以及傳授該知識所需的教學知識與能力。其二，要具有教師所必備的人格特質與精神態度。

一、就教師必備的專業知能而言

要成爲合格而勝任的教育工作者，教師必須具備的主要知識與技能是指教學的知能。而此處所指的教學知能是廣義的，亦即除了自己所擔任的教學科目之專精知識以外，更包括課程設計、教案規劃、實際教學、成績評量、

班級經營、師生溝通、親師合作等知能，舉凡對於學生的學習有所幫助的所有知識與技能，都應該包含在內。前者是指學科的專精知識，後者是指使學科的專精知識有效傳給學生所需的教學知識，二者缺一不可。

　　除了這種所有教師都需具備的知識以外，另有部分教師還得具備行政的知識。因為兼任行政工作在學校中是常見的情形，尤其在編制人員不足的國民中小學，更是如此。所以師資培育機構必須傳授未來的教師以必要的行政知能，使能在必要時順利地承擔此工作，即或沒有兼任行政工作，也能因為對行政工作的熟悉而能與行政工作人員有較好的配合。教學與行政工作的知能乃成為教師職業社會化的重要內容。

　　國小教師所需擔任的教學科目，究竟以包班為宜或以分科教學為佳，則是一個尚在爭議的問題。在未升格為師範學院之前，師專或師範學校的課程設計是以包班教學為主要考慮，所以每位教師必須對於各種學科，包括國語、數學、自然、社會、音樂、美勞、體育等，皆有所涉獵。這種制度所受到的最大批評就是不專精，因為要一個人精通這麼多科目，必然無法達到專精的水準。但是自從改制為師範學院之後，強調專精一門學科的理念，也造成另一種的問題。因為國小階段的教育，僅是個性試探的階段，其重點應該是在於正常人格的形成，基本生活智能的獲得，以及未來升學或就業的準備。過早的專精訓練，不僅有缺失，也恐怕對年幼的國小學生造成極大的適應困難。此外，師資培育的三大課程領域中，普通科目、專門科目以及教育專業科目所應佔有的比例如何，也成為分系以後的師範校院未曾解決的一項爭議題。

二、就教師必須內化的人格特質而言

　　要成為合格而勝任的教育工作者，教師除了必須具備教學及行政的知能外，更要內化某種特殊的氣質，以符合社會對於教師特殊形象的要求。而內化教師職業的獨特氣質，指的是教師經過職業社會化的歷程之後，不但能夠認同教師職業的價值，瞭解並樂意遵從教師的職業規範，更重要的是要產生教師的職業道德。換句話說，經過師資培育的歷程的潛移默化之後，教師應

該具備典型的教師人格。此種人格的形塑，正是師資培育機構所需強調的重點。過去師範校院的課程設計非常重視此一重點。譬如每天早上的升旗，要求集體住校，檢查內務，安排校外教育參觀等，都具有養成教師人格特質的用意，並使教師具備各種良好的態度與精神，以便對下一代進行潛移默化的工作。但在師資培育法通共後，不僅一般大學並未注重教師人格特質的內化工作，師範校院也明顯地放棄了過去的一些傳統。這種改變究竟是好是壞，仍有待進一步的研究。

貳、教師職業社會化的歷程

依我國師資培育的實際情況而論，教師職業社會化的階段大抵分成非正式的職業社會化與正式的職業社會化兩大階段。正式的職業社會化則又細分為預期的社會化階段、實習的社會化階段與繼續的社會化三階段。

一、非正式的職業社會化階段

非正式的職業社會化指的是未經計劃的社會化過程。每一位當教師的人，幾乎都有當學生的經驗，而當學生的經驗中都有與教師的接觸經驗，都對教師工作產生某種觀感。這一份與教師職業有關的經驗與觀感，對於每一位成為教師的人而言，都具有或大或小的影響，雖然有些影響可能已經進入潛意識的領域，連當事人都不自知。所以說，一個人之所以會走上教師職業之一途，雖不必然與過去學習過程中對教師的印象有絕對的關係，卻必然受到過去教師上課的所言所行之影響，只是其程度或大或小，其方向或正或負，不一定相同而已。另外，在成為教師的歷程中，除了過去教師的影響之外，其他個人周遭的重要他人（significant others）的影響也具有相當的影響力，例如父母、親戚、朋友、甚至是書上的人物，也或多或少對選擇當教師有其左右的力量。這些影響雖然未經有意圖地加以計劃，卻是與教師職業社會化的歷程無法分割，所以應該列入整個教師職業社會化的一環。

二、正式的職業社會化階段

當個人進入師資培育的機構中，不管是正規的師範校院也好，一般大學的教育學程也好，甚至只是修習一些教育學分也好，正式的職業社會化便算開始。但是依個人所具身分的不同，以及所強調的社會化重點之不同，又可分成預期的社會化階段、實習的社會化階段與繼續的社會化三階段。

(一)預期的社會化階段

預期的社會化是以進入師範校院，或就讀教育學程、教育學分爲起點，到修畢必要的所有學分，並取得實習教師的資格爲止。因爲這是個人員正能夠對將來當老師有所實際的掌握，也是個人有意識地修習各種教育智能，陶冶教師必備的人格特質的開始，所以稱爲預期的社會階段。有此起點之後，個人自然會對將來成爲教師有某種程度的預期。但是各種不同課程的學生對此預期的程度也許並不一樣，師範校院的學生（尤其是公費生）可能高於其他各類的修習師資培育課程的學生，因爲他們是以當教師作爲最主要的打算，其他的學生則可能只是以預留後退之路的心態來從事學習而已。不管如何，從開始修習教師養成教育課程起，到修完規定的必備學分爲止，都屬於預期的教師職業社會化的階段。教師所必須具備的重要知識與技能，大都在此階段中慢慢地養成，其重要性當然無可置疑。

(二)實習的社會化階段

從受完師資養成教育，取得實習教師資格開始，到完成教育實習，通過覆檢，取得合格教師證書爲止，算是實習的教師社會化階段。實習社會化階段的基本作用，除了加強實務工作經驗，使理論與實務得以結合之外，同時還具有篩選、淘汰的目的。因爲師資培育多元化之後，師資來源增多，具有教師資格的人不虞匱乏，所以可以設立較爲嚴格的關卡，來進行擇優汰劣的工作。現在除了爲保障偏遠地區的教育素質，以及爲了補充某些類科不足的師資，而設有公費培育的制度之外，其餘不管是師範校院或教育學程的學

生，都是以自費就讀，也沒有分發的保障。加上教師遴聘制度的變更，要應徵各校的教師缺額，必先通過一年的實習，取得合格教師證書，才可以到各校去應徵。而各校要進用教師也必須組成教評會，舉辦公開的甄選，凡此種種，都是在增加篩選的功能，以確保教師的素質。

這種實習的社會化階段與過去師範校院的結業實習制度有很大的不同。舊制的實習是包含在養成教育階段中，實習教師其實還是學生的身分，但是卻已獨自負責一個班級，並已領有與正式教師完全一樣的待遇，雖有實習之名，卻無實習之實。新制的實習與舊制最大的不同，在於強調師徒制度的精神，讓實習教師有合格的教師在旁指導，而不必像過去一樣，要承擔完全的責任，也因此沒有完全的待遇可領。這是從實習的本意所做的徹底的改變，完全符合實習的理論基礎，立意可謂甚佳。可是在現實層面的考量之下，為了教師實習津貼過低，許多實習教師無力維持生活，乃又訂出一條但書，讓實習教師可以用二年的代理教師年資抵一年的實習，其成績優良者更能以一年的代理教師年資抵一年的實習，此門一開，新制實習的精神到此已經宣告瓦解。其中利弊得失如何，尚待進一步的研究。

(三)繼續的社會化階段

從取得合格教師證書，並且通過用人學校教評會的審查，成為該校正式的教師的第一天起，就已進入繼續的職業社會化的階段。繼續的職業社會化的基本假設是預期的與實習的職業社會化依然有所不足，所以才有繼續加強之必要。

預期的職業社會化階段強調各種理論的探討，雖能建立教師理論知識的基礎，但是在實務的訓練上則顯然不足。加上預期的職業社會化階段的學生，其所扮演的是與教師完全相反的學生角色，所以無法體會真正的教師的立場，這是預期的職業社會化無法完全符合實際需求的主要理由；為了彌補理論與實務之間的差距，雖在師範校院四年的課程中設有教育實習課程，又有畢業之後的一整年教育實習，但在實習階段所扮演的只是「模擬性」的教師角色，雖然已經比較接近教師的真實角色，但是仍然無法體驗到真實教師

角色中所具有的競爭與壓力。更何況學生與家長對於實習階段的「準教師」，仍然無法像真正的教師一般，給予真實的期待。因為這種短期的、無利害關係的模擬角色，無法對真實情境有完全之把握，所以需要用繼續的職業社會化來加以補足。繼續的職業社會化就是要在真實體驗教師的各種情境之後，深刻知道自己有所不足之處，然後針對不足之處加以改善的一種設計。而教師的在職進修制度就是一種主要的繼續社會化的手段，為了改善過去在職進修的種種弊端，今後應該把學校建立成為「學習型的組織」，讓教師進修能真正符合教師的需要，這樣才能落實教師繼續社會化的構想。茲將教師職業社會化歷程的概念以下圖表示（見圖十九）：

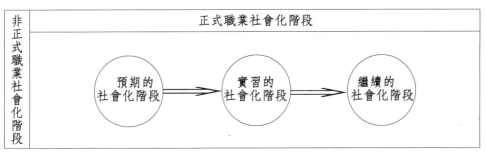

圖十九：教師職業社會化之歷程圖

參考書目

何友暉、廖正宏，民 58，今日中國社會職業等級評價之研究。**台大社會學刊**，
　　第五期，頁 151～154。

吳康寧，民 87，**教育社會學**。高雄：復文出版社。

林清江，民 60，教師角色理論與師範教育改革動向之比較研究。**師大教育研究
　　所集刊**，第十三輯。

師大教育研究所，民 69，台北市各級教師職業聲望與專業地位的研究。**師大教**

育研究所集刊，第二十二輯。

魯潔，（1991），**教育社會學**。北京：人人教育出版社。

Ashton, P., & Webb, R., (1985) , *Making A Difference: Teachers' Sence of Efficacy and Student Achievement.* New York: Longman Publishing Company.

Becker, H., (1970) , "The teacher in the authority system of the public school", *Sociological Work.* pp. 151～164.

Bredemeier, M., & Bredemeier, H., (1978) , *Social Forces in Education.* Sherman Oaks, CA: Alfred Publishing Co.,Inc.

Dreeben, R., (1970) , *The Nature of Teaching.* Glenview, IL: Scott,Foresman, & Company.

Dworkin, A, G., (1980) , "The changing demography of public school teachers: Some implications for faculty turnover in urban areas," *Sociology of Education.* Vol.53 (April) .pp.65～73.

Feistritzer, C. E., (1986) , *Profiles of Teachers in the U.S.,* Washington, D. C. : National Center for Education Information.

Forsyth, P. & Hoy, W., (1978) , "Isolation and alienation in educational organizations", *Educational Administration Quarterly.* Vol.14. pp.80～96.

Goodlad, J. I., (1984) , *A Place Called School: Prospects for the Future.* New York: McGraw-Hill Book Company. pp.186～188.

Gottlieb, D., (1964) ,"Teaching and students: Reviews of negro and white teachers". *Sociology of Education.* Vol.37. pp.345～353.

Greenhoe, F., (1941) , *Community Contacts and Participation of Teachers.* Washington,D.C. : American Council on Public Affairs.

Harris, L., Libresco, J. D., and Parker, R. P., (1984) , *The American Teacher.* New York: The Metropolitan Life Insurance Company.

Levin, J., & Nolan,J.F., (1991) , *Principles of Classroom Management: A Hierarchical Approach.* Boston: Allyn & Bacon.

Lipsky, M., (1980) , *Street-Level Bureaucracy: Dilemmas of the Individual in*

Public Services. New York: Russell Sage Foundation.

Lortie, D. C., (1975) , *School Teacher ： A Sociological Study*. Chicago ： University of Chicago Press.

McPherson, G.,, (1972) , *Small Town Teacher*. Cambridge: Harvard University Press.

National Education Association, (1987) , *Status of the American Public School Teacher: 1985-1986*. Washington,D.C. : NEA Research Division.

Pavalco, R., (1970) ,"Recruitment to teaching: Patterns of selection and retention". *Sociology of Education*. Vol.43. pp.340～353.

Walberg, H., (1970) ,"Professional role discontinuities in educational careers", *Review of Educational Research*. Vol.*40*. (June) . pp.409～420.

Waller, W., (1932) , *The Sociology of Teaching*. New York: John Wiley.

Warren, R., (1975) , "Context and isolation: The teaching experience in the elementary school", *Human Organization*. Vol.34. pp.139～147.

Zucker, A., (1977) , "Isolation at the top, degradation at the bottom: A reply to Philip Jackson", *Social Review*. Vol.86. pp.104～108.

學生角色的社會學分析

　　社會角色是決定個人言行的根本原因，因爲地位與角色是社會結構的最基本單位，社會的運作是以角色作爲主要的依據。角色是指佔有某一地位或身分（status）者的所有相關聯的行爲。而地位或身分指的是個人在社會中所佔據的位置，例如醫生、父親、牧師、警察或學生等都是一種地位或身分，都界定個人在社會上的位置，以及他與其他人或團體的可能關係。

　　上一章從社會學的角度分析了教師角色的內容及其獨特的屬性，但因爲就「角色組」（role set）的觀念來看，角色是無法離開與其相對待的角色而獨自扮演的，如果沒有學生角色的相互佐證，教師角色的瞭解就只是片面的觀點，而無助於整體教育現象的理解。爲了擬定有效的辦學方針、採用有效的教育手段，都得從學生的角色內容及其特性來加以考量。過去探討學生角色，大都是以教育學的觀點，將學生視爲「學習者」，以闡明作爲學習者的學生應如何有效地學習；而教育社會學對於學生的研究則重點不同，正如同教師角色的研究一般，是將其放在「社會角色」的概念下，以把握其角色的社會特徵，此種視角與立場所見到的學生面貌，必然會有所不同。

　　本章分四節說明學生的社會角色，除了先分析學生角色的社會特徵以外，並從作爲家庭成員的學生、作爲同儕成員的學生、作爲班級成員的學生三個層面，進行學生角色的社會學分析。

◉ 第一節　學生角色的社會特徵： ◉　　　　　游離於多重社會的邊緣人

壹、學生角色研究的基本架構

　　社會學家在研究社會行爲時，並非重視「個人」的性格。而是研究佔有相同地位與角色者的共同行爲特徵。地位與角色的區別在於個人「佔有」某一地位，但是個人「扮演」某一角色。佔有某一個地位的人可能需要扮演許

多不同的角色。例如佔有學生地位之人，由於互動對象之不同，對老師所扮演的角色就不同於對同學所扮演的角色。另一種瞭解地位與角色的方法是將它們視爲對某一地位佔有者的規範與約束。換言之，每一個地位與角色都是由界定其佔有者的特殊規範所構成。凡是不能遵守規範者會遭到社會的處罰，整個的規範系統及其執行便是社會控制的過程，由此可以預測社會上各種行爲，並達成社會控制的目的。

地位與角色的瞭解，可以用三個重要的指標來加以分類。其一是佔有時間的長短，其二是制度化的程度，其三是地位與角色的核心性。說明如下：

一、就佔有時間的長短來分

地位與角色可以分成「轉換的」與「永久的」地位與角色（transitory and enduring statuses and roles）。前者像醫院中的病患、超商內的顧客等，其地位與角色是暫時性的，而非永久的。後者則指持續較久的地位與角色，像性別的角色一出生就已決定，除非經過變性手術，否則通常會持續一輩子。

二、就制度化的程度來分

地位與角色可以分成「高制度化」的與「開創的或新興的」地位與角色（highly institutionalized and emergent statuses and roles）。前者指的是個人進入此等地位與角色之前，社會的文化已經對此地位與角色的應有行爲加以詳細的規定，例如多數的職業的角色便是如此。後者則指角色行爲的界定是在互動的過程中臨時決定的，像臨時推派的會議主席、最好的朋友等。

三、就地位與角色的核心性來分

又可以分爲「核心的」與「邊緣的」地位與角色（central and marginal statuses and roles）。前者對個人的人格與社會的認同體有極重要的影響，例如職業的地位與角色。後者則對個人的人格或社會的認同體影響不深，例

如火車的乘客。

上述地位與角色之分類可以圖示如下（見圖二十，引自Stokes, 1984）：

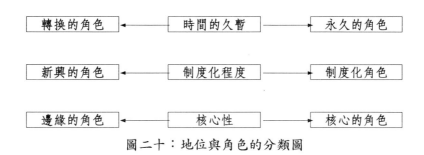

圖二十：地位與角色的分類圖

這種角色分類對於各種社會角色的瞭解有其價值。屬於轉換的、新興的以及邊緣的地位與角色對於個人的影響不深。反之，屬於永久的、高制度化的以及核心的地位與角色則對於個人有深遠的影響。基本上，學生的角色具有十分獨特的性質，那便是介乎轉換的與永久的、新興的與高制度化的以及邊緣的與核心的地位與角色之間，其確切的位置是隨個人的認知與期待而有所不同。換句話說，學生角色具有相當的模糊性。

貳、學生角色的模糊性及其效果

從教師的角度來看，教育是「對學生的身心施加符合社會要求的影響」。但是從學生的角度（尤其是從義務教育階段的學生）來看，教育所代表的意義就與此完全不同，只是「一項引不起興趣而又無法逃避的煎熬」而已。教師與學生對於教育的期望基本上是衝突的。教師希望透過各種手段將學生社會化，並且希望學生成功地在認知、情意與技能三方面有所成長，使其成為社會上有用的一分子；但是學生本身的期望則是免除功課，享受樂趣，因此與教師的企圖相衝突。誠如華勒（Waller, 1932, p.104）所指出：

學校生活的核心是某種文化的衝突。教師與學生之間的衝突出現，

是因爲教師代表大的社會群體的文化，而學生充滿著社區的文化；
師生之間更爲普遍的衝突是因爲教師是成人，而學生則否；因此教
師是成人社會的文化的乘載者，並企圖將此文化加在學生身上，而
學生則是未成年文化的代表者。

而這些衝突的來源便是學生角色的模糊性。此種角色的模糊性形成學生
的「社會的邊緣人」的特性，使學生有如社會的游牧民族一般，在不同的團
體中，不時地更換角色。

一、學生的三重社會及其差異

所謂「社會的邊緣人」，指的是「同時歸屬於不同的社會群體，卻又不
能完全歸屬於其中任何一個群體」的人。就學生角色的社會屬性來觀察，首
先可以明顯看到學生附屬於多重的社會群體中，卻又無法完全融入其所屬的
任何一個團體，因此具有濃厚的邊緣人的味道。這種屬性除了來自青少年是
正在發展的身心狀態以及尚未找到固定的社會地位之外，更來自學生生活在
三重性質不同的社會中。就學生的生活重點來看，他是分屬於家庭、學校以
及同儕團體三個不同的社會中，而這三個社會的「文化裝置」（價值取向、
道德規範、行爲方式等）性質不同，使得學生成爲一種「跨社會的存在」。
這種跨社會的存在如下頁圖所示（見圖二十一，引自吳康寧，民 87，頁
232）。

由圖二十一中可見，學生同時屬於三個屬性不同的社會，其中，有屬於
單一社會的影響者，如 A1，B1 以及 C1 分別是學校、家庭以及同儕團體的
影響；有屬於兩個社會的交互影響者，如 AB，BC 以及 AC 分別是學校與
家庭、家庭與同儕以及同儕團體與學校的交互影響；更有屬於三重社會的共
同影響，如 ABC 所示。

其次，學生所屬三個社會的「文化裝置」（價值取向、道德規範、行爲
方式等）之所以不同，其實是因爲這三個團體的基本屬性有異。其相異性可
以下頁表見之（詳表二十三）。

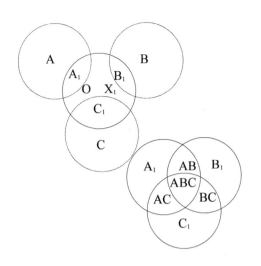

A　學校
B　家庭
C　同輩群體
A₁　作為學校成員的學生
B₁　作為家庭成員的學生
C₁　作為同輩群體成員的學生
X₁　作為其他社會影響之受體的學生
O　學生

圖二十一：學生的三重社會位置圖

表二十三：家庭、學校以及同儕團體的屬性差異表

	家庭	學校	同儕團體
自願加入性	非自願加入	非自願加入	自願加入
影響的層面性	全面的	局部的	全面的
影響的計劃性	無計劃的	有計劃的	無計劃的
地位的平等性	不平等的	不平等的	平等的
關係的存在	先天的	後天的	後天的

　　由表中可以明顯看出，學生所依附的三個團體各有其特色。就家庭而言，家庭的特點，在於先天存在的聯結關係，與學校及同儕團體的後天加入才產生個人與團體之間的關聯是不同的。就學校而言，學校對學生的影響是有計劃的、但是影響層面是局部性的，這與家庭及同儕團體的無計劃性以及全面影響性是不同的。就同儕團體而言，學生加入同儕團體是自願的，而且在同儕團體中其地位是平等的，這與家庭及學校的非自願加入，以及學生在

家庭及學生中的地位是不平等的，有明顯的不同。

二、學生的社會位移及其類型

學生每天在家庭、學校以及同儕團體三個不同的場景迅速地更換自己的位置與角色，產生「學生的三重社會及其社會位移」的現象（吳康寧，民87，頁230～235）。位置或角色更換的順暢與否，關係到學生社會生活的成敗甚鉅。依據美國學者菲蘭（Phelan, P.）等人的用詞，他們把此種從一個社會環境中，移入並適應另一個價值、規範、期待、行為方式不同的社會環境中的「社會位移」的現象，稱為「越界」（boundary crossings）（引自吳康寧，民87，頁233）。依據菲蘭（Phelan, P.）等人的見解，學生所處的三個社會環境，依其關係的和諧程度來分，可以是和諧的、失諧的以及邊界互閉的；依其越界的難易度來分，則可以分成順暢的、可設法實現的、碰運氣的以及無望實現的四者；如此一來，學生的社會位移情形，可依其社會的和諧度與越界的難易度分成四種類型。即是（見表二十四）：

表二十四：學生社會位移的四種類型表

	和諧的三重社會	失諧的三重社會	邊界互閉的三重社會
順暢的越界	第一類型		
可設法實現的越界		第二類型	
碰運氣的越界		第三類型	
無望實現的越界			第四類型

㈠第一類型是和諧的多重世界／順暢的越界
（congruent worlds/smooth transitions）

如果學生所處的家庭、學校以及同儕團體的三重社會，在價值、規範、期待以及行為方式等方面，都具有基本吻合的關係，那麼這是一種「和諧的多重世界」，此處雖然不說這多重世界的價值、規範、期待以及行為方式等

都具有正面的意義，但從學校所獨具的特色，是要讓學生朝著正向的目標去發展來看，多重世界的負面價值可能性幾乎是微乎其微的。處在「和諧的多重世界」中的學生，其越界的順暢性是必然的道理，因為三個世界對其所做的期待與要求，幾乎是一致的，所以表面上這種學生是生活在三個世界中，其實三個世界是同樣的世界，所以沒有適應上的問題，甚至沒有察覺到自己在三個不同的世界中穿梭。

(二)第二類型是失諧的多重世界／可設法實現的越界
　　（different worlds/boundary crossings managed）

　　如果學生所處的三重社會，其中任何兩個社會在價值、規範、期待以及行為方式等方面並非具有基本吻合的關係，而是部分重合的關係，那麼這是一種「失諧的多重世界」，也就是這三重世界的價值、規範、期待以及行為方式等雖有部分相同，但也有相反的其他部分，學生處在「失諧的多重世界」中，越界的困難度增加，但是並非無法使用各種適應的手段，去調和三個世界中的歧異性，所以其越界的順暢性雖然不如和諧的多重世界的學生，但是也能設法加以實現。只是這種適應的過程往往需要付出人格上與心理上的代價而已。

(三)第三類型是失諧的多重世界／碰運氣的越界
　　（different worlds/boundary crossings hazardous）

　　處在「失諧的多重世界」中的學生，而且無法使用各種適應的手段去調和三個世界的歧異性，則其越界十分困難，除非有特別的條件發生，越界幾乎成為不可能。在此情形下，越界代表著一種挫折，所以個人會避免進入其所感到不自在的團體中，而有逃避的現象。

(四)第四類型是邊界互閉／無望實現的越界
　　（borders impenetrable/boundary crossings insurmountable）

　　如果學生所處的三重社會，在價值、規範、期待以及行為方式等方面，

都具有基本相背的關係，那麼這是一種「邊界互閉的多重世界」，個人只能活在其中的一個社會中感到自在，又因為越界是痛苦的，所以會完全放棄越界的企圖。逃學與逃家的現象就是如此產生的。

　　以上學生所屬的三重社會和諧不同以及社會位移的難易不同，可以對學生角色扮演的成功與否得到合宜的解釋，因此對於學生社會角色的理解是重要的參考架構。

三、學生是尋根的異鄉人

　　由於學生社會角色的模糊性，又是居於社會的邊緣人地位，所以像是在尋根的異鄉人，需要找到認同的對象，也常因認同失敗而產生心理或行為的問題。凡能被他認同為心目中的崇拜對象，這種人就對他產生強大的影響力量，或稱為他的「重要他人」（significant　others）。學生的「重要他人」，依其互動之有無，可以區分為互動性的重要他人以及偶像性的重要他人（吳康寧，民87，頁250～254）。前者是指在學生的日常生活中出現，並與學生產生互動的人物。包括家長、教師以及同儕伙伴；後者則指為與學生雖無雙向的互動，而只存在學生單方的崇拜，則稱為偶像性的重要他人。不管是互動性的或偶像性的重要他人，都是學生刻骨銘心的心儀對象，對於其一生的影響，發揮著主導性的力量。

　　由於學生要尋求到他的重要他人，是先由周遭的人物開始。學生對於周遭人物的認同，首先由家庭開始，隨著年齡的長大，學校師長與同儕伙伴也成為其認同的重要對象，最終則又增加了與現實無接觸的人物。這些人物的出現並無互斥的性質，而是可以一一附加的。但是能否成為重要他人，對於學生的影響則完全不同。在家庭中，家長可能是學生的楷模，但也可能只是負有監護責任的親人而已；在學校中，教師可能是學生的導師，成為指引學生的明燈，但也可能只是一種具有權威性的社會代表而已；在同輩中，周遭的同儕可能是學生的知心朋友，但也可能只是活動的同伴而已；至於無現實存在之人，如果成為學生所心儀的對象，則是他的偶像，但也可能只是在書上或電視上出現的不相關的名字而已。找到正確的認同對象，學生的言行舉

止將會有正面的改變與成長；缺乏認同的對象，或找到錯誤的認同對象，學生的言行舉止將會有負面的改變或沒有成長。茲將各種人物成為「重要他人」與否所扮演的角色不同列如下表（見表二十五；修改自吳康寧，民87，頁251）：

表二十五：各種人物成為重要人物與否所扮演的角色表

角色＼影響者 影響程度	家長	教師	同輩伙伴	無現實存在之人
重要他人	楷模	導師	知心朋友	偶像
非重要他人	監護人	社會權威	活動伙伴	不相關的名字

◉ 第二節　作為家庭成員的學生 ◉

學生除了是學校中的一分子，更是家庭中的成員，其在家庭中所受到的種種待遇，對他的一生都有深遠的影響。學生所處的家庭不同，其所受到的社會化歷程自然不同，而這些由家庭所帶來的差異，更進一步成為學校教育成就，以及未來就業機會與社會地位不同的根本原因。根據許多研究的結果證實，兒童所處家庭的社會階層是屬於中上階級或勞工階級，對其教育與就業的機會顯現出極大的差異性。本節從學生所處的家庭差異，說明其對學生的社會角色造成若何的影響。

壹、學生受到的家庭的影響層面

依據學者的研究指出，家庭對於其成員的影響，主要表現在四個層面，

即是物質與文化的資源、價值與態度的養成、知識與理解的能力以及認知與表達的技巧（Levine & Havighurst, 1992, pp.230～231）。學生受此不同的影響，對其在校角色的承擔將有不同的結果。茲分別說明如下：

一、物質與文化的資源

物質與文化的資源對於學生而言，具有重要的影響力。學生的學習表現，很大的部分是受到此兩種資源的多寡所決定的。許多研究都已證實：擁有足夠而良好的物質與文化資源，使學生在校生活成功的可能性大增。反之，缺乏了必要的物質與文化資源，使學習的成功機會受到限制（Schaefer, 1991; Lareau, 1989; McGue, 1989）。

良好的物質資源是指家庭經濟豐裕，可以支持學生的學習，而無後顧之憂。例如送孩子入讀好的學校、爲孩子找家教、提供良好的讀書環境、從事有益於智力發展的休閒活動、支持孩子讀完高等教育、協助教師並與之建立親善的關係等；良好的文化資源是指讓學生有機會接觸社會的精緻文化，例如讓學生有機會接觸社會的高層知識分子、父母具有足夠的知識可以協助解決孩子的課業難題、父母有充足的人脈可以提供孩子各種訊息與協助、父母親有足夠的能力與教師溝通、父母能夠提供孩子生涯規劃的榜樣與必要的協助。這些物質與文化的條件，對於兒童承擔學生角色時，將發揮極大的影響力。

二、價值與態度的養成

造成學生學習差異的因素，除了家庭的物質與文化的資源之外，還受到學生對於學校以及整個社會的態度與價值的影響，而這些態度與價質的養成，主要是家庭生活的產物。

依據社會學家孔恩（Melvin L. Kuhn）等人的研究，不同社會階層的父母對於兒女的價值與態度有不同的強調。他們先調查一般人所認爲兒童的好品德包括：態度良好、工作勤勉、誠實不欺、乾淨清爽、判斷敏銳、能自我控制、遵守規矩、能與他人相處、服從父母、有責任感、能關懷他人、能

複習功課、能對事物發生的原因與方式表現出有興趣等。然後觀察不同社會階層的父母對其兒女的要求有無差異。結果發現：中上社會階層的父母比較強調兒女對於事物發生的原因與方式表現出有興趣；對於勞工階層的父母而言，他們則比較強調兒女的服從性（Kuhn, et al., 1990）；孔恩的另一個研究則指出，中上社會階層的父母比較強調工作的重要性、工作中的自主程度以及在工作中所能發揮自己能力的機會；而勞工階層的父母則比較強調薪資的高低、額外福利以及工作的安全性等。孔恩的結論是：中上社會階層的兒童具有「自我引導」（self-direction）的價值與態度；勞工階層的兒童則具有「順從」（conformity）的價值與態度，而這是生為不同家庭成員所造成的結果（Kuhn, 1969）。

三、對外界世界的認識與理解的能力

在此工業化的社會中，兒童所接觸的社會環境日益擴大，此種社會環境也就是兒童的生活空間，包括物理的空間，以及心理的自由感或拘束感。當兒童的物理空間由搖籃擴充到客廳，再到屋前的馬路、鄰居的家裡、相鄰的城鎮，他的心理與智識的空間也在同時擴充中。不同社會階層的家長，對於兒女的物理空間的擴充有不同的限制，中上社會階層的父母比較強調帶兒女到各處去旅行、去接近對身心有益的事物、並為兒女解釋周遭世界所發生的一切事件；相反的，勞工階層的父母則未能提供兒女擴大眼界的機會、也無法讓他們理解社會所發生的事物背後的意義。這種對於外界認識的多寡，影響了兒童生活空間的廣狹，對於兒童進入學校之後的學習產生明顯的作用。

四、認知與表達的技巧

不同社會階層的父母對於兒女的認知與表達能力的培養有極大的差異。中上社會階級的學生在認知的發展上，比勞工家庭的學生快了許多。一項研究的結論指出，「不同階級的兒童認知能力差異很大，而這是透過其生長環境的差異造成的」（Zigler, 1970）；此外，中上社會階級的學生對抽象事物的理解能力上比勞工家庭的學生強了許多（Bowman, 1989 & Taylor,

1989）；語言能力的差異也存在不同社會階級的學生身上（Shields and Shaver, 1990）；伯因斯坦（Bernstein, B.）曾對不同社會階級兒童的語言形式加以分析，他發現各社會階級的兒童對於日常語言的使用都能達到精熟階段，這種日常語言的主要特色是文法簡單，用刻板印象的表達方式，對於觀念以及情緒的描述並不精確，仰賴肢體語言、音調以及進一步補充說明的幫助。伯因斯坦稱此種語言形式爲「大眾的或限制的語言」（public or restricted language）；但是中上社會階層的兒童除了學會這種語言形式之外，還學會所謂的「形式的或精緻的語言」（formal or elaborated language），而這是學校所用的語言形式（Bernstein, 1975; 1990）；根據美國公立學校行政首長委員會的調查指出，對於不會講英文（non-English speaking; NES）或英文不流利（limited-English proficient; LEP）的兒童而言，學校的學習生活是充滿挫折的，儘管這些兒童有許多都是非常聰明的（Council of Chief State School Officers, 1990, p.52）。

貳、學生的家庭成員角色的類型

由上述的研究證據顯示，同屬於學校中的學生，其背後的家庭特色是有差異的。從學生的家庭成員角色來分析，學生的家庭成員角色對學生角色起著兩種不同的作用。其一是輔助型的，另一是妨礙型的。對於中上家庭背景的學生而言，其在家庭中所扮演的家庭成員的角色，對其到校扮演學生角色，具有相輔相成的效果；相反的，對於勞工家庭背景的學生而言，其在家庭中所扮演的家庭成員的角色，不僅無助於其在校扮演的學生角色，而且對此角色的扮演還起著干擾的作用。茲將學生的家庭背景對學校生活的影響以表格方式說明如下（見表二十六）：

表二十六：學生的家庭背景對學校生活的影響表

	物質條件	文化水準	觀念取向	價值考量	求學態度	認知方式	語言形式	師生關係
輔助型的家庭	豐裕；能支持功課的要求。	精緻；有利於學術生涯。	延宕滿足；追求未來。	能自我引導。	積極主動。	抽象式。	精緻語言。	良好。
妨礙型的家庭	匱乏；不能支持功課的要求。	粗俗；不利於學術生涯。	追求立即滿足；不顧未來。	仰賴外力控制。	消極被動。	具體式。	限制語言。	隔閡。

◎ 第三節　作為同儕團體成員的學生 ◎

壹、同儕團體的本質

　　同儕團體包含許多類型，從非正式的遊戲伙伴，到有正式組織的童子軍團，或是有嚴密組織的幫派，每位學生在成長的過程中，或多或少都有自己的同儕團體，並且在其中得到寶貴的成長經驗。每個同儕團體都有自己獨特的規矩、獨特的內部組織，以及對於團體成員的獨特期待。儘管如此，就本質而言，所有同儕團體都是為了讓下一代能夠脫離大人的掌控，而自然形成的一種能如實照見真我的一種團體。準此而言，同儕團體具有三大特質，其一是排除大人；其二是照見真實的自我；其三是自然的形成。

一、排除大人的干預

學生的同儕世界是與家庭及學校世界完全不同的。這個世界的最大特徵就是完全由同年齡層的學生自己作主，而排除了大人的干預。雖然排除的程度並非完全相同，同儕團體是屬於學生的專屬天地，大人是無法真正進入其天地中。就其極端的例子而言，同儕團體可能完全排除大人的干預，甚至與大人產生公開的衝突。例如社區中的不良幫派分子，他們的行為與社區的要求，甚至是法律的規範都是相衝突的；其他又如青少年成群的聚集，他們的行為雖然並未犯罪，但是他們的服裝、言談、舉動等，都與大人的期待有所距離。處於此種同儕團體中的學生，最常與大人起衝突的原因是無法同時達成家長與同儕團體的期望，因而只好以排除大人的干預來接受同儕的要求。就另外一端而言，就是同儕團體的期待並不與大人的期待相反，而是完全一致的，甚至是由大人一手引導的。例如由母親們所發起的社區籃球訓練營，由大人規劃的男孩俱樂部，或是小大人的家庭聚會等。但在這種場合中，孩子們還是擁有自己的交談與互動，大人還是無法完全介入的。

二、認識自我的真實面貌

同儕團體是一個異乎成人的世界。學生平日所接觸的成人世界，包括父母、親戚、教師、店員、鄰居的大人等，都無法獲得真實的自我的影像。在大人的世界中，學生處於卑下的地位，不管大人對他們有多麼瞭解與關懷，他們的感覺是不自在的，處處有受到監督之感。如果用庫里「鏡中自我」的理念來做比喻，大人世界提供給學生的是「凹凸不平的鏡子」，學生從鏡子中所照見的自我是扭曲而不真實的。相反的，學生在屬於自己的同儕世界中，其所接觸的是地位平等的人，由於年齡相同，沒有上下的權威監督，沒有地位的高低之感，在此舒泰的、無拘無束的世界裡，才能自由自在地表達自己的態度、意見、判斷，並且發現自己與他人的關係。這個平等的世界所提供的是「平整無缺的」鏡子，所以能讓學生在此照見真實的自我的影像。

三、自然形成

同儕團體與家庭或學校的最大不同，在於他並非社會上的正式化與制度化的組織，並無法定的定義，也沒有正式的功能或責任。換句話說，同儕團體是在自然的情境下形成的。儘管如此，這種自然形成的團體對於兒童的成長歷程，卻有極重要的功能。亞瑟等人（Asher　and　Coie,　1990）的研究指出，被同儕團體所接受或拒絕，會對個人的社會適應產生極大的影響。無法在同儕團體中受人接納，將是學生輟學或犯罪的主因。被同儕團體所拒絕，也是造成學生語言障礙以及無法與人溝通的因素。

貳、同儕團體的形成

同儕團體的影響力約在入學前開始出現，而在國中及高中階段達到頂端。影響同儕團體形成的三個因素分別是年齡、性別以及社會階級（Musgrave,　1972,　pp.106～114），說明如下：

一、年齡的因素

就年齡言，同儕團體的形成可以分成三個階段，即是學前階段、小學階段以及中學階段。

學前階段的同儕團體具有小規模、非恆久以及不分性別三個特徵。這種特徵到了小學一、二年級還是大致存在。但已經開始區分性別，不跟異性來往。到了國小中年級，單性交往的情形已經十分明顯，而且團體的規模也逐漸加大，團體的結構也開始正式化，尤其是男孩的團體比女孩的團體更具此種特徵，而且開始有領導人物出現，這個領導人物通常與班上的領導人物是一致的，但是其形成往往是在校外，連教師都不知道。到了國小高年級，同儕團體原有的小規模、非恆久以及不分性別的三個特徵已經完全改變成大規模、結構性、恆久性、性別區隔等特色。到了中學階段，同儕團體的類型增多，但是學業成績的優異，通常不是同儕團體所注目的焦點。此時同儕團體

的種類可以用興趣和嗜好區分成三類：遊戲運動類，以成爲優秀選手爲主要目標；談天類，以分享經驗爲主要活動；以及打架類，以逞英雄爲主要目標。

二、性別的因素

就性別言，女生的同儕團體比較小規模，結構較不嚴謹，關係較爲親密，也比較遵從學校及社區的規範。此外，男女生的同儕團體所做的休閒類型並不一致，男生通常以運動及機械爲主，女生則以家政爲主；而運動項目也呈現男女之間的差異，男生以激烈的運動爲主，女生的運動項目則較不激烈；男女同儕團體的形成動機也不同，男生是爲了結伴尋找快樂，女生則是爲了有人傾聽其內心的秘密。如果是男女混合的同儕團體，則通常是由男生擔任領導人物，並且主動邀約女生，這種情形可謂是社會情形的一種反映，女生所扮演的是較爲卑微的地位。

三、社會階級的因素

就社會階級言，不同階級的同儕團體所表現出來的嗜好不同，㈠學術性與非學術性的嗜好不同。中上階層的同儕團體表現出較多的學術性的嗜好，而勞工階層的同儕團體則甚少表現出學術性的嗜好。㈡運動嗜好的不同，中上階層的同儕團體表現出較爲高級性的運動嗜好，例如打高爾夫球；而勞工階層的同儕團體則表現出喜愛激烈運動的特性，例如足球、拳擊等。但是不同階層的女生在嗜好方面並無太大的差異；㈢偏差行爲的方式不同，偷東西、吸藥、示威、靜坐，是中上階級的同儕團體所常有的偏差行爲，而勞工階級的同儕團體所常有的偏差行爲則是打架。

參、同儕團體的重要功能

同儕團體的主要功能在於協助個人完成社會化的歷程，使個人能夠肯定自己的一切，並能順利地轉化爲成年人（詳見第五章）。穆司葛烈夫（Musgrave, P. W.）認爲同儕團體對學生的個人發展與團體生活的維持都有正面的功能（Musgrave, 1972. pp.105～106）。因爲學生在家庭與學校都是處於異質性的團體中，處處受到長輩的掣肘；但在同年齡的同儕團體中，學生不但有機會獲得一些與大人相處時無法獲得的經驗，更能透過與同輩友伴不斷的互動而學得社交的能力以及性別角色的確認。此外，在此同輩團體中所取得的成就地位，是其將來承擔社會責任的基礎。吳康寧將同儕的主要功能歸納爲兩項，其一是保護的功能，另一是發展的功能（吳康寧，民 87，頁235～239）。茲說明如下：

一、保護的功能

就保護的功能而言，學生生活在大人的群體中，感受到的是不平等的各種要求與束縛，在各種權威的支配下以及各種評鑑的威脅下，學生通常所呈現的自我是經過修飾的自我，長此以往，對於正常人格的發展是十分不利的。由於有同儕團體的存在，並且提供了一個自由平等而無宰制的環境，使學生得以言所欲言，爲所欲爲，這對正常人格的成長具有保護的作用。此外，學生在日常生活中所受的各種傷害與委屈，也需要一個心靈療傷的場所。此時，同儕團體所提供的體諒與關懷，正是使個人忘卻痛苦的主要原因。中國大陸的研究指出，中學生遇到苦悶情緒時，最常求助的對象是朋友（佔 32%），其後依次是父母，看書和玩，老師則是排在最後一位（只佔4%）（參見表二十七；引自吳康寧，民 87，頁 238）。

表二十七：中學生苦悶時的求助對象表（%）

	悶在心裡	朋友	父母	兄弟姊妹	老師	看書和玩	其他
高中生	33	32	11.6	4.8	2.6	9.2	6.8
位次	1	2	3	6	7	4	5
初中生	34	31	15	7	8	1	4
位次	1	2	3	5	4	7	6
總計	33	32	13	5	4	7	6
位次	1	2	3	6	7	4	5

　　外國的研究也有類似的情形，古德拉（John　Goodlad）的研究指出，中小學生對於同儕的依附是十分強烈的。他調查了三十八個高中的一萬七千一百六十三位學生以及一千三百五十位教師，結果發現同儕團體對於學生的影響遠超乎教師所給的影響。美國高中生對於「本校中最棒的事物是什麼」的問題，所做的反應情形如下表所列（見表二十八）（Goodlad, 1984, pp. 76～77）：

表二十八：美國高中生對校中最棒的事物所做的反應情形表

反應項目	選項學生比例（％）
我的朋友	35
運動	13
好學生的態度	11
沒有最棒的事物	8
我所選的課	7
老師	4
其他	22

　　由表中可以看到學生所最關心的是「我的朋友」（佔 35%），其比例之高，遠非學校中負有教導之責的教師所可比擬（只有 4%的學生選此）。

二、發展的功能

　　同儕團體除了具有保護的功能，更具有發展的功能，讓學生的社會能力得到一個合宜的環境來使它發展。此處所謂的社會能力包括表達自我的能力、展現自我的能力、相互溝通的能力、競爭與合作的能力等，此種能力非與他人接觸是無法得到發展的，而且越是平等無壓力的情境，越能促進這些能力的快速發展，因此，學生的許多能力的學得，並非在扮演家庭成員或學校成員時所學的，而是在同儕團體中不斷演練其不受扭曲的真我角色，才有展現各種能力的機會，所以說，同儕團體具有讓學生發展自我能力的功能。

三、其他的功能

作為社會化的重要機構，同儕團體除了保護與發展的功能外，尚有許多正面的功能。其中最主要的有：教導主流文化（teaching the culture）、協助學生順利轉入下一階段（as shifting phenomenon）、作為學生的參照團體（as reference group），說明如下：

㈠教導主流文化

儘管同儕團體具有自己的次級文化，但是在同儕團體中所反映的大部分還是成人的主流文化，同儕團體對於成人社會的主要價值，具有教導與增強的作用。透過同儕團體的教導，主流文化的的普遍信仰才能真正被學生所接受。同儕團體在道德發展上的任務越來越重要，因為家庭與學校所傳授的道德是抽象的，但是同儕團體所呈現的道德是真實的，雖然內容較為膚淺與幼稚，但是隨著年紀的增長，這種道德版本會越來越接近社會的要求；其次，學生的性別觀念，以及合宜性別角色的扮演，都是在與同儕團體相接觸的過程中得到的；同儕團體除了傳遞道德的觀念以外，其他的資訊的獲得與確認，也是透過同儕團體的力量才能定型。例如學生在電視上學到了許多知識，但只有通過與同儕的討論，這些知識才有價值，才能進入學生的認知系統中，成為有用的知識，所以同儕團體能夠界定何種知識是重要的。此外，社會所通用的規則，也要靠同儕團體的傳播，才能讓學生真正體會規則的訂定、改變以及磋商的經過，瞭解規則的整個意義，而學會將來自訂規則的本領。

㈡協助學生順利轉入下一階段

隨著年齡的增長，家庭的影響力日益減少，但是同儕團體的重要性卻日益增加。儘管如此，學生在同儕團體中的人際關係雖然是強烈的，但通常也是短暫的。他們之間的友誼是隨時轉變的，而非固定不變的。當學生的成熟度改變，或興趣轉換，都會把舊有的友誼放棄，而追尋新的朋友。對青少年

而言，此種與他人關係的轉變，是進入成熟的一項表徵，沒有同儕的作用，一個人很難順利地轉入下一個成熟的階段。

(三)作為學生的參照團體

參照團體指的是個人所希望加入，並成為其分子的團體。個人會對於此種團體的成員的眼光表示在意，而對於其他人的眼光則不在乎。多數人都有許多不同的參照團體，當年紀小的時候，家庭是最主要的參照團體，然後朋友、教師、同儕、鄰居依次出現。父母雖然在某些議題上仍然保持著重要的參照團體的地位，但在其他某些議題上則讓給了同儕團體。此外，學生對於參照團體的選擇，都是以高於自己的那些社會團體為對象，如果找不到此種團體，才會退而求其次，以自己階層相當的社會團體為參照團體。沒有人會選低於自己的社會團體作為參照團體。中上階層的兒女比較會以自己的父母作為參照團體，而在勞工階層社會中長大的孩子，很容易加入反社會的同儕團體中，因為他們無法找到上層社會團體作為他們的參照團體。

肆、同儕團體的不良次級文化

儘管同儕團體具有許多正面的功能，但不可否認的，同儕團體也有其不可忽視的不利影響。其中最主要的有：就是學生的不良次級文化，又分為反智主義（anti-intellectualism）及偏差型的次級文化兩類，最值得注意。

一、反智主義的次級文化

科爾曼（Coleman, 1961）最早進行同儕團體的次級文化研究，他調查了美國中西部十所高中學生最在意的事情，結果發現男生是以運動表現優良為主要考量；女生則以具有良好的人緣為最大心願。不論男女學生，皆不把功課優良當成重要的事。科爾曼稱此種文化為反智的次級文化，影響著學生的學習意願，左右著教育目標的方向。

另外，有研究者調查美國初中學生對校內最有名氣的學生的看法，結果

發現「面貌好看者」名列第一，其次分別是運動健將、幫派分子、聰明的學生、學生自治會的幹部，有錢的學生則居最後（Tye, 1985）。其調查之結果如下表所列（表二十九）：

表二十九：美國初中學生對校內最有名氣的學生的看法表

反應項目	所佔比例（％）
面貌好看者	37
運動健將	23
幫派分子	15
聰明的學生	14
學生自治會的幹部	08
有錢的學生	03

　　由表中可以看到聰明的學生並不眞正受到同學的重視（只佔 14%），由此可見，反智主義的現象十分普遍。學校既然以知識的傳遞爲主要的任務之一，如果不能改變學生此種反智主義的風氣，則教育的活動將是徒然；教師若不知道反智主義的原因，或知道原因而無力加以改善，則所有的努力也只是白費力氣而已。反智主義表面上並未違反學校的行爲規範，但卻是教師無力感的來源，也是師生關係不佳的指標，所以要應用各種手段將之加以改善。科爾曼的分析，發現反智主義的原因，是因爲校際比賽只重視體育的項目，所以馳騁於運動場上，受到英雄式的歡呼，乃成爲男生最大的滿足；而女生在此場合中，最大的滿足則是擔任啦啦隊，並且表現自己的才華與人緣，使自己成爲衆所注目的焦點。要扭轉此種反智的傾向，則要從校際比賽項目的調整，加重學術比賽的份量與榮譽，讓學術優良的學生能夠得到更高的榮耀，自然就能打破反智的現象了。

二、學生的偏差型次級文化

　　科爾曼的研究進一步指出，青少年學生具有四種次級文化的存在，分別是學術型的（academic）、娛樂型的（fun）、職業型的（vocational）以及

偏差型的（delinquent）次級文化。而學術型與職業型的次級文化可以稱之為父母取向的次級文化，是與成人文化不相衝突的次級文化。娛樂型與偏差型的次級文化則為同儕取向的次級文化。其中，娛樂型的次級文化所追求的是日子好過，上學的目的是為了與同儕團體一起參加各項課外活動，並且利用在校的時間安排校外的活動。對於這種學生，學術或職業的學習並無法引起他們的關心。雖然這種次級文化與成人的期待並不相符，但是他們並未觸犯校規，仍然不是偏差型的學生。

偏差型的次級文化表現在蹺課、逃學、抽煙、罵髒話、打架等行為，這種學生所佔的比例雖然不高，所引起的困擾卻是不小。偏差型次級文化的成因雖然複雜，卻不外是父母的推力，與同儕的拉力，所共同造成的結果。

從父母的推力來看，具有偏差型次級文化的學生比較少與父母接觸，也比較少受父母的監督，尤其是男生，他們的問題行為來自父母的忽視或無法控制他們。同儕團體對於學生的拉力本來就很大，如果家長與孩子相處的機會越來越少，親子的關係越來越淡，學生在家庭中難以享有親情的滋潤，父母不僅無力拉住孩子，反而成為將孩子推到同儕團體的力量。反之，學生在家中如果享有親情的慰藉，在校中又有師長或其他同學的關懷，則家長與同儕團體雙方產生拉鋸戰，就算同儕團體暫時獲勝，被拉去的青少年還有回頭的一天。最怕是家長只有推力而沒有拉力，則產生偏差行為的青少年再也沒有自新的機會。現在青少年問題日益嚴重，就是因為家庭推力的緣故。一項實徵的研究（Jessor and Jessor, 1977）指出，問題行為的發生與家庭的親子關係有直接的關係，如果父母的期望與同儕團體的期望不相容，而朋友的影響力量較大，或朋友對於行為的支持度高，則青少年會以其同儕為榜樣，不惜做出違抗父母的事來。當父母的監督減少，家庭的功能無法發揮，或與兒女的互動不足，同儕的拉力將比家庭的力量大。根據有關研究報告指出，美國父母與孩子的接觸時間，由一九六五年到一九九〇年已經減少了百之二十五（Hewlett,1990）。青少年學生不在學校的時間，大都與同儕團體相處，也難怪同儕團體的影響超越了家庭與學校二者。學校要協助學生脫離偏差型的次級文化，則必須協助學生建立正向的同儕關係以補足家庭的缺漏。

而要建立學生的正向同儕關係，教師可以採用以下的十六個步驟（Johnson and Johnson, 1981）：

　　1.讓學生有機會與班上同學接觸。

　　2.安排合作的、相互依賴的學習環境，鼓勵學生工作與遊戲多在一起。

　　3.儘可能強調共同的完成作業，而少個別的作業方式。

　　4.直接教導學生人際合作以及與小團體相處的技巧。

　　5.提供學生為他人服務的機會，並承擔有意義的責任。

　　6.鼓勵學生表達出支持、接受、關心、投入等情緒。

　　7.讓學生有機會為合作的同學完成自己的應負之責。

　　8.讓學生有機會在合作中獲得成功。

　　9.讓學生有機會提供適宜的資訊給班上同學。

　　10.適當地安排個人與團體間的競爭。

　　11.適當地安排個人單獨活動的機會。

　　12.提供與班上同學依據各自觀點來交談的機會。

　　13.讓學生有機會進行合社會性的活動。

　　14.讓學生有機會進行合乎其年齡的做決定的歷程。

　　15.克服反社會行為的同儕壓力。

　　16.提供機會給年紀較大的學生與較小年紀之人進行互動與輔導。

◉ 第四節　作為班級成員的學生 ◉

壹、教室的本質：一個舞台

　　作為學校成員的學生，其實大部分的時間是在「教室」中與同學共同渡過，所以瞭解教室的本質，將有助於對學生社會角色之瞭解。對教師而言，教室是一個「進行教學的場所」，然而對於學生而言，教室是一個「優勝劣

敗的競爭場所」，或是一個「粉墨登場的生命舞台」。

　　把教室比喻成舞台，最能說明學生的真實感受。這個舞台表面上是由不同的教師輪番上陣，演出各種正規的戲碼。可是這些正式戲碼的上演，對學生而言卻是最無聊的時間。學生必須設法採用許多的「應付的手段」（coping mechanism），來打發這些無聊的時間，以免度日如年。只要觀察學生所用的各種「應付的手段」，或是教師不上台演戲的時段（尤其是教師不在教室的時候），學生每天在此上演著不同的戲碼，體驗著不同的人生，讓教室成為一個多采多姿的地方。

貳、教室舞台的學生角色類型及各種戲碼

一、教室舞台上的學生角色類型

　　華勒的研究指出（Waller, 1932, pp.332～333），作為教室成員的學生，依其所扮演的角色不同可以分成三種主要的類型，即是：領導者小丑、以及恃強凌弱者。

　　領導者是學生的首領，在學生群體中享有最高的權勢，儼然是教室中的主角。為了要維持其主角的地位，領導者必須對具有更高權限的教師採取適應的手段，其所用的方法有許多種，諸如：與教師聯盟、與教師敵對或其他各種可能的方法。

　　小丑是教室中的主要配角，小丑要能在教室中取得地位，必須掩飾其粗俗的笑話與動作，故意用一種天真無知的樣子來展現他的愚笨或粗心大意的錯誤。至於恃強凌弱者的角色，則是教室舞台上的反派人物，他們的存在使得教室舞台更像真實的人生。

二、教室舞台上的各種戲碼

　　對學校生活的理解必須能夠從主客觀的角度加以檢視。光從客觀的角度去分析難免以偏概全。誠如湯姆斯（W. I. Thomas）所謂：「要瞭解一個

社會機構，不僅要從正式組織的抽象研究去著手，還要從團體成員的個人經驗去分析，找出這些經驗對個人生活的影響」（in Janowitz, 1966, p.13）。因此對於學生角色的理解最好能夠從教室舞台的角度去看。學生在舞台上所扮演的角色，決定著其在校內的生活。學生在教室舞台所演出的戲碼有下列三種方式（Webb ＆ Sherman, 1989, pp.307～319）：

(一)順從（Conformity）

這種學生完全遵照學校的期望，將學校的規範與價值完全內化，這就是所謂的「被組織收編的成員」（programmed members）（Goffman, 1961）。他們安於組織階層結構中的地位，努力工作，遵從規定，完全以學校對自己的看法看待自己，成為所謂的模範生。要當模範生，其要件除了功課要好之外，還有許多功課以外的要件，例如服從、自制、守時、守信、尊師、有耐心等，這些就是傑克遜（Philip W. Jackson）所謂的教室中的「潛在課程」（Jackson, 1968）。一個學生能夠熟練地運用這些非課業的技巧，才能眞正地在舞台上成功地演出。而潛在課程正是學生必須面對的主要調適工作。順從學校的學生是有所報償的。多數學校都會提供報償給肯順從的學生，包括最好的課程、最有教學熱忱的教師、最好的服務與資訊，以及別人所無法享受的特權。這種學生是學校中最受照顧的團體。

(二)反叛（rebellion）

這種學生與順從者剛好相反，他們積極地拒絕學校所分配的責任，違反學校的要求與期望，他們對於學校的基本假設加以懷疑，認為學校的用意都是阻礙個人的慾望與需求。只要學校的要求與個人的慾望相違背，反叛的事例便會出現。有時學生雖然願意遵從學校的期望，但是卻無能力去達成，因此學生的意願與能力之間存有一種差距（或稱緊張），這種緊張也是反叛行為的根源。緊張理論（strain theory）的提出對於反叛現象的理解提供了一種可能的解說（Cohen, 1966）。

儘管教師有意將學生的反叛歸諸於學生或其家庭的因素所造成，事實上

教師經常是造成學生反叛的主要原因。學生受到教室內無情的評鑑，只要無法達成學校的期望，他們就會被貼上無形的「失敗的標籤」。對某些學生而言，這個標籤在很早的時候就被貼上，而且要一直追隨他們直到離開學校為止。這種負面的標籤，使學生成為「與眾不同」，鼓勵其他學生將他們視為「偏差者」，並迫使這些學生成為其標籤所描述的樣子。

當一位學生被人標示為「與眾不同」，他會發現有時接受標籤的標記，並依據標記而行事是有報償的。例如成績不好的學生，對於自己的功課表現往往產生心理的壓力。如果老師將之標記為「學習緩慢者」，並且以較低的標準來期望他，就能使師生雙方的壓力得到紓解。一位智能不足的兒童私下對新來的老師說，我是一位笨孩子，我在學校是無藥可救的，因為我的智商很低。他希望老師能注意到學校為他所貼的標籤，他並未欺騙老師，因為他自己也相信自己是笨的。

雖然造成反叛的原因甚多，但是反叛的經驗則是大同小異。他們對於學生的角色感到不安，對於學校無法正面地認同，感到疏離的痛苦，並尋找與自己境遇相同之人，共同組成「學校的局外人」，局外人的角色更增加了他們的疏離感，更增強了反叛者的社會化歷程。只要法律許可，這些學生會立即離開學校，對他們而言，學校生活無疑地是一種「監獄般的生活」。即使無法離開學校，他們也會逃學、蹺課，成為中輟生。反叛生與中輟生的最大特徵便是成績不好，疏離感很高，並且形成一種「反學校文化」。學術知識與學校權威在他們的眼中真是一文不值（Willis, 1981; Corrigan, 1978; Reid, 1986; Fensham, 1986; Muehbauer & Dodder, 1983）。他們向學校以及代表學校的權威挑戰，並由此得到一些歸屬的感覺與自尊，這種反學校的次級文化嘲弄認真讀書的學生，讓低成就的學生由此減少失敗的痛苦。

具有反學校文化的學生，出社會以後的機會將受到很大的限制，並使勞工階級的學生成為將來的勞工，如果遇到經濟不景氣，就成為失業者（Willis, 1981）。學校並未提供知識、技能、價值、資格給這些學生找到白領階層的工作，同樣的，這些學生也無意去獲得這些東西。雖然提供新的課程設計，或以職業訓練來教育這些學生，可能提高學生的興趣，卻不能增加他們

的機會（Goodlad, 1984, p.55）。因為職業學校的學生並未獲得職業訓練的好處（Osterman, 1980, p.31），他們的訓練不足以擔任技術性的工作，而他們所缺乏的學術涵養，更使他們無法勝任公民的責任與自我提升的能力（Boyer, E., 1983, p.123）。

(三)投機取巧（making do）

完全接受機構的角色期望，並遵從機構的所有規定，順從機構的意志，那便是葛夫曼（Erving Goffman）所謂的「初級的調適」（primary adjustments）。如果只有部分接受機構的期望與規定，而設法以各種巧妙的手段逃避自己應該扮演的角色，那便是「次級的調適手段」（secondary adjustments）（Goffman, 1961, p.304）。瘋人院中常見此種「次級的調適手段」，學校也不例外。許多學生採用次級的調適手段，使學校生活不再那麼無聊（或不再那麼有效）。這種學生的比例依據學校性質、階段、獨特的校園氣氛而有不同，但是其人數恆比順從者與反叛者的總和要多，約為六到八成的學生是如此地渡過學校的日子。他們消極地不加入學校的部分活動，不完全順從學校所期望的角色行為，但也不公開地反叛學校的規定。其所用的手段眾多，諸如：使用秘密的空間（private space）；找到捷徑（short-cutting）；使用秘密通信的方法，例如上課傳紙條等（secret communication）；裝乖，以避免檢查（avoiding censure through impression management）；錯誤廣告（false advertising）；鍛鍊自己的弱點（tempering vulnerability）；曲意逢迎以贏取教師的歡心（currying favor）；翹課與逃學（cutting classes and absenteeism）；取得默契（striking the tacit bargain）；維持自尊（preserving dignity）；破壞公物（vandalism）等。

三、教室舞台競爭的結果

經過教室舞台的角色分配與戲碼演出之後，教室中的成員就形成了不同的身分與地位。學生在教室中，依其所受到的歡迎或排斥之多寡，可以分成五大群，如下頁表所示（見表三十；引自吳康寧，民87，頁293）。

表三十：學生在教室舞台所享有的地位表

類型　　受拒 受選	多	少	無
多	A	B	C
少	D	E	F
無	G	H	I

　　由表三十中可以見到，學生依其在教室中所受歡迎與排斥的情況可以分成九種類型。而這九種類型又可以歸納成五大群。第一群是「受歡迎者」，其特徵是受歡迎的多，而受排斥的少或無；如表中B、C兩類學生。尤其是C類的學生，更是教室中的寵兒，他們只受歡迎，而不受排斥；第二群是「受爭議者」，其特徵是受歡迎與受排斥的比例一樣多；如表中A類的學生；第三群是「受孤立者」，其特徵是受歡迎的少或無，而受排斥的多；如表中D、G兩類學生。尤其是G類的學生，更是教室中的失寵者，他們只受排斥，而不受歡迎；第四群是「受忽視者」，其特徵是在教室中不具有影響力，願意與其交往或不願意與其交往的人都很少，如表中E、F、H三類學生；第五群是「受遺忘者」，其特徵是默默無聞，已經被同學甚至教師遺忘了，如表中I類的學生。

參、教師對教室中的學生所做的分類

　　教室中還有一位影響舞台演出的人物，那就是教師。教師依據學生在教室舞台的演出，也對學生加以分類，如下頁表三十一所示。

　　教師對於學生的分類主要取決於兩種因素，其一是學生的家庭背景，其二是家長與教師觀念的符合程度。由表三十一中可以看出，教師對於中上階層的學生，如果家長觀念與教師相符，則此種學生是得寵的學生；如果家長觀念與教師不相符，則此種學生是需要保持距離的學生；教師對於勞工階層的學生，如果家長觀念與教師相符，則此種學生是受喜愛的學生；如果家長

表三十一：教師對學生的分類表

學生在教師 心中的地位　　位 　 家長觀念　家長社經地	中上階層	勞工階層
與教師相符	得寵者	喜愛者
與教師不相符	保持距離者	厭惡者

觀念與教師不相符，則此種學生是受到厭惡的學生。

參考書目

吳康寧，民87，**教育社會學**。高雄：復文出版社。

Asher, S. R., & Coie, J. D., （1990）, *Peer Rejection in Childhood.* New York: Cambridge University Press.

Bernstein, B., （1975）, *Class, Codes and Control.* London: Routledge and Kegan Paul.

Bernstein, B., （1990）, *The Structuring of Pedagogic discourse.* New York: Routledge.

Bowman, B. T., （1989）, Educating language-minority children: Challenges and opportunities. *Phi Delta Kappan.* 71（2）: 118～120.

Boyer, E., （1983）, *High School: A Report on Secondary Education in America.* New York: Harper and Row.。

Cohen, A., （1966）, *Deviance and Control.* Englewood Cliffs, N.J.: Prentice Hall.

Coleman, J. S., （1961）, *The Adolescent Society.* New York: Doubleday.

Corrigan, P., （1978）, *Schooling the Smash Street Kids.* London: Macmillan Press Ltd.

Council of Chief State School Officers, （1990）, *The Challenge and State Response*. Washington, DC: Council of Chief State School Officers.

Fensham, P., （1986）, *Alienation from School*. London: Routledge and Kegan Paul.

Goffman, E., （1961）, *Asylums*. New York: Doubleday & Company., Inc.

Goodlad, J. I., （1984）, *A Place Called School: Prospects for the Future*. New York: McGraw-HIll Book Company.

Hewlett, S. A., （1990）, "Running hard just to keep up". Time. 136（19）.

Jackson, P. W., （1968）, *Life in Classroom*. New York: Holt, Rinehart and Winston.

Janowitz, M., ed.（1966）, *W.I.Thomas on Social Organization and Social Personality*. Chicago: University of Chicago Press.

Jessor, R. & Jessor, S. L., （1977）, *Problem Behavior and Psychosocial Development: A Longitudinal Study of Youth*. New York: Academic Press.

Johnson, D. W., & Johnson, R. T., （1981）, "The key to healthy development and socialization". *Character*. 2（11）: 1～8.

Kohn, M. L., （1969）, *Class and Conformity: A Study in Values*. Homewood, IL:Dorsey.

Kohn, M. L., et al., （1990）, "Position in the class structure and psychological functioning in the United States, Japan, and Poland". *American Journal of Sociology*. 95（4）: 864～1008.

Lareau, A., （1989）, *Home Advantage*. London: Falmer.

Levine, D. U., & Havighurst, R. J., （1992）, *Society and Education*. Boston: Allyn and Bacon.

McGue, M., （1989）, "Nature-nurture and intelligence". *Nature*. 340（August17）: 507～508.

Muehbauer, G. & Dodder, L., （1983）, *The Losers: Gang and Delinquency in an American Suburb*. New York: Praeger.

Musgrave, P. W., （1972）, *The Sociology of Education*. London: Methuen & Co. LTD.

Osterman, P., （1980）, *Getting Started: The Youth Labor Market*. Combridge: MIT Press.

Reid, K., ed.（1986）, *Disaffection from School*. London: Methuen.

Schaefer, E. S., （1991）, "Goals for parent and future-parent education: Research on parental beliefs and behavior". *The Elementary Journal. 91*（3）: 239~247.

Shields, P. M., and Shaver, D. M., （1990）, *The Mismatch Between the School and Home Cultures of Academically At-Risk Students*. Menlo Park, CA: SRI International.

Stokes, R., （1984）, *Introduction to Sociology*. Dubuque, Iowa: WCB Publishers.

Taylor, E., （1989）, "Time is not on their side". *Time. 133*（9）.

Tye, K. A., （1985）, *The Junior High School: School in Search of a Mission*. Lanham, MD: University Press of America.

Waller, W., （1932）, *The Sociology of Teaching*. New York: John Wiley.

Webb, R. B. & Sherman, R. R.（1989）, *Schooling and Society*. New York: Macmillan Publishing Company.

Willis, P.,（1981）, *Learning to Labor: How Working Class Kids Get Working Class Job*. New York: Columbia University Press.

Zigler, E., （1970）, "Social class and the socialization process". *Review of Educational Research. 40*: 87~110.

第十一章

課堂教學的社會學分析

∽ 課堂教學的社會學涵義

∽ 課堂教學的主要因素㈠：課程

∽ 課堂教學的主要因素㈡：教法

∽ 課堂教學的主要因素㈢：評量

　　儘管學校中的活動並非只有課堂教學，但是課堂教學是師生最大的任務，佔去學校最多的時間，更是學校成敗的直接指標，其重要性可以說沒有任何一項學校的活動可以與之相比。如果把學校的其他活動都視為課堂教學的擴充與延伸也不為過。本章從社會學的角度分析課堂教學的涵義，進而分析課堂教學三個主要元素（即是課程、教法以及評量）所具的社會學意義，茲分四節說明如下。

◉ 第一節　課堂教學的社會學涵義 ◉

壹、課堂教學的本質

一、課堂教學是師生互碰的過程

　　有關教學的定義甚多，可謂俯拾皆是。例如陳美玉在其「教師專業--教學法的省思與突破」一書中，對教學所下的定義是（陳美玉，民 87，頁 199）：

教學乃是一種「折衷藝術」（eclectic art），也是一種「合作藝術」（cooperative art）。既是藝術，在學習上特別顯得無規矩可循，常需要融合教學者個人的專業訓練、親身經驗、深層的體驗、再學習以及反覆省思所得，才能逐漸步上藝術的境界，在教學上的表現能夠隨心所欲而不踰矩。

外國學者李文與諾藍對教學的定義則是（Levin and Nolan, 1991, p.4）：

教師用學習原理以及兒童發展理論為依據，預先計劃好自己在教學與教室管理上應有的行為表現，以便引導學生，使其行為能夠朝向

正面的改變。

日本學者佐藤正夫對於教學的看法為（引自鍾啟泉譯，民84，頁48）：

要充分實現人的全面發展，使人能夠為社會的存續與發展作出卓越
的貢獻，藉由有意識的、有計劃的、有組織的教育，進行純粹的、
完全的、全面的教育，是必要的。社會愈進步，文化愈發展，人類
的知識與經驗愈豐富，要掌握何種經驗和知識，對正在成長的一代
進行有意識、有計劃、有組織的教育，其影響將會越來越深遠。這
種有意識、有計劃、有組織的教育中心，就是學校教育，尤其是學
校教育的基本形態---教學。

這些定義大多是從教育學的角度去進行觀察，雖然也能見到教學的社會
層面，卻很少從教育社會學的角度去發現教學的獨特性質。這是因為教學本
屬於教育學的專門領域，社會學家過去甚少把研究的觸角伸進此一領域，所
以在教學領域中，較少注意到其社會學的屬性。不過自從微觀的教育社會學
發達之後，教學的社會屬性已經成為教育研究的新天地，也開始廣受社會學
者的注意。

國內學者王文科綜合有關教學的文獻，所提出有關教學（teaching）的
定義已經具有濃厚的教育社會學的意涵（王文科，民83，頁30）：

教學是一種人際、交互作用的活動；典型上涉及口語溝通，其目標在
於協助一個或多位學生學習或改變他們所能或所要表現的行為方式。

這個定義之所以具有教育社會學觀點的特徵，因為互動是在一種社會情
境下發生的，而互動又是為了社會的目的而進行的。另外，林生傳的定義也
強調教學是一種師生互動的過程。他說（林生傳，民77，頁28）：

無論視教學為一種社會制度，或邏輯的行動，抑或一種策略的行動，其目的均在激發並維持教者與受教者的有效互動，藉以使受教者得到最佳的發展。為使促成教者與受教者的有效互動，並使受教者得到最佳的發展，因此教學必須順人之性，盡人之性，成人之性；另方面必須符應社會結構的特性，善用可得的資源，因應社會文化的進步。

從教育社會學的觀點來看，課堂教學的最大本質就是「一種師生相互碰撞的過程」，這個過程包含了許多複雜的因素，但是最主要的是師生相互詮釋、相互適應的過程（見圖二十二）：

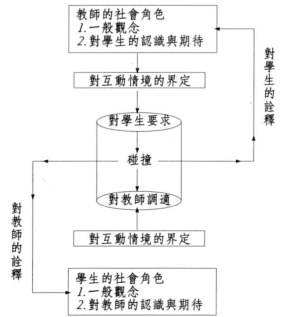

圖二十二：教學是師生在課堂中相互碰撞的過程圖

由圖中可以看到，師生在教室中碰撞的過程構成課堂教學的主要特性。

就教師而言，他是教室中的行為要求者，他以學校的各項規定為依據，再對互動情境作出界定，然後對學生提出具體的要求。當然，在此界定與要求的背後，則是教師整個的社會角色在發揮其作用，而教師的一般觀念以及其對學生的認識與期待，又影響著教師社會角色的作用；就學生而言，他是教室中的被要求者，他接受教師的各項要求之後，再對當時的互動情境作出界定，然後對教師提出調適的要求。與教師的情形一樣，在此界定與調適的背後，則是學生整個的社會角色在發揮其作用，而主要的作用來源是學生的一般觀念以及其對教師的認識與期待。師生在此發生碰撞後，雙方各自以自己的詮釋作用，來對教室互動的情境加以調整，並對雙方角色的體認產生新的認識，於是造成了雙方角色之間的微妙轉變，並依此進行下一次的碰撞。如此週而復始，循環不已。

二、課堂教學是教師以語言主動互碰的過程

師生在課堂上相互碰撞的過程中，其所使用的重要工具是「語言」。依據法蘭德斯（N. A. Flanders）的「教室語言互動分析」，師生的語言互動可以區分為十項，而教師的語言居於絕對的多數，共有七項；學生的語言則只有三項。所以說，課堂教學是師生以語言作為工具而互碰的過程，而且此一過程是由教師居於主動的地位而進行的。如果再將教師的語言，依其對學生感受有無直接的影響，區分成間接影響與直接影響兩方面。則間接的影響又包括四項，即是接納感受（accepts feeling）、稱讚或鼓勵（praises or encourages）、接納或使用學生的想法（accepts or uses ideas of student）以及問問題（asks questions）；至於直接的影響則可包括三項，即是講述（lecturing）、指示（giving directions）、批評或維護權威（criticizing or justifying authority）。教師語言使用的目的就是要掌控教室的情境，使教學能夠順暢地進行。相對而言，學生在課堂教學中，是處於比較被動的一群，這可以從學生的語言項目只有三項看出，這三項即是：回答問題（student talk-response）、自發性的語言（student talk-initiation）、安靜或混亂（silence or confusion）。茲將法蘭德斯（N. A. Flanders）的「教室語

言互動分析」圖示如下（見圖二十三，引自林生傳，民 77，頁 39）：

教師語言	間接影響	1.接納感受 2.稱讚與鼓勵 3.接納或使用學生的想法 4.問問題
	直接影響	5.講述 6.指示 7.批評或維護權威
學生語言		8.回答問題 9.自發性的語言 10.安靜或混亂

圖二十三：法蘭德斯的「教室語言互動分析」圖

三、課堂教學是以不同模式互碰的過程

教師與學生在課堂上以語言互碰的過程，可以有許多不同的模式出現。依據課堂教學的主體，可以分成教師個體、學生個體以及學生群體三種。而這三種主體的組合，可以產生五種不同的教學模式，即是師個、師群、個個、個群以及群群等五種教學模式（吳康寧，民 87，頁 364；詳見表三十二）：

表三十二：教師與學生課堂互碰之類別表

	教師個體	學生個體	學生群體
教師個體		師個	師群
學生個體		個個	個群
學生群體			群群

所謂「師個」的教學模式，指的是教師與個別學生的互動，表現在個別發問與回答，個別輔導等過程中；所謂「師群」的教學模式，指的是教師與

全班學生的互動，表現在課堂講授，課堂評價等過程中；所謂「個個」的教學模式，指的是學生個體與其他個別學生的互動，表現在個別學生的直接交流，或透過教師而間接交流等過程中；所謂「個群」的教學模式，指的是由個別學生對全班或小組進行的互動，表現在個別學生上台示範等過程中；所謂「群群」的教學模式，指的是班上不同學習小組之間彼此的互動，表現在小組比賽等過程中。不同的文化情境所採用的教學模式不同，例如中國大陸小學的最主要的教學模式是屬於「師群」的教學模式，教師與全班的互動時間（佔 54.4%）多於教師與個別學生或與學生小組的互動，而學生與教師的互動時間（佔 93.2%）遠超乎學生與其他學生的互動時間；相對而言，英國小學的教學模式則與此大不相同，是屬於「個個」的教學模式，教師與個別學生的互動時間（佔 71.6%）多於教師與全班學生或與學生小組的互動，而學生與學生的互動時間（佔 54.1%）也多於學生與教師的互動時間（引自吳康寧，民 87，頁 349），顯示出東西文化差異對教學的模式的影響。

貳、課堂教學的重要過程與元素

　　課堂教學的主要元素有三，即目標、手段以及評量，此三個元素的交互作用就成為課堂教學的成敗關鍵（見下頁圖二十四）。

　　由圖二十四中可以看到，課堂教學不能沒有目標，因為目標是用來指導整個學習活動的進行。它所要闡釋的是人類為何要受教育，以及教育的終極理想是什麼。沒有教育目標的指導，所進行的教育是盲目的；有了目標的引導之後，還需有具體可用的手段，才能達成預定的目標。而此手段通常包含兩大部分，㈠為了達成教育的目標所需的內容，這是屬於課程或教材的問題；㈡用以傳遞內容所需的方法，這是屬於教法的問題。唯有課程與教法皆是合宜可用的，才有達成教育目標的希望；有了目標與手段之後，更需有適當的機制來確保其結果的有效性，以瞭解課堂教學的實施成果，以及應該改進或加強的地方，這是屬於評量的問題。目標的問題已經在第四章中加以探討，以下各節將從社會學的角度來分析課程、教法以及評量三者所具有的重

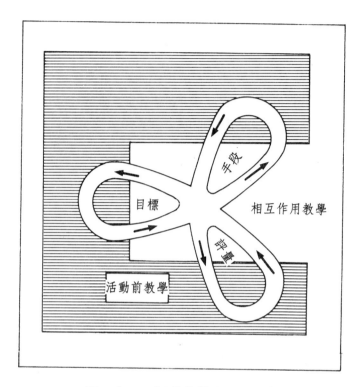

圖二十四：課堂教學的主要因素圖

要意涵。

◉ 第二節　課堂教學的主要因素㈠：課程 ◉

　　雖然在教育的古籍中，廣義的「課程」一詞早已出現，但其並無今日的
重要性。更可能的說法是：課程的概念並非獨立的實體，而是被教師的概念
所包含，是依附在教師的概念之中，而無獨立的地位。狹義的課程概念發展
則不早，大抵要到十九世紀末二十世紀初才逐漸成型。而斯賓塞（H.Spen-
cer）於一八五九年所提出的「何種知識最具價值」（What　knowledge　is
of　most　worth?）的疑問，被視爲教育史上的最終疑問（question　of　ques-

tions），整個課程的研究史便是對於此一問題的反覆思考而已。然而，經過一百多年的努力，這個疑問至今依然未能得到具有共識的答案，卻又引出另一個更爲複雜的問題，那就是「誰的知識最具價值」（Whose knowledge is of most worth?），而成爲課程的另一主軸。筆者曾將「何種知識最具價值」的疑問稱爲課程的「合理性」的疑問，而「誰的知識最具價值」的疑問則爲課程的「合法性」的問題（鄭世仁，民80，頁3）。本節從課程的決定過程、課程地位的階層性、課程關係的壁壘性以及課程功能的相互滲透性等方面，探究課程的社會學的本質，希望此一觀察，能夠見到過去從教育學的角度所未見到的層面，茲依此架構分別說明如下。

壹、課程的決定過程：教育性與政治性交錯的過程

一、課程的來源是社會的核心文化

　　有關課程的定義，可謂言人人殊。正如舒伯特（Schubert, W. H.）所謂：「有幾本課程的書籍，就有幾種課程的定義」（Schubert, 1986, p. 26）。但就教育社會學的觀點來看，課程的定義應該從其本質來把握，那就是：「經過界定的合法知識」。例如英國的著名課程學者勞頓（Lawton, D.）所說的：「課程是從一定的社會文化裡挑選出來的可用的材料」（Lawton, 1980）。美國的課程學家阿普爾（Apple, M. W.）也有類似的看法，他認爲：「課程即是一個社會中的法定的知識」（Apple, 1990, p.63）。所以儘管界定的單位也許不同，界定的層面也許有異，界定的詳略也許參差，界定的方式也許不一，但是作爲社會學意義的課程定義，一定是具有「人爲界定」的痕跡。作爲合法的知識，課程的來源必須是社會的核心文化，這是大多數可以同意的論點。而這更是課程的重要特徵。

　　依據林頓（Ralph Linton, 1893～1953）的說法，整個社會的文化可以區分成三大部分，即是「普遍的文化」（cultural universals）、「特殊的文化」（cultural specialties）以及「替代的文化」（cultural alternatives）。所

謂「普遍的文化」，指的是任何一個社會的健全而成熟的成員所共同具有的
理念、規範、價值、信仰、習慣以及受約束的情緒反應，這是每一個文化對
於世界觀點的共同假設，這些假設使得社會的共同生活成為可能，其概念與
涂爾幹的「集體的意識」（collective consciousness）相似；所謂「特殊的
文化」，指的是在社會的共同理念之外，只由少數人所具有的文化。這些文
化雖然只由少數人所具有，卻是與所有社會成員的生活息息相關，而且每個
人都知道這些文化的功能、效果以及到何處可以接觸到這些文化。基本上，
特殊文化的產生，是社會知識與任務分工的結果。例如醫生的文化，雖然不
是每個人都懂得醫學，但是每個人都知道醫生的功能，也知道在必要時到何
處去找醫生；所謂「替代的文化」，指的是某些個人的特質，這種特質只能
與一些團體分享，而無法與整個社會分享。例如有關同性戀、墮胎、宗教信
仰等主題，並非所有的人都具有相同的理念，所以是屬於替代文化的部分
（Ralph Linton, 1936）。

　　普遍的文化加上特殊的文化就構成一個社會的「核心文化」（cultural
core），核心文化是社會生活的重要依賴，使社會形成一個有機的整體。替
代的文化雖然不屬於核心的文化，而且不像核心文化具有穩固性與統整性，
但卻對文化的變遷起著重大的作用。因為替代的文化也想要進入文化的核
心，當替代的文化進入了文化的核心（或說核心的文化有一部分被它擠了出
去），文化變遷就發生。茲將林頓的文化結構以下頁圖表示（見圖二十五）。

　　值得注意的是，普遍的文化、特殊的文化以及替代的文化三者共同構成
整體的文化。但在整體文化之外，尚有「個人癖性」（individual peculiari-
ties）的文化，它專屬於個人的獨特行為或思想，未能被同時代之人所接受，
卻往往是文化創造的根源。而學校所要傳遞的是核心的文化，而且要經過審
慎的選擇，以免讓有爭議的文化（即是替代的與個人癖性的文化）進入學校
的課程中，引起困擾。

二、課程的決定兼具有強烈的政治性與教育性

　　雖然課程的來源並無多大的爭議性，但是課程的決定過程卻是充滿了政

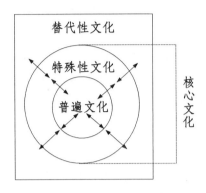

圖二十五：林頓的文化結構圖

治的意味，這是因為課程的背後存有許多利益與意識型態的衝突，而非純粹的教育考量而已。就社會學的觀點來看，課程的決定包含兩個過程，其一是外部的政治過程，另一是內部的學校過程，而內部的學校過程又分為教師的轉化過程與學生的適應過程。吳康寧引用日本學者田中統治所提出的「課程與意識型態交錯過程」的概念，可以清晰地呈現課程決定過程的完整面貌。

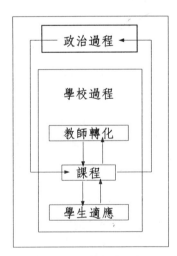

圖二十六：課程與意識型態的交錯過程圖

茲將此一過程以圖表示之（見圖二十六，修正自吳康寧，民 87，頁 320）。

　　由圖中可見，課程的運作包括校外與校內的兩個環節。就校外的環節而言，學校課程的決定是受到政治過程的干預，政治的力量透過各種不同的利益團體滲入學校課程的決定過程中，因而學校課程並非全然價值中立的理性產物；就校內的環節而言，課程的實踐必須通過教師的轉化與學生的適應過程，因此並非可以完全掌控其最後的實踐結果。師生的轉化與適應的狀況才是課程實踐的重要決定因素。

貳、課程的命運受制於課程階層化的結果

　　同樣被納入成為學校課程內容的核心知識，其所享有的命運卻不相同。從社會學的角度來看，學校課程本身依其所佔地位的重要性不同，也產生課程階層化的現象。而學校各科目的重要性，取決於該科目所具有的學術成分，該科目的授課時數，是否需要舉行定期的考試，以及是否成為校外考試的必考科目等因素。學生（及家長）依據這些標準，用不同的眼光來看待所有的科目。雖然所有的科目都是由核心文化中選擇而來，卻享有不同的地位；聯帶的，擔任各科教學的教師也在學生（及家長）的心中產生地位的分層性。擔任重要科目的教師，其地位是高於擔任不重要科目的教師，此種課程地位分層的現象，顯現知識的價值在一般人的心中具有不同的地位。

一、科目的學術性或實用性

　　學校科目的地位高低，與其科目性質有關。凡是具有較高的學術性質，其價值就比較高，其地位也跟著提高；反之，不具有學術性質而只具實用性價值的科目，其地位就比較低。

二、授課的時數

　　各課程科目的命運，從其所分配到的授課時數就可以初步推知。凡是分配到時數多的科目，其在一般人的心目中，就享有較高的地位；反之，如果

科目所分配到的授課時數很少，其在一般人心目中的地位就低；所以課程地位的高低，基本上與其所分配到的授課時數有直接的關聯。例如我國國小國語科每週排有三百六十至四百分鐘的課，其地位就高於其他各科。我國國小各科所分配的授課分鐘數，以及由此所產生地位階層化可以由下表中見出（見表三十三，引自教育部，民82，頁2～3）：

表三十三：我國國小各科的授課時數分配表

年級\科目	一	二	三	四	五	六
道德與健康	80	80	80	80	80	80
國語	400	400	360	360	360	360
數學	120	120	160	160	240	240
社會	80	80	120	120	120	120
自然	120	120	160	160	160	160
音樂	80	80	80	80	80	80
體育	80	80	120	120	120	120
美勞	80	80	120	120	120	120
團體活動	0	0	40	40	40	40
輔導活動	0	0	40	40	40	40
鄉土活動	0	0	40	40	40	40
合計	1040	1040	1320	1320	1400	1400

三、考試的方式

凡是需要定期舉行紙筆考試的科目，其地位比用實作操練作為考試方式的科目高，而後者的地位又高於根本不必考試的科目。例如國語、數學、自然、社會是需要定期舉行考試的科目，所以成為國小的主科；音樂、美術、體育雖然也要舉行考試，但是其所用的方式不是紙筆測驗，考試的次數又比國語、數學、自然、社會四科少，所以地位就相對的低些；至於像團體活動根本就沒有考試，其地位就更加低落了。

四、校外考試是否要考

凡是能被為校外考試採用為必考科目的學科，其地位高於只在校內要考的科目。相對的，凡是校外考試所不考的科目，其地位當然無法得到高的重視。

參、課程的分類與架構形成社會的壁壘

課程除了有地位的高低之外，更有課程的壁壘存在。課程壁壘的分明與否，呼應著社會壁壘的分明與否。從社會學的角度來看，課程的設計其實就是社會壁壘的設計。伯因斯坦（Basil Bernstein）曾以「分類」（classification）與「架構」（framing）的概念，區分兩種不同的課程（Bernstein, 1971）：「聚合型課程」（collection curricula）與「統整型課程」（integrated curricula），而這兩種課程的主要區別在於各科之間的壁壘是否分明。壁壘分明與否的標準取決於「分類」（classification）與「架構」（framing）的強與弱，凡是各科之間的界線（boundary）嚴格劃分，不得相互逾越，就是「強分類」（strong classification）；反之，凡是各科之間沒有嚴格劃分的界線，可以相互逾越，就是「弱分類」（weak classification）。凡對於該傳遞的課程內容，以及傳遞的方式、進度等有嚴格的規定，就是「強架構」（strong framing）；反之，師生有權選擇科目、內容、教學方式以及教學進度，就是「弱架構」（weak framing）。

因此，「聚合型課程」指的是具有「強分類」與「強架構」特性的課程；而「統整型課程」指的則是具有「弱分類」與「弱架構」特性的課程。「聚合型課程」所形成的組織型態是一種垂直控制的組織，各單位之間只有垂直的溝通，而沒有水平的聯繫，所以是壁壘分明而不相互往來的。反之，「統整型課程」形成一種不重視垂直控制，而重視水平聯繫的組織型態，各單位之間享有較大的自主權，所以壁壘不再存在，可以自由往來。相應於這兩種課程，學校以及外界的社會組織也有不同的組織型態，聚合型課程所產生的學校與社會組織型態，就是壁壘分明而不相互往來的型態；統整型課程

所產生的學校與社會組織型態就是自由溝通的組織型態。茲將此兩種型態的社會組織以下圖表示之（見圖二十七）（引自 Bernstein, 1971, p.62）：

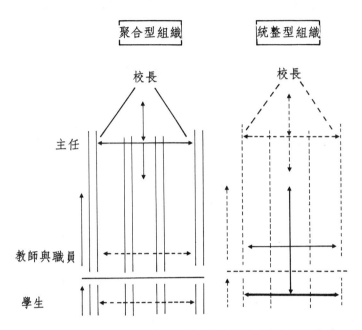

圖二十七：兩種不同類型的課程所構成的社會組織圖

　　由於二十一世紀即將到來，各先進國家莫不以新的教育思想與課程型態，來因應此種高資訊科技、高都市化、高消費、高知識爆炸、高休閒、高齡代的時代。我國中小學的課程，近年來也有重大的改變，尤其是繼國小新課程標準於八十二年修正、八十五年正式實施之後，教育當局又於民國八十七年九月三十日公佈「國民教育階段九年一貫課程總綱綱要」，並規定自民國九十年學年度起，開始在國民中小學同步實施。仔細檢視「九年一貫課程」的精神，可以發現如下的幾個特徵：

一、以能力的培養代替知識的灌輸

　　「九年一貫課程」強調培養二十一世紀的新國民，所以重視現代國民應

有特質之培養。現代國民的基本素養包括五者，即是：㈠具有人本的情懷：包括瞭解自我、尊重與欣賞他人及不同文化等。㈡具有統整的能力：包括理性與感性之調和、知與行之合一、人文與科技之整合等。㈢具有民主的素養：包括自我表達、獨立思考、與人溝通、包容異己、團隊合作、社會服務、負責守法等。㈣具有鄉土與國際的意識：包括鄉土情、愛國心、世界觀等（涵蓋文化與生態）。㈤具有終身的學習意願與能力：包括主動探究、解決問題、資訊與語言之運用等。

二、以學習領域代替學科

過去國小共有十一個科目，國中則有二十三科，各科目之間存有明顯的壁壘，「九年一貫課程」則以七個學習領域取代原有的科目，包括語文（含國語、母語、外語）、數學、自然與科技、社會、藝術與人文、健康與體育、綜合活動。

三、強調課程的彈性化，以因地制宜

各校可以依據學校的特性，地方的需要，自己決定各領域所佔的比例，然後向教育主管單位報備，是為學校本位的課程。

四、強調民主參與

各校應成立課程發展委員會及各學科領域研究小組，由有關人員組成，定期商討有關之問題，落實課程民主發展的精神。

依據這些「九年一貫課程」的特色，可以發現我國課程原有的聚合型特徵，已經漸漸轉為統整型的課程特徵，而具有轉化社會結構的作用。這種課程對於現今社會改造工作將有重大的影響（黃嘉雄，民85）。

肆、課程的功能的相互滲透性

課程的分類方式繁多，例如古德拉等人（Goodlad, J. I., et al. ）將

課程區分成理想課程（ideal curriculum）、正式課程（formal curriculum）、知覺課程（perceived curriculum）、觀察課程（observed curriculum）、經驗課程（experiential curriculum）等（Goodlad, et al. 1979）；國內學者黃政傑則將學校課程結構區分成實有課程與空無課程兩大部分。所謂實有課程指的是學校之內實實在在存在的課程；而空無課程則指課程中該有而未有的部分；實有課程有可以包含外顯課程與潛在課程兩部分。外顯課程指的是明顯可見的課程，而潛在課程則指屬於無意的、未經設計的，但是在學生經驗中出現的種種學習經驗。外顯課程又分成正式課程與非正式課程兩者。所謂正式的課程包括在課表上出現的科目（例如國語、音樂、團體活動等）及活動（例如升旗、整潔活動等）；非正式的課程則指雖未出現在課表上，但也是學校行事曆中的重要活動，例如運動會、校外參觀、畢業典禮等（參考黃政傑，民 80，頁 76～81）。

　　從社會學的觀點來看，課程的種類可以依其功能的方向，區分成正向功能的課程與負向功能的課程兩部分，而正式課程與潛在課程可以代表正負功能的外觀形式。就外觀來看，正式課程是學校有意圖、經過設計、努力要去達成的部分，也就是學校所企圖要對學生產生的積極影響；相對的，潛在課程則指學校無意圖、未經過設計、也難以掌控的部分，通常是學校所要避免的對學生所產生的負面影響。就理論上來說，此兩部分已經包含了課程的整體。但若從實際功能的發生情形來看，則在正式課程中，卻也暗藏有負面的成分，此處稱之為「意識型態的課程」，包括應有而未有、不應有而出現等課程；另外，潛在課程雖是具有負面的性質，但是其負面性卻也有時產生正面的效果，此處稱之為「自動的課程」。所以課堂教學雖然以正式課程為主，但並不以正式課程為限，必須從課程功能的相互滲透性去瞭解實際發生的情形。除了要注重正式課程的正面功能，更要重視正式課程中的意識型態，以免產生負面的功能；而在此同時，除了要避免潛在的課程的負面功能，更要設法增加潛在課程中的自動課程，使產生正面而積極的功能。而「意識型態課程」的避免與「自動課程」的發生，主要是教師對課程的轉化以及學生對課程的適應所造成，唯有教師能有效轉化各種正式課程，並能協

助學生避免各種潛在課程的負面影響，才能使課程眞正發揮正面的意義。從這四者來把握課程功能的實現，就可以知道正負功能的相倚相賴，而非可截然劃分。茲將此一課程概念以下圖表示之（見圖二十八）：

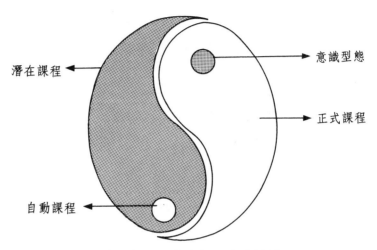

潛在課程

意識型態

正式課程

自動課程

圖二十八：課程功能的相互滲透性圖

◎ 第三節　課堂教學的主要因素㈡：教法 ◎

壹、教學方法的社會學本質

教學方法是達成教育目標的重要手段，但是有關教學法的分類卻相當分歧，只要打開任何一本教學法的課本就可以發現此一事實。佐藤正夫認爲這是因爲（鍾啓泉譯，民 84，頁 278）：

各門學科擁有源於各自學科對象的特殊方法論。各門學科的教學必

　　須運用適於各自學科內容的思維方法、研究方法、研究手段。教師
　　要探討並把握各門學科方法論的特性。唯有如此，一般的方法模式
　　才能作為一般的基礎發揮作用。

　　佐藤正夫更進一步依據教學的本質，將繁多的教學方法加以歸納出系統
化的分類。他從教師、教材、學生的相互關係，將教學方法歸納為三種基本
的樣式。即是：教師提示的方式、學生自主活動的方式以及教師與學生共同
發現新知的方式（鍾啓泉譯，民 84，頁 278～279）。此種觀點不僅已經打
破過去流於雜多的分類方法的弊端，更從教育社會學的角度來把握教學的本
質。此外，哈林納（Hallinan, M. T.）從社會組織的觀點來檢視學校的教
育，提出學習過程的新概念，認為影響學生學習成果的主要因素有五，即
是：學習的機會、學習的氣氛、學生的性向、學生的動機、學生的努力，並
以下圖表示之（詳見圖二十九，引自 Hallinan, 1987, P.46）：

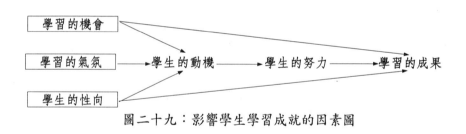

圖二十九：影響學生學習成就的因素圖

　　由圖中可以看到，學生的學習成果受到學習的機會、學習的氣氛、學生
的性向、學生的動機、學生的努力等因素的影響。其中，學生是否努力直接
影響學習的成果。但是學生是否努力主要是取決於學生的動機。學生動機的
有無或強弱，則是由學習機會、學習氣氛以及學生的性向所決定。學習機會
又包括教學的數量與教學的品質。學習氣氛又包括教師的期待與同儕的影
響。學生的性向則包括學生的智力與毅力。依據此一學習的模式，不僅可以
見到教學的社會學本質，更能找出教學方法演進的脈絡。
　　最早的教學方法只知要求學生努力，而忽略了學習動機的引發與維持，

故收效十分有限；對教學方法提出改進的第一個階段，則已經知道學習動機的引發與維持才是增強學生努力的根本條件。所以在此一時期，特別重視學習動機的講求，而所採用的教學方法則是競爭式的教學方法。這種方法雖有其成效，卻也有其明顯的缺失。第二個階段則要改進過度競爭的缺失，乃從學習機會以及學生的性向來著手，而有個別化教學的提倡。個別化教學的優點雖多，但是學生缺乏與他人互動的經驗，則是其最大的缺點。為此又有第三階段的從學習氣氛來改革；學習氣氛所講求的就是合作教學的推出。我們如果從人際關係的有無與人際關係的性質來看，競爭式的教學方法違反了人際關係的合諧，所以是「反社會性」的教法；個別式的教學方法並無人際關係的成分在內，所以是「無社會性」的教法；至於合作式的教學方法則強調教學的社會性，所以是「符合社會性」的教法；若以個人成功的條件來分，競爭式的教法就是個人要能成功必須以「他人的失敗」為條件，個人的成功是建築在他人失敗的痛苦上；個別式的教法就是個人能否成功，完全取決於自己的條件，而與他人的成敗無關；合作式的教法就是個人要能成功必須以他人的成功為條件，只有當他人成功了，個人才有機會獲得成功。這三種教學方法各有堅持，互不相讓，並無法得到一個完整的教學過程，所以應該更進一步採用融合三種教學方法之優點於一爐的新教學方法，姑稱之為「融合式的教學方法」。茲將此四種教學方法從社會學的角度加以說明如下。

貳、不同教學方法的社會學探討

一、競爭式的教學方法

以動機的引發與維持為著眼點，競爭式教學方法的出現具有重大的意義。傳統的班級教學所採用的方法，大抵上都是這種方法。主張採用此種方法的主要理由不外乎兩個，其一是人性是競爭的，而教育必須順乎人性才能收效容易。所以教育學者往往把激發學生的好勝心當成一項重要的手段，好讓人性中的爭強好勝的基因，能成為教育的助力，所以競爭式的教學方法一

直是學校用來引發學生學習動機的主要方法，學校的許多措施都是以競爭作爲基本假設的前提，例如把成績公佈在布告欄，將考試結果排出名次來，就是要激發學生相互競爭的心理。其二是社會是競爭的，尤其處在當今競爭激烈的社會中，學校若無法教給學生與人競爭的能力，那麼出了學校之後，必然會遭到淘汰。主張競爭是社會的主軸大有人在；例如美國有名的球隊教練龍巴蒂（Vince Lombardi）曾說：「獲勝不僅重於一切，它是唯一的東西」（Winning isn't everything, it is the only thing.）。華盛頓紅番隊的教練艾倫（George Allen）也說：「你每贏一次，就重生一次；你每輸一次，就死去一些。」馬歇爾曼（Bill Musselman）教練的名言更是膾炙人口，他說：「失敗甚於死亡，因爲你必須與失敗共存。」曾任美國總統的福特（Gerald Ford）則說：「光是競爭是不夠的；獲勝才是重要的。如果你無法在選舉中獲勝，那就不用玩了」（引自 Johnson and Johnson, 1991）。

依據這兩個理由，強調競爭已經成爲學校教學所不可或缺的重要方法。儘管如此，學校過度強調競爭的重要性，也造成了許多的弊端。根據許多實證的研究指出，競爭式的教學方法不僅無法達成五育並重的教育目標，甚至產生學業及人格上的潛在危機。例如黃政傑曾指出競爭式的教法不利於認知及情意的學習（黃政傑，民81，頁2～3）。

㈠就競爭式的教法不利於認知的學習而言

1.分數至上，不求貫通：在競爭的情境之下，學生追求的只是表面的分數，熱愛的只是名次，而非真正對於知識有所渴求，因此，讀書只求考試能得高分，而甚少思考答案的合理性，遑論提出自己的見解來質疑固定式的答案了。此種強調外鑠價值的學習，不易引發兒童內發的學習動機。

2.由於缺乏成就的滿足感，許多人開始把讀書視爲畏途：在激烈的競爭下，能夠脫穎而出的獲勝者，往往僅是少數特別聰明的學生，他們一路領先，跑在前頭。至於中等以下的學生，則不斷地經驗到失敗的挫折。他們漸漸地看清自己永遠與勝利無緣，心灰意懶之餘，也就放棄

了學習。

3.高度的學習焦慮：由於競爭的壓力太大，一個人想要永遠保持勝利並非易事，自然會造成心理的壓力，長久處在壓力的狀態下，不僅無助於認知的學習，甚至會產生心理適應的問題，帶來各種心理的疾病。

㈡就競爭式的教法不利於情意的學習而言

競爭式的學習方法使得學生彼此猜忌、相互對立、不惜採取各種不正當的手段來達成私人的目的；猶有甚者，在競爭的班級中，學生會以成敗論英雄，會以超越別人為榮，以不如他人為恥。凡此種種，皆不利於健全人格的形成、良好人際關係的建立。

由此看來，強調學習動機的競爭式的教學方法是「反社會性」的教法，不僅無助於認知的學習，更違反了情意教學的原理，因而成為被批評的對象。

二、個別式的教學方法

為了改進競爭式的教學方法的缺失，個別式的教學方法不強調外鑠的學習動機，而改從學習機會及學生性向去考量，並且發現過去大班級教學所存在的主要問題有二：㈠大班級教學的主要困境在於學生人數眾多，無法考慮學生的個別差異；㈡大班級教學無法有效利用每個學生的時間，因而浪費了許多寶貴的光陰。而有效的教學方法就是要重視學生的個別差異，並且善用學生的每一分鐘，以擴大學習的效果。

為了達成此一目的，個別式的教學方法必須對教學的理論基礎重新加以建立，尤其必須對學生的性向以及上課時間的利用加以充分考量。此項努力，自一九二〇年代開始就一直未曾中斷過。例如華盧朋（Carleton Washburne, 1889～1968）在美國芝加哥的文納特卡地區（Winnetka）所進行的文納特卡計劃、派克赫斯特（Helen Parkhurst）在道爾敦中學所進行的道爾敦計劃，都強調學生個別差異的重要性，都設計了讓學生自我控制學習速度、不受他人干擾的學習方式，也都獲有極大的成果（林寶山，民 87，頁 49～53）。凱勒（Fred S. Keller）於一九六八年發表了「老師，再見！」

（Good-Bye, Teacher）的演講，正式提出「個人化教學系統理論」（Per-sonalized System of Instruction; 簡稱 PSI），在學生自我控制學習速度之外，加入精熟學習（Mastery Learning）的理念。此一精熟學習的理念，又經過卡羅（John B. Carroll）以及布魯姆（Benjamin S. Bloom）的深入闡釋，而大放異彩。其中卡羅對於學生「性向」的重新定義，又對學習的程度加以精確地計算，奠立了個別化教學的理論基礎（林寶山，民 87，頁69〜76）。

過去對於「性向」（aptitude）的界定，是指學習者的潛能，也就是學生學習某一學科所能達到的水準。因此，性向之高低決定了一個人學習的好壞。卡羅則認為「性向」只是「學習速率」的指標，是學生要達到某一水準所需的「時間量」。每個學生雖然所需的時間量不同，但是只要所需的時間充足，每個學生都能達到相同的學習水準。於是卡羅以下列的公式來說明如何使教學的成效增到最大：

$$學習的程度 = \frac{學習的機會＋毅力}{學習的速度＋教學的品質＋教學的瞭解能力}$$

由公式中可以看到，學習的程度是學生真正用在學習的時間（即是學習的機會以及個人的毅力之和）以及學習所需要的時間（即是學習的速度，教學的品質，以及教學的理解能力之和）的函數。只要設法增加學生真正用在學習的時間，並減少學習所需要花的時間，那麼學習的效果就是最大。在個別式的教學方法下，學生的學習速度是完全由自己控制的，其實施之流程如下頁圖所示（見圖三十，引自林寶山，民 87，頁 63）。

三、合作式的教學方法

個別式的教學方法雖然是一種重視個別差異、並能考慮學生性向之不同，讓學生以自己的速度來達成學習的任務，可謂是教學方法的一大改進。這種改進也為過去被視為低成就的學生找到一絲希望，其價值是值得肯定的。但是若從社會的需要來看，這種教學方法雖沒有競爭式的教法所產生的

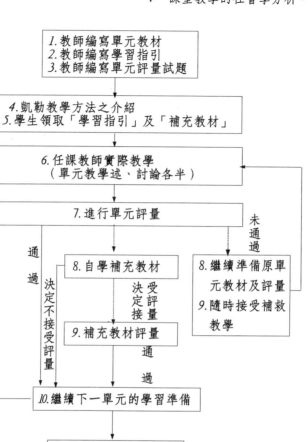

圖三十：個別化教學流程圖

　　副作用，卻也不具社會學的互動原理；雖能減少寶貴光陰的浪費，卻失去了
學生彼此合作的機會。於是而有合作式的教學方法之提倡。

　　　合作式教學方法的提出，是爲了改進競爭式的教學方法之違反社會性，
以及個別式的教學方法之沒有社會性，其注重的是學習的氣氛，從教師的期
待與同儕的互助來改變學習的歷程。依據黃政傑的定義，合作式的教學方法

乃是：「一種有結構、有系統的教學策略，教師依學生的能力、性別、種族背景等，分配學生到一異質小組中，鼓勵其彼此互相幫助，以提高個人的學習效果並達成團體的目的」（黃政傑，民81，頁18）。

　　合作式的教學方法具有六大特質，即是：異質分組、積極互賴、面對面的助長互動、評鑑個人學習績效、人際技巧以及團體歷程（Johnson and Johnson, 1991, pp.55-59）。藉著這些特質，使小組形成一個同舟一命的生命共同體，更以每個人對團體都有同等的貢獻機會，來喚醒彼此尊重的意識，因而使個人產生自尊尊人的習慣。綜合各家的說法，作者將合作式教學方法的基本原理歸納爲五個，即是：可期的美好未來、溫馨的團隊氣氛、健全的自我概念、良好的人際關係以及強烈的學習動機。茲將合作式教學方法的五個原理以圖表示如下（見圖三十一；Johnson and Johnson, 1991, p. 47；鄭世仁，民84，頁32）：

圖三十一：合作式教學方法的五個原理圖

四、融合式的教學方法

　　從社會學的角度來看，雖然合作式的教學方法符合教學的社會性，而且切合時代的需要，但是競爭式的以及個別式的教學方法也各有其優點，能夠適用於不同的科目或情境中，能夠讓學生體驗不同的生命價值，三者應該各自有其發揮的空間。茲將三者之不同比較如下表（見表三十四，引自 Johnson and Johnson, 1991, p.15；黃政傑與林佩璇，民 85，頁 7）：

表三十四：合作式的、競爭式的以及個別式的教學方法之比較表

	合作式的	競爭式的	個別式的
學習目標	目標是重要的。	目標對學生而言並非最重要的，他們關心的是輸贏。	目標和個人是一樣重要的，每個人期望最後能達到自己的目標。
教學活動	適用於任何教學工作，愈複雜愈抽象的工作愈需要合作。	著重於技巧的練習、知識的記憶和複習。	簡單的技巧或知識的獲得。
師生互動	教師督導，參與學習小組以教導合作技巧。	教師提出問題、澄清規則，是爭議的協調者，正確答案的判斷者。	教師是協調、回饋、增強和支持的主要來源。
學生互動	鼓勵學生互動、幫助與分享，是一種積極的互賴關係。	依同質性組成小組以為公平競爭，是一種消極的互賴。	學生間沒有互動。
學生和教材間的關係	依課程目標安排教材。	為小組或個人安排教材。	教材的安排及教學純粹為個人而做。
學習的空間安排	小團體。	學生在小組內學習。	有自己的作業空間。
評鑑	標準參照。	常模參照。	標準參照。

　　從哈林納的學習過程的新概念來看，影響學生學習成果的五個主要因素，都需同時加以考慮，才是完整而有效的教學。從社會生活的本質來看，

學生除了需要與人合作，更需要具有獨處的能力，也要學會合宜的競爭。所以如何融合競爭式的、個別式的以及合作式的三種教學方法，以收兼容並蓄之效，實是值得思考的課題。爲此，作者乃提出「融合關懷、愉悅與精熟的合作學習模式」（簡稱三合一合作學習模式），以強調關懷、愉悅與精熟三者在教學的過程中具有不可分割的重要性。唯有彼此關懷，才能破除競爭的冷酷無情；唯有強調愉悅，才能消弭合作與個別式的枯燥乏味；也唯有注重精熟，才能達成卓越的教育目標；三者相依而不可分離，正是此一模式的精髓所在，也是教學方法所需努力追求的最終目標。

◉ 第四節　課堂教學的主要因素㈢：評量 ◉

　　教學評量雖然常被視爲教學活動過程中最後的一個階段，但卻不是教學活動的結束或終點，而是下一次教學的重要參考。從教育學的觀點來看，教學評量是用來瞭解教育實施效果、發現教學困難、解決教學問題、決定教學手段、達成教育目標所不可或缺的工具。教學評量雖有各種不同的方式，但是爲了保證教育目標之達成則無二致。但從教育社會學的觀點來看，教學評量的本質存在教育的本質中，隨著教育本質的不同，教學評量也有截然不同的用意，分別說明如下。

壹、六種不同的評量方式：教育學的觀點

　　一般把教學評量分爲六大類：即是安置性評量、診斷性評量、形成性評量、總結性評量、標準參照式評量、常模參照式評量。這些教學評量所使用之時機、目的、方式、作用各有不同，簡單說明如下（林寶山，民87，頁129～130）：

一、安置性評量

安置性評量的使用時機是在教學進行之前，為了瞭解學生的「起點行為」，以便將學生做出分班、分組或其他必要的安置所做的評量。有了這種評量，教師對於學生的各種特質，包括智力、興趣、性向、專長等，都能有比較清晰的瞭解，對於教學活動的進行，將有莫大的助益。

二、診斷性評量

診斷性評量的使用時機是在教學進行之中，為了瞭解特殊學生的「學習困難」，以便對其學習之癥結所在提供補救教學，讓學習活動可以繼續順利地進行。

三、形成性評量

形成性評量的使用時機是在日常的教學活動中，為了瞭解整個教學活動的有關因素，以便發現影響教學成敗的主要原因所做的評量。有了這種評量，教師才能瞭解自己的優缺點，以及學生的成長情形。

四、總結性評量

總結性評量的使用時機是在教學進行之後，為了瞭解學生的「學習成果」，以便知道整個教學的成效如何所做的評量。有了這種評量，教師對於教學目標的達成與否，以及學生對各單元的瞭解程度，都能有比較清晰的瞭解，對於以後的教學活動，可以提供重要的參考。

五、標準參照式評量

標準參照式的評量是以事前訂出的標準，作為評量學生學習表現的依據，凡是達到預先規定的標準，就給予預先訂定的等第。這種評量具有客觀的標準，每位學生以自己的表現和此標準去比，不受其他學生成就高低的影響，所以是自我比較的評量方式。

六、常模參照式評量

常模參照式的評量不是以事前訂出的標準，作為評量學生學習表現的依據，而是以全班或某一性質相近的母群體作為評量的參照依據，將學生的學習成果與其他學生相比，並評出每一位學生在群體中的位置，以便排出高下或名次來。這種評量因為需要與他人相比，受到其他學生成就高低的影響，所以是相互比較的評量方式。茲將各種教學評量方式的比較列成下表說明之（見表三十五）：

表三十五：各種教學評量方式的比較表

評量類型	評量的功能	主要的測驗類型
安置性評量	瞭解學生在學習前的程度，作為安置學生的依據。	性向測驗、成熟測驗、觀察記錄等。
診斷性評量	瞭解學生在學習中的困難，作為補救教學的依據。	診斷測驗、觀察記錄等。
形成性評量	瞭解學生在整個學習過程中的情形，作為改進教學的依據。	評定量表及觀察記錄等。
總結性評量	瞭解學生在學習後的收穫，作為檢討教師與學生教學效果的依據。	自編或標準化成就測驗。
標準參照式評量	瞭解學生是否達到事前預定的標準。	自編或標準化成就測驗。
常模參照式評量	瞭解學生在其群體中與他人的相對名次。	自編或標準化成就測驗。

貳、兩種不同用意的評量：教育社會學的觀點

評量的本質是在於獲得有關學生學習的各種證據，以便教學的成效得以得到保證。但是若在進一步追問此種證據的真正用意何在，則評量可以有兩種不同的用意，其一是傳統的以甄辨或淘汰為主要目的的「淘汰型的評

量」；另一則是以協助學生成長為主要目的的「成長型的評量」。

一、淘汰型的評量

　　淘汰型的評量來自傳統以甄選人才為目的的教育本質。教育的兩大功能，除了社會化下一代之外，就是為分工的社會找到合適的人才。所以傳統的教育把評量作為甄辨人才的主要手段。這種評量所重視的是排出學生成績的高低、分出學生名次的先後，讓社會能夠依據此種高低先後，得到選才的依據，評量的目的就算達成。在此種模式的評量作用下，教師具有絕對的權威，能夠以成績讓學生俯首聽命。所以學生把評量當成是一種折磨，但也是不可逃避的大事。師生的關係通常因為有評量的存在而顯得緊張，成績的評定除了是教師的責任，更是教師的權利。在甄辨的過程中，被教師評定為優良或不良的學生，會得到天壤之別的待遇，標籤的作用十分明顯。學校中的好成績預示著好的將來；反之，在校成績不好則人生通常是灰暗的。在此種評量模式下，學生只在乎考試的日子、成績的高低，至於學習的內容與生活有無關係，則非考慮的重點。考試領導教學是此一模式的主要特徵，不考的範圍沒有學生會浪費時間去準備。換言之，學生是為了分數而讀的，分數以外的東西都不是重點所在。

二、成長型的評量

　　相反的，成長型的評量來自人本主義以發展個人潛能為目的的教育本質。教育的主要功能，不是將學生社會化成為俯首聽命的下一代，而是要使每個人都能成為適性發展的人。所以成長型的評量不是以甄辨人才為目的，不以排出學生成績的高低、分出學生名次的先後為重點，而是要找到每一位學生的獨特性，讓每一位學生都能找到自己的天空。在此種模式的評量作用下，教師不具有絕對的權威，也不以成績來逼學生俯首聽命。所以評量不再是一種折磨，而是一種瞭解自己的最好機會。師生的關係通常是和諧的。成績的評定並非教師單獨的責任，而是學生、同學、家長以及教師共同的責任。評量的結果並不決定未來的前途，而只是一種參考式的建議，因此標籤

的作用並不存在。在此種評量模式下，學生並不特別注重考試的日子以及成績的高低，而是注重學習的內容與生活有無關係。考試領導教學的現象不再存在，學生會花時間去準備不考的範圍。換言之，學生是為了自己而讀的，分數在此並不是重點所在。

茲將淘汰型的評量與成長型的評量二者的差異以下表說明之（見表三十六）：

表三十六：「淘汰型的評量」與「成長型的評量」之比較表

	淘汰型的評量	成長型的評量
功能	鑑定出可以繼續升上高等教育的少數學生。	使每一個人皆成為社會上有用的一分子。
目的	淘汰不適宜升學之人，讓教育的金字塔與職業的金字塔相對應。	幫助所有的學生，成為自勵的終身學習者。
作用	決定個人的前途與命運。	協助個人對自我的瞭解
本質	評量是痛苦的過程，是人生的關卡。	評量是歡樂的過程，是促進成長的動力。
原則	以常態分配作為淘汰之原理。	以全部是贏家作為考量之方向。
產物	產生分等分類的標籤作用。	沒有標記的副作用。
與課程及教學的關係	無助於改進課程與教學。	是課程與教學改進之依據。
師生的關係	造成師生隔閡與對立。	產生師生彼此瞭解與互信。
在教學過程中所佔的比例	只佔教學過程的一小部分。	與教學過程的所有部分密不可分。
所考慮的重點	展示教師的權威。	展示學習成效的證據。

參考書目

王文科，民 83，**課程與教學論**。台北：五南出版社。

吳康寧，民 87，**教育社會學**。高雄：復文出版社。

林生傳，民 77，**新教學理論與策略：自由開放社會中的個別化教學與後個別
化教學**。台北：五南出版社。

林寶山，民 87，**教學原理與技巧**。台北：五南出版社。

陳美玉，民 87，**教師專業---教學法的省思與突破**，頁 199。高雄：麗文文化
出版社。

教育部編印，民 82，**國民小學課程標準**。

黃政傑，民 80，**課程設計**。台北：東華出版社。

黃政傑，民 81，**台灣省高級職業學校合作學習教學法實驗研究**。國立台灣師
範大學教育研究中心印行。

黃政傑與林佩璇，民 85，**合作學習**。台北：五南出版社。

黃嘉雄，民 85，**轉化社會結構的課程理論：課程社會學的觀點**。台北：師大
書苑。

鄭世仁，民 80，課程：教育研究領域的新高峰，**國立教育資料館館訊**，第十二
期，頁 1～13。

鄭世仁，民 84，**國民小學合作學習方法之設計及實驗研究**。教育部顧問室委
託之專案報告。未出版。

鍾啟泉譯，民 84，**教學論**。台北：五南出版社。

Apple, M. W.,（1990），*Ideology and Curriculum*. New York: Routledge.

Bernstein, B.,（1971），"On the classification and framing of education
knowledge". In Young, M. F. D.,（ed.），*Knowledge and Control*. London:
Collier-Macmillan. pp.47～69.

Goodlad, J. I., et al.（1979），*Curriculum Inquiry: The Study of Curriculum*

Practice. New York: McGraw-Hill.

Hallinan, M. T., （1987）, *The Social Organization of Schools: New Conceptualizations of the Learning Process*. New York and London: Plenum Press.

Johnson, D. W., & Johnson, R. T., （1991）, *Learning Together and Alone: Cooperative, Competive, and Individualistic Learning*. Boston: Allyn and Bacon.

Lawton, D., （1980）, *The Politics of the Curriculum*. London: Routledge and Kegan Paul.

Levin, J. and Nolan, J., （1991）, *Principles of Classroom Management: A Hierarchical Approach*. Boston: Allyn and Bacon.

Linton, R., （1936）, *The Study of Man*. New York: Appleton-Century-Crofts.

Schubert, W. H., （1986）, *Curriculum: Perspectives, Paradigm, and Possibility*. New York: Macmillan Publishing Company.

Part 4 ▶▶▶ 教育政策與教育問題的社會學分析

第十二章 我國當前教育改革的社會學分析

◉ 引言 ◉

　　教育社會學的研究除了要理解教育之外，更要解決實際的教育問題。第二、三兩篇已經分從社會結構的背景，以及學校自身的社會系統去理解教育現象的社會層面。本篇則以教育政策與教育問題的實務層面，作為研究的重點。教育政策是國家推行教育工作的重要施政內涵，例如我國當前的重要教育政策有教育權力的下放、師資培育方式的更張、學校本位的課程設計、小班教學精神的提倡、教育優先區的加強補助、弱勢團體的教育補償等；教育問題則是學校在辦理教育工作時所遭遇的困難，例如青少年飆車問題、校園吸安問題、兩性平權問題、單親家庭的教養問題等。政策與問題二者雖有緊密的關聯，卻其概念內涵並非完全一致，所以可以分別探討。本書則因為篇幅的考量，決定不再對此二者加以區分，而放在同一篇名之下。又因政策與問題是具有時空性的特徵，且其內容眾多，無法一一加以探究，因此本篇只擇定「我國教育改革」的種種問題，從社會學的角度加以分析，以便作為一項範例。其餘未曾分析之主題，讀者可以自行嘗試分析，若能與第二、三兩篇各章的結論合著檢視教育政策與問題的社會本質，就更能得到縱橫交叉的作用，而對教育政策的優劣、問題的形成與解決方法，得到比較完整而真確的判斷。

我國當前教育改革的社會學分析

∞ 我國教育改革的背後原因

∞ 我國教育改革的方向與重點

∞ 我國教育改革的特色

∞ 我國教育改革的背後真相：兩種思潮的對決

∞ 我國教育改革的主要爭議

∞ 我國教育改革的可能出路

　　隨著時代巨輪的向前滾進，一場又一場的教育改革在世界各地相繼推出、上演、落幕。我國也有一場空前的教育改革的戲碼正在推出。我們有幸躬逢這場歷史的盛會，便應集思廣益，共同積極地投入，以便創造自己的歷史。但是在投入這場歷史的盛會之前，應該對此次教育改革的原因、改革的方向與重點、改革的特色、改革的背後眞相、改革的主要爭議、改革的可能出路等，一一加以分析，以便釐清其中交纏不清的糾葛，進而撥開思想之迷津，形成教育改革的共識，凝聚教育改革的動力，以達成教育改革的理想。茲分六節將上述各點說明如後。

◉ 第一節　我國教育改革的背後原因 ◉

　　我國正在進行的這一場規模浩大的教育改革，其改革的動力源自何處？答案有二：一是來自教育本身系統的原因，另一則是源自教育之外的社會系統的原因，說明如下。

壹、來自教育系統的原因：教育正負功能的對決

　　就教育本身的系統來觀察，教育改革的出現，可以從教育功能的發揮情形得到解說。依據吳康寧的分析，教育的社會功能在方向上有正有負，如果再加入強度的因素，則形成四個向度，即是強正、弱正、強負、弱負。這四個向度的組合可以產生四個情形，代表著不同教育時期中教育功能總體狀況的基本格局，如下頁圖所示（見圖三十二；引自吳康寧，民87，頁410）：

　　由圖三十二中可見，如果教育的正負功能都很強，這個時期便是由強正與強負構成的「教育變革期」；如果教育的正向功能強，而負向功能弱，這個時期便是由強正與弱負構成的「教育興盛期」；如果教育的正負功能都很弱，這個時期便是由弱正與弱負構成的「教育平淡期」；如果教育的正向功能弱，而負向功能強，這個時期便是由弱正與強負構成的「教育危機期」；

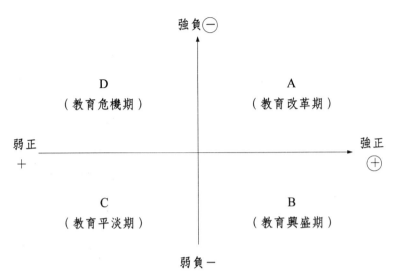

強負（一）

D
（教育危機期）

A
（教育改革期）

弱正
＋

強正
（＋）

C
（教育平淡期）

B
（教育興盛期）

弱負一

圖三十二：不同教育時期中教育功能總體狀況的基本格局圖

以我國當前的情況來看，教育的各種正向功能都能受到社會的重視，也正在積極的發揮；但是過去長久以來所存在的教育負向功能卻尚未革除，所以是處於由「強正」與「強負」所構成的「教育變革期」。再這個時期中，正向與負向功能的勢力相當，需要經過一次大規模的對決，才能分出高下。而目前的各項教育改革，就是一場正負教育功能的大決戰，其戰況之激烈也是可以預期的。

貳、來自社會系統的原因：社會的變遷

社會的變遷就社會系統來觀察，教育改革的出現來自幾個環環相扣的原因。

一、國人對於教育的愛憎交織的心理情結

人類對於教育總是存有「愛憎交織」的情結。我們容易把社會進步的功勞歸給教育的成功。例如台灣的經濟奇蹟與政治奇蹟，許多人都認為是教育

的力量在背後的默默支持有以致之；我們更容易把社會的亂象歸咎於教育的
失敗，例如最近台灣治安的敗壞，犯罪率的增高，交通的混亂，許多人也認
為這是教育未能善盡責任，未能將社會的規範成功地植入下一代的心靈中，
才是根本的原因所在。而當人類處在一片混屯未明的情境之下，社會人心對
於不確定的將來感到惶惶不安之際，所有的期待自然地又落在教育的肩膀
上。例如五十多年前，當人類從二次大戰的廢墟中站起來，極目所望，到處
都是經過戰火洗禮後所殘存的頹坦與荒涼。當時美國一位大學校長便提出他
對未來的信心。他說：「人類只要用經濟的發展，便可以消滅貧窮；只要用
教育的普及，便可以消滅無知。沒有貧窮與無知，人類的未來還是光明
的。」在他看來，人類的不幸源自貧窮與無知，而無知更是貧窮的主因。因
此，唯有用教育解決了人類的無知，人類才有希望可言。事隔半個世紀，我
們再來檢視當時對這兩大命題的殷殷期待是否已經達成，答案幾乎是否定
的。首先，我們看到經濟挾持著最新的科技發明，而有一日千里的發展。可
是受益者似乎不是人類的全體，貧富差距的增大是一項不爭的事實，當朱門
酒肉發臭之際，路上卻有餓死之人；由此可見，經濟發展的功過是難以一言
論定的。其次，受過教育的人們是否就必然能夠脫離無知，具有較高的人文
的素質？答案也是模稜兩可的。我們看到許多所謂「智慧型」的犯罪，基本
上都是受過高等教育的人所作所為的，知識與道德之間似乎並無必然的相關
性，所以第二個命題的成立也是受到質疑的。職是之故，人們對於教育的期
待依然，對於教育的責難也未稍減。國人對於教育的「愛憎交織」的心理情
結，是推動此次教育改革的根本動力。

二、社會政治情勢的改變

　　國人對於教育的「愛恨交織」的心理情結早已存在，何以會在此一時期
爆發出來？其原因是社會政治情勢的改變。我國自從強人政治沒落之後，社
會強調人權的保障與言論的自由，許多過去因為有所禁忌而不敢說的話題都
紛紛出籠，對於教育的厚望與責難的聲音，也很自然地冒了出來。流風之所
及，就形成一片莫之能禦的改革浪潮。

三、社會思潮的變遷

我國政治情勢改變的背後原因何在？其根本原因是社會思潮的變遷所引起。我國社會的思潮，一向是以結構功能主義為特色，但是隨著西風東漸，當前社會上瀰漫著衝突理論的主張，反強權、反專制、爭自由、爭平等的思想已經勝過了服從、效忠等舊觀念。也因為這種觀念的改變才是強人政治提前結束的原因。影響所及，社會的思想更為開放而多元。

四、人類理性的日益發達

我國社會思潮又是如何改變的？這就要歸功於人類理性的日益發達，當理性發達了之後，就可以依據理性的規則，對於現存的制度與規則加以批判，並對其中的不合理提出改革。

◉ 第二節　我國教育改革的方向與重點 ◉

由於此次教育改革的版本甚多，有來自體制外的呼聲，也有來自體制內的規劃；有來自最高教育行政當局（教育部）的政策宣示，也有來自行政院教育改革審議委員會的建議；甚至在民主殿堂的立法院以及地方的民意機構，也經常出現所謂代表民意的聲音，使得原本單純的事情變得非常複雜。究竟此次教育改革的方向如何，重點何在，有先行加以分析之必要。

首先，教育改革的方向必須因應二十一世紀新社會的到來，以培養足以昂首邁進二十一世紀的高素質國民，維持或提升國家的競爭力，使國家得以成功地與其他工業國家相競爭，而能繼續屹立於國際的舞台上，這是一件攸關國家存亡興滅的大事，也是國人對於教育的最大仰賴。其次，此次教育改革的重點，除了考量教育的理想性與未來性之外，必須同時打破過去教育的缺失，使長久以來不能革除的教育弊端得以根治。歸納而言，此次教育改革的方向與重點，不但要從興利的觀點，積極維護四種基本的「教育權」，更

要同時從除弊的觀點，解決長年以來無法去除的教育病端，茲分別說明如下。

壹、教育改革的方向：維護四種基本教育權

隨著人類理性的日益發達，人權的呼聲乃逐日升高。在此種情況下，「學習權」的要求開始受到重視。「學習權」就是閱讀和書寫的權利、提出問題和思考問題的權利、想像和創造的權利、瞭解人的環境和編寫歷史的權利、接受教育資源的權利、發展個人和集體技能的權利。此一理念把人從「受事件支配」的客體地位，提升爲「能夠創造自己歷史」的主體地位，更把受教育視爲一種基本的人權。此次教育改革的大方向便是要落實每位國民的教育基本人權，使教育權能與生命權、財產權、自由權、人格權等同樣受到保障。分析而言，此次教育要維護的教育人權有四：

一、維護學生的學習權

過去教育的目的是以社會的安定爲最大的考量，至於個人的潛能發展、人格健全等理想，都在「犧牲小我，完成大我」的前提下，作了某種程度的犧牲。二十一世紀的社會所需要的國民，不再是過去那種聽命服從的國民，而是必須具備主動學習、獨立思考、創新發明、解決問題、瞭解自己、關懷他人等能力，才能適應未來新世紀生活的需要。而這些能力的培養就是學生所應享有的學習權力，不容以任何理由加以剝削。此外，爲了導正科技文明對人性尊嚴、人生價值的不當宰制，教育更需要以人文主義的思想作爲哲學的基礎，提供自由而適性的發展空間、民主而自治的學習場所、快樂而充實的學習過程，以達成兒童全人格發展的目標。

二、重視家長的選擇權

家長是學生的法定監護人，更是學生最爲親密的相關人。在古代，教師的權力基本上源自父母的授權，即在今日，教師以其專業的能力代表國家實

施國民教育，父母的意見仍應受到重視。遺憾的是，過去這群與教育最有關係的家長，似乎缺乏對教育提出意見的權力，一切只能聽命於政府、學校或教師。今後應該把教育的決定權還給家長，至少應該聽聽家長對教育的看法與期望，讓家長知道自己的孩子是否真正在教育的過程中受益。如果家長不能贊同學校的措施，至少應該讓家長有選擇的權力與機會。而不能將家長排擠在外，成為無權置喙之人。唯有結合學校與社區、加強家長與教師合作、尊重家長對自己子弟教育的看法，才是真正合理的教育方式。

三、提升教師的教學自主權

教師是站在教育第一線的尖兵，更是專業的教學者，因此要使教學有效，必須培養每位教師都成為專業的教育人員，進而對於教師的專業自主權予以最大的尊重，使教師在教學上能夠充分發揮其專業的判斷，使用其最佳的專業處理，進行其符合學生個別需要的各項教學，以便建立起教師教學的專業權威。因此一位專業的教師必須具備多種與教學有關的能力，才能勝任而愉快地從事教學工作。依據史考特等人（Scotter, Haas, Kraft, & Schott, 1991,p.4）的看法，一位適任的教師必須具備的專業知識至少包括八個領域，即是有關：

　　1.兒童與青少年的特質與發展的知識。

　　2.人類學習方法的知識。

　　3.不同學科以及其探究方法的知識。

　　4.教學方法的知識。

　　5.認知、情意、技能的學習目標的知識。

　　6.滿足人際關係的價值與態度的知識。

　　7.各種溝通技巧、衝突處理的知識。

　　8.將上述七種知識加以統整的知識。

教師能否具有這些專業的知識，是教育成敗的主要依據，有關當局應該盡全力提升教師上述的各種專業能力，更應該建立各種優良制度，以鼓勵教師不斷成長，並願意為教育而全心全意地付出。而不應該把教師視為科層體

制下的受雇人員，聽命於對班級與學生一無所知的行政或校外人員。惟有教師在教學上成爲專業的人員，並受到社會上以專業人員加以尊敬，才能扭轉過去對教師頤指氣使的缺失，也才能透過教師對於教育的理解、轉化、教導、評鑑、省思、產生新理解等歷程，將各種教學的內容有效地教給學生，進而達成此次教改所預定的目標。

四、建立「學習型的社會」，以維護全民的終身學習權

未來的社會是一個變動快速、資訊發達、知識折舊率大的社會，更是一個國際接觸頻繁、地球有如一個村莊的社會，因此教育的理念要配合這種時代的趨勢，推動「終身教育」，建立「學習社會」，使教育的歷程遍佈人生的各個階段，而不再以在學校求學的年齡爲限，也不再以學校的圍牆內部爲限。使教育的歷程與空間增大，無時不學，無處不學，使家庭與社會共同肩負教育的責任，唯有如此，才能落實學校教育改革的希望。

貳、教育改革的重點

一、革除過去教育的積弊

當前學校教育的成果，不能讓各方十分滿意，諸如：班級人數過多，不易管理；學生成就動機低落，不肯學習；學校規定繁多，扼殺學生的自主能力；家長對學校的要求歧異，難以兼顧；教師兼任行政職務煩雜，分心勞形；教師的待遇不高，無法與企業界競用人才；非個別化的評量，抹煞特殊兒童的成就；單一智力的見解，偏重知識傳授，違背因材施教的教育原理；學生成就的下降；學生未完成對未來教育、工作、公民責任的準備；高輟學率與犯罪率；科層體制的組織結構；教職員的低素質與低投入；缺乏認定學生成就的客觀標準等，都是長久以來廣受批評的重點。在此種情況之下，教育改革必須改進以下各項缺失：

(一)無效率

隨著社會越來越重視教育，兒童留在學校的時間也越來越長，但是教育的效果似乎越來越差。學校中所教的東西似乎十分不經濟。兒童原是「天生的學習者」，在入學之前便已能夠輕易地學會諸如語言等複雜的符號系統，後來又能發展出有關宇宙和心智的各種理論，表現出甚高的學習意願、極強的學習能力。但不知爲什麼，兒童在入學以後似乎主動學習的能力迅速地消退，經常遭遇極大的學習困難，學不會許多的概念。這種無效率的情形，不僅浪費了兒童寶貴的光陰，更造成社會資源的極大損失。

(二)不快樂

基本上，過去的學校是一個不快樂的地方。兒童入學後，隨即面臨了來自機構的種種外加的限制。學生要隨著鐘聲的步調進行學習，上課要安靜地坐在位子上，不能亂動，也不能未經許可就開口說話。下課以後還要受到許多的約束。學習的材料與生活並無多大的關聯，卻非要一字不漏的熟記在心不可。上學有如從事勞苦的工作，教師有如在一旁監督的工頭，枯燥乏味是教室的本質，唯一要學的是忍耐。有人把這一段光陰視爲有期徒刑，其實是可以理解的。但是學校教育一定要如此嚴肅嗎？如果能改用愉悅的方式，讓兒童在歡心喜悅的情況下進行學習，難道就不能達到原先的教育目標？

(三)忽視個別差異

學校似乎只關心全體兒童中的一小部分的成員，並不重視每一位學生的獨特性與平等性，把學生視爲相同或差不多的個體，而且用來認定學生表現優秀與否的方式也非常狹隘。首先是教學內容上，並不考慮學生的各殊性。學校所提供的許多教材，對學生而言，不是毫無觀點，就是相當疏遠，很難與生活結合在一起；其次，學校把語言與數理邏輯的分析能力認定爲智育的重鎮，特別加以重視。其他的能力，諸如空間表徵、音樂思維、動作技能、對他人的理解、對自我的理解等能力，則淪爲化外之物，不能給予應有的重

視。具有其他領域智能的學生，對於學校所用的記號系統、概念、架構、知識形式，不易學會。因此，許多兒童的天賦遭到抹煞，而無可奈何；其三，在教學與評量的方法上，採用單一標準的原則，未能有效適應學生的個別差異，使得知識多元化、學習表現多樣化的理想，都在此單一原則的做法下成為犧牲品。

㈣無情的競爭，扭曲了幼弱的心靈，造成人格的偏差

學校的組織是以管理和控制為中心，所建立的運作程序與獎懲辦法違反兒童的本性。為了激勵兒童的努力，學校使用了許多無情競爭的手段，讓兒童經歷「適者生存、不適者淘汰」的「社會叢林法則」，在此種社會達爾文主義的薰陶下，兒童迅速地學會了如何應付各種競爭的情境，如何不擇手段地與人競爭，如何為了利己而去損人。獲勝者，洋洋得意，不可一世，卑視他人，膨脹自己；失敗者，無顏面對師長、家人、同學，退縮不前，積怨在心。其結果造成每一個幼弱的心靈遭到扭曲、形成偏差的人格，不僅影響個人一生的幸福，更為社會帶來重大的負面影響。

㈤不求真正的理解，以分數作為唯一追求的目標

理想的教育是要達成完全的理解，使學生能夠適當地把各種概念與原理應用到日常生活的問題或困難上，恰到好處地考慮他的生活中的各種現象與後果，尤其是那些他所沒有遭遇過的。

學校教育雖然傳授許多知識與概念，但是並不重視兒童真正的理解，更不要求學習的結果能夠遷移到生活之中。兒童往往不能瞭解所學的許多概念，但在大人的要求之下，只好把學習化約成分數的追求。採用過度的練習、死記與背誦以求得滿意的考試分數。至於知識最後的實用價值，不是學生所在意的，更不是學校與家長所關切的重點。學校生活最顯著的特徵，就是與日常生活的重要事物都嚴重脫節。學歷與學力之間並無必然的關聯。如此一來，真正的知識並未學到，卻學到了許多迷思概念（misconception）與刻板印象（stereotypes）。

二、迎接發展型的教育時代來臨

為了改進上述各種長久存在的缺失，此次教育改革已著手建立發展型的教育，可謂是針對過去的病症所開出的良方。

㈠校園權力的重新分配

我國的教育行政所採的是中央集權的制度，地方政府與各級學校都只有聽命行事，而無法因地制宜，自為專業的決定。在此制度之下，由中央到地方政府，形成一種綿密控制的科層體制網，層層節制，僵化而不知彈性變通。學校處於整個體制的最底層，毫無自主的權力，淪為教育行政機關的附庸。在學校中，另一圈的科層體制則由校長、主任、組長、教師所構成，負責教學的教師處於最底層，聽命於上級的規定，缺少專業自主的空間。此次教育改革，為了將教育的專業自主權還給學校與教師，已對校園權力作了一次徹底的重新分配，對於學校與教師的各種權利與義務，在新制定的教師法中有了詳細的規範。

㈡師資培育制度的改弦更張

我國過去的師資培育制度，採用由師範院校一元獨佔的培育方法，由於缺乏開放競爭的機制，產生了許多讓人詬病的地方。例如保障過度，造成學生素質低落；缺乏甄辨的程序，造成師資素質良莠不齊；無法讓有志教書的人公平地競爭教學的機會等。此次教育改革把師資培育制度作了根本的修正，師範教育法的精神已經被師資培育法的規定所推翻，多元培育的制度取代了一元獨佔的辦法，自費為主取代了公費為主的設計；以初檢與複檢作為兩道把關的措施；以教育實習、教育研究、教師進修作為提升師資品質的三項手段；凡此種種，都是要以教師的素質提升，作為教育改革成功的最終保障。

㈢課程內容的調整與修訂

　　我國的課程設計也具有濃厚的中央集權的色彩，除了大學有共同必修科目的規定外，高中以下各級學校則有課程標準的拘束，對於科目名稱、授課時數、教材內容、評量方式、上課進度，都有詳盡的規定，剝奪了教師自行規劃的空間，使得教學內容顯得呆板而無法滿足個別的需要。統編本教科書的制度，更使教師完全失去教材內容的決定權，只能照本宣科。此次教育改革針對這些缺失已經提出許多改革的措施，要把課程與教材的決定權還給教師，並把鄉土教材列為重要的教學重點。

㈣提倡全人格發展的開放教育

　　開放教育的理念在此次的教育改革中受到極大的重視。開放教育是融合了兒童本位的教育、自然主義的教育、進步主義的教育以及人本主義的教育的精髓，而提出的一種綜合的教育理念。它的基本精神在於強調人類心靈的開放，用以跟傳統的封閉或閉鎖的教育相對。為了達到此目的，教育應該對傳統的課程、教材、教法、時間安排、空間設計、對人的態度、教育的目的、實施方式、教育過程等作一全面的檢討，使兒童能夠在完全開放的環境中獲得最好的發展，以養成兒童獨立思考、獨立判斷、創造發明、自尊尊人等特性的教育成果。所以許多與開放教育理念相違背的措施，諸如聯考制度、能力分班、大班大校等，都受到大力改變的命運。

◎ 第三節　我國教育改革的特色 ◎

　　比起過去歷史上歷次的教育改革運動，此次的教育改革表現出一些獨有的特徵，如能把握這些特色所在，對於瞭解此次的教育改革的真相，以及今後應有的做法會有所助益，茲分五點說明如下。

壹、規模之大，爲歷年所少見

我國當前這場轟轟烈烈的教育改革，雖不敢稱爲「絕後」的改革，卻可以「空前」稱之。至少可以被稱爲「曠古少有」之改革。因爲：

㈠這次改革的層面包含甚廣，其所牽涉的層面遍及各級教育的各個層面，從幼稚園到研究所，從硬體建設到人事制度，從考試制度到編班方式，從教材選擇到教法使用，從行政組織到權力分配，從法令制定到經費規劃等，可謂無所不包，舉凡過去被質疑的教育缺失，幾乎都被列入此次改革的重點。

㈡這次改革的動員已竭盡全力，包括媒體的宣傳、公聽會與座談會的舉辦等，尤其是以強迫的方式要求各縣市限時辦理「教育改革說明會」，並要求所有中小學教師一定要參加，更可看出政府的決心。

㈢政府編列了許多必需的經費，投入這次的教育改革中，以便作爲推動各項改革的實際所需。

㈣持續時間最久，如果從八十三年的四一〇教改大遊行算起，此次的教育改革已經進行了整整五個年頭，而且還在持續進行當中，似乎會以長期抗戰的姿態繼續下去。

㈤改革的手段最爲徹底，如果用修車來比喻教育改革的話，過去的改革僅僅是對於舊的老爺車整修一翻而已，此次的改革則是要重新打造出一輛全新的車輛，進而要對所有關於交通的法規、道路設施都加以檢討。以如此的人力、經費、時間，進行如此大幅度而又徹底的改革，無怪乎一時之間，整個社會似乎都籠罩在教育改革的氛圍中，而一幅光明的教育遠景也好像正在向我們招手。

貳、以外力推動作爲改革的動力

此次教育改革的推動，可以溯源到八十三年六月二十二日由教育部所召

開的第七次全國教育會議。教育部為了因應民間要求改革的聲浪，在這次會中決議成立「行政院教育改革審議委員會」，並於同年九月二十一日正式成立，由國內最富盛名的中央研究院院長李遠哲擔任召集人，邀集各方代表擔任委員職務，並廣開言路，徵詢各界意見，而展開了整個教育改革的行動；八十四年一月，當時的行政院長連戰宣佈教育改革為施政重點；同年三月教育部公佈「中華民國教育報告書--邁向二十一世紀的教育遠景」；四月二十二日行政院教育改革審議委員會出版了第一期的教育改革諮議報告書，向國人提出未來的教育藍圖；其後又分別於八十四年十一月四日、八十五年六月二十八日、八十五年十二月二日出版了第二至第四期的諮議報告書，然後結束其階段性的任務，改由「教育改革執行推動小組」接手，繼續朝著教育改革的目標去奮鬥。

　　儘管如此，此次教育改革並不是由政府所主動提出的「政策」，而是為了因應民間團體廣大而激烈的教育改革呼聲，所不得不做的「對策」而已。因此，有人說此次教育改革的動力不是內燃的，而是外逼的，實在是看到了事實的癥結所在。雖然八十三年四月十日在台北國父紀念館誓師的「四一○」教改大遊行，並不是第一個教育改革的行動，但是因為它具有里程碑的意義，所以大家在習慣上都以「四一○」教改大遊行所提的四個教育改革訴求（小校小班、廣設高中大學、教育現代化、制定教育基本法），作為民間團體要求教育改革的起點。而這種由民間自發性的組織率先提出，再由政府機關積極回應的教育改革模式，是此次教育改革的一大特色。

參、以鬆綁為口號

　　「鬆綁」（deregulation）的理念，原是經濟學上「解除管制」或「自由競爭」的思想，其要旨為：創造公平競爭的環境，讓市場上「供需平衡」的原理自動進行調整的功能。因此，經濟的運作雖然沒有政府的積極介入，卻好像有一隻「看不見的手」在背後操縱著，使整個市場經濟維持穩定。

　　此次教育改革提出這麼一個清晰、明白而又動人的口號，要把過去太多

的束縛加以鬆開，對大部分的人而言，眞是一項值得歡呼的好消息。儘管如此，對於「鬆綁」二字的詮釋也有兩種不同的說法。㈠把「鬆」字當成動詞，把「綁」字當成名詞，「鬆綁」就是「不綁」，完全依照經濟學的本意；㈡把「鬆」字當成副詞，把「綁」字當成動詞，「鬆綁」就是「鬆鬆地綁」，與經濟學的本意並不相同。這種說法強調教育與經濟的本質不同，經濟的原理不能一成不變地用到教育的領域中，因此適度的管制不僅有其必要，而且主張任何具有規範性質的措施，都應建立其合法性。雖然解釋上有此兩種歧異，「鬆綁」觀念已成爲此次教育改革的主要特色之一。

肆、以平等爲訴求

　　教育改革有如一個擺動的鐘擺，擺盪於追求「卓越」與「平等」的兩個極端之間。卓越的思想是傳統教育的主要特色；而平等的思想則是進步主義的主要特徵。當卓越的追求過度受到強調，平等的呼聲便會出現，起而代之。反之，當平等的追求過度受到強調，卓越的呼聲也會出現，再度起而代之。此次教育改革的一個特色，便是以「平等的訴求」爲主要的底色。所有的改革措施，都是爲了加強進步主義的教育理念，照顧所謂弱勢團體的利益，而不再強調傳統教育所主張的卓越的觀念。當口號於一夕之間由「卓越」轉爲「平等」，過去所有經過努力設計而得到的教育措施，似乎成爲廢物，而面臨了被推翻的命運。例如國中的能力分班被視爲萬惡之源，而被常態編班所取代，就是一個明證。但是這個鐘擺總有回擺的一天，似無可疑。教育改革的鐘擺如下圖所示（見圖三十三）：

圖三十三：教育改革的鐘擺示意圖

伍、以師範體制為假想敵

　　此次教育改革的另一個特色是「反師範體制」的情結十分明顯。社會對於教育批評的矛頭，幾乎都指向師範的體制，把師範體制看成是一個保守、落後、顢頇、無能的代名詞，而思加以除去而後快。師範教育法被師資培育法所取代，正是此一情結的表現。

◉ 第四節　我國教育改革的背後真相：◉
兩種思潮的對決

　　在上述這些改革特色的背後，其實存在著難以覺知的真相，有如樹根深藏於地下未被發現一般。為了解析此次教育改革的真相，作者試圖以孟海姆（Karl Mannheim, 1893～1947）於一九二九年所出版的「意識型態與烏托邦」（Ideology and Utopia）的理念，分析其中的重要關鍵，也只有從這個觀點去加以深入剖析，才能撥雲見日，不被一些事物的表象所欺瞞。

壹、孟海姆的生平與思想簡介

　　孟海姆出生於匈牙利的布達佩斯，成長於一次大戰時期的混亂時局中，又因為要逃避政治的迫害，只好流亡到德國，一九二六年在法蘭克福大學擔任社會學教授；後來為了躲避納粹的追捕，再度逃亡於英倫，在倫敦經濟學院擔任社會學與教育哲學教授。他的思想可以分成兩大時期。第一期是德國時期（1920～1933），在此他建立一個嶄新的知識領域--知識社會學，並以之做為理性分析的工具，用以評判當時各種競爭激烈的意識型態。他的主要的代表作「意識型態與烏托邦」便是此一時期的思想結晶，書中的要旨便是在說明人類思想的社會性。第二時期是英倫時期（1933～1947），他分析了

現代大眾社會的特性，指出分工越來越細的社會，必然會造成彼此的隔閡與疏離，更會產生極權主義的政府。他的「人與重建年代的社會」（Man and Society in An Age of Reconstructions）；以及「自由、權利與民主計劃」（Freedom, Power and Democratic Planning）等著作都極力主張用更大的社會計劃來重建社會的秩序，尤其是能否以教育的力量達成社會的共識，更是人類能否逃過滅亡的關鍵所在（Mannheim, 1929；1940；1950；1952）。

　　依據孟海姆的看法，意識型態是指普遍存在的「對於人、社會的本質及生活應該的樣子的成見或偏見」。此種觀念可能是清晰自知的，如政治的宣言、宗教的信條；也可能是內隱而不自知的，例如保守的思想或激進的思想；不管是自知或不自知，偏見或徇私的存在似乎都在所難免。準此觀點，事實與數據經常被人用來支持現存的觀念，而非用來作為發現真理的工具。知識不再是由那些住在象牙塔中的知識分子憑著獨立的良知與智慧嚴加批判而來，而是與現實生活密不可分，其中充滿了人們的利益考量。換言之，孟海姆所謂的「意識型態」是指社會上的統治階級所持有的價值與信念，這種集體的無意識作用，雖然遮掩了社會的真實情況，卻有助於社會的穩定。

　　意識型態散布在各類的知識中。孟海姆認為只有物理學與數學可以不受意識型態的影響，其餘的知識都是意識型態的產物，都反映著社會上不同團體的價值、野心與興趣。因此事實與數據並不為真理說話，而是為階級的利益講話。這種偏見雖然不必然是有意精心規劃的，但卻是無法避免的。因為人類的頭腦架構是依照先前的經驗來建造的，沒有此架構便無法瞭解社會的意義。而這個用先前經驗所構成的認知架構，是在社會的情境中產生，所以充滿意識型態。因此，世間並無客觀的知識，更無絕對的真理。充其量只有比較接近的真理與信念，讓我們體認生活的實際情況與觀念的多樣性。在孟海姆的眼中，知識分子只不過是能言善道的階級利益的發言人。儘管他後來也接受知識分子能夠獨力綜合相對立的信念，並建立某種知識的合諧性。知識社會學的任務便是要找出各個階級團體的意識型態的來源，並指出其背後所代表的階級利益所在。

　　至於「烏托邦」，則是指被統治階級的信念系統，因為被統治階級一心

一意要重建社會的新規則，而且只能以激烈的手段爲之，所以他們的信念系統與統治者的想法有極大的差異。就此觀點而言，烏托邦與意識型態一樣，都是無可避免的偏見與扭曲的信念。明白這個道理，就會明白何以有些人會爲反對而反對了。孟海姆進一步指出意識型態與烏托邦之間的關係是辯證的對話。統治階級的缺點與偏私是產生烏托邦的理由，但是等到烏托邦的勢力逐漸增大，終於推翻了統治階級，它本身卻又成爲一種意識型態。相互對立的社會團體爲了權力而不斷地鬥爭，意識型態與烏托邦乃不斷地相互替換，永無終點。

貳、教育改革的真相：意識型態與烏托邦的對決

依據孟海姆的理論，此次教育改革所顯現的眞相，便是意識型態與烏托邦的兩種思潮的對決，析言之，則可以分成四點加以說明：

㈠此次教育改革不是一個孤立的現象，而是與政治解嚴等社會變遷有著密不可分的關係，甚至只是政治解嚴與社會變遷的附帶現象。如果沒有政治解嚴爲前提，此次教育改革是沒有出現的可能。也因此使得此次的教育改革具有濃厚的政治意味，更充滿了政治舞台上相互角力的色彩。

㈡此次教育改革是執政者意識型態與在野者意識型態相互對決，而由在野者獲勝的一次鬥爭。換句話說，保守派的教育理念敵不過激進派的教育理念，而呈現出舊有理念大崩盤的情勢。

㈢此次教育改革是社會典範改變的一種反應。舊日的社會典範是以結構功能主義爲主軸，強調社會的和諧、團結、安定，但隨著各種社會情勢的推移，當前的社會典範已經由衝突理論取得主導的地位，這種典範的改變正是以「平等」取代「卓越」的根本理由。

㈣此次教育改革的許多措施，都是反面思考模式下的結論，而非針對事實，全盤考量後的結果。此種思考模式往往以爲改變就是進步，因此產生了許多後遺症。

由此看來，此次的改革充其量只是孟海姆的「意識型態」與「烏托邦」

的一次對決而已。烏托邦雖然獲勝了，但它本身也很快地成爲一種新的意識型態，而等待另一個烏托邦來加以推翻。

◉ 第五節　我國教育改革的主要爭議 ◉

此次教育改革是以開放教育爲主調，強調「平等的訴求」優於「卓越的追求」，也因此造成其支持者與反對者的許多爭議。

壹、開放教育的支持者：一場哥白尼式的教育革命

開放教育的出現，象徵著人類理性隨著社會的演進而逐步開展。比起傳統的教育，開放的教育可謂是一種「另類的」、「變通的」或「選擇的」學校教育（alternative schooling）。這種教育的思潮，可以溯源到西元一八七五年左右的一些實驗學校，例如遊戲學校（play school）、兒童的學校（children's school）、有機的學校（organic school）等。杜威在一八九六年在芝加哥大學所開辦的實驗學校，以及一九二〇年代崛起於英國的夏山學校（summerhill school），一九六〇年代的自由學校（free school）、開放學校（open school）、開放教室（open classroom），以及一九七〇年代盛行的反文化學校（counterculture school），都是此種理念的付諸實行。此種反文化學校運動又稱爲的激烈學校改革運動或浪漫的學校改革運動，例如伊理希（I. Illich）在其名著「廢除學校的社會」（Deschooling Society）一書中，就曾主張以四大網路取代學校，實際上已經宣佈學校的死亡，就代表了另類學校教育的巔峰發展，也顯現了有些人對於漸進式的教育改革失去耐心，想要用非常的手段來進行徹底的教育改革。

開放教育的支持者認爲這是一場哥白尼式的教育革命，代表著人類的希望與前途。這種教育是用以跟傳統的、封閉的或閉鎖的教育相對待的，強調人類心靈的開放，使教師與兒童能夠在完全不受束縛的環境中獲得最適性的

發展。爲了達到此目的，教育應該解除傳統課程、教材、教法、評量、時間、空間等所造成的限制，以養成國民能夠獨立思考、獨立判斷、創造發明、自尊尊人等特性。並對人性的假設、人生的方向、生命的意義、教育的目的、實施的過程等，重新作一釐清，全面加以檢討。此種做法有如天文學上的「哥白尼的革命」。在這個新的教育宇宙中，除了教師中心的理念已被兒童中心的理念所取代之外；聯帶的封閉教學的見解已被開放教學的見解所取代；「意義接受」的思想已被「意義建構」的思想所替換；極權式的教育方式已被民主式的教育方式所揚棄；傳統式的教育觀點已被進步式的教育觀點所推翻；傳遞式的教育歷程已被詮釋式的教育歷程所擊退；依賴學習的主張已被自主學習的主張所更換。換句話說，封閉式的學校似乎已經禁不起開放學校的質疑，有如冰雪遇到春陽，開始冰釋融化了。歸納而言，開放教育與傳統教育具有如下的相異點：

1. 就教育的目的言：傳統教育是爲了社會的目的而設；開放教育是爲了個人的目的而設。

2. 就教育的主體言：傳統教育是以教師爲主體；開放教育是以學生爲主體。

3. 就教育的著眼點言：傳統教育是以未來的需要爲主要考量；開放教育是以現在的需要爲主要考量。

4. 就兒童的概念言：傳統教育把兒童視爲大人的縮影；開放教育把兒童視爲與大人完全不同的存有體。

5. 就教育的手段言：傳統教育以嚴格的訓練、行爲的限制爲主；開放教育以人格的尊重、自由的學習爲主。

6. 就教育的重點言：傳統教育重視智育的優異、學術水準的卓越；開放教育重視全人格的發展、知情意的平衡。

7. 就人性的看法言：傳統教育以人性本惡，故需要用外力加以約束；開放教育以人性本善，故強調自主的可行性。

8. 就教育的要求言：傳統教育要求整齊劃一，故講究威權的運用；開放教育要求個別差異，故講究尊嚴的維護。

9. 就後設基礎言：傳統教育是以工具理性作爲基本的的知識興趣，故以實徵分析的科學爲主要的依據，以技術與控制作爲主要的手段；開放教育是以實踐的理性爲起點，朝向解放的理性而努力，故以詮釋學與歷史學的分析作爲主要的依據，以溝通與反省作爲主要的手段。

貳、開放教育的反對者：人類大腦的荒蕪

對於傳統教育的支持者而言，開放教育所代表的意義是人類大腦的荒蕪，他們對於開放教育提出嚴厲的批評與質疑，其中最常被提出的不外下列幾點：

一、開放教育帶來教育素質的「平庸化」

「開放教育」與「平庸化」常被聯在一起，因爲美國過去的經驗，讓人覺得「平庸化」是開放教育的結果，其嚴重者甚至會爲國家帶來危機。許多人質疑開放教育對個人與國家都有不利的影響。從個人的角度言，兒童經過開放教育的洗禮，缺乏卓越的學術水準，在升學與就業上可能遭到淘汰；就國家的角度言，我們處在一個競爭的國際社會，過度鬆散的教育歷程無法造就出足以與外國人競爭的人才，而被國際社會所淘汰，是一隱憂。美國的前車之鑑不遠，不能視若無睹。

二、開放教育造成學生秩序的混亂

開放教育常被看成是無秩序的教育，學生可以爲所欲爲而不受制止，因此班級秩序一定是難以維持。尤其兒童正處在人格發展的「無律期」，正需要教師運用各種手段使之體會班級秩序的重要，以便將來出社會以後，知道社會是一個有規範的地方，個人要犧牲自己的自由，服從社會的規範。但是開放教育所揭櫫的原理好像兒童天生地會自我約束，早已進入道德發展的最高的「自律」階段，無需教師的管束與教導，此種假設與事實相去太遠，在這樣的教室中，是無法進行正常教學的，這正是成績低落的主要理由。

三、開放教育造成師生關係的緊張

開放教育強調學生的自主與自由，傳統的教師角色不免受到極大的衝擊。由於學生容易產生自我膨脹的心理，也容易對教師的權威加以挑戰，因而造成師生關係的緊張。時下年青人常以「只要我喜歡，沒有什麼不可以」，已經造成教師管教上的挫折，更是師生疏離感的成因。

四、開放教育造成學生價值的混淆

開放教育強調尊重學生的需要，並且立即與予滿足，這會造成學生追求「立即的歡樂」，而無法容忍「延宕的滿足」，對於長遠的理想，也會缺乏堅毅的忍受力，而提早放棄。事實上，所有偉人的成功，所依賴的除了智慧，更需要毅力，開放教育讓學生眼光變短、視野變窄，更可能只以眼前的滿足為目標，放棄了高遠的理想，產生價值的混淆。

五、開放教育動搖社會的基礎

開放教育重視個人的成長與發展，但是輕忽了教育最初所重視的社會化的職責，尤其是開放教育強調個別化的學習，使兒童無法學得如何與人合作、相處的道理，其結果可能動搖了社會的共識基礎，使社會陷入「真理的相對主義」的模糊狀態中，各說各話，難有交集。

六、開放教育剝蝕了學校存在的基本假設

學校之所以存在，其基本假設是因為學校具有三大特點，即是：環境單純化、知識系統化、人格群性化，這些特點是家庭與社會無法具有的。而開放教育的理念，讓兒童有太多的選擇，使其無法專心；讓兒童自由學習，使其失去知識的系統性、完整性與平衡性；讓兒童隨性而為，創造了有個性的兒童，卻失去了有群性的國民。如此一來，學校教育的三大特點被剝蝕之後，學校的功能是否還能存在，是值得懷疑的問題。

七、開放教育對貧窮家庭的兒童造成不利

開放教育對於上層社會階級的兒童也許真的有較好的成效，因為這些兒童的家庭比較注重兒童的教育，也比較有能力配合學校的要求，共同負起兒童的教育責任。但是對於下層社會階級的兒童而言，缺乏家庭的配合與支持，開放教育的成效是否還能一樣的好，令人不能不產生懷疑。如此一來，開放教育是否加大了教育的不平等，讓原來處在弱勢地位的兒童更加不利，違反社會正義的原理，也是值得考慮。

◉ 第六節　我國教育改革的可能出路 ◉

紀元前五世紀雅典的大政治家培里克里斯（Pericles）曾說：「儘管只有少數人能夠開創一項政策，我們每個人都有能力去裁判它」（Although only a few may originate a policy, we are all able to judge it.）。其實我們不僅要有能力去裁判一項政策，更要有能力去主導它，使它朝向正確的方向去發展，而不要產生「未蒙其利，先受其弊」的結果。

根據前面各段的描述，此次教育改革的過程中已經埋下了許多爭議的因素，干擾了原有的意圖。如果要使這次的改革真正落實有效，走上正途而不要走進死胡同，我們應該要有如下的體認與做法。

壹、在觀念上：要建立教育改革的基本共識

要使教育改革有其利而無其弊，必先國人對於教育改革具有正確的理念，並產生基本的共識，才能順利地推行。這些基本的共識包括：

一、堅持教育改革的積極意義

要喚醒全民的意識，真切反省教育的意義，及其應有的功能。尤其是教

師的自覺與反省，堅持教改的使命在於培育更好的下一代，創造更好的社會，而不把著眼點放在個人的一己之私，計較個人的榮辱成敗，這才是教改成功的保證。如其不然，教師只是被動地受外力的推動而勉強應付，或只在教改的過程中追求權利，而規避應有的義務，那麼教改的目標必然落空。

二、要使政治的干預減到最小

教育與其他的社會制度是互為依存的關係，不可能把教育孤立起來進行改革，而要與其他制度充分配合、齊一目標、協調步驟、共赴事功。但在民主的社會中，政客往往把選舉的考量放進各種法律條文之中，謀取自己的利益，形成一種無形卻巨大的干預。

三、要尊重教育的專業性

教育改革與醫療行為一樣，是一種專業的診斷與處方，非有專業的知識不可。因此，教育改革不可以委由非專業的人員為之。以免診斷錯誤，或開錯藥方，貽誤眾生。

四、教育改革要與社會的脈動相結合

教育改革要掌握社會變遷的脈動，因為社會不是靜止的，而是具有某種趨勢的不斷變遷。例如奈思比特（John Naisbitt）在其名著「大趨勢」（Magatrends）一書中，將社會變動的新方向作了清晰的指陳（詳如表三十七），可以供我們作為教育改革方向的參考（Naisbitt, 1982）。

五、教育改革要具有正確的未來主義的觀點

教育改革要具有未來學的思想，是大家所共有的認識。但是對於未來是什麼則難有一致的看法。另外，是否改革就能帶來進步也時有爭議。有關社會變遷的理論至少包括循環論（如湯恩比所主張者）、進化論（如涂爾幹所主張者）、衝突論（如馬克斯所主張者）、功能論（如帕深思所主張者）等說法，各種見解十分歧異，但都值得我們去參考。

表三十七：奈思比特的新方向表

由	到
1.工業化的社會	資訊化的社會
2.無人性的科技	高接觸的高科技
3.國家的經濟	世界的經濟
4.短程的考量	長程的考量
5.中央集權	地方分權
6.制度的協助	自我的協助
7.代議制的民主	參與式的民主
8.科層的結構	網路的結構
9.重視北方	重視南方
10.非此即彼	多重選擇

　　未來學大師貝爾(Daniel Bell)曾說：「時間是以三度的現在而存在。現在是我們所正在經驗的時刻；過去是我們正在回憶的時刻；將來是我們正在期待的時刻」(Bell, 1974)。每個人的過去與現在都不相同，因此每個人對於將來的期待也就不同。我們不可以誤以為所有的改變都會有好的結果。縱使過去到現代是進步的，但並不必然保證未來還是進步的，因為未來的變化事實上是難以預料的（詳見圖三十四）：

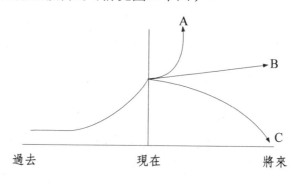

圖三十四：對於未來的三種不同的預測圖

　　圖中顯示對於未來的三種不同的預測，其中Ａ代表最為樂觀的預測，Ｂ則採取較為保守的態度，Ｃ則做最壞的打算。三種情況都有可能出現，這是我們在進行改革之初，就應該有的心理準備。而不可以用童騃性的樂觀主義去盲目面對，否則就會後悔莫及。

六、教育改革要以前車之鑑為師

　　古今中外的歷史上已經有了許多教育改革的成例，留給後人作為參考之用。我們應該記取歷史的教訓，避免前車的覆轍再度發生。唯有善用前人的經驗可以使我們少走許多冤枉路。另外我們在參考前人的經驗之時，也要緊記在心：所有的事件都有其獨特性，不可以一成不變地完全採用，而要依據事件的獨特性加以合適地調整。調整的依據來自客觀的學術研究，因此我們要選用前人的經驗，更要以學術的研究來加以細部的調整，使以確保手段的合宜性。

七、教育改革要打破「以反面為思考」的二分模式

　　在此多元化的時代中，我們要揚棄過去「非此即彼」的截然二分的思考模式，改用多重選擇的方法，對事物的所有層面都加以仔細地揣摩，找到可以兼容並蓄之點，使好處達到最大，而傷害減到最小。例如追求平等又能夠兼顧的卓越，常態編班又能滿足升學的需求，如果能採取融合各家之長的手段，相信在執行之時，就不會產生太多的阻力。

貳、在做法上：要化解軟心與硬腦的兩難情結

　　「平等」與「卓越」都是教育的根本訴求，對於不同的人要因其需求不同，給予不同的強調重點，本是十分淺顯的道理，但是卻引起此次教育改革的強烈爭議。對於此一爭議，必須找到化解的方法，否則將無法使教改的步調一致，徒然將心力耗在不必要的爭議上。

一、要瞭解此一爭議的本質：軟心與硬腦的片面堅持

開放教育與傳統教育的相互堅持不讓，是因爲雙方思想都有盲點所致。主張開放教育者是屬於浪漫與激進的批判者，他們追求平等的理念，強調的是溫軟的心（soft-heart）。主張傳統教育者則是屬於人類文明的擁護者，他們追求卓越的理念，強調的是堅硬的腦（hard-head）。而這兩個陣營都擁有堅強的人馬，各自爲自己的主張挺身而戰，卻忘了相方具有互補的可能，徒然成爲意識型態之爭，而於事無補。

(一)軟心的陣營

這個堅持「不要硬心」的陣營，其重要人物及著作包括：

1. 霍爾特（John Holt）於一九六四年所出版的「孩子如何失敗」（How Children Fail）。
2. 古葛曼（Paul Goodman）於一九六四年所出版的「義務的錯誤教育」（Compulsory Mis-education）。
3. 寇若爾（Jonathan Kozol）於一九六七年所出版的「英年早逝」（Death at an Early Age）。
4. 科爾（Herbert Kohl）於一九六七年所出版的「三十六位孩子」（36 Children）。
5. 伊理希（Ivan Illich）於一九七一年所出版的「廢除學校教育」（Deschooling Society）。
6. 雷伊莫（Everett Reimer）於同年所出版的「學校已死」（School Is Dead）。

而在實際的政策制定上，此一陣營獲得的成果有：一九七〇年代的反對隔離（desegregation）政策，與一九七五年的殘障兒童回歸主流運動。

(二)硬腦的陣營

這個強調「不要軟腦」的陣營的重要人物及著作包括：

1. 貝爾（Idding Bell）於一九四九年出版的「教育的危機」（Crisis in Education）。

2. 貝思特（Arthur Bestor）於一九五三年所出版的「教育的垃圾堆」（Educational Wastelands: The Retreat from Learning in Our Public Schools）。

3. 林德（Albert Lynd）於一九五三年所出版的「公立學校中的庸醫」（Quackery in the Public Schools）。

4. 史密斯（Mortimer Smith）於一九五三年所出版的「萎縮的心靈」（The Diminished Mind）。

5. 赫希（E. D. Hirsch）於一九八七年所出版的「文化的素養：每位美國人需要知道的東西」（Cultural Literacy: What Every American Needs to Know）。

6. 雷維奇與菲因（Diane Ravitch, and Chester Finn）於一九八七年所出版的「我們的十七歲青年知道什麼？」（What Do Our 17-Year-Olds Know? New）。

7. 布魯姆（A. Bloom）於一九八七年所出版的「正在關閉的美國人的心靈」（The Closing of the American Mind: How Higher Education Has Failed Democracy and Impoverished the Souls of Today's Students）。

這些人都大聲疾呼「軟腦」的教育是危險的。對於進步主義心的教育方法，縱容的態度，生活適應等缺點，他們提出了嚴正的批評。誠如布魯姆所指出：「今日美國學生的心靈已經被耗盡了。只有使用西方思想家的偉大著作作為課程的基礎，使兒童思索人類的問題，才有改進之可能」（Bloom, 1987, p.344）。在此呼聲之下，回歸基礎與精粹主義又受到了重視。

二、要從前人的殷鑑中得到教訓

開放教育是教育的靈丹妙藥呢？還是教育的毒鴆瀉鹽呢？開放教育是教育的康莊大道呢？還是教育的死胡同呢？要找到明確的答案並不容易，也許只有歷史的教訓能提供我們一點微弱的光線，讓我們摸索到可能的出路。美

國的進步主義的教育，推行至今已有上百年的歷史，我們如果要從別人的經
驗中淬取教訓，不妨看看美國過去進行教育改革所遭遇的問題如何。

　　美國的教育改革有如一個擺動的鐘擺，擺盪於傳統教育與進步主義的教
育之間，亦即擺盪於追求卓越與平等的兩個極端之間。早在一八九六年，杜
威在芝加哥大學創立實驗學校、撰寫進步教育的經典之作之前，派克（Fran-
cis　Parker）已經在實施所謂的進步主義的教育了。派克是麻州公立學校系
統昆西（Quincy）學區第一任教育局長，後來擔任芝加哥庫克郡（Cook
County）師範學校校長，成為芝加哥學院創始人之一。在杜威以及進步主義
學會的大力提倡之下，美國的進步主義的教育在一九四〇到一九五〇年代達
到巔峰，成為美國教育史上最為快樂的日子。這是美國開放教育的極盛時
期。但是「物極必反」，所有的事物都很容易因為過度強調某種重點，而忘
了本來的目的。許多人（包括學生與教師）漸漸失去了進步主義教育原先所
強調的精神，只將進步主義化約成「輕鬆快樂」，忘了學習。於是造成美國
學術水準的低落。這個低落的事實，表現在美蘇太空競賽第一回合中的失
敗。當一九五七年蘇聯的太空船順利地發射成功，而美國的太空船卻留在地
面動彈不得，才使美國瞿然驚覺：教育再不改革，地球將被蘇聯統治了。於
是美國立即頒佈「國防教育法案」，在基礎科學上作出急起直追的努力，終
於挽回了落後的頹勢，也因此維持了地球的和平與安全。但是強調卓越主義
的教育，要求每位學生在學術上有傲人的成就是辦不到的。除了少數的學生
外，多數的學生無法適應教室中沈悶的氣氛，紛紛逃學出走，造成美國一九
六〇年代的學生暴動潮，成為社會極大的負擔。為了改善這種情況，美國的
高中教育推出了「選修的制度」（也是開放教育理念下的一種措施），才使
情況不再繼續惡化。而一九六五年通過的初等及中等教育法案（Elementary
and　Secondary　Educationn　Act,　ESEA）代表著教育政策由卓越轉為平
等，其中心理念是為了照顧更多的低層社會的子女；其所包含的五個部分，
分別為提供經費發展圖書館、購買教學用物品、設立閱讀方案、從事研究、
訓練師資使能照顧低社會經濟的兒童，都是基於進步主義的觀點而提出的策
略。在此同時，大學的學者也開始著手修訂各科教學內容，研究學習的結構

與原理。當時提出的「新數學」、「新科學」、「新社會」便是對於學科結構內容的重新界定所規劃出來的新課程。尤其是「人類：一個研究的科目」（Man: A Course of Study）的新方案，採用各科聯絡教學，算是一項新的嘗試。對於這些新的課程，發現教學法乃應運而生。當時提倡最力的布魯納（Bruner, J.）肯定地指出：「任何科目都可以採用某種智力上的真實形式，有效地教給任何發展階段的每位兒童」（Bruner, 1960, p.33），此一觀點可謂讓進步主義的教育得到最大的支持。

但是經過不到二十年的光景，教育素質「平庸化」的惡果就已悄悄地侵蝕了美國一向引以為傲的學術水準。一九八三年，美國「全國卓越教育委員會」（The National Commission on Excellence in Education）發表了一篇題名為「國家在危機之中」（A Nation at Risk: The Imperative for Educational Reform）的教育改革計劃，就很聳動地指出（The National Commission on Excellence in Education, 1983, p.5）：

> 如果一個不友善的外國勢力企圖用今天所存在的平庸的教育成就加諸美國，我們一定會把它視為戰爭的行為。但是平庸的教育站在那裡，我們自己卻允許它發生，我們已經耗費了自從史撥尼克太空競賽醒悟以來所累積的學生成就的優勢。……我們事實上正在從事一項不經思索的、單方面的教育武裝解除活動。

自從該篇改革報告書出爐以來，美國的教育又由平等轉為卓越。其主要考量則是要挽救逐漸平庸化的美國教育。在此情況下，進步主義的思潮似乎已暫時地讓位給追求學術水準的卓越的思想，只是他們並未真正消失，而是正在等待著另一次翻身時機的到來。由這一段美國教育改革的簡史，尤其是從一九六五年通過初等及中等教育法案到一九八三年「國家在危機之中」報告書的公佈，我們不難看出美國教育改革的變遷之速之大。誠如勞德疊爾（Lauderdale, 1987, p.24）所說：「這兩個事件發生的時間相差雖然不到二十年，卻象徵著國家教育政策的兩極化觀點」。即是溫軟的心（soft-heart）與堅硬的腦（hard-head）的各自堅持而已。

三、要打破「軟心」與「硬腦」的二元對立

開放教育的需要是因爲要適應社會的變遷，過去的教育是屬於少數有錢有閒的階級所獨享的特權，今日的教育是每位國民應有的權利與義務。爲了教育這些日益多樣的人口，出現了開放教育的改革運動。強調把知識運用到日常的生活中以及做中學。這與傳統的教師中心、學科爲主、傳遞核心文化的教育思想有了根本的變化。也使教育理論出現了「軟心」與「硬腦」的二元對立的局面。腦與心的比喻來自經濟學者布林德(Alan Blinder, 1987)。他以之代表經濟的兩大支柱：效率與平等。前者代表冷靜的腦，後者代表溫暖的心，同是現代社會中不可或缺的元素。將此比喻用在教育上，則傳統主義所追求的卓越是指「堅實的腦」，進步主義所追求的平等是指「溫軟的心」。其實心與腦同是一個人的重要部分。所有教育政策應該同時達成「硬腦」與「軟心」的雙重目的。二者不僅不是互斥，而且應該互補才是。

被視爲進步主義的鼻祖的杜威，其實最能瞭解兼顧軟心與硬腦的需要，所以他花了許多篇幅想要統整學科知識與學習者的經驗。二十世紀初葉的教育改革雖然像鐘擺一樣，擺盪在卓越與平等之間，但即使如此，至少二者是可以相容的。只不過服務的對象有了差異，因此教育目的與方法有所不同而已。可惜的是後來的教育改革者並非完全以理性作爲指引，好像戴著眼罩，只看到一個偏狹的教育景觀，互不相讓。傳統主義者追求高的學業成就、標準、素養、績效，主張一個堅固可信的學校課程，因此堅持「硬的頭腦」；可惜的是，他們忘記了學校教育已經敞開大門，讓所有不同種族、智力、社會經濟背景的人們進來，因而用一顆「硬的心」，忽視這些學術素養不足的人，不管他們在追求卓越所面臨的痛苦。而在所有的學生中，這種孩子是佔多數。

美國在歷經多年的爭議之後，也已經體驗到將腦與心加以二分是不智的。早在一九五〇年代，賀欽斯（Robert Hutchins）、肯南（James Conant）等人就提出平衡的課程的理念，認爲課程不能偏向任何一方。但是他

們的建言似乎未能獲得重視。席勒曼（Charles　E.　Silberman）於一九七〇年在其所著「教室中的危機」（Crisis　in　the　Classroom:　The　Remaking of　American　Education）一書中指出：教育改革者應該瞭解杜威的主張並認真地實行，許多早期的進步主義者，強調兒童中心的課程以及學校環境的重造，但犧牲了學術的內容。在使用軟性而通俗的「生活適應」的課程，卻排除了另一半的課程。同樣的，傳統主義者也選用了一半的課程，只是完全相反的另一半而已。因此，席勒曼主張：「如果教育改革是有目的的與成功的，就需要強調教學的方法與班級經營的方法，同時考慮何者才是值得學的學科的內容」（Silberman,　1970,　pp.179～83）。

　　勞德戴爾（W.　B.　Lauderdale）也懇切地指出：這兩派思想的教育學者並非不知彼此的優缺點。支持西歐傳統的古典教育，其重點是要教導一般人以及學術的菁英、經濟的權勢者，進步主義的教育雖然採用較為寬廣與實用的教育，並不想侵蝕傳統的學習。他說「唯有雙方有能力吸收對方的優點，提供更多的機會給年輕的下一代，才是真正高明的教育家」（Lauderdale,　1987,　p.20）。

　　因此，硬腦與軟心是可以結合為一的。如何在二者之間取得微妙的平衡，使教育能滿足具有高的學術成就者，同時又能滿足廣大來源的學生的需要，這種綜合不僅是可能的，而且是急需的，在美國已經成為時代的需要，而許多結合二者的藍圖也紛紛出現了。例如卡內基青少年發展委員會（The Carnegie　Council　on　Adolescent　Development）於一九八九年所出版的「轉唳點：為二十一世紀而準備」（Turning　Points:　Preparing　American Youth　for　the　21st　Century），就主張不能偏向任何一方，而要兼重二者。而卡內基基金會的董事長波義耳在更早前就已指出：教育要兼重各方的需要，因此課程要排出優先的順序。他認為第一優先是語言，包括口語與書寫的。他說：「清晰的書寫產生清晰的思考；而清晰的思考又是書寫清晰的基礎。書寫比起其他任何一種溝通的方式都要使我們對文字負責，使我們更像有思想的人類」（Boyer,　1984,　p.137）。第二優先則是核心課程，是共同學習的部分，包括文化素養、歷史觀點、公民、科學、數學、科技的衝

擊、健康。第三優先是各種選修單元。藉著課程的多元化與順序化，軟心與
硬腦的爭議也許可以獲得調停。

參考書目

吳康寧，民87，**教育社會學**。高雄：復文出版社。

Bell, D., （1974）, *The Coming of Post-Industrial Society*. London: Heinemann.

Blinder, A., （1987）, *Hard Heads, Soft Hearts: Tough-Minded Economics for a Just Society*. Menlo Park, Calif.: Addison-Wesley Publishing Company, Inc.

Bloom, A., （1987）, *The Closing of the American Mind: How Higher Education Has Failed Democracy and Impoverished the Souls of Today's Students*. New York: Simon & Schuster.

Boyer, E. L., （1984）, *High School: A Report on Secondary Education in America*. The Carnegie Foundation for the Advaancement of Teaching. New York: Harper & Row.

Bruner, J., （1960）, *The Process of Education*. New York: Random House.

Lauderdale, W.B., （1987）, *Educational Reform: The Forgetten Half*. Bloomington, Ind.: Phi Delta Kappa Educational Foundation.

Mannheim, K., （1929）, *Ideology and Utopia*. London: Routledge and Kegan Paul.

Mannheim, K., （1940）, *Man and Society in an Age of Reconstruction*. London: Routledge and Kegan Paul.

Mannheim, K., （1950）, *Freedom, Power, and Democratic Planning*. London: Routledge and Kegan Paul.

Mannheim, K., （1952）, *Essays on the Sociology of Knowledge*. London: Open University Press.

Naisbitt, J., （1982）, *Magatrendds*. New York: Warner Books.

Scotter, R. D., Haas, J. D., Kraft, R. J., & Schott, J. C., （1991）, *Social*

Foundations of Education. London: Allyn and Bacon.

Silberman, C. E., (1970), *Crisis in the Classroom: The Remaking of American Education*. New York: Random House.

The National Commission on Excellence in Education, (1983), *A Nation At Risk: The Imperative for Educational Reform*. Washington, D. C.: Government Printing Office.

國家圖書館出版品預行編目資料

教育社會學導論／鄭世仁著.
--初版.--臺北市：五南,2000[民89]
面；　公分
ＩＳＢＮ 978-957-11-2016-4（平裝）
1. 教育社會學
520.16　　　　　　　89001549

1ICJ
教育社會學導論

主　　編 ─ 鄭世仁(381.2)

發 行 人 ─ 楊榮川

總 編 輯 ─ 王翠華

主　　編 ─ 陳念祖

責任編輯 ─ 李敏華

出 版 者 ─ 五南圖書出版股份有限公司

地　　址：106台北市大安區和平東路二段339號4樓

電　　話：(02)2705-5066　傳　真：(02)2706-6100

網　　址：http://www.wunan.com.tw

電子郵件：wunan@wunan.com.tw

劃撥帳號：01068953

戶　　名：五南圖書出版股份有限公司

法律顧問　林勝安律師事務所　林勝安律師

出版日期　2002 年 2 月初版一刷
　　　　　2016 年 4 月初版十刷

定　　價　新臺幣500元